普通高等教育"十一五"国家级规划教材

高等学校电子商务类专业系列教材

E-BUSINESS MANAGEMENT

企业电子商务管理
（第三版）

主编　赵晶　朱镇
　　　王珊　江毅

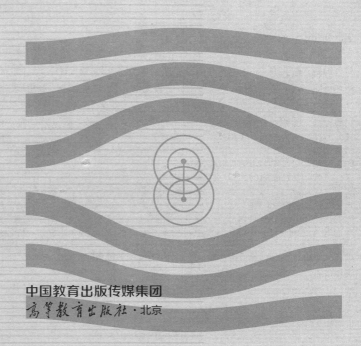

中国教育出版传媒集团
高等教育出版社·北京

内容简介

　　本书是普通高等教育"十一五"国家级规划教材。 全书从管理变革视角诠释了企业电子商务管理，系统阐述了企业电子商务的过程管理原理、管理内容与方法。 全书以数字化使能的产品、服务和流程产生的变革与价值创造为主线，涵盖了战略启动、IT 资源部署、能力构建和绩效实现四个方面的管理问题，并分别介绍了制造业电子供应链、五个典型服务业和中小企业电子商务的应用和管理要点。 全书包括基础知识篇、管理原理篇和管理实践篇，理论与实践并重。 全书提供了 60 多个案例辅助理解知识点，30 多处学术观点摘引以引导读者了解学术前沿，7 套课后小组活动和 10 个课后案例分析，实现理论知识与最新企业实践的结合。 教辅资料包括教学课件、习题解答指导和实验课教学指导资料等。

　　本书可作为高等学校电子商务专业和管理信息系统专业高年级本科生的专业教材，也可作为其他专业本科生和研究生教材或参考书，还可供企事业相关管理人员和研究人员参考。

图书在版编目（ＣＩＰ）数据

　　企业电子商务管理 ／ 赵晶等主编. -- 3 版. -- 北京：高等教育出版社,2022.11
　　ISBN 978-7-04-058426-4

　　Ⅰ.①企… Ⅱ.①赵… Ⅲ.①企业管理-电子商务-高等学校-教材 Ⅳ.①F274-39

　　中国版本图书馆 CIP 数据核字(2022)第 045453 号

Qiye Dianzi Shangwu Guanli

策划编辑	曾飞华	责任编辑	曾飞华	封面设计	赵　阳	版式设计	李彩丽
责任绘图	邓　超	责任校对	马鑫蕊	责任印制	刘思涵		

出版发行	高等教育出版社	网　址	http://www.hep.edu.cn
社　址	北京市西城区德外大街 4 号		http://www.hep.com.cn
邮政编码	100120	网上订购	http://www.hepmall.com.cn
印　刷	北京玥实印刷有限公司		http://www.hepmall.com
开　本	787mm×1092mm　1/16		http://www.hepmall.cn
印　张	22	版　次	2009 年 9 月第 1 版
字　数	550 千字		2022 年 11 月第 3 版
购书热线	010-58581118	印　次	2022 年 11 月第 1 次印刷
咨询电话	400-810-0598	定　价	56.00 元

本书如有缺页、倒页、脱页等质量问题,请到所购图书销售部门联系调换

主 编 简 介

赵晶,中国地质大学(武汉)管理学院教授,博士生导师,电子商务国际合作中心主任,国际信息系统学会中国分会(CNAIS)常务理事,中国信息经济学会常务理事,管理科学与工程学会大数据与商务分析研究会常务理事。1998年以来主要从事电子商务和管理信息系统领域的教学和研究。在教学中,不断尝试教学研究和改革,始终坚持将最新的学术研究成果和优秀企业案例融入课程教学中,建立和实践了一整套新的电子商务课程教学体系,该电子商务教学研究项目获得湖北省高等学校教学成果一等奖。研究领域主要是企业电子商务理论与应用,包括企业电子商务战略、电子商务能力、IT价值创造与评估、动态竞争与企业数字化使能的竞争行

动、IT应用与组织变革和B2B电子市场分析等。主持了四项国家自然科学基金项目以及教育部人文社科项目、联合国资助的国际合作项目和武汉市科技计划项目等,在国内外学术期刊发表了学术论文50余篇。1999年以来先后赴美国、意大利、法国、加拿大、瑞士、芬兰和德国等出席国际学术会议,并担任过分会场主席和专题报告人,在11个国家的多所大学进行了访问和讲学。此外,还担任了国际期刊 Electronic Markets–The International Journal 顾问委员会委员,The Electronic Commerce Research 副主编,美国 E-commerce Research Journal 和 the International Journal of Modeling and Simulation 期刊的论文评审人等。2000—2021年作为中方会议主席,连续组织举办了二十届"武汉电子商务国际会议",该会议于2011年6月已正式列入国际知名学术组织"国际信息系统协会(AIS)"的附属会议,引起了国内外管理学界的广泛关注,为推动我国电子商务的学术研究与国际交流做出了突出贡献。

序　言

电子商务在数字经济中扮演着重要角色。不管是虚拟经营形态,还是实体业务运作,与电子商务的融合已经或正在改变着企业的管理模式,并深度渗透到大众日常生活中。电子商务能力已经成为企业竞争力的重要标志之一,也成为传统企业认知市场变化、重塑竞争优势的关键管理手段。大量的新兴技术创造、新型信息产品、新颖网络应用的出现为社会和经济活动带来了巨大的影响。移动性、虚拟性、多模态数据、个性化以及社会性等是新兴电子商务的典型特征。值得关注的是,近年来在大数据和人工智能背景下的新型平台化和数智化趋势日益明显,随着 5G 技术的广泛应用,网络消费群体通过社交链接、流量直播等形成了新的电商运作模式。传统企业的线上线下互动从关注促销交易转变为关系创造,数字技术及其高阶智能应用改变着传统商业的运作模式,给企业电子商务带来了全新的挑战。

在电子商务发展的新形势下,《企业电子商务管理》一书的再次修订对于总结和诠释企业电子商务引发的管理变革,探索和认识新的管理活动和规律具有积极意义。本书延续了第二版的知识结构,完善了战略启动、IT 资源部署、电子商务应用能力建立以及价值实现与测量四个章节的知识结构,补充了近年来国内外一些学者的学术观点和企业家们普遍关注的热点问题,如企业数字化转型、数字创新、大数据资源、工业互联网、社交商务等。

关于企业电子商务管理的教科书并不是很多。本书旨在从电子商务价值的创造过程理解企业电子商务管理原理,关注数字化使能的产品、服务和流程的变革与价值创造作用,通过战略启动、IT 资源部署、能力建立和绩效实现和测量四个阶段的管理活动,阐述跟随价值创造进程的动态管理全过程,以期为读者展现企业电子商务管理的新思路。

本书是赵晶教授及其团队长期坚持理论研究与实践活动相结合的成果,反映了企业电子商务发展的若干特征和模式。从教材结构设计上,本书系统介绍企业电子商务的过程管理原理,并结合制造业电子供应链、服务业和中小企业电子商务的典型应用讲解管理要点,通过提出和解决管理问题将理论知识与企业实践结合起来,有利于深入理解企业电子商务管理的核心思想。从教学角度,各章节内容设计了"学术观点"专栏,介绍最新的研究观点;而"企业实践"专栏则提供了 60 多个有针对性的各个行业电子商务应用案例以辅助理解知识点。为了配合学生课后团队学习,全书还开发了 7 套课后小组活动(融视频、案例素材以及网络资源)和 10 个课后案例分析,可支撑翻转课堂、慕课、第二课堂等开展等多元化的教学改革。

总体说来,本书是一部内容系统、观点新颖、素材丰富、实践性强的教材,不仅适合高等学校相关专业教学使用,也可以为企业管理者提供有益的参考和启发。

陈国青
2021 年 12 月于清华园

第 三 版 前 言

我国电子商务交易额 2020 年已经达到 37.21 万亿元,在大数据、人工智能、物联网和云计算等新兴信息技术的推动下,电子商务发展对于传统的商务活动、经营模式和管理理念产生了深刻的影响,促进了企业的数字化转型与创新。平台化和数据化趋势日益明显,数据作为数字经济的重要生产要素,在各行业深度渗透,与实体经济深度融合,极大改变了企业的运作模式以及与消费者的互动关系。如何利用数字化平台和大数据提升企业电子商务应用能力,整合利用企业内部和外部的信息技术(IT)资源,管理伙伴关系,探索新的机会,创造新的客户价值,已成为新的企业管理挑战。

目前电子商务类教材中很少是专门针对上述企业电子商务管理问题的。随着企业电子商务日新月异的发展,新的管理现象和问题不断涌现,也对企业电子商务管理的理论和教学提出了新的挑战。

本书旨在建立一个体现变革与创新本质的企业电子商务管理的知识框架,形成新的管理概念和管理原理,以便于读者全面地认识和理解企业电子商务管理。

《企业电子商务管理》已经出版了十年,第一、二版产生了较大的影响,读者也给编著者反馈了很多建议。作为第三版,本次修订在知识结构、观点阐述和教材体系等方面做了较大幅度的调整,以期反映最新的电子商务管理实践,适应最新的教学需求。本书的主要特点如下。

1. 全新的知识框架体系

本书从管理变革的视角诠释企业电子商务管理,关注数字化使能的产品、服务和流程的变革与价值创造作用,定义了管理目标、管理内容和管理过程,在此基础上介绍管理原理,即企业电子商务的过程管理原理,它是通过战略启动、IT 资源部署、能力建立以及绩效实现和测量四个阶段的管理活动,跟随价值创造进程的连续动态的全过程管理。本书将企业电子商务管理知识建立在由企业战略、资源利用、能力建立和价值实现四个相互关联层面构成的知识框架体系内,围绕四个阶段的管理活动系统阐述管理内容与方法。以数字化使能的产品、服务和流程的变革与价值创造为主线,内容涵盖了战略启动、IT 资源部署、能力构建和绩效实现四个方面的管理问题,通过企业各种典型应用解释管理原理,为企业电子商务管理提供基本原则和方法。

2. 观点新颖

本书继承了前两版的知识结构,完善了战略启动、IT 资源部署、电子商务应用能力建立以及价值实现与测量四个章节的知识结构,补充了近年来国内外一些学者的学术观点和企业家们普遍关注的热点问题,如企业数字化转型、数字创新、大数据资源、工业互联网、社交商务等。编著过程中,作者还参阅了管理学、市场营销、信息系统、计算机领域英文文献数百篇,观察和搜集了企业实践的优秀案例,深入 50 多家企业访谈调查,并归纳了成功的管理实例。全书引用参考文献近 350 篇,30 多处学术观点摘引,引导读者了解学术前沿,一些案例编写直接来自作者的访谈录音资料。

3. 理论与实践的整合

本书将管理理论知识融入企业电子商务典型应用之中,从如何实现有效管理的角度,结合实践中的问题,分析和解释了管理原理的思想、方法和原则。在此基础上,通过管理实践篇的 3 章篇幅,介绍制造企业、现代服务行业和中小企业的电子商务应用与实践,并针对它们近年来最新的运作特点和管理问题,分析和总结管理要点。通过实践揭示了企业电子商务管理的实质,借助各种典型应用解释了管理原理的用途。

4. 实用的教材体系

本书在本次修订中,特别关注支撑翻转课堂、慕课、第二课堂开展等多元化的教学改革。本书每章包含学习目标、引言(通过管理问题引入内容提要)、本章内容、本章小结、本章关键词、复习思考题、案例讨论、本章参考文献,针对章节内容选择和编写了章后案例,并将知识点隐含在案例讨论题中。为了帮助读者提高学习效果,各章更新了"学术观点"专栏内容,介绍了经典的研究观点,而"企业实践"专栏则提供了最新的企业应用案例(如饿了么、抖音、小红书、韩都衣舍等)以辅助理解知识点,案例覆盖了各个行业电子商务应用的管理实践。为了配合学生课后团队学习,全书围绕最新的企业数字化转型管理实践(如红蜻蜓公司、周黑鸭、酷漫居)还开发了课后小组活动(融视频、案例素材以及网络资料)和课后案例分析,实现理论知识紧密结合最新的企业实践。这些活动策划和案例分析均取自真实企业,有助于读者更好地理解企业电子商务管理的内涵。此外,教材的教辅资料包括教学课件、习题解答指导和实验课教学指导资料等,由出版社负责提供给使用本书的教师。

5. 本书的结构

本书由三个部分组成,共 3 篇 10 章,全书知识结构如下页图所示。

第一篇为基础知识篇(第一章和第二章),包括企业电子商务应用的一般知识,以及与企业电子商务管理相关的基础理论知识。本次修订第一章增加了区块链、大数据平台、工业互联网和智能制造的内容。第二章主要增加了平台组织形式和数字创新的介绍。电子商务价值创造过程的知识是理解和掌握企业电子商务管理原理的重要基础。

第二篇为管理原理篇(第三章至第七章),分为两个层面予以介绍。第三章是全篇的概论章,总体阐述企业电子商务管理定义、过程管理的原理、过程管理框架以及它的特点和指导意义。第四章至第七章按照管理进程的四个阶段,分章节详细介绍了每个阶段的管理目标和管理内容,并结合企业管理实践阐述如何实现管理任务,剖析和解释企业电子商务管理活动与现象和管理原则。

相较于第二版,本篇重新阐述了企业电子商务管理原理,重点修订了企业电子商务管理概念,增加了对于数字化管理、数字化产品、服务和数字化流程的阐述,扩展了企业电子商务管理的定义,总结了过程管理特点和意义(第三章),增加了对企业大数据资源的介绍(第五章),更加准确地描述了数字化转型中电子商务应用能力的层级和分类,突出了数字技术使能的新兴商业能力培育(包括智能决策能力、合作联盟能力和数字创新能力)(第六章);第

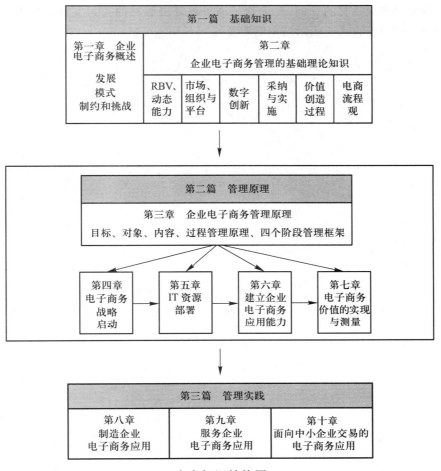

全书知识结构图

七章则合并了第二版的第八章内容,进一步精练地表述了多维度的电子商务价值的测量体系。

第三篇为管理实践篇(第八章至第十章),介绍制造业电子供应链、服务业和中小企业电子商务的典型应用和管理要点。本次修订,依据过程管理的原理,阐述了电子供应链流程能力的形成(第八章),结合数字化转型,全面更新了服务行业的电子商务应用内容,增加了本地生活服务的管理实践,并介绍了大数据和智慧物流、数字化平台、知识社区、数字化生态协同等应用新趋势(第九章),新增中小企业与云计算服务,社交媒体营销,补充了网红营销的案例等(第十章)。

本次修订各章的分工如下:王珊(加拿大沙斯卡曲湾大学),第一、十章;王珊、朱镇(中国地质大学(武汉))和王飞(中国地质大学(武汉)),第二章;赵晶(中国地质大学(武汉))和王飞,第三章;朱镇,第四、五、七、八章;江毅,第六、九章。赵晶总体设计章节结构,撰写主要内容提纲和写作原则,负责全书的统稿和定稿。

本书写作得到了国家自然科学基金资助项目(71372174,71672183,71702176)以及中央高校基本科研业务费专项项目的资助,并得到了高等教育出版社的大力支持。此外,作者也向为出版本书做出贡献的各方人士表示诚挚的谢意。

赵晶

2022 年 2 月于南望山庄

目 录

第一篇 基 础 知 识

第二篇 管 理 原 理

第一篇　基础知识

第一章　企业电子商务概述

学习目标

- 了解企业电子商务的发展历史
- 掌握企业电子商务的主要模式
- 理解企业电子商务转型的制约因素

早在 20 世纪 60 年代,互联网被大规模运用于商业活动之前,企业电子商务活动就已经出现。早期的企业电子商务的技术基础主要为 EDI(Electronic Data Interchange)技术。互联网的到来为企业电子商务带来了令人振奋的新气象,并且促进了多种企业电子商务创新。一批电子商务企业出现了。它们利用互联网,设计了全新的流程,开辟了新的市场,提供了全新的价值。而后,传统企业纷纷采纳电子商务,传统商务处理方式逐渐被基于 Web 和 IT 技术支持的电子商务流程所取代,产生了新的跨部门、跨企业的信息共享和合作商务流程。例如,企业在互联网上广泛进行电子采购和销售。

现在,电子商务正被用于改变组织和行业的价值流,企业越来越多地发现自己与伙伴甚至是竞争对手合作,会使自己在整个行业生态圈中处于更有利的位置。一些企业与上游关键供应商、下游关键客户(经销商)进行系统对接,建立集成的电子商务平台,共享供求信息,形成敏捷伙伴关系,并利用互联网和移动平台直接和终端客户对话,进行需求驱动的电子商务价值链管理。与企业电子商务的广泛应用相伴随的是企业的组织结构、管理方式和文化也发生了变化。同时,企业如何发展跨企业的电子商务流程,整合利用企业资源,管理伙伴关系,探索新的机会,成为新的管理挑战。

本章主要分三个方面概要介绍企业电子商务,包括企业电子商务的发展历史,企业电子商务的典型应用和主要模式,企业电子商务转型的制约因素,以形成对于企业电子商务应用的初步认识。

第一节　企业电子商务的发展

本节将围绕企业电子商务发展的几个典型应用来介绍企业电子商务发展的历史,主要分为四个阶段:私有网络和电子数据交换阶段、互联网企业主导型阶段、传统企业主导型阶段和创新阶段。

一、私有网络和电子数据交换(EDI)阶段(1960—1994 年)

企业电子商务一般指企业利用现代电子技术进行的商务活动。它的发展始于 20 世纪 60 年代发展起来的电子数据交换(EDI)。电子数据交换指的是运用标准数据格式对商业信息进行的电脑对电脑的电子传输。在这一阶段,企业电子商务发展的特点如下:

（1）大企业是 EDI 使用的主力；

（2）部分小企业迫于大企业客户的压力而使用 EDI；

（3）地域上限于北美,后来扩展至欧洲国家；

（4）企业一般利用 EDI 传输格式标准来规范交易数据；

（5）目前在西方国家中,EDI 仍在企业间电子商务中占主导地位；

（6）随着 EDI 的使用出现了一些新现象,体现在 EDI 的网络基础发生了变化以及基于 EDI 技术的流程创新。

企业利用 EDI 进行数据传输,一般是通过私有网络(private networks)或者增值网络(value added network,VAN)来进行的。当两个企业需要使用 EDI 进行数据传输时,双方企业需要安装 EDI 翻译软件,将企业内部的数据格式翻译为标准的 EDI 数据格式,具体的执行过程如图 1-1 所示。首先,一方企业向另一方发送数据,这个数据被 EDI 翻译软件转为 EDI 标准格式,然后通过网络发送到另一方企业；在接收端,另一方企业的翻译软件将 EDI 标准数据翻译为该企业的数据格式,并直接输入到企业内部信息系统,以进行处理。

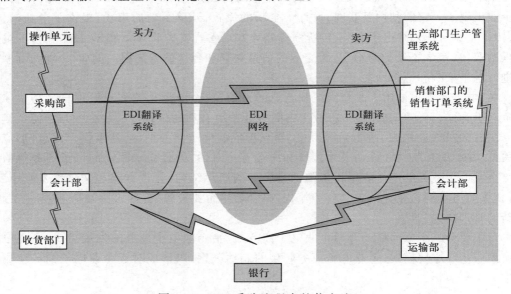

图 1-1 EDI 采购流程中的信息流

通过 EDI 实现计算机对计算机的连接；商业伙伴可以交换各种文件而无需人员插手。因此,EDI 的应用也被形象地称为"无纸贸易"。使用 EDI 技术的优点包括：

（1）减少了文档的重新输入。通过减少关键商业文档如订单、发票、发货单和到货通知等的手动输入,而实现减少劳动力成本、人为的输入错误和对邮寄服务的依赖,同时可以更快地处理和搜索文档。

（2）减少了纸张和相关的成本,如纸张和文具的购买成本、文档的储存成本、文档丢失损失、邮费等。

（3）缩短了订货提前期,减少了库存持有量。因为电子文档可以更快地被传输和处理,所以从订货到到货的周期减少,订货提前期也减少了。一些企业利用 EDI 进行交易伙伴之间合作的需求预测和规划,进一步减少了库存持有量。

(4)提高了交易关系的质量。因为电子文档在客户端一次性采集,在其后的数据交换中无需再次进行人工输入,避免了文档传输中再次输入的错误。同时电子文档字迹清晰易读,电子存储可靠不易丢失,所以单据在处理过程中错误少,客户和供应商的满意度都会提高。双方不必像以前那样为订单操作过程的小问题浪费时间,甚至产生纠纷。

(5)竞争优势。企业采用 EDI 之后,与交易伙伴之间的商务信息标准化且业务处理计算机化,具有快捷、高效且成本低的特点,为企业带来了竞争优势。

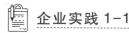 **企业实践 1-1**

利用企业电子商务获取竞争优势

20 世纪 80—90 年代是 EDI 发展的黄金时期。一些标准组织和行业组织开发的跨行业的 EDI 标准成为 EDI 繁荣的原动力。1979 年,美国国家标准协会(American National Standards Institute, ANSI)授权开发 ASC X12 标准,并在全美通行。1987 年,参照 ASC X12,联合国发布 EDIFACT 标准或称 UN/EDIFACT 标准(EDI for Administration, Commerce, and Transport),即联合国行政、商业和运输电子数据交换标准,并在欧美国家推行。在 2000 年的时候,ASC X12 和 UN/EDIFACT 工作小组开始联合开发世界通行的 EDI 标准。这些标准的建立极大地促进了 EDI 的发展和扩散。在 1980 年,大约只有 2 000 个美国公司使用 EDI。到了 1994 年,北美有 25 000 多个公司采用了 EDI,而在全球范围内,还有 15 000 个公司也采用了 EDI。虽然在 1995 年以后互联网的商业化极大地减缓了 EDI 的发展,但是在相当长的一段时间内,EDI 在美国仍然是企业电子商务的主导部分。比如,根据美国统计局的调查,在 2000 年,EDI 占了美国批发商电子商务总销售额的 88%。这是因为企业从 EDI 转为基于互联网的电子商务的转换成本太高,而且一些企业也习惯了 EDI 的工作方式。

但是 EDI 的形式发生了很大的变化。首先,EDI 网络平台出现了多样化以及向互联网转移的趋势(图 1-2),包括 ETN(electronic trading network)、电子市场,以及 webEDI,这些大多是从传统的 EDI 演变而来的。这种演变的结果是相较于 VAN 支持的 EDI 网络,使用变得越来越便宜。其次,EDI 应用本身也有了很大的改变,经历了从文档自动化传输,到文档消除,再到持续补货阶段(见"企业实践 1-2:EDI 的发展阶段")。这种变化反映了企业和伙伴之间在不停地进行流程创新,通过 EDI 传输的信息也随着流程合作的深入在变化。

EDI 系统存在的缺陷限制了它向更多企业,尤其是小企业扩散。这些缺陷包括:安装准备成本高,缺乏统一的 EDI 标准,以及技术的内在缺陷(即只有格式标准的结构性数据才能被传输)。

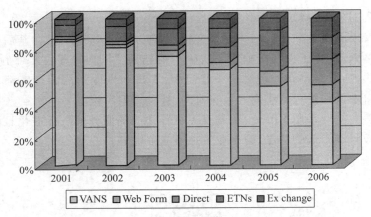

图 1-2   EDI 交易平台百分比分布

 企业实践 1-2

EDI 的发展阶段

在我国,企业电子商务发展的历史不同于北美。我国 20 世纪 90 年代开始 EDI 的电子商务应用,自 1990 年开始,国家计委、科委将 EDI 列入"八五"国家科技攻关项目,如外经贸部国家外贸许可证 EDI 系统、中国对外贸易运输总公司国外运海运/空运管理 EDI 系统以及中国化工进出口公司中化财务、石油、橡胶贸易 EDI 系统等。1991 年 9 月,由国务院电子信息系统推广应用办公室牵头会同国家计委(国务院原组成部门)、科委、外经贸部(国务院原组成部门)、国内贸易部(现国家国内贸易局)等十几个部委局发起成立"中国促进 EDI 应用协调小组",同年 10 月成立了"中国 EDIFACT 委员会",并参加亚洲 EDIFACT 理事会,目前已有 18 个国家部门成员和 10 个地方委员会。EDI 在国内外贸易、交通、银行等部门得到了广泛的应用。

 企业实践 1-3

上海海关通关业务 EDI 应用

二、互联网企业主导型阶段(1995—1999 年)

1991 年美国政府顺应广大企业的要求,将互联网向企业开放,并开始对互联网实施私有化。

互联网具有低成本特点,大大降低了企业利用网络的成本。同时图形界面 web 浏览器的出现使网站操作变得简单,普通人也可方便地使用互联网,由此引发了电子商务革命。1995—1999 年是企业电子商务发展的第二阶段,这一阶段的特点为:

(1) 涌现了许多初创的互联网公司和创新型的商业模式;

(2) 经历了一个快速膨胀和调整期,后于 2000 年前后泡沫破灭;

(3) 地域上局限于发达国家,尤其是美国;

(4) B2C 和 B2B 发展共存;

(5) B2B 的发展形式为独立第三方电子商务市场;

(6) 中国电子商务的起步主要为政府推动型。

对于企业的电子商务活动,人们习惯将其分为 B2C 和 B2B。B2C 指的是企业与消费者之间的电子商务,例如企业在网上为顾客提供服务和销售产品;而 B2B 则指的是企业和企业之间的电子商务活动。互联网商业化后,B2C 和 B2B 电子商务同时得到发展,体现为早期(1995—1997年)重视 B2C 的商务模式,而在后期(1998—2000 年)则更加看好 B2B 电子商务。

早期美国企业重视 B2C 电子商务是因为在美国 GDP 的构成中,家庭购买支出通常占了国内生产总值的一半以上(图 1-3 显示了 1999 年美国的 GDP 分布图)。B2C 电子商务的发展主要集中在几个行业,一些产品的网上销售得到较快的发展,包括有形的产品如书、葡萄酒、鲜花、计算机,无形的产品如娱乐、软件、服务。实体企业(brick and mortar companies)见证了无数新的市场进入者,并随之调整它们的战略与之抗衡。在一些行业,如旅游、金融、银行、保险、房地产和新闻报纸,传统企业遭受互联网企业带来的一些冲击。在随之而来的动荡中,亚马逊(Amazon)成为美国第 15 大书商,AOL 网上商品销售额从 1996 年到 1997 年中期增长了 90%;Etrade 在 1996 年和 1997 年实现了 234% 的增长率。在这场革命中,大部分的网络公司都没能生存下去,只有较少的公司成功地成为行业主导者。即使是成功的公司也在快速"烧钱",对于未来他们能否挣钱仍然很不确定。这是因为消费者还未适应网上购物,网上交易量太少而不足以支撑 B2C 互联网企业的运营。

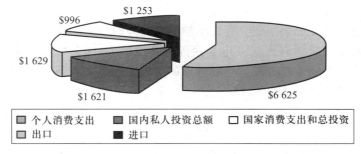

图 1-3　美国 1999 年国内生产总值

令人失望的 B2C 的发展使企业和媒体将目标转向了 B2B,因此促进了以互联网为基础的 B2B 电子商务的繁荣。研究者和企业家看好 B2B 电子商务的原因包括:

第一,虽然在 B2C 中网上注册账户的数量很大,但每一笔交易的交易额并不高;而 B2B 每个账户的交易额非常高。根据摩根斯坦利的报告,在美国,B2B 的每一笔交易的交易额为 75 000

美元,而 B2C 的每一笔交易额为 75 美元。即使是在电子商务的发展早期阶段,B2B 交易总额仍在电子商务交易总额中占 2/3(见表 1-1)。而且如果 B2B 的统计数中包括以私有网络为基础的 EDI,在 2001 年,94% 的交易额都来自 B2B。

表 1-1 第二阶段 B2B 在电子商务中占的比例

公司(年)	百分比(%)
IDC(1997)	61
Negroponte(1998)	70
Forrester Research(1998)	84
Forrester Research(2001)	88
ActiveMedia(1996)	72
Lorentz(1997)	80
Price Waterhouse(2002)	78
Piper Jaffray(2001)	90
平均百分比	78

资料来源:Anonymous. Efficiencies of B2B Electronic Marketplaces,Entering the 21st Century:Competition Policy in the World of B2B Electronic Marketplaces:A Report by Federal Trade Commission Staff,2000.

第二,在 B2C 电子商务中,消费者网上购物的意愿很低,大部分消费者甚至还没有自己的计算机。而 B2B 电子商务的主体是企业,企业一般比较愿意通过电子的方式与其他企业进行交易。企业一般配备有较好的计算机设备,为他们转向电子交易提供了便利条件。企业节约成本的愿望也使企业希望通过电子交易来降低交易成本。

第三,一般来讲,产品和技术在工作场所扩散的速度要比在家庭扩散的速度快得多,所以人们会期待 B2B 的扩散也会快于 B2C 的扩散。

第四,电子交易为企业提供了建立起自己的战略优势的机会。

鉴于以上原因,企业家意识到 B2B 电子商务的价值潜力,并开始了围绕基于互联网的 B2B 的创业活动:设计合适的商业模式并整合各种资源实践商业模式。

基于互联网的 B2B 的发展最早的商业模式为第三方电子市场,又叫独立的电子市场,是由一些地位中立的运营商建立的电子市场。独立电子市场一般由风险资本资助,主要支持多对多的交易关系。在 1999 年年末,北美共有 280 个电子市场。而一年以后,电子市场的数目急剧扩张到 1 520 个,其中 92% 都是独立电子市场。最早的独立电子市场主要针对标准化产品和非直接产品提供服务,比如维护、维修和运营产品(即 MRO 产品),这一类电子市场又被称为水平电子市场,提供的服务主要包括市场行情、电子目录、供应商名称地址录和各种形式的网上拍卖。

在水平的独立电子市场变得普及后不久,越来越多的电子市场通过提供深入的行业内容和用户化的服务向垂直型发展,这使得相对复杂的,或者某一行业才有的特殊产品也开始在网上交易。一些有野心的电子市场从一两个行业开始,渐渐地将运营扩充到多个行业。Ventro 公司和 FreeMarkets 公司(目前该公司已易主为 Ariba,但是仍然保留原来的域名 www.freemarkets.

com)就是其中的两个例子。Ventro 最开始是一个生命科学行业的电子市场,然后它通过建立、购买和投资的方式将其业务扩展到许多别的行业。Freemarkets 以网上拍卖起家,并迅速将业务扩展到垂直行业。虽然两个公司采用了相近的战略,却有不同的结局:Ventro 在 2001 年倒闭,而 Freemarkets 的销售额仍在不停地增长。Freemarkets 的成功在于善于利用员工的行业知识与经验:充分利用了它在网上拍卖技术方面的专长,以及客户和员工提供的行业专家知识,来设计客户化的、符合行业需求的网上拍卖。

虽然这一阶段 B2B 电子市场经历了爆炸式的增长,大多数电子市场仍将注意力放在如何通过 IPO(initial public offering of stock)圈钱,而不是如何为客户提供真正的价值。在 2001 年年底,随着这些公司股票价格的急剧下跌,很多公司难逃破产的命运。Booz Allen Hamilton 确认并跟踪了 1 820 个北美的电子市场,勾画出了它们的时间序列趋势(图 1-4)。电子市场首先经历了一个爆炸式发展时期,然后进入一个调整期,而且电子市场从爆炸式发展时期到进入调整时期的时间很短,仅仅只有 1~2 年的时间。B2B 电子市场在 2001 年和 2002 年经历了震动与调整。大量的电子市场要么被兼并,要么退出。根据 Day、Fein 和 Ruppersberger 的报告,这一时期电子市场的存活率仅有 20%。

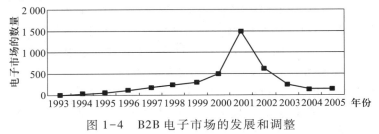

图 1-4　B2B 电子市场的发展和调整

这一调整时期反映出两个趋势。第一,电子市场的商业模式和投资者都在走向成熟。调整之后,仅仅依靠 IPO 来圈钱的电子市场很难再找到风险资本的支持。只有那些有利润前景的电子市场才能吸引更多的投资者资金并生存下去。为了寻找持续利润,电子市场就必须适应变化的环境并进行创新。第二,调整也反映出电子市场的顾客对综合型电子市场的需求。他们不想为了采购和销售不同的产品去建立或采用不同的电子平台,这样做既无效率又花费成本。即使是现在,行业 B2B 网站之间合并的例子也是屡见不鲜,这种合并导致了电子市场集中度的加强。

如果说中国在 EDI 的发展上远远滞后于发达国家,那么在这一阶段中国企业则试图跟上国际企业电子商务发展的步伐。这一阶段呈现的特点为:政府推动和电子商务创业齐头并进。

首先,由于中国的计算机和网络技术推广较晚,企业和消费者的电子商务意识非常薄弱,政府部门在培养电子商务意识、搭建电子商务基础设施上起到了较好的推动作用,具体体现在:

(1) 1993—1997 年,政府领导组织开展"三金工程",为电子商务发展打基础。

(2) 1994 年 5 月,中国人民银行、电子工业部、全球信息基础设施委员会(GIIC)共同组织"北京电子商务国际论坛",同年 10 月"亚太地区电子商务研讨会"在京召开,使电子商务概念开始在我国传播。

(3) 1995 年,中国互联网开始商业化,互联网公司开始兴起。

(4) 1996—1997 年,我国国务院和各省市相继成立信息化工作领导小组,起草编制我国信息化规划,推进我国信息化建设的发展。

（5）1998 年,我国第一笔互联网网上交易成功,开始进入互联网电子商务发展阶段。同年7 月,中国商品交易中心（CCEC）正式宣告成立,被称为“永不闭幕的广交会”。CCEC 是国家经济贸易委员会于 1997 年初成立的全国性经济组织,承担着中国流通方式电子化的试点与示范的任务。而中国商品现货交易市场则是我国第一家现货电子交易市场。

在政府的推动下,B2C 和 B2B 电子商务得以在各行业和部门开展,如银行业、外贸、医疗卫生行业、政府等。但是这一阶段我国的企业电子商务无论在质或者量上,都与发达国家存在较大差距。

其次,这一阶段,民间的电子商务创业活动也开始兴起。B2B 电子商务网站成为中国民间电子商务创业活动的先行者,一些知名的 B2B 网站纷纷成立。1997 年 12 月,中国化工网上线,成为中国首家垂直 B2B 网站。1999 年 2 月,中国制造网在南京上线,同年 12 月,综合 B2B 电子市场阿里巴巴在开曼群岛注册。接着是一系列的 B2C 和 C2C 电子商务网站的成立:1999 年国内首家 C2C 平台易趣网上线,同年 5 月,中国首家 B2C 电子商务网站 8848 诞生,主要在网上销售图书和软件,同时图书销售商当当网也上线了。自此主要的电子商务商业模式 B2B、B2C 和C2C 在中国开始起步。同时,政府对这些活动的协助体现在中国电子商务协会的成立上。该协会是由信息产业部申请,经国务院批准,国家民政部核准登记注册的全国性社团组织,在政府管理部门和从事电子商务的企、事业单位及个人之间发挥着重要的纽带和桥梁作用。

在这一阶段,中国大部分传统企业对电子商务的应用还没有起步。电子商务应用的一个条件是企业内部具有一定的信息化程度,但是中国企业的信息化起步较晚,所以这个时期大部分的企业仍然忙于企业内部信息化建设,而对于企业间的电子商务的应用较为滞后,交易基本还是人工处理。

三、传统企业主导型阶段（2000—2006 年）

2000 年至 2006 年是企业电子商务发展的第三阶段。这一阶段企业电子商务的特点集中体现为:

（1）B2C 和 B2B 互联网公司集中度加强;

（2）传统企业成为电子商务的主力;

（3）企业的电子商务运作更加成熟,体现为注重价值创造和企业电子商务应用能力的构建;

（4）中外企业电子商务的发展差距进一步缩小。

互联网企业在本阶段 B2C 电子商务的发展上,更加注重价值的提供,而不是以企业上市为唯一目的。由于投资者对于互联网企业采取了更加理性的态度,使得企业不得不重视为消费者提供真正的价值。只有提供了真正的价值,消费者才会转向网上购买,企业才具备了盈利能力和持续运营的资金,并能说服投资者投资。在这一阶段,一些经营不佳的互联网企业倒闭了。而一些在网上建立起品牌的互联网企业存活下来,如当当网、Amazon、新浪、Google 等,并在相应的行业占据主导地位。为了更好地提供价值,这些互联网企业也在培育自己的电子商务应用能力,如建立起自己的物流体系,在电子支付和网络营销上做相应的改进等。

传统企业在本阶段 B2C 电子商务的发展上,由于具有多方面的优势渐渐后来居上,占据主导地位。对于传统企业来讲:①拥有雄厚的资金可支持其电子商务部门的发展;②拥有的互补资产(complementary asset),如品牌、生产能力、营销技能、与供应商之间的关系、与客户之间的关系、物流设施,有助于企业构建与电子商务应用相适应的电子商务能力;③传统企业的线下品牌可以传递到线上;④传统的大企业在利用企业电子商务方面具有规模经济。所以,这一阶段传统企业成为电子商务应用的主导力量。比较经典的例子如戴尔(Dell)电脑,沃尔玛特(Walmart)的网上商城等。在美国该阶段占据该行业主导地位的仍是传统的百货销售商,或者有传统零售商背景的互联网企业,如 Walmart,Peapod(美国顶级的食品零售商 Royal Ahod 拥有大部分股份)等。这主要是因为安排品种繁多的超市物品配送需要企业有良好的配送能力,而初创互联网企业很难独立获得这种辅助资产。传统企业面临的挑战是,开拓互联网业务需要改变传统的主流管理逻辑。

在 B2B 电子商务的发展上,网站也在探索如何为会员企业提供更大的价值。一些电子市场提供简单的撮合服务,还有一些提供更多的增值服务,如采购、销售管理、全程电子商务(包括了物流和付款),更有一些电子市场试图深入到供应链管理,为企业提供系统整合,支持企业的项目管理和商务合作。B2B 网站也出现了行业垄断或者寡头的趋势。在国际上如此,在中国亦是如此。根据易观国际的数据,2006 年,阿里巴巴占了中国 B2B 第三方电子市场一半以上的份额(图 1-5)。艾瑞咨询结合 B2B 电子商务市场发展现状和趋势,认为未来行业 B2B 电子商务发展将呈现市场集中化的特点。

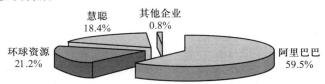

图 1-5　2006 年中国企业电子商务市场份额

先进入者累积了一定规模的用户和较高知名度,具备了先发优势,市场份额可能逐步扩大,而一些获得资本支持的 B2B 网站也将迈开收购合并步伐。艾瑞咨询预计,除非在政策性很强的行业有新参与者加入,否则市场集中度将逐步提高。这样的趋势极有可能导致一个行业只有2~3家第三方电子市场。

这一阶段传统企业成为 B2B 电子商务应用的主力军,传统企业所投资的私有电子市场占据了主导地位。除了前面介绍的第三方运营的电子市场之外,B2B 电子商务又出现了新的模式,一是企业联盟联合建立企业电子商务平台,称为企业联盟电子市场(见第二节企业电子商务的模式)。二是大企业自建平台与大的供应商、客户整合(对接),以支持企业本身的采购、销售和供应链管理等,这种平台又称为私有行业网络或者私有电子市场。

私有电子市场是该阶段占主导的企业电子商务方式,并有不断扩大的趋势。目前财富 500强企业基本都建有自己的私有平台来支持企业的采购、销售、供应链管理和商务合作等。与B2B 系统的使用相适应,这些企业在组织结构、流程和文化方面经历了重大变革,主要体现为网络组织和合作供应链管理理念的形成。与此同时,第三方 B2B 电子市场的份额在逐年下降。

我国 B2B 电子商务也逐渐转向传统企业供应链管理领域。一些大企业(包括很多国有企业)纷纷进行企业电子商务改造,出现了一批应用典范。比如宝钢集团建立了宝钢在线、供应链决策支持系统,并运营着钢铁行业网络商务平台——"东方钢铁在线",用以支持本企业的电子采购与供应链管理,也为整个钢铁行业提供交易平台。再如中石油"能源一号"网站,涵盖了电子采购系统、电子销售系统和电子市场系统;其中前两个系统主要支持目录式的采购和销售,电子市场系统则主要包括网上招标、谈价议价、反向拍卖、撮合等动态交易形式。截至 2004 年年底,中石油已经多次完成了大规模的网上集中采购项目。2004 年 10 月,中石油成功组织了历史上规模最大的石油专用管网上集中采购,仅此一项节约采购资金 1.6 亿元。一些大企业,如海尔、联想纷纷建立了自己私有的电子市场,进行先进的供应链管理。

四、创新阶段(2007 年至今)

互联网技术的演进在 2007 年之后出现了一些新的变化,新技术被不断应用到电子商务领域,这些技术不仅增强了电子商务销售的某些环节,而且催生了新的电子商务形态,电子商务出现多元化的格局,主要体现在:

(1)Web 2.0 网站涌现和社交商务模式的兴起;

(2)移动商务呈现爆发式增长;

(3)线上线下结合的电子商务兴起;

(4)基于增强现实和虚拟现实技术的电子商务应用开始出现;

(5)跨境电商的兴起;

(6)大数据和人工智能在电子商务中的应用加强;

(7)基于区块链技术的电子商务探索起步。

(一)Web 2.0 与社交商务

Web 2.0 诞生于那些幸免于当初网络泡沫破灭的公司,包括维基百科、社交网站、众包网站、视频网站、分众分类网站、P2P 分享网站等,这些网站的共同特点就是网站内容的生产是由用户而非专家完成的,用户遵循网站指定的简单规则进行交互,网站则变成了平台,借助了网络的力量来利用集体智慧,利用用户贡献的网络效益来扩大用户基数。但是这一类网站的特点是尽管有较大的用户基数,盈利模式却不够清晰。

Web2.0 应用中,社交网站慢慢地增加了电子商务功能,或者传统的电子商务将在线社交的成分并入到主网站作为引流和增加用户黏性的工具,由此催生了社交商务的商业模式。社交商务的范畴包括社交购物、社交广告、社交网站(social network sites)、社交客户服务和 CRM、企业社交应用,以及社交游戏和视频共享。社交购物中的例子包括点评网站(如大众点评网和Yelp),社交推荐网站(如 ProductWiki、Pinterest、美丽说、蘑菇街、淘宝顽兔,小红书和小红 Mall等),团购网站如 Groupon、美团网和聚划算以及 Facebook 上的一些商务应用(又称为 F-commerce)。

微信则是社交商务创新的引领者,通过微信支付,微信公众号,朋友圈和小程序,微信有效地支持了电子商务从营销到付款的大部分流程环节。2018 年以后出现的拼多多是微信的受益者,通过微信好友拼购的方式,用户不仅获得低价而且享受了社交的愉悦。近年来视频网站也成为电子商务销售的一个渠道,抖音也推出了品牌旗舰店功能,在此之前,品牌商通过视频和流媒体宣传其品牌;品牌旗舰店功能则可以帮助品牌商及时完成顾客转化的闭环。

（二）移动电子商务与虚拟现实

移动电子商务指的是利用移动互联网及其终端进行的商务活动。移动通信网络的发展、终端设备的改进和多元化（尤其是智能手机的出现）、用户的移动文化培育以及 APP 和平台模式的出现，极大地催生了移动商务的发展。移动商务由于其定位能力、更强的交互性和设备的个人性，使得其发展呈现出和 PC 端电子商务发展不一样的地方。比如基于位置的服务（LBS）是一个热点应用领域；社交也比较适合在移动端展开。移动电子商务自 2012 年起经历高速发展。比如零售电商如淘宝和京东 2018 年的"双十一"活动中，移动端的交易已经占了 70% 以上。除了传统的电子商务公司在增加移动渠道，电子商务行业也出现了以移动 APP 客户端为主的移动电子商务创业公司，比如拼多多。这些主打移动商务的电子商务公司快速崛起，在电子商务行业占据了一席之地。

移动电子商务的发展带来了电子商务的一些变化。其中最为显著的一个变化便是线上线下结合。线上线下结合指的电子商务公司整合线上和线下渠道，以更好地支持销售和为顾客提供更好的服务。具有线下资产的传统企业纷纷利用移动发展的浪潮展开线上和线下整合，而移动设备和网络在地理位置的维度解放了用户，也使得线上线下整合更进一步向纵深方向发展。梅西百货就是一个很好的例子，该店采纳了移动设备进一步支持线下导购，手机钱包进一步使消费者轻松存储和了解优惠及打折券信息，并为梅西的忠诚会员提供无缝全渠道的使用体验，比如线上下订单线下取货。手机钱包线上线下店内外都可使用，会员可以自由整合线上线下渠道功能来完成整个交易。纯粹的电子商务公司也在利用电子商务进行线上线下整合。比如 Amazon 在 2018 年开放了一种新型的无人商店，Amazon Go，消费者在商店里面购物的时候可以查看一些商品的网上评论，同时可以使用手机查看各种商品信息，包括促销信息。Amazon Go 的理念在于利用物理和数字的结合来为顾客创造更好的消费体验。这个现象也被称为"phygital"，线下的渠道为顾客提供了网购缺失的一些客户体验，比如商品触摸、浸没（immerson，即用户成为体验的一部分）、速度和社交。线上的渠道则提供了一些系统功能比如账户管理和支付，增强了购物的效率。同时线上渠道提供了丰富的商品信息。Phygital 结合在一起能为客户提供更完整的客户体验。

移动电子商务带来的第二个变化是电子商务所需设备不再仅仅是电脑，移动设备也可以成为电子商务的载体，催生了新的电子商务载体和销售方式。目前增强现实（AR：agumented Reality）和虚拟现实（VR：virtual Reality）越来越多地被用到电子商务中，支持电子商务销售的某一或者全部环节。AR 指的是基于计算机信息和现实世界中的物体结合而产生的交互式体验。由于因为计算机中存储的相关信息叠加到现实世界的物体，现实世界的物体信息展示被增强了，所以又称为增强现实。一个典型的例子就是宜家利用增强现实技术来销售家具。无论是在网上还是在线下店里面销售家具，痛点是家具无法和房间的具体情况比如大小以及周边其余家具相匹配，进而了解家具摆在房间里面的效果。利用增强现实技术，消费者可以将虚拟的商品即家具叠加到房间的物理空间来检查实际效果。[①] 目前各大零售商都推出了增强现实应用。Amazon 利用增强现实技术来销售商品，服装销售商 GAP 开发了增强现实应用来让消费者试穿衣服（virtual try on），以及一些美妆销售商开发了增强现实应用来让消费者试其化妆品如口红和

---

① 详见 Ikea 增强现实应用网站。

眼影等。

不同于增强现实技术叠加虚拟和现实，虚拟现实技术在电子商务中的应用则是创造一个全新的虚拟购物环境，消费者可以在这个环境中完成整个交易过程。增强现实可以通过带有照相功能的手机完成，或者 VR 眼镜，但是虚拟现实应用必须使用 VR 眼镜或者其他 VR 设备。淘宝败家（Buy+）则是阿里巴巴公司研发的 VR 购物应用，读者可进一步观看下面的企业实践视频。

（三）跨境电商

随着全球化趋势的加强，跨境电商也随之兴起。在跨境电商的大潮中，中国的企业和个人通过互联网或者移动应用向海外企业和个人销售中国的商品，或者向中国的企业和个人销售国外的商品。知名的跨境电商平台有洋码头、敦煌网和阿里速卖通（Aliexpress），亦有一些个人通过微信朋友圈进行销售。跨境电商是国际贸易的一种形式，是电子商务在地域上的扩展。跨境电商平台帮助卖家和买家解决了跨境销售中的各种问题，比如买家卖家匹配、支付、通关和物流等。关于跨境电商现在已经出现了很多教材和畅销书，在此不再赘述。

（四）人工智能与区块链

在创新阶段，大数据和人工智能在电子商务中的应用随着数据的积累，计算能力的增强和电子商务模式的多样化也在加强。比如很多电子商务公司开发商品推荐算法根据用户的购买历史向消费者推荐商品，聊天机器人比如京东公司开发的 JIMI 和阿里小蜜自动客服也日渐应用在电商网站回答顾客问题，无人商店比如 Amazon Go 利用了大量的人工智能算法来识别顾客和商品，以及计算货架所需商品来优化运营。

区块链技术在电子商务中的应用也开始出现。区块链技术利用分布的账本存储数据，交易具有一旦记录便不可更改的特点。区块链技术在某些领域，比如支付、健康和网络安全具有较大的发展潜力。在电子商务行业，也出现了一些应用。比如，Lacity 报告了一个基于区块链的分布式电网市场（LO3 Energy's Microgrid）的案例。在分布式电网市场中，社区居民利用自家设备发电，多余或者不足的电可以在社区中交易。与电以及交易相关的信息都记录在区块链中。区块链应用于电子商务，不仅能支持电子商务交易和支付，还能存储电子商务相关数据，比如商品描述和商品评论数据，这些能在一定程度上解决数据所有权的问题。目前在中心化的电子商务市场或者平台，比如淘宝和 Amazon，数据所有权不太清晰，平台对于数据有较大的话语和使用权，而使用区块链进行分布式存储，数据的产生者可以拥有数据的实际所有权并从数据的使用中获利。

表 1-2 总结了本节所述电子商务四个发展阶段。我们看到企业电子商务经历了巨大的发展变化，使用范围逐渐扩大，企业的使用模式更加成熟，新型技术在不断且快速地应用到电子商务中。对于互联网企业来讲，在大浪淘沙的竞争中，只有真正为顾客提供价值并不断创新，电子商务能力较强的互联网企业才能存活下来。而对于传统企业，虽然在 IT 基础设施等方面比互联网企业有优势，但是也需要进行流程、企业管理方式和文化以及组织结构方面的变革，才能获得电子商务能力，为企业和客户创造更大的价值。

表 1-2　企业电子商务发展的四个阶段

	EDI 阶段	互联网企业主导型	传统企业主导型	创新阶段
网络平台	私有网络	互联网	互联网	互联网和移动互联网
主导企业	大企业	互联网企业	传统企业、优秀互联网企业	初创企业、传统企业和成熟的互联网企业
商务模式	B2B	B2C 和 B2B	B2B、B2C 和企业电子供应链	Web 2.0、社交商务、移动商务、跨境电商、大数据分析和人工智能增强的电子商务、区块链电子商务
特点	EDI 标准的制定促进了 EDI 在企业的推广	先经历了爆炸式的增长，然后进入整合阶段，典型的成功和失败案例共存	B2C 和 B2B 互联网公司集中度加强，传统企业成为电子商务的主力；无论是哪一类的企业，都更注重电子商务价值和企业电子商务能力的构建	新兴的商务模式兴起，大批创业企业出现；成熟的互联网公司以开发和并购的方式切入到新兴领域；传统企业利用移动互联网进行线上线下整合，新技术被持续不断用到电子商务中
典型案例	美国航空公司 SABRE 系统；美国 AHS 的 ASAP 系统	失败的例子：Ventro、Webvan；成功的例子：Amazon、Alibaba	戴尔（传统企业利用互联网崛起），海尔（传统企业私有电子市场的建立），Amazon（模式更加成熟的互联网企业）	Facebook、团购网站如淘宝聚划算、腾讯微信、大众点评网、国美电器 O2O 战略以及星巴克咖啡（利用移动支付开拓市场），拼多多

第二节　企业电子商务的模式

　　企业电子商务的模式可以分为有机相连的三种：企业对消费者电子商务（B2C）、企业间电子商务（B2B）和企业内部电子商务。许多关于电子商务的分类还包括消费者对消费者电子商务（C2C），在本书的分类中，我们将其归为企业对消费者电子商务。图 1-6 列出了企业电子商务的模式和主要表现形式。需要说明的是,本节在介绍每一种电子商务模式时,侧重从企业商务运营和系统的角度,概述各种模式应用的特点。本书重点内容是企业电子商务管理与应用,并且在第四篇管理实践篇的各章节将专门结合电子商务管理介绍相关的企业应用。

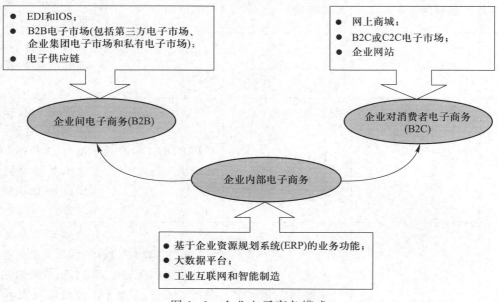

图 1-6   企业电子商务模式

一、企业对消费者电子商务(B2C)

企业对消费者电子商务指的是企业通过互联网向消费者销售和提供产品与服务。目前B2C有两种运作模式:网上零售业和网上服务业。如果企业通过网络销售产品,这种模式称为网上零售业。网上零售企业一般通过商品进销差价来赚取利润。如果企业通过网络提供服务,这种模式称作网上服务业,多为信息服务,这些企业又称为服务提供商,例如网上银行、网络旅游服务、网络游戏、网络社区、搜索引擎等。

(一)网上零售业

互联网已经日渐成为企业的另外一个销售渠道。企业可以通过各种方式在网站上销售产品以及为客户提供服务,如类似于 Microsoft Shopping(即现在的 Bing 购物)那样的网上商城、淘宝、eBay 和 Amazon 式的第三方电子市场。有实力的企业还会建立自己的网站,在网站上发布企业和产品信息,建立产品目录并在网上接收消费者的订单,比如国美和戴尔公司。与网上销售相适应,企业对于其内部的运作和后端的供应链管理也重新进行了规划,以增强企业的前端网络销售能力和后端的订单履行能力。在网上销售较好的产品包括:

1. 图书、CD、VCD 等标准化的产品

Amazon 就是一个销售此类商品的企业。Amazon 从 1994 年开始在网上销售图书,至今已经成为美国顶级的图书销售商。迫于 Amazon 等企业的强劲发展势头,同时也想利用互联网带来的机会,美国一些传统的图书销售商如 Barnes and Noble 也在网上销售图书,并试图将传统的销

售渠道和网上渠道结合起来,形成有益的互补。在中国,当当网以销售图书出名,而京东等大电商平台增加了图书销售。

2. 电子产品

戴尔公司(Dell)是一个典型的在网上成功销售计算机的企业。Dell以前是一个没有店面的传统企业,通过电话和邮购的方式销售计算机。在互联网到来后,Dell将产品目录电子化,并通过互联网进行销售。由于邮购销售和通过互联网销售具有很大的相似性,Dell由此获得了极大的成功,一度成为各大计算机公司争相模仿的对象。京东是中国在网上销售电子产品的典范。

3. 服装

尽管一些消费者认为服装需要亲自试穿,不适合在网上销售,但是一些网上服装销售商克服了这个问题,成功在网上销售服装,例如Land's End。Land's End在其网站上首创性地提供了人体三维动态模型,用户可以对该模型的参数进行变动,使模型变得像自己,然后在该人体模型上试穿衣服。在中国知名的电商平台淘宝上,服装已经成为第一大销售类目。

4. 虚拟产品

电话卡、网上虚拟币等虚拟产品由于本身能够数字化,无需实物配送,也较适合网上购买。另一些产品,如音乐、期刊、杂志等,也适合在网上进行销售,由于版权问题,销售一般采用订阅模式。一些内容集成商探索出学术期刊的在线销售方式,即将多种期刊集成为数据库,然后将数据库卖给学校、研究机构和个人。一般个人购买整个或者部分数据库的较少,所以这些内容集成商也提供单篇论文在线销售服务。

5. 奢侈品

由于奢侈品如钻石和珠宝的价格昂贵,传统上认为这些商品不适合在网上销售。但是Blue Nile,一个美国的网上钻石零售商,以其骄人的业绩颠覆了传统的观念。Blue Nile的成功在于规避了供应链上的众多渠道销售商,提供了价格更低的珠宝和钻石,同时为消费者提供大量的信息,一方面减轻了消费者在网上购买昂贵钻石的焦虑感,另一方面使得客户能在网上进行钻石的定制。Blue Nile的成功也吸引了Amazon的目光,目前Amazon也开始销售珠宝和钻石。

目前,我国网上零售业已经出现集中化的趋势,京东、淘宝、天猫和拼多多成为市场占有率较高的企业,传统企业在2008年以后也开始试水电子商务,目前主要利用大的电商平台如淘宝和京东进行销售。中国的电子商务零售发展至今,已经成为世界的领跑者。根据知名统计网站Statista的Katharina Buchholz发布的报告,中国的电子商务已经占全球互联网零售额的50%以上,并且仍在继续增长。eMarketer称,中国电子商务的发展速度仍快于其他地区。如图1-7所示,从2016年到2020年,中国的网络销售额在零售总额中所占份额增加了一倍多,从大约20%增长到预计的44%,而在英美两国,其电子商务销售额占零售总额的比例分别为27.5%和14.5%。

(二) 网上服务业

服务提供商在网上提供各类服务。服务行业的主体包括金融、保险、旅游、健康、医疗和教育。商业服务主要包括如咨询、广告和营销,以及信息处理的服务。目前在网上提供服务的企业包括传统企业,也包括纯粹的互联网企业。有些互联网企业从事与传统服务企业类似的业务,成为他们的竞争者;有些互联网企业利用网络特点构筑了面向消费者的全新商业模式,例如网络游戏、网络社区、搜索引擎和门户网站,网上找工作的网站和提供邮件服务、即时聊天工具的服务。其中一部分互联网早期出现的服务,如门户网站和搜索引擎服务,已经趋于成熟,出现

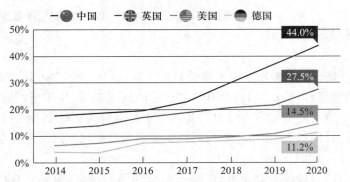

图 1-7　2014—2020 中英美德电子商务销售额占世界零售总额的比例

资料来源：Buchholz K.数据显示，中国的电子商务发展最快.2021，Weforum 网站.

了垄断者。比如搜索引擎目前在美国由 Google 垄断，而在中国则是百度占有多数的市场份额。另外一部分是 2004 年左右兴起的服务，如网络社区，尤其是 SNS（social networking service）和视频网站，渐渐获得公众的关注，呈现快速增长的趋势。

服务提供商的收入模式呈现多样化的特点。对网络银行来讲，银行将其看成是他们提供的增值服务，并不收取费用。网络游戏提供商是通过销售游戏币的方式获取收入，而网络社区和搜索引擎服务提供商多是通过广告的方式获取收入。

二、企业间电子商务（B2B）

根据企业间电子商务系统的所有权来分，企业间电子商务的模式主要有两种，一种是基于互联网的 B2B 电子市场，另一种是私有行业网络。B2B 电子市场一般由独立的第三方建立，对行业内的大部分企业开放，目的在于积聚众多的中小买家，支持他们之间的沟通、交流和交易。私有行业网络一般由某一大型企业发起成立，连接企业和其供应商、交易伙伴，支持他们之间的采购、供应链管理和销售活动。由于私有行业网络只针对该大型企业的供应商和供应链伙伴开放，故称为私有网络。由于这种私有网络支持特定企业和其交易伙伴的任何交易和合作流程，而企业之间交易和合作流程又呈现不同的特征，故而使支持它们的系统也呈现不同的特点，这两种系统可以大致地分为电子供应链和合作商务。

 学术观点 1-1

企业间信息系统

关键词：资源聚合型，供应链型，网络型

来源期刊：*MIS Quarterly*

在以互联网为基础的 B2B 电子市场出现以前，企业之间从事的商务和合作活动是通过企业间信息系统（inter-organizational systems，IOS）进行的。目前这些 IOS 已经渐渐被基于互联网的集成系统平台所替代，所以本书主要介绍现在流行的企业间电子商务模式，并在此通过学术观点介绍企业间信息系统。值得注意的是，企业间信息系统的发展具有传承性，读者可以在当前企业间电子商务模式和早期企业间信息系统之间找到关联。

IOS 一词最初由巴雷特(Barrett)和 Konsynski 在 1982 年提出,指的是企业间的自动化信息系统。EDI 是一种主要的 IOS,同时还包括私有格式(未遵循 EDI 标准)的数据传输。其网络基础也不是互联网,而是私有网络或者各种增值网络。在此之后,由于信息技术的进步,企业间信息系统的定义也在更新。比如 Kumar 和 Dissel 在 1996 年将 IOS 定义为企业间关系通过软件和硬件的体现,使企业间能进行规划和管理的合作。而 IOS 就是企业间进行合作的一种推动力。它降低了企业之间交流和协调成本,使得企业之间合作带来的成本节约和战略优势要远远大于企业之间的竞争。Kumar 和 Dissel 将企业间信息系统分为三类:资源聚合型 IOS(pooled resource IOS)、供应链型 IOS 和网络型 IOS 等,基于这三种 IOS 的企业活动对应不同的相互依赖性,如表 1-3 所示。

表 1-3　三种不同企业间信息系统比较

IOS 类型	资源聚合型 IOS	供应链型 IOS	网络型 IOS
依赖类型	资源型依赖	顺序型依赖	相互型依赖
结构			
合作机制	标准和规则	标准、规则、日程、计划	标准、规则、日程、计划以及相互间协调
技术	调节	长连接	密集
结构性能	高	中	低
技术实施和应用案例	共享数据库、网络应用、电子市场	EDI 应用、语音邮件、传真	CAD/CASE 数据库交换、视频会议、桌面共享

资源聚合型 IOS 指的是企业间分享共同的 IT 资源,但是相对独立且互动较少。这种 IOS 中企业对对方的依赖较少,活动一般由第三方进行维护,并制定活动标准和规则。电子市场和共享的数据库就是这种 IOS 的例子。在电子市场中,运营者一般会维护一个数据库,参与企业可以向数据库中输入自己的产品和公司信息以及供求信息,这些信息在 web 上可以通过浏览器来观看。电子市场也有会员准则、信息发布和搜索规则,以及询价、拍卖和协商的规则等。企业同行之间也可以共享一些数据库。比如,CLUE 是一个汽车保险行业的数据库,这个数据库收集了会员保险公司的索赔信息,会员们可以通过这个数据库查到某一个消费者在别的保险公司的索赔情况。它最初成立的动机就是帮助中小保险公司联合起来应对大保险公司的竞争。一般来讲,这类 IOS 的好处是:①信息获取和共享;②增加市场份额,寻找市场机会;③规模经济,共担

信息系统的开发成本和风险。

供应链型 IOS 指的是企业上下游之间具有顺序性的增值活动的信息系统。在这种顺序性的活动中,上游企业的输出成为下游企业的输入。比如企业之间的订货系统、传递 CAD 图纸、JIT 的支持系统等。在这种系统中,企业之间的依赖程度加深,因为下一流程的输入依赖上一流程的输出。这一类系统的好处是减少供应链上的不确定性,提高运营效率,减少交易执行成本,减少交易中的误差,减少库存等。而且一些企业也利用它来获取竞争优势,因为信息系统一旦建立,其交易伙伴就有可能被锁定在这个投资中了,如果放弃合作,交易伙伴的投资可能就白费了。

网络型 IOS 的特点是企业和企业之间有着很多的反馈、交流和互动,这些交流活动的顺序性和结构性较差,无法提前定义交流活动的顺序。比如企业利用群决策支持系统、共享白板、电话会议设备等支持工程师和供应商参与产品研发与设计。这类系统主要支持参与企业员工之间的交流、知识共享和产品规划。这种系统支持的活动具有较高的互动性和较差的结构性。

详细阅读:

Kumar, K. and H. G. v. Dissel. Sustainable Collaboration: Managing Conflict and Cooperation in Interorganizational Systems, MIS Quarterly, 1996, 20(3):279-300.

(一) B2B 电子市场

B2B 电子市场是基于互联网出现的新型的企业间交易模式和平台的统称。市面上存在着众多类型的电子市场,一般难以完全清晰地划分各种商业模式,但是它们拥有的共同点即集聚供应商和买家,撮合它们之间的交易,并支持采购和供应链上的各种活动以帮助企业提高采购和销售效率,减少成本。表 1-4 显示了 B2B 电子市场的一些特性。

表 1-4　B2B 电子市场的特性

特征	含义
导向	供应商导向、买方导向还是中立;电子市场更注重迎合哪一方的利益
所有权	行业网站还是企业联盟拥有;电子市场由谁拥有
定价机制	询价(RFQ)、拍卖、招投标、固定价格
范围	水平还是垂直的电子市场
价值创造	为客户提供什么样的价值
市场进入授权	任何企业可以使用还是只对受邀请的企业开放

B2B 电子市场可以根据两个维度来划分。一个维度为该电子市场支持的企业采购形式。一般来讲,企业采购可以分为现货采购和合同采购。现货采购是一种临时性的采购,采购方和供应商之前没有固定的采购关系,相互之间不一定认识,其采购关系是非正式的和一次性的。合同采购指的是企业按照提前签订的采购合同进行采购。这种合同一般是长期性的,一般会一年一签,并在年底更新。现货采购的好处是可以在市场上比价,寻找最合适的产品和价格,不利

之处是搜索成本和订货流程成本较高,且供应商产品质量无法得到保证。合同采购的好处是可以获取批量折扣,且在信任的供应商处采购,其质量和售后服务能得到保障,同时由于长期的固定采购,采购流程已经程序化,订货成本也比较小。不利之处在于信任的供应商无法满足买方企业所有的产品需求。根据研究人员的调研,企业的采购一般70%是通过合同采购,而30%通过合同采购无法满足,需要通过现货采购来完成。

　　另一个维度即电子市场服务的市场是水平还是垂直的市场。水平市场指的是市场上的产品是各个行业都需要的工业品,这些产品一般是间接产品,不直接进入到生产过程,比如设备维护、修理和运作产品(maintenance, repair and operations, MRO)等。垂直市场指的是市场上的产品是直接进入到生产过程中的产品,即直接的原材料。相对于间接产品,直接产品对于一个企业的生产来说更为重要。

　　根据这两个维度,B2B电子市场可以分为四类,如表1-5所示。

表1-5　B2B电子市场模式分类

企业采购方式	企业所买产品	
	间接产品	直接产品
现货采购	电子分销商: 固安捷 史泰博	独立电子市场: Ironplanet Alibaba 中国制造网 中国化工网
合同采购	电子采购 Ariba	企业联盟 Exostar.com Elemica.com Dairy.com

　　第一类为电子分销商,即一些工业品分销商通过互联网向企业销售产品,产品一般为MRO产品。电子分销商一般会集合多个制造商产品进分销,并从分销中提取佣金。知名的电子分销商为固安捷(Grainger)和史泰博(Staples)。Grainger是一个一站式的设备维护、修理和运作(MRO)工业分销商,其网站提供了丰富的产品目录、快速的产品搜索、便捷的价格查询、方便的报价申请和流畅的产品订购,提高了企业购买MRO产品的效率,降低了成本。

　　第二类为独立的电子市场,即提供多个行业或者专注于提供某一行业的独立第三方电子市场,买家可以通过独立的电子市场采购行业内的直接产品。由于主要支持现货采购方式,在这种市场上交易的产品一般是标准化程度较高、产品描述相对简单的产品,且买家和卖家之间多为一次性交易。这种电子市场的例子包括美国专注于农产品市场的farm.com,以及大部分的中国B2B电子市场以及行业网站如阿里巴巴。阿里巴巴B2B电子市场是全球最大的独立电子市场,分为国际和国内贸易(1688 平台)两个交易市场。截至 2020 年 6 月底,1688 平台拥有 92 万付费企业会员及 4 100 万年度活跃企业买家;阿里巴巴国际站付费企业会员数和年度活跃企业买家分别达 19 万和 2 600 万。阿里巴巴国际服务覆盖超过 240 个国家和地区,被称为"永不落幕"的广交会。独立的电子市场在支持企业信息发布、交易磋商、订单采购等各个采购环节提供服务,并力图搭建诚信的交易环境。在西方国家,一些独立的电子市场已经超出了支持买家卖家交易的传统电子市场的范畴,还提供供应链管理、系统整合、物流管理和产品合作开发等一系列企业合作所需的系统解决方案。

第三类为电子采购,即电子市场提供软件支持买方的采购活动,自动化采购流程,并协助买家管理采购支出和评价供应商绩效。这类电子市场具有较为明显的买家导向,即更多地关注买家的需求和利益,支持的交易产品为直接产品。Ariba 便是知名电子采购市场(见下文"企业实践")。使用这类电子市场的服务,买家可以选择经过挑选的合格供应商进行便捷采购,减少了交易成本,提高了采购效率,并增强了对产品支出的控制。

第四类是企业联盟电子市场,即几个买方或者卖方企业联合起来成立的市场,是一种少对多的电子市场。最有名的企业联盟电子市场是汽车行业的 Covisint(现已被 Compuware 收购),由美国三大汽车制造商(通用、福特和雪佛兰)联合建立。企业联盟电子市场的出现有着其历史背景。西方早期的第三方电子市场一般为独立的电子市场,由于无法吸引到足够多的参与者,一度难以支撑下去。B2B 电子市场的特点是具有网络外部性。网络外部性指的是一个电子市场参与的人越多,它的价值就越大。在电子市场发展的早期,由于它的参与者少,它的价值就小,企业自然就不愿意加入,所以这时电子市场处于一个恶性循环阶段。但是如果它突破了这个阶段,有较多的企业参与,它的价值就自然变大,并吸引更多的企业来参与,这时电子市场就进入到一个良性循环阶段。企业由恶性循环到良性循环的转折点就叫临界量(critical mass)。大部分独立的电子市场都在挣扎着达到临界量,但是收效甚微。而企业联盟电子市场商业模式就较好地解决了这个问题。企业联盟本身都是大企业,仅仅是它们的交易量就足以使得电子市场获得临界量,从而能吸引更多的中小企业加入。而企业联盟电子市场出现的另外一个动力就是这些企业本身想通过共同建立电子市场来分担平台建设的成本和风险,获得规模效益。但是,这种电子市场的建立有着较大的垄断和勾结的嫌疑,同时企业之间还存在着利益之争,使其无法提供深入服务。目前这种企业间 B2B 电子商务的形式只在较小范围存在,北美大约有 60 多家,而中国更少有这种电子市场存在。

知名的企业联盟电子市场包括:

(1) Exostar,航空业企业联盟电子市场,建立于 2000 年 9 月,首批参加的军工企业有 BAE、洛克希德·马丁公司、雷神公司、波音公司,是世界上最大的全球性航天及国防系统电子商务服务平台,向波音公司、洛克希德·马丁公司、英国宇航公司、雷神公司、罗尔斯-罗伊斯公司等提供采购交易服务,目前注册企业已超过 70 000 个。波音等通过 Exostar 提供的采购服务整合了自身供应链,平均节省采购成本超过 18%,大大缩短了产品交货期,堪称军工领域应用电子商务的典范,年采购额达数百亿美元。

(2) 全球医药交易中心(Global Healthcare Exchange,GHX)是美国医疗行业一个主要的电子交易平台,主要为医疗机构、集团采购组织(GPO 组织)、药品经销商、药品生产企业提供中介贸易支持服务。成立之初主要为成员企业提供专一的沟通节点。随着成员与医院客户数量的增加,医院信息化程度的提高,GHX 目前可为供应商和客户提供 ERP 综合对接服务、合同管理及战略报告等多种增值服务。GHX 允许用户通过 GHX Axiom Web 浏览器、GHX Conneel 接口、电子交易接口(electronic transaction interface,ETI)、浏览器交易接口(browser transaction interface,BTI)等多种途径连接 GHX 目录,获得不同的服务。GHX 与共同致力于发展医药行业分类标准的非营利性机构 ECRI 合作,以全球医疗技术命名系统(UMDNS)为其分类的结构基础建立了行业标准,降低了供应商、综合交易网(IDNs)、医院、销售商之间数据沟通的难度,提高了交易准确性。其内容智能化中心能够自动辨认和更正采购订单中不准确的产品数据,整理后将订单重新发给买方确认。该模式减少了人为干预,同时也减少了订单错误,加速了回款周期,使供应商可以更早地收到产品货款。

 企业实践1-4

Ariba:企业 B2B 电子市场

(二)私有的电子市场

私有的电子市场指的是由单个买方或者卖方大型企业组织的较为封闭的电子交易平台,专门支持企业本身的销售、购买和供应链管理活动。由于这些电子交易平台并不对所有的企业开放,而只是有针对性地邀请一部分供应商,所以这些电子交易平台又被称为"一对多电子市场"。此类电子市场也可以理解为大企业本身的 B2B 系统,提供的功能包括支持企业的采购,企业与供应商、客户的互联与整合,企业的电子供应链管理和产品开发等。

私有电子市场的劣势在于企业需要支付自建 IT 平台和软件开发的费用,所以一般只有相当交易规模的大企业才会自建平台。但是平台一旦建成,其能为企业带来的益处是巨大的。企业可以根据自己的需求来设计软件和交易流程,和供应商、经销商之间进行更大范围的数据分享和流程合作,并能随需求来变动功能模块。所以大企业一般都将私有电子市场看成是自己的竞争优势。私有网络的例子非常多,GE、戴尔、思科、微软、IBM、耐克、可口可乐、沃尔玛、惠普等公司都运营有非常成功的私有网络。下面的"企业实践"中提供了大众汽车私有电子市场的详细信息。在本章前面提到的"宝钢在线"就是这样的例子。宝钢的私有电子市场集成了五大系统和一个平台:企业决策支持系统、应用模型技术及专家系统、客户关系管理系统、供应商关系管理系统以及电子商务平台,其中宝钢股份的"宝钢在线"电子商务平台,构建了企业与外部业务单位之间高效便捷的信息沟通渠道。

企业实践 1-5

大众汽车(Volkswagen)的私有电子市场

　　私有电子市场区别于第三方电子市场的特点就是能深入到处于中心位置的大企业供应链，形成电子供应链。电子供应链使企业在供应链伙伴，以及其他伙伴之间，通过价值链集成实现信息共享和协作业务流程，形成敏捷伙伴关系，以便更好地向终端客户提供价值。电子供应链也可以看作"延伸性企业"(extended enterprises)。这种和供应链伙伴的互联增加了伙伴之间的协调性，进而增强中心企业对客户需求以及市场变动的反应能力。电子供应链不仅仅是订单自动化和数据传输的自动化，企业也在利用 IT 技术实现更多的流程创新，形成商务合作。以下是一些流程创新的例子。

　　（1）与供应商合作共同完成电子采购和补货、生产、营销和销售等活动。取决于行业特点，企业和供应商的合作有多种形式。比如目前制造行业和零售行业流行的供应商管理库存(vendor managed inventory，VMI)模式，当企业库存低于安全库存时，系统就会自动生成订单并传输到供应商，缩短了订货处理周期，节约了订货交易成本，并减少了库存。在零售行业，美国的 VICS 组织推行 CPFR(collaborative planning，forecasting and replenishment)供应链管理实践，为零售商和供货商之间的合作提供战略、思路和流程方面的指导。CPFR 涉及零售企业和供货商之间的共同规划，共同对产品的需求进行预测，共同进行规划的执行等。通过这种合作，企业和供货商之间形成紧密合作，增强了供应链的可视性，降低了供应链的成本，提高了反应速度。

　　（2）与经销商实现系统互联共同完成电子订购。让经销商通过网络订货，一方面减少了经销商和企业的订货处理成本，另一方面加强了企业对经销商的控制。与经销商系统相连，增强了供应链上的需求可视性，中心企业在一定程度上实现了需求驱动的供应链管理。经销商(甚至是终端客户)在网上直接输入订单，该订单通过企业的内部系统，并被导向相应的供应商进行生产和配送。

　　（3）客户关系管理。客户关系管理指的是企业为增加客户忠诚度而进行的一系列活动，包括客户资料的收集、存储、整理、挖掘和应用。客户关系管理一方面对有针对性的营销和客户关系构建与维护有很大的帮助，另外一方面客户情况能及时反馈到供应链的上游，有助于企业研发适销的产品，进行合理的需求预测和生产安排。

　　（4）合作产品设计。当产品开发不再局限于一个企业内部的研发部门，而是需要将诸多的供应商和分销商纳入进来，以实现更符合市场需求的产品设计时，产品设计的沟通就变得复杂，就需要专门的软件来进行支持。产品设计的流程更像是项目，在工作流程上和供应链不同，并非结构化、可重复的流程，而是需要在产品设计项目过程中协调多方人员进行。比如在汽车设计中，参与人员众多，包括车内部和外部设计师、结构师、工程师，还包括外部的供应商、物流商等，当企业产品设计的某一环节变动时，可能会影响到多个其他环节以及该环节上的工作人员，这时信息的同步且准确无误传递就显得非常重要。现在一些大企业的私有网络里面具有合作产品开发的功能模块,这个功能模块也属于商务合作的范畴,即企业利用数据库合并工作流软件的商务合作技术来协调复杂的合作产品开发。

以上是电子供应链和合作商务的一些例子。与 B2B 电子市场不同,实现电子供应链不能仅仅依赖某一个系统,而是企业内部、企业和上下游伙伴之间的系统互通互联,并伴随着企业的其他相关业务流程如财务和销售等流程做根本性的变化。目前企业一方面在各个环节完善电子供应链,另一方面也在利用信息技术提供的可能性重构价值链,以新的模式和流程进行合作,并形成了基于网络的企业联盟。所以电子供应链的影响是巨大的,它改变了组织和行业的价值流,甚至改变了行业的传统经营格局。

 企业实践 1-6

苏宁电器的电子供应链应用

苏宁电器是中国家电连锁零售企业的领先者。苏宁电器财报显示,2020 年苏宁电器销售额近 2 523 亿元,是全国 20 家大型商业企业集团之一。中国家用电器研究院指导、全国家用电器工业信息中心发布的《2020 年中国家电行业年度报告》的数据显示,2020 年整体家电市场中苏宁易购稳居第一,份额 23.8%,京东以 17% 的份额紧随其后。

苏宁的成功离不开其较早开展的信息化工作。苏宁曾入选"2005 年度中国企业信息化 500 强",是百强企业中唯一入选的零售企业。以 SAP/ERP 为核心的苏宁信息化平台在国内商业零售领域是第一家。

在采购方面,苏宁与索尼、摩托罗拉、LG、三星、海尔等上游企业完成 B2B 对接;在销售方面,苏宁全国 100 多个城市客户服务中心利用内部 VOIP 网络及呼叫中心系统建成了集中式与分布式相结合的客户关系管理系统,建立了 5 000 万个顾客消费数据库,实现了全会员制销售和跨地区、跨平台的信息管理,统一库存、统一客户资料,实行一站式销售。苏宁实现 20 000 多个终端同步运作,大大提高了管理效率。苏宁各地的客服中心都是以 CRM 系统为运作基础的。CRM 系统将自动语言应答、智能排队、网上呼叫、语音信箱、传真和语言记录功能、电子邮件处理、屏幕自动弹出、报表功能、集成中文 TTS(text to speech)转换功能、集成 SMS 短消息服务等多项功能纳入其中,建立了一个覆盖全国的对外统一服务、对内全面智能的管理平台。

苏宁贯通上下游产业价值链信息系统在 2005 年就初具雏形。首先,行业间 B2B 对接,订单、发货、入库和销售汇总等数据实时传递、交流,大幅度缩减业务沟通成本。其次,知识管理和数据库营销成为基本工作方式。建立完善的客户服务系统以及信息数据采集、挖掘、分析、决策系统,分析消费数据和消费习惯,将研究结果反馈到上游生产和订单环节,以销定产。供销双方基于销售信息平台,决定采购供应和终端促销,一方面实现供应商管理库存功能,加强产业链信息化合作,另一方面苏宁针对客户的个性化优惠变得切实可行,比如苏宁可以直接给某些有着良好购买记录的顾客现金优惠,也可以根据对方的购买习惯打包进行捆绑式销售,这些都给顾客带来实际效益,而且让利是可见的、实时的,比没有针对性的大规模促销更有效。

在网络时代,苏宁进一步改善供应链管理以适应网络销售。这个改革从 2009 年开始。根据苏宁集团董事长张近东所言,苏宁供应链改革遵循了以下思路:"要深层次变革供应链的合作模式,改变过去以谈判博弈为主导的模式,并向以用户需求为驱动的商品合作模式转型。"新的供应链平台则以 SCS 系统为基础,采用 B2B 电子商务技术手段,实现苏宁与供应商的供应链从流程到信息的供应链协同管理。

苏宁分三个阶段具体实施 B2B 供应链信息化管理系统:

"第一阶段,信息集成阶段,通过供应链各方的数据交换,达到数据共享的目的,使得供应链对多方具有一定的透明度;第二阶段,协同商务阶段,在信息共享的基础上,利用新技术,通过供应链各方业务流程的协同运作,达到整合和优化供应链的目的;第三阶段,适应网络阶段,在信息共享和协同商务的基础上,通过智能的手段,使供应链各方的合作更加密切,对市场的响应也更快、更好。"其中一个例子就是,2015 年美的和苏宁形成战略合作。随后,苏宁对美的实现了数据资源的全面开放,并由此驱动双方联合营销、精准引流、产品反向定制等合作。同时,美的数十人的线上项目部入驻苏宁总部联合办公,进一步推进绩效协同的办公模式。

资料来源:

苏宁电器客户关系管理(CRM)实施案例,新浪网,2008 年 7 月 9 日。

张近东变革苏宁供应链模式,现代物流报,2016 年 6 月。

三、企业内部电子商务

企业内部电子商务是指依赖互联网和信息技术完成的企业内部各部门之间的管理与商务协作活动,对企业间电子商务的执行起着重要的支撑作用。企业内部电子商务包括基于 ERP 系统的业务功能,大数据平台和工业互联网和智能制造。

(一) 基于 ERP 系统的业务功能

企业资源规划系统(ERP)是企业内部信息化的集大成者。实际上企业在很早以前就开始利用信息系统支持企业的内部运营。著名的管理学家波特提出的价值链模型有助于我们认识企业内部运营和流程。波特将企业活动分为基本活动和辅助活动。企业的基本活动包括内部后勤(inbound logistics)、生产作业(operations)、出厂后勤(outbound logistics)、营销与销售(marketing and sales)和售后服务。在 20 世纪 50 年代中期很多企业就开始利用交易处理系统(transaction processing systems)来帮助记录日常交易处理,在 1960 年就开始使用管理信息系统来处理和分析企业的生产和营销活动,在 20 世纪 70 年代出现了办公自动化的系统,以后又有很多企业使用了财务系统和制造系统。但是这些信息系统都是部门级别系统,是单独的和分散的信息孤岛,对企业的电子商务活动支持有限。

ERP 系统整合了各个功能部门系统,通过对接企业内部各个系统来实现信息在企业内部各个部门畅通和即时共享。ERP 系统有助于企业快速决策以及快速对市场做出反应,是现代企业电子商务的基础。ERP 将企业各个独立的系统(如制造系统、财务系统)连接成为一个整合的系统,并将整个企业的数据和流程都整合到这个系统。企业资源规划中的"企业"二字就意味着它是一个企业级的系统。企业资源规划系统的整体结构如图 1-8 所示。商业流程一体化优化了公司各个部门的职能。

企业的 ERP 系统包括但不局限于以下功能。

(1) 进销存。进销存管理包括采购管理、销售管理和存货管理。在采购管理功能模块中,ERP 能对从请购单到询价单、采购订单、收货质检、验收入库等整个采购过程进行管理。销售管理主要包括对客户的询价进行报价、客户订单输入、客户信用检查与控制、准备货物、发货出库

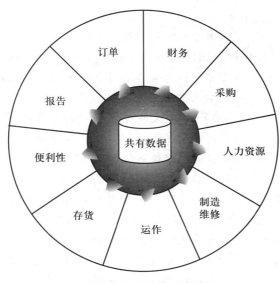

图1-8 企业资源规划

等销售全过程的管理。库存管理主要针对库存物品的出入库操作、库存的调整和调拨业务、盘点业务以及盈亏差异处理等库存活动进行全过程管理。一些ERP软件还提供进销存方面的统计分析功能,如销售模块中可以针对业务员、产品、时间等多维度进行统计分析,并提供相应的分析报表。

(2)会计。会计的主要功能是跟踪企业的各项业务活动,包括销售、应收和应付账款、现金余额和流向、资产控制、利润的计算等。ERP软件可以帮助企业管理日常的账务和财务报表工作,包括凭证、账簿,报表等。一些业务可以自动结转成记账凭证,大大减少了会计人员的工作负荷,提高了会计工作的效率和准确性。一些财务报表和管理报表可以由用户自己定义,所以也增加了会计分析工作的灵活性。

(3)人力资源管理。人力资源是企业最为重要的资源,简称HR,包括人员的雇用和解聘、控制工资成本、管理员工福利、管理员工培训等。一些ERP系统可以支持人事考勤和薪资管理。比如一些软件提供了灵活实用的计件工资管理,提供薪酬福利计算的功能,提供了辅助考勤设备,从而帮助企业实现对人力资源的有效管理和考核,大大减轻了企业管理工作量,提升了劳动效率。

(4)固定资产管理。ERP能帮助企业管理固定资产及其变动明细,固定资产每月折旧的自动记账和报表制作等工作,从而实现管理的及时准确性,减轻了财务人员的工作量。

ERP系统一般是基于企业数据库的。ERP各个功能模块的数据都储存在这个数据库中。各个数据库软件能够对其储存的数据进行管理。一些关键的ERP应用和数据库是和web整合的。这样web上的前端系统输入的数据能够自动地进入到后端ERP系统,然后数据就能很快进入到相应的部门进行处理。这样就大大提高了企业在前端系统中对客户订单处理的效率,从而提升了客户的满意度。

（二）大数据平台

随着企业内外部经营的数字化程度加深和新型技术的应用,比如移动计算、物联网、人工智能等,企业积累了大量的数据资产。如何利用这些数据获取电子商务经营方面的优势也成为当代企业内部电子商务的一种表现形式。这些数据由于其规模性(volume)、高速性(velocity)、多样性(variety)和价值性(value)被称为大数据。大数据已经成为数字经济的重要生产要素,在各行业的深度渗透、与实体经济的深度融合极大改变了企业的运作模式以及与消费者的互动关系。这些数据在企业和客户的交互过程中产生,同时其分析结果能帮助企业提供以客户需求为中心的个性化智能服务。因此成为企业推进数字化转型和实施电子商务的关键资源。

传统的数据架构无法满足企业存储、处理和使用大数据的需求,所以企业也在部署新的数据架构。在数据存储层面,这些变化包括对一些新型的数据库,比如 NoSql 的使用,以及利用 Hadoop 框架来支持数据的并行处理,加快数据处理和分析的速度。SAP 公司则研发了 SAP HANA(一种内存纵列数据库)来加速数据的处理和分析。在分析层面,除了数据透视工具,一些统计软件比如 R 也开始在企业使用。一些企业也开始整体部署大数据资源以使数据能在企业得到最大化的应用。阿里巴巴的数据中台就是其中的典型例子。数据中台汇聚了各种来源的数据并通过对数据进行建模以方便企业各个业务部门对数据的使用和分析。数据中台一方面积聚海量数据,以使数据能进行连通使用,为分析客户及产品等提供 360 度视角;另一方面数据建模和便利的分析工具能降低使用门槛,促进业务部门的使用。

电子商务的经营对数据具有高度依赖性,好的数据产品能为企业带来极大的竞争力。比如亚马逊开发的产品推荐,以及阿里巴巴的千人千面技术,就是成功的数据产品例子。因此大数据平台和工具是企业从事电子商务不可或缺的资源。同时,企业也需要恰当处理大数据资源利用的潜在风险,比如数据所有权问题和客户隐私问题。

（三）工业互联网和智能制造

近些年来随着企业数字化和智能化程度的加深,企业内部系统出现了一些变化,其中一个现象就是工业互联网和智能制造的出现。工业互联网又称为物联网(industrial Internet of things),指的是互联的传感器、工具、仪器和其他设备,以及基于这种互联的工业应用,比如智能制造和能源管理。这种连接线允许数据的收集、交换和分析,能够帮助企业提高生产效率,增加产能,减少生产成本等。

比如,重庆金桥机器制造有限责任公司(简称"金桥公司")是重庆市一家生产各种类型摩托车凸轮轴组件的公司。金桥公司曾经各信息系统自成体系,形成信息孤岛,物流布局乱、人工依赖度高、生产效率低,虽然购置了自动化设备以提高生产效率,但效果并不理想。2020 年 4 月,施耐德智能制造重庆创新中心专家团队为金桥公司量身定制了一套智能制造解决方案,结合数字化系统实现数据实时采集、生产计划自动排产、生产过程实时跟踪。目前,金桥公司已完成 16 条生产线和 7 个机加工区智能改造,人均效率提升 42%,生产周期缩短 87%。再比如在汽车行业,中冶赛迪重庆信息公司推出了钢铁行业"水土云"工业互联网平台,研发了一体化智能管控系统,为钢铁企业提供全流程智能应用方案,助其通过数字化方式整合管理钢铁生产过程,实现智能堆料、智能炼钢、智能物流等。宝武韶钢即为"水土云"工业互联网平台的客户之一。基于"水土云",宝武韶钢实现了对生产和物流密集数据的采集和跟踪,建立了统一的智慧中心操控室。"这里就像股票交易所,生产数据一目了然,只需手指轻轻一点。"中冶赛迪重庆信息公司总经理徐灿表示,目前,宝武韶钢产能效率提高四成,每吨钢铁成本降低 40 元,一年就能收回改造成本。同时监控的安全性也增加了。原先的 42 个中控室分布在 4 平方公里内,400 多名员工处于涉及煤气等有害气体的重大危险区域,现在这些员工可以在安全的智慧中心操控室工作。

工业互联网是在新一代工业互联信息通信技术,大数据分析和工业云计算技术等与工业经济深度融合基础上发展起来的新型工业基础设施和应用模式。目前工业互联网在各个行业包括汽车、制造和农业等都有很多创新型的应用。其应用不限于工业企业内部,而且也涉及电子供应链管理,其未来潜在的影响力能拓展至整个的产业,所以工业互联网为工业乃至产业数字化、网络化、智能化发展提供了实现途径,被誉为第四次工业革命的重要基石。

第三节　企业电子商务转型的制约因素

中国企业电子商务发展至今已经深入到各个经济主体。根据商务部《中国电子商务报告2019》,全国电子商务交易额达 34.81 万亿元,其中网上零售额 10.63 万亿元。2019 年重点网络零售平台(含服务类平台)店铺数量为 1 946.9 万家,其中实物商品店铺数 900.7 万家。B2B 电子商务一直是电子商务应用的主力,企业除了利用 B2B 平台,比如阿里巴巴、慧聪网和网盛生意宝等进行采购和销售,一些大型国有企业的电子商务的应用也已成为典范,例如宝钢在线、"东方钢铁在线"、中石油"能源一号"网等。央企中的中国石化、中国移动、宝钢等大多数企业都已经深度开发了电子商务交易系统。其中,中国石化生产建设所需的物资 95% 实现了电子化采购。

电子商务对企业产生了深远的影响。电子商务帮助企业提升了效率,减少了成本,增强了企业间合作,而且打开了新的销售渠道和销售机会。但是从事电子商务不是简单的 IT 系统实施,其发展并非一蹴而就的,需要企业进行电子商务转型,需要企业建立新的电子商务能力并持续创新。从总体上讲,企业电子商务转型受到下列因素的影响:企业信息技术基础、企业管理实践兼容性、组织变革管理、领导者意识、人力资源、交易习惯和文化。

一、企业信息技术基础

电子商务对企业信息技术能力和基础高度依赖。我国企业信息化起步较晚,大部分企业信息基础设施薄弱,有可能会成为企业电子商务转型的制约因素。Nolan's 的 IT 发展阶段理论认为美国的信息化发展经历了三个阶段,一是 20 世纪 60—80 年代的数据处理阶段(DP),二是 20世纪 80—90 年代中期的微机时代,三是 20 世纪 90 年代中期至今的网络阶段(图 1-9)。我国的改革开放始于 1978 年,所以企业基本没有经历过数据处理阶段。在改革开放初期,一些企业赶上了美国的微机处理时代,开始进行信息化改造。但是由于企业经营仍带有计划经济性质,且企业资金严重不足,信息化投入少,水平低,仅限于极少数企业,所以很多企业是直接进入了网络时代,然后在网络时代来补数据处理时代和微机时代的课。直接进入网络时代的好处是可以直接利用最新的信息技术,没有技术包袱,但是这也造成了企业对电子商务技术的吸收能力下降。企业吸收能力指的是企业学习和吸收新知识的能力,它是企业的先验知识存量的函数。企业先验的 IT 知识存量越大,对信息技术的吸收能力就越强。所以我国企业虽然进入到了网络时代,但仍然处于补课的状态,对新技术的吸收能力不强。比如,国外企业早期电子商务发展快是因为相当一部分企业的电子商务是由 EDI 转化而来的。现在经过一些年的发展,很多企业的信息技术基础在硬件方面已经得到了相当大的提升,但是软性的 IT 管理实践比如 IT 服务流程、IT 技能和 IT 安全管理等还并未成熟,可能会制约企业的电子商务转型。一些企业还没有正式的 IT 部门,非 IT 工作人员对电商系统和信息系统的熟悉程度也比较低,不利于电子商务的实施和推广。

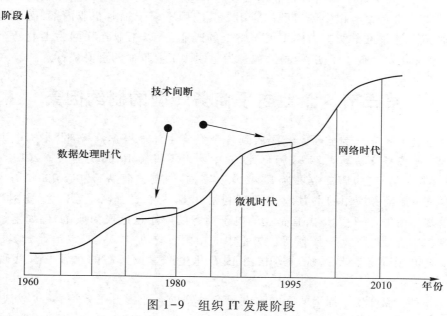

图 1-9　组织 IT 发展阶段

二、企业管理实践兼容性

企业管理方式落后或者不兼容造成了企业电子商务转型动力欠缺。电子商务作为一种商业实践,需要技术和企业管理实践的融合。当管理实践不兼容的时候,对电子商务技术的采纳动机就不强。比如,企业的领导人决策时习惯利用直觉,“拍脑袋”来决策,而不是依赖数据和科学的方法来决策,造成企业对商务智能系统和大数据分析缺乏兴趣。再如,B2B 电子商务一般是用来支持企业间的合作和供应链管理的,而企业领导供应链管理的意识薄弱以及不存在以往良好的供应链管理实践,也是造成一些企业无法成功转型做 B2B 电子商务的一个原因。Reimers 等人利用产业组织学的模型论证了中国早期 B2B 发展滞后于西方国家的原因,其中之一是中国企业外部管理实践欠缺。按照规律,当一个行业发展至成熟,行业集中度会提高,这时大企业会倾向于纵向整合或者建立上下游的供应链联盟,以对抗竞争者。企业就有很强的采用企业间系统的欲望来支持其供应链联盟。但是 Reimers 等人研究了中国一些行业的演变,发现这些行业的确在 1996—1999 年经历了企业数量的减少和集中度的提高,但是这种集中度的提高是政府为加入 WTO 的政策导向造成的(即合并企业以抵抗外来竞争),而非一个自然的演进过程。所以虽然行业集中度提高了,企业并没有建立供应链联盟的管理实践,那么对 B2B 系统,尤其是电子供应链管理平台的需求自然也就不足。

三、组织变革管理

企业基于 IT 管理企业的管理方式欠缺制约了企业电子商务转型。IT 管理企业的管理方式需要企业在利用 IT 的过程中进行组织变革,包括流程,技术,文化和人员技能的变革。企业电子商务亦是如此,需要企业进行组织变革,进行流程再造,变革组织结构和文化,才能取得好的效果。将先进的 IT 和电子商务系统生硬地放置到旧有的企业系统中去,势必会束缚电子商务价值的发挥。

同时,持续创新和变革作为一种管理理念,对于电子商务转型也至关重要。由于信息技术的发展,电子商务技术也在日新月异的变化,企业只有具有快速感知新技术的潜力、持续拥抱创新,持续转型其电子商务模式和运营细节,才能从电子商务中获得持续竞争优势。一些企业的持续创新和变革意识不强,也是制约企业电子商务转型的重要因素。

四、领导者意识

领导者的重视对企业电子商务转型非常重要。但是,一些企业高层领导对企业电子商务认识不足,表现为:①不了解企业电子商务的好处,没有意识到它的重要性;②不了解该如何实施企业电子商务,以使其为企业创造更大的经济价值。Thong 等人的研究则表明,高层领导的支持非常重要,他们的技术知识更为重要。这说明企业领导的支持不应仅是表面和肤浅的,而应当在掌握一定的技术知识的基础上制定切实可行的支持方案。

五、人力资源

人力资源也会对企业电子商务转型产生影响,表现为:①企业电子商务人才欠缺,比如电子商务营销人才和电子商务运营人才等人力资源缺乏,会阻碍企业电子商务转型。②一些企业人事制度僵化,不利于人员的调整。企业电子商务技术推广之后,一些需要解雇的人无法解雇,而需要聘用的人进不来。③人力成本偏低。企业电子商务系统具有使部分工作流程自动化的功能。在西方国家人力资源成本偏高的情况下,自动化带来的交易成本节约是非常明显的,而在中国效果则不那么明显,这使得企业缺乏内在的自动化动机。同时自动化导致所需人数减少之后,由于人事制度僵化,从业人员并没有减少,所以人力成本基本没有减少。

六、交易习惯与文化

企业的交易习惯也决定了企业对一个新商务模式的接受程度。企业电子商务中的网上采购和销售为企业提供了寻找更优的交易伙伴的平台。但是,如果企业仍习惯于通过人际关系和熟人推荐来寻找未来交易伙伴,就会在一定程度上阻碍电子商务平台采纳和使用。目前我国最早和发展最好的 B2B 电子市场就是外贸领域的,如 Alibaba 国际站、环球资源网等,因为这些领域没有已经形成的人际关系,通过人际关系认识对方的可能性也较小。所以如何克服以往的交易习惯,更多使用电子的方式进行交易也是对企业电子商务转型的一种挑战。

本 章 小 结

本章主要讲述了企业电子商务发展历史、企业电子商务模式以及企业电子商务转型的制约因素。按照学习目标的顺序,将主要概念和知识点总结如下:

企业电子商务的发展分为三个阶段:私有网络和电子数据交换时代、互联网企业主导型的企业电子商务、传统企业主导型的企业电子商务。(1)电子数据交换是运用标准数据形式对商业信息进行的计算机对计算机的电子传输。目前在美国电子数据交换仍然是企业电子商务的主要形式之一。但是由于其成本高昂、数据结构不灵活,目前逐渐为基于互联网的电子商务系统所替代。(2)互联网企业主导型的企业电子商务是纯粹的互联网企业占主导地位的电子商务时代。这些企业大部分被淘汰,只有一小部分站稳了脚跟,并成为目前某些行业互联网上的主导企业。(3)传统企业主导型的企业电子商务是传统企业利用互联网拓展和重构业务的时代。传统企业由于拥有良好的辅助资产,如行业经验、物流能力等,比纯粹的互联网企业更具有优势。但是上一阶段生存下来的纯粹的互联网企业也渐渐建立起了足以能与传统企业抗衡的辅助资产。(4)在创新阶段,电子商务的形态和运营模式都发生了很大的变化,新技术不断被应用到电子商务中,出现了移动电子商务、社交商务、基于 VR 和 AR 的电子商务和跨境电商等。区块链在电子商务中的应用处在初期探索阶段。

企业电子商务模式包括三类:企业对消费者电子商务、企业间电子商务和企业内部电子商务。(1)企业对消费者电子商务指的是企业通过互联网销售和提供产品与服务。包括网上零售业和网上服务业。(2)企业间电子商务,包括 B2B 电子市场和电子供应链。B2B 电子市场是基于互联网出现的新型企业间交易模式和平台的统称。B2B 电子市场有三种表现形式:独立市场(或称第三方电子市场)、企业集团电子市场和私有电子市场。电子供应链是企业在供应链伙伴,以及其他伙伴之间,通过价值链集成,实现信息共享和协作业务流程,形成敏捷伙伴关系,以向终端客户更好地提供价值的电子商务模式。电子供应链的具体表现形式为与供应商的合作供应链管理、与经销商合作的电子订购和客户关系管理。(3)企业内部电子商务是指依赖互联网络和各种信息技术支持完成的企业内部各部门之间的管理与商务协作活动,对企业间电子商务的执行起着重要的支撑作用。企业内部电子商务包括基于 ERP 系统的业务功能、大数据平台、工业互联网和智能制造,企业内部系统出现了数字化、网络化、智能化的趋势。

企业电子商务转型的制约因素包括企业信息系统基础、企业管理实践兼容性、组织变革管理、领导者意识、人力资源、交易习惯和文化等。企业电子商务转型是一个持续不断的过程,当新技术出现并用到电子商务中去时,企业需要能即时感知到这些技术的价值,并积极进行电子商务转型,包括战略和战术的调整,以保持企业的电子商务竞争力。企业领导者应当加大企业电子商务基础设施和人力资源建设的投入,并做相应的管理理念的转变,保持企业电子商务转型的就绪度并在需要的时候即时改变企业的运作流程以更好且持续地发挥企业电子商务的价值。

本章关键词

企业电子商务历史　　　　　　　　the history of e-business

互联网企业	internet companies
传统企业	brick and mortar companies
电子数据交换	EDI(electronic data interchange)
企业间信息系统	inter-organizational systems
企业间电子商务	business to business ecommerce
企业对消费者电子商务(B2C)	business to consumer ecommerce
企业内部电子商务	ecommerce supporting internal processes
电子市场	electronic marketplaces(e-marketplaces)
独立的电子市场	independent e-marketplaces
企业集团电子市场	consortia based e-marketplaces
私有电子市场	private e-marketplaces
客户关系管理	customer relationship management
企业资源规划系统	enterprise resource planning
电子商务转型	e-business transformation
组织吸收能力	organizational absorptive capability
管理实践兼容性	compatibility of management practices
变革管理	change management

复习思考题

1. 企业电子商务的发展经历了哪些阶段？各个阶段的特点是什么？
2. 垂直和水平的电子市场的区别是什么？
3. 企业电子商务的模式主要有哪些？请举例说明。
4. 企业间信息系统有哪些类型？各具有什么特征？
5. 请举例说明有哪些类型的B2B电子市场。各种电子市场的相同点和不同点是什么？
6. 请解释哪些因素制约着企业电子商务转型。
7. 请简单解释管理实践兼容性对企业电子商务转型的影响。

案例讨论

从沃尔玛看传统企业电子商务转型的挑战

一、沃尔玛介绍

　　沃尔玛是全球知名的零售商,也是全球最大的公司(以营业额计算)之一,在财富500强企业中名列前茅。根据沃尔玛的财政报告,截至2020年12月的公司财政年度,其总营业额为5 240亿美元,净利润138亿美元,利润率为2.6%。[①] 在美国,它有11 501个店面,160多万名员工,这意味着美国每200个人中就有一人是沃尔玛员工。沃尔玛也是世界上雇员最多的企业,全世界共有约220万名雇员,同时也是美国、加拿大、墨西哥的雇员最多的企业。

---

① 沃尔玛官网。

　　沃尔玛的商业模式是全球连锁的大型超市（主要指 Walmart Stores），其口号是"天天低价"。沃尔玛经营的商品种类繁多，包括食品、服装、婴儿用品、药品、相片冲印等 70 多类商品。"这真是一个目录杀手"，Gartner 研究部主任 Geri Spieler 认为，"每一个企业都要用沃尔玛来做一下比较"。借助这种成功，沃尔玛认为任何一个供应商都愿意成为沃尔玛的供应商，都愿意使用沃尔玛 EDI。所以沃尔玛通常是直接从分销商那里补货，更快更便宜。

　　这个巨人变得越来越大，Spieler 说道。沃尔玛还在不停扩充它的产品线。现在它开始卖时装，同"老海军"（Old Navy）店里卖的一样，同时还在不断扩充和修建新的店面。沃尔玛显然已经成为了一个庞然大物。其发言人 Cynthia Lin 称，公司每月邮寄 9 千万的广告。这意味着沃尔玛广告可能是美国发行量最大的出版物。

　　二、沃尔玛电子商务转型：一个痛苦的过程

　　但是沃尔玛在线下的成果并不意味着它在线上也是同样成功的。尤其是在它 1996 年刚刚开展在线业务的时候。

　　沃尔玛在线下的零售主导地位很容易使人预期它在线上也应当是电子商务巨头。但是据 comScore Media Metrix 2002 年 9 月的网站流量的报告数据，分析家们认为它网上的表现和线下的表现完全背道而驰。在这个报告单上，eBay 以 3 440 万访问者位居首位，紧接着的是 Amazon，有 2 560 万访问者，再接下来是 Yahoo Shopping，有 2 450 万访问者，Dell 有 1 140 万访问者，Barnes and Noble 有 820 万访问者，MSN Shopping 有 730 万访问者。排名第 13 的是 Walmart.com，拥有 650 万的访问者。考虑到沃尔玛拥有如此良好的线下品牌，以及它从 1996 年就开始在网上销售，这个名次对沃尔玛的确是有点不尽如人意了。

　　Spieler 认为，沃尔玛线下的成功并未在线上得以复制，因为"他们的客户群是不同的"。她注意到，网上的消费者和线下的消费者是不同的群体。"在沃尔玛购物的人们倾向于去店面，沃尔玛更适合于大家庭以及不忙的人群。"她认为，一般的网上购物者倾向于有更多的可支配收入，更强调节约时间。许多网上的购物者是婴儿潮中时间紧迫的那一类人，他们喜欢货物被直接送到家。

　　她还认为，另外一个原因就是，沃尔玛不是一个网上的领导者。零售业的很多企业都是技术落后者，对技术反应非常迟钝，其网站也做得非常糟糕，不是专业技术人士所为。事实上，沃尔玛和许多公司一样在网上运作方面遇到了挑战。在 1999 年的购物节，沃尔玛不得不告知消费者，它不能保证 12 月 14 日以后下的订单能准时送达，这对于一个有着良好物流系统的企业来讲太不正常了。

　　为了寻求更多的网络经营经验，沃尔玛曾经试图将 Walmart.com 拆分成一个单独的企业，在 2000 年 1 月将一部分的股份销售给技术很强的 Accel Ventures，并将总部移至硅谷。但是尽管如此，沃尔玛还是在 2000 年秋天将网站关闭了一个月，以对网站升级和维护。沃尔玛的举措令很多人不解，因为沃尔玛不是在黄金销售季节来临之前将网站更新好，而是完全在该时间段关闭了网站。重新开放的网站仍然会有数小时的网站关闭情况发生。

　　2001 年，沃尔玛将 Accel 的股份买回，Walmart.com 又成为沃尔玛的全资子公司。其发言人 Lin 解释，买回的原因是沃尔玛想将战略重点集中到整合线上和线下销售渠道。Spieler 的意见是,Accel 并没有起到很大作用。但是,无论什么原因,Walmart.com 都一直在探索和进步。

可以肯定的是,Walmart.com 网站不可能被描绘为一个高科技产物,它仍然缺乏像 Amazon 那样的客户个性化功能,而且它的蓝白色的设计也使得它看起来很邋遢。

但是它也有符合潮流的部分。Walmart.com 上线了像 Netflix 那样的 DVD 租赁服务。用户可以在网站上租 DVD,并且可以将 DVD 一直留在家里,对此沃尔玛不收超时费。考虑到 Netflix 还未盈利,沃尔玛的新举措令人期待。而且,沃尔玛秉承一贯的折扣商的作风,在 Netflix 的价格基础上再降了 1 美元。

沃尔玛还提供互联网接入服务。只要每月 9.94 美元,就可以使用沃尔玛的链接通过拨号上网接入互联网。这项服务也可以说是沃尔玛品牌的 AOL 服务。但是沃尔玛的价格只有 AOL 的一半,而且只提供接入服务,没有增值服务,如短信和邮件过滤服务。

尽管经历过早期的滑铁卢,沃尔玛的电子商务转型一直在持续,从最初模仿 Amazon 到后期更多地针对企业的特色实施电子商务战略。一些重要的举措包括:①开展全渠道零售,并从 2013 年开始测试线上下单线下取货;②为客户提供一站式购物服务;③聚焦于提供客户价值,为顾客提供低价质优的商品;④在电子商务技术上加大投入。比如为了促进电子商务的增长,沃尔玛在 2016 年并购了一系列的电子商务技术公司,包括 2016 年以 30 亿美元并购 Jet.com,2017 年以 3.1 亿美元并购 Bonobos ,2018 年以 1 亿美元并购了 Eloquii,以及在 2017 年以 5 亿~7.5 亿美元并购了 ModCloth。2020 年,沃尔玛终于成长为美国第二大电子商务零售商,占美国 5.8% 的电子商务销售额。虽然和 Amazon 的 39% 相比,这个数字还很小,但是沃尔玛的电子商务还在持续成长。

(资料来源:ecommerce-guide 网站、indigo9digital 网站。)

讨论题:

1. 沃尔玛是一个实力雄厚的传统企业,请问相对于纯粹的互联网企业(如 Amazon),沃尔玛在网上销售商品具有什么优势?

2. 相对于 Amazon,沃尔玛发展电子商务具有什么劣势?它应当如何克服这些劣势?

3. 请问制约沃尔玛电子商务转型的因素是什么?

参 考 文 献

[1] Hutcheson K R.Trends and Strategies in ASC X.12. Information Standards Quarterly,1990.2(4):13-14.

[2] Iacovou C L, Benbasat I, Dexter A S. Electronic data interchange and small organizations:Adoption and impact of technology. MIS quarterly,1995. 19(4):465-485.

[3] Schneider G P.Electronic commerce.McGraw-Hill College. 2011.

[4] Anonymous,E-Commerce 2001 Highlights.United States Department of Ecommerce eStats,March 19,2003.

[5] Anonymous.E-Commerce 2000 Highlights. United States Department of Commerce,March 18,2002.

［6］Chwandt J.Electronic Data Interchange：An Overview of Its Origins，Status，and Future，in Michael G. Degroote School of Business Working Paper No. 422，McMaster University，1997.

［7］Anonymous. Entering the 21st Century：Competition policy in the world of B2B electronic marketplaces. in The Federal Trade Commission B2B Public Workshop. 2000. Federal Trade Commission.

［8］Coltman T, et al. E－business：revolution, evolution or hype? Working Paper－Australian Graduate School of Management，2000（2）.

［9］Laseter T，Long B，Capers C. B2B benchmark：The state of electronic exchanges. Strategy and Business，2001（25）：32－43.

［10］Day G S, Fein A J, Ruppersberger G. Shakeouts in digital markets：Lessons from B2B exchanges. California Management Review，2003. 45（2）：131－150.

［11］Andrew J，Blackburn A，Sirkin H. The B2B opportunity：Creating advantage through e－marketplaces. Boston Consulting Group，Boston，2000.

［12］Laudc K C. E－commerce ：business，technology，society. Prentice Hall，New Jersey，2013.

［13］Kadet G. B2B shakeout. Computerworld，April，2001. 35（17）.

［14］Chow D，Ghani A，Miller M，Takeda G，Ziffra S. B2B：Beyond the Market Hubs. Kellogg Graduate School of Management Working Paper，Northwestern University，2000.

［15］Afuah A，Tucci C L. Internet business models and strategies：Text and cases. 2001：McGraw－Hill New York.

［16］St.D M. Using "phygital" to connect the online and offline worlds will allow you to create closer，more efficient，and human customer experiences. 2019 October 08，2019［cited 2021 July 20，2021］.

［17］Treiblmaier H，Sillaber C. The impact of blockchain on e－commerce：a framework for salient research topics. Electronic Commerce Research and Applications，2021. 48：10－54.

［18］Lacity M C. Addressing key challenges to making enterprise blockchain applications a reality. MIS Quarterly Executive，2018. 17（3）：201－222.

［19］Barrett S.，Konsynski B. Inter－organization information sharing systems. Mis Quarterly，1982. 6（4）：93－104.

［20］Kumar K. and Van Dissel H G. Sustainable collaboration：Managing conflict and cooperation in interorganizational systems. MIS quarterly，1996. 20（3）：279－300.

［21］Napier H A.，Judd P J.，Rivers O N.，Adams A.E－Business Technologies. Thompson，2003.

［22］Vial G. Understanding digital transformation：A review and a research agenda. The journal of strategic information systems，2019. 28（2）：118－144.

［23］洪涌，周文辉.B2B 电子商务：中国企业准备好了吗.中国科技信息，2006（5）.

［24］Doll W J. Avenues for top management involvement in successful MIS development. MIS Quarterly，1985. 9（4）：17－35.

［25］Liang H，et al. Assimilation of enterprise systems：the effect of institutional pressures and the mediating role of top management. MIS quarterly，2007. 31（3）：59－87.

［26］Thong J Y,Yap C S,Raman K.Top management support in small business information systems implementation：how important is it? in Proceedings of the 1993 conference on Computer personnel research.St Louis,Missouri,the United States.1993.

第二章 企业电子商务管理的基础理论知识

学习目标

- 了解 IT 对于企业组织形式的影响
- 理解基于企业资源理论的 IT 价值观
- 理解动态能力的概念以及动态能力和电子商务应用能力之间的关系
- 理解企业电子商务相关技术采纳和实施理论
- 理解电子商务流程的概念和作用
- 掌握数字创新的定义和特征
- 掌握电子商务价值创造过程、阶段特征和四个主要影响因素

　　本章将介绍基础理论知识,为理解本书的企业电子商务管理原理奠定理论基础。首先,介绍了企业资源理论、动态能力理论、IT 与组织形式和数字创新相关理论,这些理论有助于管理者理解如何利用电子商务实现企业绩效。比如企业资源理论、IT 价值理论和动态能力理论有助于理解企业应当具有何种资源和能力才能获得电子商务绩效。IT 与组织形式相关理论对于企业应当如何组织其电子商务活动以获得更好的绩效提供了理论基石。平台作为一种新型的组织形式,为企业从事电子商务活动提供了更加灵活和开放的商业生态。数字创新理论有助于企业了解数字创新的特点,通过数字创新提升绩效。其次,在 TOE 框架下介绍了电子商务技术采纳和实施影响因素。在企业从事电子商务的过程中,除了需要获取资源和能力,采用合适的组织形式和进行数字创新,还需要了解其他影响企业电子商务的因素。了解影响企业采纳动机和实施的决定因素能帮助企业做出相关决策并成功实施电子商务。最后,在上述理论基础上阐述了电子商务价值创造过程和电子商务流程观的理论观点,这些知识对于掌握本书第三章企业电子商务管理原理具有重要的意义。

第一节　企业资源理论

　　本节首先简要介绍企业资源理论的背景。在此基础上,从资源类型、资源与竞争优势、资源与 IT 能力以及 IT 价值四个方面介绍基于企业资源理论的 IT 价值观。

一、企业资源理论介绍

(一) 企业资源观的起源

　　企业资源理论(resource-based view,RBV)最初是由美国管理学会(Academy of Management)院士 Jay Barney 教授提出的,主要目的是解释企业持续竞争优势的来源。企业资源理论起源于对传统战略管理理论 SWOT 分析的批判和补充(图 2-1)。

　　SWOT 主要是分析企业内部的优势(strength)和劣势(weakness),以及外部环境对企业造成

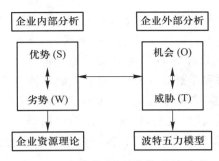

图 2-1　企业资源理论的理论定位

的机会(opportunity)和威胁(threats),从而确认企业的竞争优势。通过对企业优劣势以及环境中的机会和威胁的匹配(如 OS 策略、OW 策略、WS 策略和 WT 策略等),来制定合适的战略以增强企业的竞争优势。尽管 SWOT 为企业竞争优势分析提供了强有力的理论指导,但其缺点在于缺乏对企业内外部更深入细致的分析。

　　1980 年,Porter 教授提出了五力模型。该模型在外部环境分析方面对 SWOT 模型进行了补充。依据该模型,企业可以根据所处环境中的供应商、客户、竞争者、新进入者和替代品提供商的状况,来分析行业环境的吸引力,并确认行业环境为本企业提供的机会和威胁。而企业资源理论在 SWOT 模型的内部分析方面提供了理论分析依据。企业资源理论把视角从企业外部转向企业内部,更关注企业自身资源因素,认为企业是在"独特"的公司资源的基础上进行竞争。

 学术观点 2-1

　　企业资源理论和波特(Porter)五力模型的基本假设是不同的。

　　五力模型的假设是,企业的资源是同质的,流动的;在同一行业内,企业资源是相同的,且企业的资源是可以充分流动的。所以五力模型分析得出的关于行业吸引力的结论对所有企业都适用。

　　而企业资源理论认为企业的资源具有异质性(heterogeneity)和不可流动性(immobility)。一些企业具有独有的资源,且这种资源由于各种原因是不能在企业间自由流动的。这些异质的、不可流动的资源就是企业竞争优势的来源。企业竞争优势的持久性取决于不可流动性的持久性。如果资源变得可以在企业间自由流动了,企业就会通过购买的方式得到这种资源。在每个企业都持有这种资源的情况下,资源就不能为企业带来竞争优势了。

　　例如,随着 IT 技术的发展,企业不会因为拥有一个网站而获得竞争优势,因为该技术如果不能自行研发,也已经可以通过购买方式获取。然而,通过建立动态网站,企业改造了传统的销售流程,更快捷地发布各种信息,更方便地管理客户需求,利用大数据持续分析客户需求并作出相应的反应,并将新兴技术比如虚拟现实(virtual reality)和增强现实(argument reality)持续用于改善前端产品展示,在提高运作效率的前提下还提升了客户体验。因此,企业是在这种流程优化和 IT 应用不断创新和改进的过程中获得了竞争优势。其优化的流程以及创新型的 IT 应用构成了能为企业带来竞争优势的资源。

(二) 资源的类型

　　企业拥有各种资源。具体地讲,企业资源可以分为有形的和无形的资源。

有形的资源包括实物和财务上的,这些类型的资源通常都可以在企业的财务报表上找到,如厂房、设备、原材料和金融资本。对于企业电子商务而言,这些资源包括货物、电子商务仓库、IT 资源(如企业的计算机网络、软件等 IT 技术基础设施)等。

无形的资源是那些非实物和非财务的资产,它们一般不体现在财务报表中。无形资源包括专利权、著作权、商誉、品牌形象、产品质量、商业秘密、与客户的关系,以及以各种形式存在于企业内部的知识。例如,含有重要客户数据的数据库以及市场研究发现的内容。对于企业电子商务而言,这些资源包括员工的管理技能和知识、客户合作需求信息等。

(三)资源与竞争优势

竞争优势指的是企业优于其竞争者,能为企业创造独特价值的优势。创造价值和创造独特的价值是有区别的,能够被复制的价值不具有竞争力。资源能为企业带来价值,但不是任何资源都能带来独特价值。带来独特价值的资源(以下简称有价资源)应当具有以下特点:价值性(value)、稀缺性(rareness)、不可模仿性(inimitability)、不可替代性(non-substitutability)。

(1)价值性。价值性是指资源能为企业增加价值的潜能,如吸引和保留顾客、提升声誉等。它能够帮助企业充分利用环境中的机会(opportunities),同时减少威胁(threats)。资源如果没有价值潜能,就不能为企业带来竞争优势。例如,陈旧过时的设备能为企业带来的价值潜能是极为有限的,企业如果仅仅依赖于这些设备,是不可能产生竞争优势的。

(2)稀缺性。稀缺性是指资源不能被很多企业同时拥有,否则,这个资源很难为企业带来竞争优势。判别企业资源是否稀缺的一个方法,就是看行业内竞争者拥有该类资源的程度。拥有得越少,就越稀缺。判断稀缺性不能仅以价格为标准,还需要考虑组织中很多资源是无法定价的。例如,开放的组织文化有利于员工接受新技术,发挥其主动学习能力,这种作用是无法定价的。

(3)不可模仿性。不可模仿性是有价资源的第三个特征。历史独特性、先发者优势以及因果模糊性等因素决定了有价资源并不是那么容易被模仿的。例如,默客公司的制药能力非常突出,它的药品通过了临床的检验并得到了美国食品药品管理局的生产许可。这依赖于多年来与众多的医生、研究中心和医院建立起来的关系。这些关系不可能一夜之间就建立起来。要准确确定这些有价资源,有时候很困难。例如,企业管理人员说不出本田公司生产优良发动机的能力究竟包括什么,如何模仿这些能力。回答这些问题尚且非常困难,要想模仿其难度就可想而知了。

(4)不可替代性。不可替代性是有价资源的第四个重要特征。如果两种有价值的、稀缺的,且不可模仿的不同资源在战略上是等同的,都能满足企业的某种目的,那么我们就说,它们具有可替代性。例如,对于企业来说,两个拥有丰富行业管理经验的职业经理人,可能对于一个企业发展的作用是相同的,因此他们可以相互替代。如果企业的竞争者们拥有可替代资源,那么该企业所拥有的独特资源是不能为它带来竞争优势的。

(四)能力与竞争优势

企业资源理论有效地解释了企业竞争优势的来源以及绩效的异质性,但是对于资源产生价值的机制缺乏阐述。学者们后来提出了企业能力理论,该理论认为资源不直接产生价值,而是通过科学地组合资源,产生企业能力,进而产生价值(图 2-2)。这正如一个人有良好的资源(如强壮的身体、高学历等),却得不到事业上的发展。核心就在于,这些良好的资源没有得以合理地组合利用,形成工作能力,因此不能为这个人带来更大的发展。

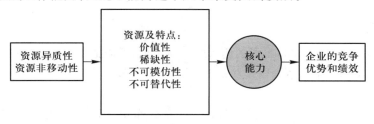

图 2-2　企业资源与能力分析框架

能力的形成往往需要整合多种资源,而这种整合离不开企业流程。企业流程是为了向客户提供一定的价值而从事的一组有前后逻辑联系的企业活动,是组织资源转化为能力的主要载体。例如,良好的销售能力需要整合采购、生产、物流和销售资源,让所有的后台运作和资源都为前端营销服务,同时还需要良好的营销战略做指导。销售能力的形成是在销售流程中形成的。如果各个功能部门配合不好的话,前端的销售就会出问题。一些企业在做营销时,花费了很大的代价来宣传企业某一产品在下一周的促销。但是遗憾的是企业的物流和生产并没有跟上。当顾客满怀期望走进商店时,却发现,商店里少量的商品早已经被人们买光,而物流和生产部门却不能及时将新的商品送过来。这使最后的营销效果适得其反,同时也说明了该企业的销售能力低下。

企业能力可以有多种划分方式。按照企业功能划分是较为流行的一种方式,可以分为 IT 能力、人力资源能力、质量控制能力、营销能力、客户关系构建能力、新产品开发能力和供应商关系构建能力。根据研究者的研究(见学术观点),能力更能解释企业竞争力的来源。

 学术观点 2-2

能力是竞争优势的主要来源

关键词:资源能力绩效

来源期刊:*Strategic Management Journal*

尽管早期的研究者将企业的资源和能力等同,现在越来越多的研究者倾向于区分它们。Newbert 总结了 55 篇关于企业资源管理的实证研究论文。他们发现,在 232 个关于企业的资源和绩效之间关系的测试中,仅仅有 37% 呈现显著性,而在 161 个关于企业能力和绩效之间关系的测试中,71% 是显著的。这说明,为企业带来竞争优势和独特价值更多的是企业的能力,而非资源。

详细阅读:

Newbert S L. Empirical research on the resource-based view of the firm:an assessment and suggestions for future research.Strategic Management Journal,2007,28(2):121-146.

二、基于企业资源理论的 IT 价值观

基于企业资源理论的 IT 价值观主要通过分析 IT 资源的类型、资源和能力的关系以及 IT 价值的产生,揭示资源优势与企业竞争优势的关系。总体上讲,这三者的关系是,资源是独特的 IT

价值的基础,企业通过资源的组合使用产生 IT 能力,而 IT 能力帮助企业产生独特的 IT 价值和竞争优势。

（一）IT 资源

IT 资源亦可以分为有形的和无形的两大类。有形的 IT 资源指与企业 IT 建设相关的硬件和软件,包括数据库、网络、操作系统以及其他 IT 设施,即 IT 技术资源。IT 技术资源也是学术界最早挖掘出的 IT 资源。

这些 IT 资源的存在对企业的信息化起到了一定的作用,但是一些学者在 20 世纪末提出了生产力悖论,即企业增加的 IT 投资并未带来生产率的提高。这一质疑使后来的学者怀疑,这些 IT 技术资产的价值是有限的。于是,更多的应用性资源被逐渐认识到,其中人力资源、伙伴就绪以及其他无形使能资源得到了大多数研究者的认可,对 IT 资源的定义也开始向具有竞争优势的组织资源扩展。相较于有形的 IT 资源,无形的 IT 资源更具有价值性、稀缺性、不可模仿性以及不可替代性的特征,是企业将 IT 资源转化为竞争优势的关键之一。

 学术观点 2-3

IT 资源的分类

（二）IT 能力

IT 能力是企业将各种有价值的 IT 资源整合起来,将资源转化为客户价值和利润的能力,它往往需要整合几种甚至是全公司的资源,通过一种协力发挥作用,并需要企业战略的配合。该过程如图 2-3 所示。

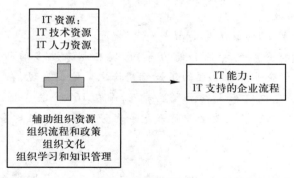

图 2-3　IT 能力

在企业实际管理中,资源转化为能力的过程突出了组织性资源在整合其他资源方面所起的作用。例如,在组织结构和文化与信息系统资源不兼容的情况下,企业 IT 资源就不能产生最大的价值。当组织资源和别的资源很好地融合到一起时,企业就能产生一种新的 IT 能力(如企业与合作伙伴在线协作能力、客户个性化服务能力等）。企业的 IT 能力和企业竞争力（organizational competencies）的概念相似，它植根于电子商务流程，具有连续性、持久性和不易模仿性。企业 IT 能力不仅能使企业获得当前的竞争优势，并在技术和环境不发生根本性变革的情况下，能通过对 IT 资源做出调整以保持持续竞争优势（sustained competitive advantage）。这种能力也叫核心竞争力或者核心能力。

（三）IT 价值

IT 价值反映了 IT 能力对企业的影响效果，包括有形的影响如利润的提高，市场份额的提高，以及无形的影响如客户满意度的提高和企业吸收能力的提高等。目前，衡量 IT 价值常见的是企业财务绩效和流程绩效。本书第七章还将介绍关系绩效和竞争绩效。

（1）财务绩效。财务绩效是指 IT 技术在组织层面对企业产生的影响，如盈利、偿债、运营和竞争能力的改善等，通常直接使用财务管理的指标。企业绩效是以各部门和各环节的活动为载体，它既反映了 IT 的影响也反映了其他组织因素的影响，以企业总体战略目标为方向，是一个企业整体的综合效果。该绩效的衡量一般基于财务指标，多从 IT 的投入和产出入手进行计算，这种方法符合企业对数据精确的要求，所以易于获得企业的认可。它的问题在于依靠企业的财务数据还不足以衡量 IT 带给企业的无形收益，也无法分辨哪些影响是直接来自 IT，结果导致 IT 价值远低于实际测量的结果。

财务指标主要包括盈利能力、偿债能力、营运能力以及竞争能力四个层面，这四个层面常见的测量指标见表 2-1。基于这些财务指标，企业运作的各个方面都能被实时地监控并及时与同行业的情况进行对比，从而使企业能够及时发现并纠正运行中出现的问题。

表 2-1　企业绩效衡量指标

类型	指标	计算方法
盈利能力	资产报酬率	净利润/平均资产总额
	投资回报率	年均利润/平均资产总额
	销售回报率	息税前利润/销售收入
	成本费用利润率	净利润/成本费用总额
偿债能力	营运资金/总资产	营运资金/总资产
	资产负债率	负债总额/资产总额
	速动比率	（流动资产-存货）/流动负债
营运能力	总资产周转率	销售收入/平均资产总额
	存货周转率	销售成本/平均存货
	应收账款周转率	销售收入/平均应收账款

续表

类型	指标	计算方法
竞争能力	资本保值增值率	年末所有者权益/年初所有者权益
	市场占有率	本企业产品的销售量/市场上同类产品的销售量
	价格竞争力	企业产品价格/同类产品平均价格
	营运资金/员工数	营运资金/员工数

资料来源:综合 Bharadwaj,Barua,et al.,Huang et al.,王立彦和张继东,陈守龙和刘现伟等人研究结果。

（2）流程绩效。流程绩效是 IT 技术在流程层面对企业产生的影响。作为一种直接的影响，了解流程绩效有利于在企业流程中对 IT 价值进行衡量。流程绩效既包括了可以直接测量的效率指标又包含了无形的效益指标。例如,从企业流程可以分析成本降低、效率提高、伙伴合作关系的改善程度等现象。一些研究已证明采用流程绩效检测 IT 价值的合理性,它是检验资源和能力产生竞争优势的最佳方式。

 学术观点 2-4

流程绩效与企业绩效的关系

关键词:流程绩效　企业绩效

关于流程绩效和企业绩效之间的关系,Melville 等人通过一个 IT 商务价值模型阐明,由于 IT 影响组织绩效是通过中介的商务流程实现的,是通过流程整合配置资源,首先产生流程绩效,进而产生企业绩效,间接地对企业绩效发生作用的过程。所以,流程绩效是产生于公司企业绩效之前,它决定了企业绩效(图 2-4)。

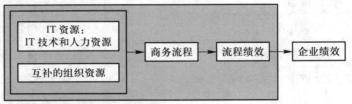

注:外部产业和国家影响特征忽略

图 2-4　流程绩效与企业绩效关系

资料来源:

Melville N,Kraemer K,Gurbaxani V. Review:Information technology and organizational performance:An integrative model of IT business value.MIS Quarterly,2004,28(2):283-322.

我们也可以从效率(efficiency)和效果(effectiveness)两个方面理解流程绩效和企业绩效的含义。效率是从管理过程内部分析 IT 对企业的影响,反映的是"做正确的事",类似于 IT 的流程绩效。而效果反映达到组织目标的程度,一般是从管理过程外部进行分析,反映的是企业绩效。企业绩效将组织的营运过程看成"黑箱",从一个标准化的角度分析 IT 的投入产出比,追求精确和易于比较。而流程绩效则主张打开 IT 价值的形成过程的"黑箱",通过在过程中分析 IT 能力对绩效的影响,追踪企业价值产生的基本单元的价值。流程绩效与企业绩效的比较见表 2-2。

表 2-2　流程绩效与企业绩效比较

维度		流程绩效	企业绩效
相同点	目标相同	衡量 IT 对企业的价值	
	价值来源相同	IT 资源在流程中产生能力,并创造价值	
不同点	评价对象不同	某一特定的流程	整个企业
	衡量指标不同	经济性指标和无形收益	主要是财务等经济性指标
	涵盖范围不同	仅针对特定的流程范围	企业整体的绩效水平
	测量难度不同	复杂,需要测量无形收益	简单,来自会计报表
	表现形式不同	潜在价值	显性价值

第二节　动态能力理论

一、动态能力理论介绍

企业资源理论认为资源的独占和不可流动性是价值的来源,但是在动态变化的环境中,竞争对手有可能通过创新形成新的竞争性资源,使得原有的稀缺资源在市场中不再稀缺,从而失去了竞争优势的来源。因此,静态的企业资源无法适应现代商业环境快速变化的特征,导致企业竞争力在变化后的环境中不再有优势。于是 Teece 提出了企业动态能力理论,基于动态能力理论为企业在动态变化的环境中获取电子商务价值提供了新的视角。

该理论认为,动态能力是一类特殊的组织能力,这些能力能帮助企业整合、再造组织内外部的技能、资源和功能性能力以满足动态环境的需求。动态能力是一种高阶能力,是能力的能力。动态能力特别适合于行业动态波动较大的企业,如处于技术变化较大、未来的竞争和市场都难以确定的企业。

学术界对动态能力的研究一般聚焦于回答:什么是动态能力? 企业产生动态能力的原动力在哪里? 动态能力对企业能产生什么样的影响?

 学术观点 2-5

动态能力的解释

关键词:动态能力　市场变化

来源期刊:*Strategic Management Journal*,*International Journal of Management Reviews*

Wang 和 Ahmed 将动态能力界定为企业的一种行为导向:能持续不断地去整合、再造、更新和再创造其资源和能力,并且更重要的是,能升级和再造其核心能力,以应对不断变化的市场环境以获取持续的竞争优势。动态能力存在于企业的各个方面,体现在企业具体的层面,包括企业的技能、过程、程序、组织结构、决策法则等,这些动态能力能帮助企业领导人去识别环境中的机会与威胁,并重构资产来应对这些机会和威胁。

Eisenhardt 和 Martin 认为,动态能力并不是虚无缥缈的,而是一些可以确认的企业过程。一些知名的组织过程,如并购和结盟、新产品开发、跨事业部业务创新、组织学习以及战略决策过程都可以看成是动态能力,在重构组织资源以适应市场变化方面起到了较为重要的作用。但是在高度动态变化的市场,企业的动态能力体现为经验型的活动,比如原型法、即时信息的获取(real time information)、多种选择以及快速适应。这些企业管理能力并不是线性的,而是非线性和随意的(mindless)。

详细阅读:

1. Wang C L, Ahmed P K. Dynamic capabilities: A review and research agenda. International Journal of Management Reviews 2007, 9(1): 31.

2. Eisenhardt K M, Martin J A. Dynamic Capabilities: What are they? Strategic Management Journal, 2000, 21(10/11): 1105.

O'Reilly 和 Tushman 等人提出组织双栖性也是一种动态能力。组织双栖性指的是将能力、结构和文化紧密融合以保证企业能进行探索(exploration)和创新,同时又需要对现有的能力和资产进行充分利用(exploitation)以实现利润最大化。由于探索和利用是两个对立的方面,一个企业可能过于注重探索但是没有利用能力,这样的话企业虽然能发现新的商业机会和进行创新,但是却缺少将商业机会和创新加以利用以获取利润的能力。一个企业可能过于注重利用但是忽视探索,这样企业可能会缺少创新,看不见新的商业机会,当目前的产品进入衰退期或者技术进步颠覆了现有市场时,企业将失去竞争力。

组织双栖性需要企业具有感知(sensing)变化、抓住(seizing)机会和业务重构(reconfiguration)的能力。感知动态市场上的商业机会需要企业随时对市场进行监控,跟踪技术变化,分配资源去对竞争者进行跟踪等,同时需要企业保持一种开放的文化,鼓励长期导向的思维。抓住机会指的是企业需要具有战略眼光,做出正确的决策并执行。业务重构指的是企业需要将资源重新进行分配,从已经成熟的和走下坡路的业务中抽取资源去投资于新兴的成长型的商业机会。

所以,对于企业动态能力,一个共识就是动态能力是使得企业持续地进行核心能力升级的能力,但是学者在不同的研究情境下可能界定不同的具体的动态能力。动态能力的驱动因素就是环境的快速变化以及企业领导人进行机会识别和执行的能力。动态能力能为企业带来很多好处,包括:

(1) 打造新的业务和公司战略;

(2) 进入新的市场;

(3) 学习新的技能;

(4) 克服组织惰性;

(5) 引入创新性项目以刺激战略转型;

（6）成功商业化内部研发部门开发的新技术；

（7）增强组织敏捷性和对市场的快速反应；

（8）有利于国际化和在国际市场上的学习。

但是动态能力并不一定能保证企业的成功，动态能力有助于功能性能力的形成，而这些功能性能力是企业在新的市场上成功的直接动因。动态能力和功能能力的关系见图2-5。

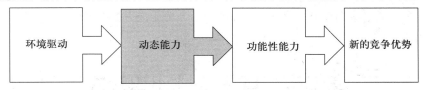

图2-5 动态能力和竞争优势

二、企业电子商务转型中动态能力的重要性

电子商务市场是一个高度动态的市场，体现在：① 技术革新层出不穷，从传统的电子商务，到社交商务，再到移动商务和大数据技术，大量的技术革新在较短的时间以难以预测的方式出现。② 技术的革新一定伴有商业模式的创新，而商业模式的创新扩大了技术革新带来的不确定性。③ 随着技术的变化，市场进入者也在不断变化、增加和退出，这些进入者要么以新的商业模式出现，要么成为原来企业的直接竞争者。④ 消费者在电子商务环境下变得更加善变。这主要是因为互联网使得消费者的搜索成本变小，可获得的做决策的信息更多。⑤ 不断探索中的政府电子商务政策也为企业带来了较大的不确定性，比如围绕跨境贸易中的关税问题、电子商务税务问题、电子货币的监管问题等的争论一直没有停止，而政府任何一次微小的举动对电子商务带来的影响都是巨大的。

在高度动态的市场环境下，动态能力就成为电子商务企业必须具备的能力。Bolsa公司的电子商务动态能力开发充分演示了一些重要的动态能力。

 企业实践2-1

Bolsa公司电子商务转型中的动态能力开发

三、动态能力和电子商务功能能力之间的关系

在电子商务环境中，企业需要发展新的企业功能性能力，那么这两个能力之间是什么关系呢？企业电子商务功能能力，是企业电子商务运作必需的能力，也是直接产生价值的能力，而动态能力可以看作功能能力的驱动性能力，是一种元能力。动态能力并不一定能使得企业的电子商务变得成功，而是促进了电子商务功能能力的形成。它们之间的关系如图2-6所示。

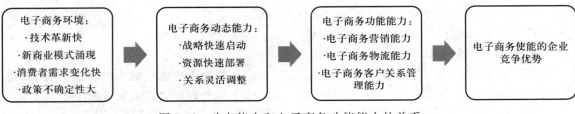

图 2-6   动态能力和电子商务功能能力的关系

第三节   IT 和企业组织形式

IT 对企业的影响不仅仅提高了组织绩效,还深刻地影响了企业的组织形式(organizing form)和组织边界。一方面,IT 降低了沟通成本和交易成本,为企业打开边界提供了基础,企业之间可以进行更多的合作,并通过这种合作来安排其商业活动,以增强组织的灵活性和效率。另一方面,打开边界之后的企业产生了一些创新型的组织形式,网络组织和平台企业便是这些组织形式的体现。了解 IT 对组织形式的影响对于企业经理人管理企业电子商务活动具有重要的意义。利用这些新型的组织形式来安排企业电子商务活动可以提高电子商务的效率和效果,增强企业的电子商务竞争力。比如企业在从事电子商务活动时需要选择以市场、科层还是网络组织形式来组织自己的供应链,本节内容为此提供了理论指导。

一、IT 和网络组织

网络组织指的是企业和其他企业结为伙伴关系,分工合作、资源共享、风险共担。要深刻地理解网络组织的概念离不开对这种组织形式的了解。网络组织概念的产生来源于学者关于 IT 技术发展所带来的组织结构的变迁的研究。基于交易成本经济学(transaction cost economics),人们早期的结论是 IT 使得企业越来越多地使用"市场"进行交易。但是后来在北美和欧洲的研究中发现,企业更多的是在一种"网络组织"中进行交易和组织生产。要了解组织结构的变迁,我们必须首先了解市场、科层和网络组织的概念以及交易成本经济学的有关知识。

(一)市场

市场是商品和服务交换的方式。这种交换要么是直接交换,要么是通过中介机构或代理。和下面将要讲述的科层相比,企业通过在市场中购买原材料来组织生产,而非是内部生产这些原材料。

基于市场的竞争机制主要有以下两个方面特征:

(1)市场的中心特征是价格机制。在一个完全竞争的市场上,价格传递着关于交易所需的必要信息,包括市场供给和需求信息。价格被认为是协调和配置资源最有效的工具。

(2)市场对每一个交易者都是开放的。在一个交易完成后,每一个交易者都不承担任何未来的义务。

所以市场支持的是企业间的一次性关系。图 2-7 展示了一个典型的基于市场的组织形式。在衣服生产的供应链上,各个厂家和中介都有明确的分工,只生产或负责供应链上的一部分,原材料从市场上采购,产成品在市场上进行销售。市场交易往往需要交易双方签订一个条款很完备的合同(complete contract)。

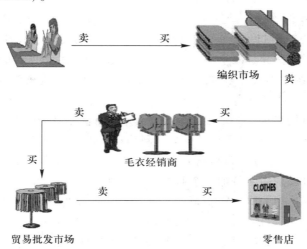

图 2-7　市场组织形式示例

资料来源:加里·P.施奈德(Gray P.Schneider).电子商务.张俊梅,袁勤俭,杨欣悦译.北京:机械工业出版社.

(二) 科层

市场和科层(hierarchies)的区别在于"外部购买"或者是"内部制造"。市场指的是企业选择在外购买原材料;而科层指的是在内部制造,将供应链中的多个环节纳入自己的组织体系,如图 2-8 所示。科层一般指的就是一家公司管理层次。层次越多,企业组织结构越复杂。

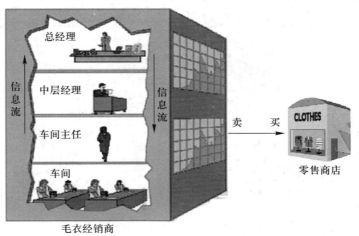

图 2-8　科层结构示例

在科层中,价格不再是经济活动的协调者,经济活动的协调由组织内部来完成。科层非常适用于稳定的大批量生产和销售,这是因为大批量生产和高速运营需要管理层的持续注意和监控。科层结构也存在一些缺点,例如官僚作风和难以对员工进行激励。

（三）网络组织：处于中间的企业组织形式

科层和市场是两个较为纯粹的内部和外部组织形式，研究者们发现，在科层和市场之间有大量的混合型的组织形式，统称为网络组织，也是目前最为流行的一种组织形式。Podolny 和 Page 将网络组织定义为"任何追求重复的、持久的和另一方的交换关系的企业的集合，同时又缺乏法律上的组织权威来仲裁和解决争端"。取决于组织的经济活动内容的不同以及组织间连接的耦合程度不同，网络组织形式是多种多样的，如数字化平台、企业战略联盟、互派董事会、合资企业和中小企业为主导的工业区等。

网络组织不同于市场和科层的一个显著特点是，假设企业之间是相互信任的，信任机制帮助企业规避了交易伙伴风险，减少了交易成本。网络组织的好处在于：① 企业之间可以共享更多的信息和资源，弥补单个企业经营资源不足的问题；② 相较于科层，企业不用内部化很多活动，企业灵活性增强，可以集中力量加强企业的核心竞争力。

供应链网络是一种典型的网络组织形式。越来越多的企业与相关供应商联系并整合在一起建立供应网络，形成了基于供应链管理的网络组织结构。网络组织通过外包非核心活动（如制造和分销），从而将两个组织联系在一起并形成紧密结合的战略伙伴关系。其特点就是企业之间具有更多的信息共享、资源互补和共同合作以获取更多的利润。

图 2-9 是一个衣服供应链的网络组织结构示例。在这个例子中，我们可以看到，企业间交换更多的信息（而不像市场那样，只交换价格和产品信息），同时生产活动并未如科层那样内部化到一个企业。这种新型的企业间供应链整合需要更密切的供应商和买方关系以及信息共享，竞争已经从企业之间的竞争转化为供应链之间的竞争。

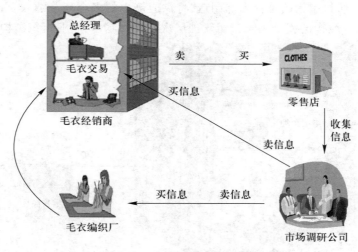

图 2-9　网络组织结构示例

（四）组织形式变迁的驱动力

信息技术的发展是组织形式变迁的主要驱动力。网络组织的发展与互联网发展紧密相连。企业如果采用网络组织进行生产和销售，就会将大量的活动外包给外部企业，这就要求与外部企业的沟通和交流十分密切，保证信息的实时畅通与协作的顺利进行。交易成本理论为我们理解电子商务等信息技术为什么会促进网络组织大行其道提供了理论基础。

交易成本伴随着交易的发生而发生。交易成本包括组织协调市场交换和企业内部交换的成本。交易成本分为有形成本和无形成本。科斯(Coase)认为有形交易成本包括交易前成本和交易后成本。交易前成本包括寻找交易伙伴、明确产品规格、协商产品价格和签订合同的成本。交易后成本是在合同签署后到合同交易最终完成前发生的,它包括履行成本和因交付延期、拒绝付款或质量控制等问题而引起的成本。威廉姆森(Williamson)认为,全面的交易成本应当包括交易的有形成本和由于经济人的机会主义倾向带来的无形交易成本。表 2-3 描绘了三种结构的成本比较。

表 2-3 三种结构的交易成本比较

	有形的成本	无形的成本(对机会主义的克制)
市场	频繁地寻找交易伙伴、协商合同所引发的成本,例如谈判、招标等	由于考虑不周,合同有纰漏从而导致的损失
网络组织	维护与交易伙伴的关系所引发的成本	以信任机制规避了交易伙伴的机会主义倾向
科层组织	管理科层所引发的成本。层次越多,管理成本就越大。例如,组织规模扩大带来的成本增加	以内部审计、纠纷解决的机制、激励机制以及科层内部部门间目标一致来规避员工和各个部门的机会主义倾向

在互联网和电子商务出现之后,越来越多的企业使用网络组织来组织生产活动的原因是电子商务具有的两个独特效应,一个是电子集聚效应(electronic aggregation effect),另一个是电子协调效应(electronic coordination effect)。

> **电子集聚效应** 指电子市场将众多的企业集聚到一个平台,从而减少了它们的搜寻成本。
> **电子协调效应** 指各种信息技术如 e-mail、管理信息系统、企业资源规划系统(ERP)、B2B系统、视频会议系统、云计算等能帮助企业减少内部以及与交易伙伴的沟通交流成本。

互联网的发展大大降低了企业使用市场、科层和网络组织的交易成本,但是网络组织的获益更多。对于市场来讲,IT 减少了有形的搜索成本,但是增加了机会主义倾向,尤其是在虚拟的网络里。对于科层来讲,电子沟通效应虽然减少了内部交流成本,但是科层还存在其他弊端,如不灵活,容易产生组织间的利益冲突等。对于网络组织来讲,电子沟通效应一方面减少了与交易伙伴的沟通成本,另一方面用信任机制规避了机会主义倾向,同时增加了信息交流,进一步促进了双方的信任。同时在网络组织下,企业专注于从事自己具有核心竞争力的经济活动,从而提高了最终产品和服务的质量。

正是因为互联网的发展,网络组织在过去的几十年间有了显著的增长。在 20 世纪 90 年代的美国,商业联合的数量以每年 25% 的比率递增。思科就是其中非常著名的网络组织(见"企业实践:思科的网络组织结构")。

📋 **企业实践 2-2**

思科的网络组织结构

外包作为网络组织形成的重要管理实践驱动力也为企业广为使用。外包指的是一个企业利用外部第三方公司来完成传统上在公司内部通过员工完成的服务和产品。企业越来越外包更多的组织商业活动,包括 IT 开发、生产、营销、客服,人力资源管理和会计等。外包的目的一般是帮助企业减少成本,通过外包来获取本企业不具备的能力、提高质量、促进创新和聚焦核心竞争力。其中减少成本是最流行的目标。根据 capital counselor 的外包统计数据(2021)①,68%的美国企业都采纳了外包,70%~80%的最终产品生产都被外包了,40%银行的前台和问询服务都被外包了。

二、组织形式的选择

作为电子商务活动的管理者,不仅仅要知道什么是市场、科层和网络组织,更需要了解在什么样的情况下选择什么样的方式来组织生产活动。交易成本、关系和平台视角为企业选择提供了指导(图 2-10)。

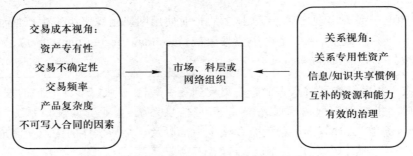

图 2-10　市场、科层和网络组织的选择

(一)交易成本视角

根据交易成本经济学,企业是选择市场、科层还是网络组织取决于哪种形式产生的交易成本最小。根据交易成本理论,资产专有性、交易频率、交易不确定性、产品复杂度和不可写入合同的因素决定了交易成本的大小,并进而影响企业组织形式的决策。

1. 资产专有性

专有性资产的投资需求决定了市场、科层或者网络组织的选择。资产专有性又称为针对交易/关系的投资(transaction/relationship specific investment),它指的是用于支持某项既定交易所

---

① Capital Counselor 网站。

做出的投资的可转移性。如果某项资产投入不能再轻易地用于别的用途,该资产的专有性就很强。比如 Walmart 的供货商在附近建立仓库以保证在规定的时间内能将货物送达,这项投资就是具有较强资产专有性的投资。

如果交易一方做出了专有性很强的投资,那么它改变交易伙伴的成本就会很高,而其交易伙伴就会利用它这个特点向它讨价还价或提出更苛刻的要求(即交易伙伴的机会主义倾向增强),所以高资产专有性使得潜在的机会主义以及交易伙伴道德风险的威胁变得更加可能。一般来讲,存在着五种专有性资产。

（1）地点专有性(site specificity):例如,某企业的客户信息只在企业内部共享,其他企业要获取必须付出成本。

（2）物理专有性(physical asset specificity):例如,针对企业某一业务流程定制的信息系统具有物理专有性的特点。

（3）人力资本专有性(human asset specificity):极度专业化的技巧。例如,提供个性化推荐服务的客服人员的知识和经验具有人力资本专有性的特点。

（4）专门资产(dedicated assets):一个供应商为了向某一客户销售大量的产品必须做出投资,例如,提供区域性的仓库,如果合同提前结束,供应商将会遭受巨大的仓储能力过剩的损失。

（5）IT 专有性(IT specificity):某一项信息技术的投资是专门针对某一交易伙伴做出的。

在高资产专有性的情况下,科层是一种较好的治理结构(图 2-11)。科层可以很好地避免机会主义的问题,但是以较高的管理成本为代价的。当资产专有性很低时,科层就显得没有必要。这是因为科层的培育和建立是需要花费成本的,而这时的收益(防止机会主义发生)是很低的。位于中间的即是网络组织,网络组织的优点在于组织结构维护成本低于科层,且能够以信任机制在一定程度上规避交易伙伴的机会主义倾向。

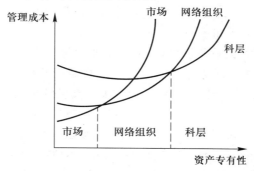

图 2-11　资产专有性和治理结构

2. 交易频率

一般来讲,交易频率越高,采用市场结构的话,交易伙伴的搜寻成本较高,这时市场结构不是一个好的选择,企业应当考虑网络组织。

3. 交易不确定性

在交易不确定性较大的时候,交易伙伴的机会主义倾向会增加,所以市场结构也是一个劣等的选择,企业应当考虑网络组织,在极端的情况下可以考虑采用科层。

4. 产品复杂度

当产品复杂度较高时,在市场上频繁寻找交易伙伴时因为要花较大的成本才能让对方了解企业的产品需求,所以导致成本过高,因此这时应当选择网络组织和科层。

5. 不可写入合同的因素

如果一个企业很看重一些无法量化,无法写入到正规合同中去的因素,同时又不愿意选择科层进行生产活动的垂直整合,网络组织也是一个很好的选择。可以写入合同的因素(contractiable factors)指的是价格和产品规格等可以在合同中明确规定的因素。不可写入合同的因素(non-contractiable factors)是指在签署合同时无法明确规定,只能在合同执行的过程中根据当时情况而定的因素。这种合同的签署和执行往往需要双方的合作与信任,否则,不可写入合同的因素会引起纠纷。大多数不可写入合同的都不是定量因素。表 2-4 提供了一些例子。

表 2-4　可写入合同与不可写入合同的因素

可写入合同的因素	不可写入合同的因素
价格 数量 其他可以明确规定的因素	质量 信任 反应灵敏度 信息共享 创新

资料来源:Bakos Y,Brynjolfsson E.From Vendors to Partners:Information Technology and Incomplete Contracts in Buyer-Supplier Relationships. Journal of Organizational Computing,1993,3(3):301-328.

(二)关系视角

如果说交易成本经济学从成本和效率的层面解析了企业应当选择网络组织还是市场的话,关系观理论则从资源和价值的层面解析了网络组织的价值所在。关系观理论(relational view)由美国宾西法利亚大学的 Dyer 和 Singh 教授提出。这个理论认为企业相当的一部分资源不在企业内部,而嵌于企业之间的关系和惯例中,能为企业带来关系租。与交易成本经济学和企业资源观对租金的认识不同的是,关系观理论认为关系租是一种强大的联合收益,这种收益并非来自单个企业,而是借助联盟伙伴之间的特质通过关系交换结合在一起才能产生。关系租使得企业间必须建立一种合作机制,保证关系租的产生以及共同持有。

根据关系租的观点,选择市场、科层还是网络组织取决关系租的大小。关系租越大,越应当采用网络组织理论。关系租受四个因素的影响:关系专用性资产、信息/知识共享惯例、互补的资源和能力以及有效的治理。

1. 关系专用性资产

关系专用性资产指的是企业做出的针对关系的投资、投资保护的长度以及交易规模。一般来讲,企业做出的与合作伙伴间关系的投资越高,关系租越大;投资保护的长度越长,关系租越大,而交易的规模能有效地摊平投资成本,带来更大的关系租。

2. 信息/知识共享惯例

信息/知识共享惯例指的是企业之间的分享信息和知识的流程和惯例性活动。企业之间的信息和知识分享带来的关系租取决于是否存在这些惯例,企业能在多大程度上吸收这些知识,以及企业之间动机的一致性。只有企业之间具有统一的动机,企业之间才能充分地共享知识。

3. 互补的资源和能力

互补的资源和能力指的是交易伙伴拥有的与企业形成互补关系的资源和能力。这些辅助资产如果是难以复制和不可替代的,则能为企业带来关系租。如果说双方之间的其余资产如组织过程、文化和系统都能兼容的话,则关系租会增强。

4. 有效的治理

有效的治理能增强企业关系租。这个治理指的是企业能有效地依据交易成本逻辑选择合适的交易形式,以及开发自我增强的保护(如信任和抵押)。有效的治理能帮助减少合作中的合同成本,监控成本和调整成本,能统一双方动机以获得更大的关系租。

 学术观点 2-6

关系观与关系价值的研究

三、平台组织形式

IT 对于组织形式的冲击还在于催生了一批平台型企业。平台型企业指的是提供平台以撮合他人进行交易的第三方企业。供方可以利用平台功能建店和营销,需方可以在平台上找到供方并完成交易。平台企业通过提供功能帮助参与企业在一定程度上完成交易,比如付款、配送和退换货。平台也称为第三方电子市场。平台型企业的例子包括阿里巴巴、京东、拼多多、亚马逊、敦煌网、Airbnb 等。平台型企业具有以下三个特点:

1. 平台型企业的信息技术实力较强

很多平台型企业从某种程度上讲就是 IT 公司,具有较强的 IT 系统和应用研发能力,IT 部门在企业中所占的地位举足轻重。大型的平台企业也提供云计算服务,比如阿里巴巴和亚马逊。

2. 平台型企业聚焦于搭建生态系统

通过生态系统来为参与企业提供多样化的服务。这些生态系统企业多为专业公司,提供交易链上的某一服务,参与企业可以选择所需的服务来完成交易。以阿里巴巴为例,阿里巴巴提供淘宝、天猫和阿里巴巴 B2B 平台,同时对于每一平台,IT 服务商可以通过 API(application programming interface)为阿里巴巴平台上的企业提供 IT 服务,比如定制店铺、营销、ERP 系统整合和大数据分析等。阿里巴巴还整合支付提供商,参与者可以有多样的支付选择。物流企业也是生态系统中的一个重要组成部分。阿里巴巴通过搭建另外的平台菜鸟网络来支持卖家和物流企业之间的交易。卖家具有较强的营销需求,阿里巴巴通过阿里妈妈平台连接卖家和内容网站并支持其做联署营销(affiliate marketing)。

3. 平台支持生态系统伙伴之间形成网络组织

平台型企业本身是一个网络组织,需要通过建立和维护生态系统成员的关系来丰富平台功能。这种关系的稳定性和复杂性取决于平台型企业的开放程度,开放的平台会维持更多的生态系统成员,并利用 IT 手段比如 API、技术平台和制定平台规则来支持和维护这种关系以降低支持和维护关系的成本。开放的平台能为参与者提供更多的服务,但是维护的复杂性和动态性增加。生态系统成员繁多并可以自由进出,好处是平台企业可以为平台的使用者提供多样化的服务。封闭的平台则会维护较少的生态系统合作伙伴,并和这些伙伴形成稳定的关系,通过这些伙伴提供服务。封闭的平台适合于流程相对稳定且单一的行业。比如大部分的 B2B 电商平台相对封闭和稳定,而零售行业平台比如淘宝和天猫则相对开放和动态。事实上,平台是一个复杂适应性系统,能承载各类的生态种群,支持参与企业之间的随机性交易,也支持参与企业之间形成各种具有相对稳定关系的网络。比如参与企业可以和第三方 IT 服务商、物流企业和内容生产专门企业形成网络组织来从事电子商务。

平台作为一种组织形式,也可以为非平台专门企业比如传统企业所用,用以组织其企业内部活动。比如越来越多的企业利用平台模式从事开放式创新,开放式创新利用平台鼓励相关参与者提交创新构想,并提供某种机制选择优秀的构想并商业化这些构想。

Legoideas 就是一个这样的例子。知名的玩具厂商乐高通过平台吸引乐高爱好者提供创意,参与者可以对创意进行投票,得票多的创意得到创意实现的机会,并从生产出的产品中抽取 1% 的利润作为经济回报。

还有一些企业将内部管理模式改造成平台模式,比如韩都衣舍的阿米巴模式。韩都衣舍是一家知名的电子商务企业,主要销售服装服饰。为了更好地收集全球的服装信息,灵活应对服装潮流的变化,并增强企业内部活力,韩都衣舍平台化了内部管理,将员工分为若干个自组织小组,每个小组都是一个小创业企业。

了解平台型组织形式为企业从事电子商务提供了新的思路。企业从事电子商务最简单的方式就是通过平台来进行销售,也可以自建网站销售。自建网站销售需要较大的投入,大型企业一般从自建网站开始,然后将网站开放成平台,这样别的企业也可以利用该平台销售,比如 Walmart 最初建网站销售自己的商品,现在也开放了网站,别的卖家可以在网站上进行销售,Walmart 本身也部分转型成电商平台。这样做的好处是可以增加销售额和收入来源,分摊平台的 IT 研发费用。同时电商行业是一个非常动态且具有竞争性的行业,企业也可以采用平台模式改造其内部管理模式。

第四节 数字创新和电子商务管理

数字创新指的是利用数字技术对企业运作的各个层面进行创新。新型数字技术包括大数据技术,AI 技术,物联网和网络技术等,其驱动了企业利用这些技术开发新的流程、产品甚至是商业模式来提升企业竞争力。企业在电子商务管理中也会不断地进行新的流程、产品和商业模式的研发,来提升电子商务竞争力。由于数字创新的一些特性,企业在进行新的流程、产品和商业模式的研发过程中可能需要采用不同的管理逻辑,了解这些管理逻辑对于企业电子商务也是大有裨益的。

一、数字创新定义和类型

从广义上讲,数字创新指的是被视为新的、需要使用者做出重大改变的、并且嵌入了 IT 要素或由 IT 使能的产品、流程或商业模式。数字创新包括三大类型:数字流程创新,数字产品/服务创新和商业模式创新。

（一）数字流程创新

数字流程创新指的是组织中 IT 嵌入或使能的一种全新的做事方式。例如企业采用 CRM 系统来管理客户关系，自动化匹配销售方案等，改变了企业做客户关系管理的方式，搭建起新的 CRM 系统使能的客户关系管理流程，即是数字流程创新的一种。在数字流程创新时，企业可能会采用市场上提供的数字技术，也可能自己内部开发和部署。电子商务公司利用互联网和一系列的数字技术改造传统的零售过程，创造全新的基于网络技术的零售流程，亦是数字流程创新的一种表现。

（二）数字产品/服务创新

数字产品创新指的是 IT 嵌入或者使能的全新的产品或者服务，这些产品包括纯粹的 IT 产品如系统、APP 或者硬件（比如亚马逊即时视频服务，新的企业系统如 CRM 或者 ERP 系统，以及智能机），也包括 IT 嵌入的智能产品比如智能汽车系统（比如通用公司的 OnStar 服务）或者智能窗帘。数字产品创新的主要参与者包括软硬件企业以及企业的 IT 开发部门。数字化产品创新的研究集中在开发全新数字化产品的企业（即产品创新者）。

（三）数字商业模式创新

数字商业模式创新指的是 IT 嵌入或者使能的全新的创造和获取商业价值的方式。数字商业模式创新或者涉及数字化产品/服务创新，或者涉及数字流程创新，但是其涉及的范围不仅仅是单个产品或者流程，而是延展到商业价值提供逻辑以及商业模式其他层面的变化。比如 Zipcar 自动租车服务不仅仅再造了租车的流程，其收入模式和运营方式也和传统的租车服务不一样。又如，美团外卖用基于移动互联网技术的线上订餐流程替代了传统电话订餐流程，同时也建立配送团队形成"外卖业务+物流配送"的模式，通过为没有配送能力的中小商户服务而实现新的价值获取方式。其他数字商业模式创新的例子包括滴滴出行的打车服务、拼多多的拼团购物服务、谷歌的广告赞助搜索业务和 Netflix 的 DVD 邮件订阅服务。

从总体上讲，数字创新是利用 IT 来改造或者创造全新的产品、流程或者商业模式。这三类创新并不是严格区分的，一类的创新可以转化为另外一类的创新。比如数字商业模式创新可能来源于最初的数字产品创新或者流程创新。再比如一个企业可能开发了某一套系统用于数字化本企业的流程，而该系统在本企业使用成功之后，企业可能将该系统在市场上卖出去，这样数字流程创新就变成了数字产品创新。

二、数字创新的特点

数字创新和普通意义上的创新的不同之处在于数字技术是创新的驱动力和创新成果的一个部分，而数字技术的一些独特特点使得数字创新也呈现了一些不同的特征。理解这些特征对于企业管理本企业的数字创新具有重要意义。

（一）数字技术的特点

1. 摩尔定律（Moore's law）

摩尔定律由英特尔创始人之一戈登·摩尔提出。他观察到，当价格不变时，集成电路上可容纳的元器件的数目，每隔 18~24 个月便会增加一倍，性能也将提升一倍。换言之，每一美元所能买到的电脑性能，将每隔 18~24 个月翻一倍以上。这一定律揭示了信息技术进步的速度。由于计算技术对芯片的依赖,摩尔定律是指 IT 要素(记忆芯片、微处理器、硬件驱动、路由器及其他通信网络设备、液晶显示屏等)快速的、通常呈指数增长的、性价比改进的特质。摩尔定律的重大意义在于其在技术上和经济上快速拓宽了 IT 所能实现目标的范围。它解释了 IT 能成为当今产品和流程创新的主要使能要素的原因。实际上,摩尔定律可以被视为很多破坏性创新的一种基本使能要素。比如,数字摄影所带来的高质低价最终导致了胶卷摄影行业的消亡。而如今移动电子商务、社交网络和物联网的盛行都受益于摩尔定律。

2. 可重编程性(reprogrammability)

基于冯·诺依曼提出的计算机体系结构,数字设备包括执行数字编码指令的处理单元和保存指令与数据的存储单元。这种数据存储与指令执行分离的体系结构提供了可重编程性的新可能。之前计算机器仅内含固定用途的程序,所以设备和功能是紧耦合的,一个设备只能实现特定的功能。然而冯·诺伊曼计算机体系架构是对程序和数据进行分别存储,这种架构可以很容易地对指令进行修改,修改了指令也就是修改了程序,实现了程序的可重编程。相比于物理产品功能和设备的紧耦合(tight coupling),可重编程性使得功能和设备可以灵活地分离开来,功能不再局限于设备,而是可以根据不同的目的重新对设备赋予新的含义。例如,谷歌地图可以作为独立的功能,也可以被重新编程嵌入到电视、汽车与可穿戴设备等不同场景。可重编程性使得数字设备能够完成一系列广泛的功能,包括计算距离、文字处理、视频编辑和网页浏览等。

3. 数据同质化(homogenization of data)

模拟信号产生的数据(如文本和图片)与存储、处理和展示数据的特定设备(如书本和相机)之间存在紧密耦合关系。数字化是将任何模拟数据映射为由 0 和 1 组成的组合。此时,不同的数字设备所能访问的数据是同质化的,同时任何数字内容(声音、视频、文本、图片)也都可以用相同的数字设备和网络来存储、传输、处理和展示。数据同质化及新媒介的出现将内容与媒介(media)分离开来(decoupling)。视频、图片和文字这些内容在数字化后被同质为一组二进制数据,从而使得企业可以对这些数据进行组合,例如在商品详情页加入小视频,丰富了已有图文描述商品的方式,更全面地展示商品。数据同质化带来的效应是,产生于异质性来源的数字化数据可以轻易地与其他数字技术相结合,发布多样化的服务,模糊了产品和行业边界。

4. 网络效应(network effect)

数字技术中的主要构成部分是网络,因此数字技术也具有网络效应。网络效应是指用户网络规模越大,数字创新的价值对于单个用户来说就越大。网络效应既有用户产生的直接网络效应(即交流或分享数字化资产的能力),也有来自供应端的间接网络效应(即互补性产品、范围经济、干中学)。间接网络效应让企业拥有更大的网络来快速降低成本或增加功能。网络效应主要的作用是增加 IT 创新的价值,选择扩散动力,以及使得技术采用决策更复杂化。

5. 模块化(modularity)

数据技术的编程具有模块化的特点。模块化指的是软件以模块和模块的调用以及组合形式出现。模块化可以持续增加可编程性,从而增加可以聚合、编码并最终实现整个标准化软件平台的复杂性。模块化可编程性(modular programmability)允许设备跨越门槛,使得它们可以与目标匹配,这是以前不能实现的。

6. 自我参照特性(self-reference)

自我参照特性意味着数字技术具有自我指向性和内生性,可以自我生成、更新和创造,进而进入良性循环发展。在数字创新的情景中,数字创新的扩散创造了积极的网络外部性,进一步加快了新的数字设备、网络、服务和内容的创造和使用。而这些数字技术的进步又通过进入壁垒降低来促进数字创新。由于数字工具是广泛创新的必要条件,计算机性价比的提高,因特网的出现和其他数字技术的进步和广泛可得性已经使数字创新大众化,几乎任何人都可以参加。

(二)数字创新的特点

数字技术的上述特点使得数字创新具有一些独特的特点。主要的特点表现在自生长性、汇聚性、组合创新和分布式创新。

1. 自生长性(self-generativity)

自生长性是数字技术在大量、多样和非中心控制的参与者作用下自发产生变化的能力,有三种表现形式:第一,新产品和新服务的边界是不固定的和可延展的,即数字化产品或服务在推出后,其规模(scope)、特性(feature)以及价值(value)可以不断增加;第二,唤醒创新(wakes of innovation),即一项创新可以引发一系列的创新,例如建筑行业中的 3D 可视化技术改变了测量员的角色与工作范围,显著增加了他们在一项建筑工程中定位点的数量,而这进一步引发了其他流程创新,如对测量职能实施不同的控制权,制定新形式的合同与项目管理方;第三,衍生创新(derivative innovation),数据是使用数字技术时的副产品(by product),对这些数据的创造性使用可以引发无限创新,例如用户在使用运动类 APP 时留下数字痕迹数据,这些 APP 可以通过整合分析用户日常锻炼的数据为其生成个性化锻炼计划。

2. 汇聚性(convergence)

汇聚性是数字创新将之前分散的用户体验集聚在一起。例如,通过将媒体内容、存储设备与分发技术的结合,用户可以体验宽带互联网、手机、TV 服务和移动互联网共同提供的三重播放(triple play)甚至四重播放(quadruple play)。数字技术将之前的物理产品转变为智能化产品和工具,使单个设备能实现多种能力,满足多种用户需求。例如,智能手机能为用户提供语音通话、照相、玩游戏及其他很多能力。汇聚性将之前分散的企业汇聚在一起形成跨界竞争。例如,作为一个软件开发企业,Skype 现在与传统的电信公司在国际与长途通信市场上存在直接竞争。

3. 组合创新(combinatorial innovation)

数字技术具有模块化的特点,这使得新的创新性应用可以通过模块调用和组合的方式出现。Arthur(2009)指出,数字化元素近乎无限制的重新组合是创新的一大来源。很多基于软件的数字化模块采用标准化的接口,能够与使用同样标准接口的其他模块组合起来。比如,很多Web 服务现在提供标准化的接口,与开发者的新产品和服务结合起来。

4. 分布式创新(distributed innovation)

数字技术带来的交流与协同成本的降低,以及数字创新本身的进入成本降低,使得创新活动呈现出愈发分散化的特点。一方面,数字技术使得创新过程更加大众化、民主化,对创新活动的控制权也分布在不同的企业之间。其次在企业内部,创新活动的位点越来越多地转移到组织的边缘领域,数据的同质化增强了创新的跨边界性可能性,使得多主体能携带数据资源参与创新,而这种跨边界性和多主体参与性为创新提供了较好的温床。

三、数字创新和企业电子商务管理

数字化创新为企业电子商务管理带来新的价值创造机会和变革动力。一方面,企业可以将数字技术嵌入其商业流程和产品服务中,开展各种数字化创新活动,为客户带来价值增值从而创造新的商业模式。因为电子商务是一个虚拟化程度较高的行业,电子商务管理和数字创新息息相关。在进行电子商务管理的过程中,企业极有可能需要通过数字创新来创造新的产品,搭建新的数字流程甚至构建新的数字商业模式来进行竞争。比如拼多多在已经处于垄断的电子商务行业中能快速成长,依靠的就是数字创新。拼多多创新了电子商务的营销和销售流程即拼购流程,并和微信进行结合,拼购流程中融合了社交商务,使得平台口碑能进行较快的传播。无论是电子商务企业,还是非电子商务企业,在数字创新的管理中都需要尊重和利用数字创新的特点,才能更好地实现创新。

另一方面,数字化作为一种重要的变革力量正在推动企业由传统工业时代的管理方式转为新兴的电子商务管理,为企业带来新的发展机遇和管理问题。例如,在新冠肺炎疫情流行的初期,护理品销售企业林清玄线下门店业绩严重下降90%,近两千名员工被隔离在家,每天亏损百万元。面对几近崩盘的危机状态,林清玄借助钉钉线上办公和视频会议快速重启组织能力,通过"短视频+直播"手段汇聚消费者构建了新的线上交易环境,并对线下门店进行数智化转型升级整合线上线下资源。通过数智化赋能的连接和聚合,林清玄实现企业管理和组织能力的升级转型,护理品销售线上业绩增长五倍,整体业绩较去年同比增长20%,实现了转危为机。

目前关于数字化引发的管理研究刚刚起步,还有很多有待解决和思考的问题,比如一个重要的议题就是技术平台开放和控制的平衡。数字技术平台的发展需要开放平台以维持其创生性,不同的参与者能带来异质的创新想法和资源,有利于促进创新;但是同时又需要对平台参与者进行控制,否则平台的使用和演进会进入到无序状态,进而为企业带来风险。数字创新的过程是高度复杂的,由于涉及主体众多,数字化组件的流动会为企业带来前所未有的失败风险。创生性和控制是管理创新技术平台所必需的,但是二者相互制约,一个鼓励开放而另外一个制约开放的程度,如何平衡二者就成为管理者需要思考的问题。

第五节　电子商务采纳和实施理论

对于企业来说,具有资源和能力、采用合适的组织形式以及持续地进行数字创新是促进电子商务成功的重要因素,但是其他因素也非常重要,比如企业采纳电子商务技术的动机以及高层管理支持。本节基于技术采纳理论中与组织技术采纳最为相关的 TOE(technology-organization-environment:TOE)框架,从技术、组织和环境三个方面分别阐述了企业电子商务采纳和实施的影响因素,有助于企业综合了解影响企业电子商务成功的要素以及在做出相关决策时需要考虑的因素。

(一)技术采纳理论总览和 TOE 框架

关于企业为什么采纳某一技术创新,理论界有着很多的研究,并且源于不同的学科,形成了许多流派,我们将其统称为技术采纳理论。尽管有着很多的分支,但是所有的技术采纳理论回答的都是同一个问题,即企业和个人为什么会决定采用某一项技术。常用的技术采纳理论包括:技术扩散理论(innovation diffusion theory)、技术接受理论(technology acceptance model)、动机理论(motivational model)、PC 使用理论(model of PC utilization)、社会认知理论(social cognitive theory)、计划行为理论(theory of planned behavior)、理性行为论(theory of reasoned action)、TOE

（Technology-Organization-Environment：TOE）框架。

　　这些理论从不同的角度来解释企业和个人为什么会采纳该技术。例如，技术接收理论认为，个人采纳某一项技术是因为认识到该技术是有用的（认知有用性，perceived usefulness），容易使用的（认知易用性，perceived ease of use），以及主观影响因素（主观规范，subjective norm）的认知压力。各个理论之间的所涉及的影响采纳的因素有较大的重复性。

　　本小节将基于 TOE 框架（图 2-12）来阐述影响企业电子商务采纳和实施的具体影响因素。TOE 理论更多地阐述企业层面的采纳动机和实施影响因素。根据 TOE 框架理论，企业对某项创新的采纳动机和实施影响因素取决于技术情境因素、企业情境因素和环境情境因素。企业管理层理解这些因素，有助于他们理性地分析本企业电子商务的采纳和实施动机或者障碍，从而有意识地克服这些障碍。

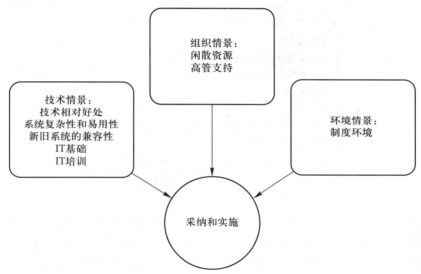

图 2-12　企业电子商务采纳的 TOE 框架

（二）影响企业电子商务采纳和实施的技术情境因素

　　技术情景因素指的是影响企业电子商务采纳和实施的内外部技术相关的因素，包括电子商务技术的相对好处，系统的兼容性，系统的复杂性和易用性，IT 基础和 IT 培训。

　　1. 技术的相对好处

　　相对好处指的是电子商务技术和系统能在多大程度上超越以前的系统。企业采用电子商务主要是因为他们预期电子商务会为企业带来一些好处，同时电子商务实施也受到技术相对好处的影响，好处越大，企业动机就越大，在企业内部实施碰到的阻力也就越小。企业电子商务能带来的好处是多种多样的，具体的好处取决于电子商务的模式。对于 B2C 电子商务来讲，企业可以通过电子商务改善销售流程，拓宽销售渠道至线上，增加销售额，提升顾客体验。对于 B2B 电子商务，企业可以改善采购和销售，并且和交易伙伴建立电子合作关系。图 2-13 列出了一些电子商务的好处。

　　我们在前面提到，学者们最初提出电子商务具有两种效应，一是集聚效应，二是协调效应。

电子商务发展至今,大数据效应凸显,因为电子商务支持的交易流程可以留存大量的数据以供分析,企业可以据此发掘更多的商业机会和流程优化的机会。发挥这三种效应,企业可以获得多种电子商务好处,有些好处和某一效应相关,还有一些总体好处和三种效应都相关,比如流程整合和优化、采购和供应链管理改善、库存减少、成本降低、销售增加、交易体验增强、客户满意度增加、发现新的市场机会等。

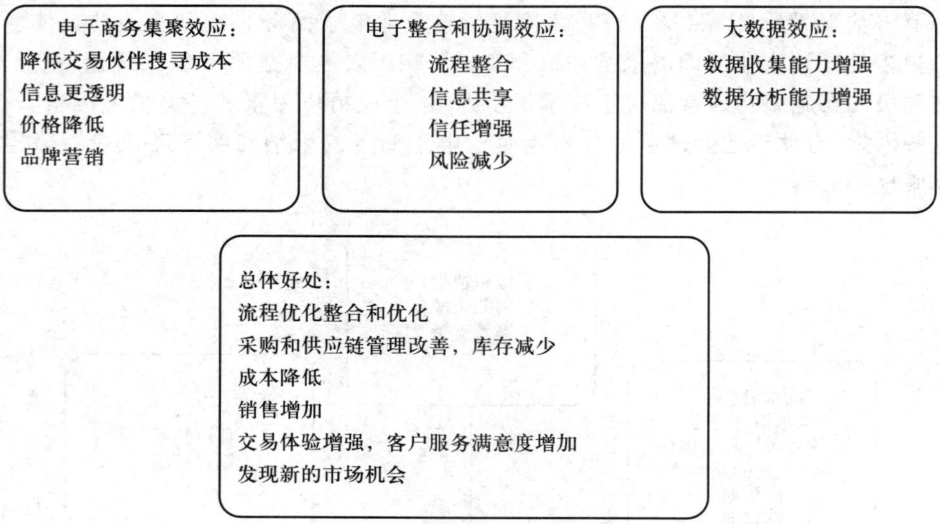

图 2-13 企业电子商务效应

除了上述好处,一些企业是出于学习动机而开展电子商务的。很多企业在一项新技术刚刚出现的时候,就采纳了它,不是预期该技术能立即为企业带来经济效益,而是抱着学习和积累使用该技术经验的目的。这样一旦确认该技术确实有帮助,或者将成为主流技术,企业将大规模采纳该技术。

2. 电子商务系统的兼容性

电子商务系统是否与现有的系统和流程兼容也是采纳和实施的一大考量。只有当电子商务系统能与企业的流程以及交易特点相匹配的时候,企业电子商务才会产生价值。不兼容的系统或者流程可能为企业带来更大的困难,企业要么需要做出巨大的转变,要么承受失败的风险。比如制造商在做电子商务的时候比传统的中间商或者零售商承受的风险要大一些,因为电子商务销售中重要的一个环节就是内容生产和网络营销。传统的制造商专注于生产,营销能力薄弱,转型做电子商务后需要构建全新的营销和销售流程,学习这些技能。而中间商在传统商务中就非常擅长营销和销售,转型做电子商务相对容易一些。

任务技术匹配理论(task-technology fit)为分析兼容性提供了分析思路。根据该理论,一项创新技术之所以能产生价值,提高工作绩效,是因为任务和技术非常匹配。例如,企业的财务处理具有结构化的特点,ERP 系统可以很好地支持该任务。但是如果是管理决策活动,ERP 系统可能就不能满足其需求,因为决策是非结构化的,所需信息是发散和分散的。这时只有专门开发的商务智能系统才能支持该任务的完成。

再比如,在 B2B 电子商务的采纳中,企业也需要注意采纳的功能是否和企业任务相匹配。可以利用前面分析的网络组织、市场和科层的选择因素来建立这个技术任务匹配的模型,具体如图 2-14 所示。一些电子商务的技术/模式,如卖方和买方可以自由发布信息和进行协商的电子市场,以及作为协商机制的电子拍卖,能在更大程度上支持企业间组织的市场结构,增加市场效率,使其更透明,更具有竞争活力。

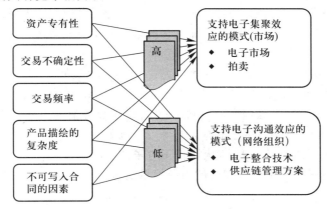

图 2-14　技术任务匹配模型

另一些电子商务的技术/模式,如电子整合技术和供应链及物流解决方案,能在更大程度上支持网络经济结构,增加网络组织的运行效率,促进双方更好地合作。企业需要根据其任务特点采纳和实施相应的功能。如前所述,当资产专有性较高,交易不确定性大,交易频率高,产品描绘的复杂度高,以及不可写入合同的因素很重要时,企业会选择网络组织结构来进行交易,这时企业应当采用适合这种交易情况的具有电子集聚效应的电子商务模式,如电子市场和拍卖。反之,企业应当选择具有电子整合效应的电子商务模式。只有当企业交易特点和企业电子商务模式相匹配的时候,企业电子商务产生价值。否则可能会适得其反。比如在 B2B 电子商务发展早期一些企业将长期的合作伙伴推到电商市场和拍卖中进行交易以降低价格,这些长期合作商不得不和新的供应商进行竞价,伤害了和这些长期合作伙伴的关系,导致后续的无法写入合同的一些要素如产品质量和服务无法得到保障。

3. 系统的复杂性和易用性

企业或个人选择采用某项技术,肯定在于该技术易于使用(perceived ease of use)。一般来讲,技术越复杂,用户接受难度越大,采用的可能性就会越小。对于大多数用户来讲,他们对电子商务技术的接触点实际是在电子商务软件的界面,所以软件的可用性(usability)对促使用户实际采用该创新起着至关重要的作用。企业电子商务软件的五个可用性标准,包括:

(1) 有效益的(effective):指的是用户利用该软件完成目标的完整性和精确性。

(2) 有效率的(efficient):指的是用户利用该软件完成目标的速度是否快。由此,界面设计必须符合用户习惯,以用户为中心来开发软件。

(3) 有趣的(engaging):指的是该软件的使用是否有乐趣和令人满意。

(4) 能容错的(error tolerant):软件应当防止用户犯错误,并能在犯错误后恢复过来。

(5) 易于掌握的(easy to learn):软件必须足够简单以保证容易掌握,但又要保证软件不至于很快过时,或者牺牲别的功能。

4. IT 基础

良好的 IT 基础包括基础设施和 IT 人力资源。如果一个企业有着良好的 IT 基础设施,拥有配套的软件、硬件和网络设施、数据库,而且员工对计算机和网络操作比较熟悉,那么它采用和实施电子商务就很方便。相反,如果一个企业不具备这些条件,那么采用电子商务就比较困难。至少,它必须首先投资购买计算机和相应软件,重新将企业的数据整理出来并输入到数据库,同时还得对员工进行基本计算机知识培训。那么它的采纳成本就显得过高,采纳难度就会加大。

5. IT 培训

培训是电子商务系统实施中非常重要的一环。它能帮助员工尽快地掌握电子商务系统的操作方法、适应新流程的应用环境。好的培训能够让员工了解系统实施的目的,使用系统应当遵循的行为规范等。IT 部门在培训、维护和管理企业电子商务活动中起着重要作用。如果企业设有 IT 部门,采用企业电子商务就会显得方便得多。例如,一些小企业没有 IT 部门,出了问题就找软件销售商,问题不能及时解决,大大降低了电子商务的价值。

(三)影响企业电子商务采纳和实施的组织情景因素

影响企业电子商务采纳和实施的组织情境因素指的是组织本身和组织内部资源的特点比如企业大小,闲散资源,高管支持。上述谈到的电子商务资源和能力亦属于组织情境因素,但不再赘述。

1. 闲散资源

由于企业电子商务模式还处在不断变化中,其价值也还没有被完全开发,所以在目前还是一种创新性活动。而企业闲散资源的多少是与其创新活动的量成正比的,所以企业的闲散资源越多,该企业从事电子商务以及在电子商务活动中采用新技术的可能性越大。此外,加入电子市场是需要花费人力、物力和财力的,这些都要占用企业资源。试想,如果一个企业资源紧缺,那么它势必将有限的资源用于它认为最能产生生产力的地方,例如生产和销售,开发新产品等,而不会投入到企业电子商务了。

2. 高层管理者支持

高层管理者的支持能保证企业信息系统的采纳和实施顺利进行。高层管理者的支持一般从两个层面来理解:一是高层管理者的信仰,二是高层管理者的参与。

高层管理者信仰是对企业电子商务的一种主观心理状态。研究表明,外部环境影响着高层管理者的信仰。例如,高层管理者会在对环境、组织和技术的感知过程中形成自己对企业电子商务的看法。这种感知构成了对其行为的指导,有利于他们认识到电子商务采纳的价值。

高层管理者参与指的是他们支持企业电子商务采纳和实施的实际行为,一般伴随着新的组织结构的建立,以从各个层面支持企业电子商务的采纳和实施。具体地讲,高层领导的实际行为在以下方面起作用:

(1)高层管理者的行为表现在资源配置上,如果更倾向于企业电子商务,就会投入更多的人力、物力和财力资源。

(2)高层领导直接参与电子商务的战略制定和执行,提高各级管理者和员工对电子商务重要性的认识,并促使他们去改变工作惯例。这对建立电子商务在企业的地位的影响是非常重要的,有助于员工认识到企业电子商务将是企业工作中的一种常态,减少员工做无意义的抵制。

（3）员工会将一些内部的与电子商务相关的政策和规则当成认知指导。例如，如果企业人力资源政策支持员工对电子商务技术和管理技能的学习，员工也会积极参与到与外界的接触，通过参与行业内的用户论坛、会议等了解企业电子商务的知识。

（4）企业还需要改变原来制度中不利于新的电子商务系统实施的部分，制定新的制度，以保证系统实施的顺利进行。例如，企业可以制定引导员工和业务部门多使用企业电子商务的激励制度。这些制度的制定需要高层领导来完成。

（5）企业电子商务改造将不可避免改变以前企业的组织结构和工作流程，必然涉及一些人的利益，高层领导的协调就显得十分重要。

高层支持理论对于企业信息系统实施时如何争取高层领导的支持有重要的指导意义。企业电子商务的负责人要和高层领导充分交流，充分展示企业电子商务的价值，改变其对企业电子商务的认识。而对于企业的高层领导来讲，如何支持企业电子商务也是一门艺术。

实践证明，仅仅在大小会上强调电子商务的重要性是不够的，高层领导必须切切实实地参与到企业电子商务的改造中来。如果企业电子商务实施是伴随着激进的业务流程再造的话，企业高层领导应当成为项目直接负责人。

 企业实践 2-3

中国人保财险陕西省分公司的高层管理

（四）影响企业电子商务采纳和实施的环境因素

企业决策者的行为会受到企业所处环境的影响，包括机构环境（institutional environment）以及政策环境的影响。

1. 机构环境

企业在做电子商务采纳和实施决策的时候会受到所处的机构环境的影响。机构环境包括其他直接相关或者不相关的企业。这种影响有三种：模仿性压力（mimetic pressure）、规范性压力（normative pressure）、强制性压力（coercive pressure）。

（1）模仿性压力。模仿性压力指的是企业会模仿其他企业尤其是竞争者的决策。如果大部分别的企业采纳了电子商务，该企业的决策者会倾向于采纳该技术。它主要通过两种方式体现出来，一是模仿当前行业中别的企业的流行做法，即当前其竞争者有无采用电子商务，二是这些竞争者们使用企业电子商务后获得成功的程度。一般来讲，企业面临不确定性时，会通过模仿别的企业来减少决策需要的信息搜索，减少先进入的风险，以及减少试验成本。同时，当别的企业采用了电子商务时，本企业会因为担心被看成是一个落伍的企业也选择采用。从这一点上讲，一些企业采用电子商务实际上是出于维护形象的目的。

（2）规范性压力。规范性压力是指企业感受到的来自其关系网内别的企业比如供应商、客户以及政府部门的采纳和实施压力。如果技术的采纳成为一种规范，企业会倾向于采纳和实施该技术,否则企业需要承受破坏行业规则和规范的后果。基于规范性压力做出的采纳和实施决策是企业为和关系网络中的企业一起集体维护行业或者市场规范的一种努力。遵守规范的好处是增加本企业威望,增加行业内别的企业对本企业的认可以及以后会获得关系网中企业的支持。由于电子商务技术是跨企业的,需要其客户和供应商的配合才能完成。例如,在企业电子市场中,对于一个卖方企业来说,越多的买方企业参加,该电子市场就越有价值,它就越值得被采纳。再如,基于 Internet 的 EDI 技术链接两个企业,如果供应商或者客户希望采用该技术,企业可能会承受规范性压力而采纳该技术。政府部门对于企业的期望也会给企业造成规范性压力,进而采纳某一项电子商务技术。

(3)强制性压力。强制性压力指的是本企业所依赖的企业带来的正式或者非正式的压力。对于企业电子商务而言,这种压力可能来自大的占主导地位的客户、供应商或者是母公司。在 B2B 电子商务系统的采用中,这种压力是很常见的。一些大的客户为了促使其供应商采用 B2B 系统,会直接要求对方实施这个系统,否则将减少与该供应商的业务往来。一般来讲,对于这些大客户的要求,处于依赖方的企业会慎重考虑的。但是这种方法虽然促使了供应商企业采用了这个系统,但是强迫的方式有时会伤害对方的感情和信任,不利于未来合作的进行。

2. 政策环境

有利的政策环境是推进企业采用电子商务的一个重要促进因素。比如中国政府为了鼓励跨境电商的发展,将上海、重庆、宁波、郑州、深圳、广州等十二个城市列为跨境电子商务综合试验区,并积极探索发展跨境电商的新模式、新方法、新经验,制定并实施一系列扶持政策 。各个地方亦有地方性的扶持政策。比如,义乌市政府为了扶持电子商务的发展,或建电子商务园区,为电子商务发展提供便利 ,或为重点扶持企业提供补助。这些扶持政策鼓励了企业采纳和实施跨境电商。

本节仅侧重从企业的角度论述了电子商务采纳的影响因素,企业电子商务的采纳深度还受到用户接受度的影响,而用户接受度同样受到他们对系统的绩效预期、努力预期、社会压力以及支持性条件的影响。所以企业电子商务负责人在推进电子商务系统时,也需要注意改变用户对系统的看法,让他们认识到系统的好处,减少他们使用系统所需要付出的努力,创造良好的企业氛围,树立典型以激励别的员工效仿,以及尽量为用户提供更多的支持。例如,减少他们在实施期间的工作量,以方便用户熟悉新系统;提供更方便的电话咨询等。

第六节   电子商务价值创造过程

一、电子商务价值创造过程框架

上述理论从不同侧面阐述了资源、动态能力以及组织形式在 IT 价值产生中的作用。经过十多年的研究,学术界对于电子商务创造的来源形成了三个共识:第一,IT 资源和 IT 能力是电子商务价值形成的内部根源;第二,伙伴关系资源是电子商务价值创造的外部支撑;第三,电子商务流程是电子商务价值创造形成的主要载体。因此,最近一些研究开始关心电子商务价值创造的过程规律。本节通过介绍"电子商务价值创造过程分析框架"详细阐述这样一种过程,深入认识企业从战略启动直至价值产生的中间过程和作用规律。

 **学术观点 2-7**

电子商务价值创造过程的研究观点

根据电子商务价值创造过程中的因果关联作用关系,主要分析框架如图 2-15 所示,它是由电子商务战略、IT 资源、电子商务应用能力以及电子商务价值四个层面组成。

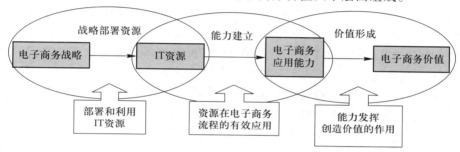

图 2-15　电子商务价值创造过程

该框架显示了企业电子商务战略如何启动和部署 IT 资源,产生企业电子商务应用能力并创造电子商务价值的过程。从图 2-15 我们可以清楚地看到,电子商务价值创造是以电子商务战略为起点,合理地规划和配置企业 IT 资源,通过电子商务流程实现 IT 资源的整合利用,使其有效地形成企业电子商务应用能力,最终产生电子商务价值。该过程可以分为三个推进阶段:战略启动与资源部署、能力建立以及价值实现。在这个关联进程中,电子商务流程是一个重要的载体,资源在电子商务流程中被有效地利用创建了企业电子商务应用能力,从而在运营流程、企业财务、合作关系以及市场竞争多维度产生了价值。

二、电子商务价值创造过程的阶段特征

(一)第一阶段:战略启动与 IT 资源部署

企业战略目的在于科学规划和开发利用 IT 资源创建电子商务应用能力,以实现预期的竞争优势。战略启动的目的就是通过战略决策确定电子商务战略方向和制定战略,实现 IT 资源的部署和利用,以推动电子商务创新应用。这一阶段主要的管理任务是通过战略启动部署和 IT 资源部署。

战略启动是电子商务价值创造的起始点。在数字化转型的大潮中,对于任何企业而言,这种战略启动的作用显得尤为重要。战略启动要求企业具有很强的领导力以实现对组织独有 IT 资源的集中规划和配置。例如,企业高层领导负责数字化战略的制定和执行,制定相关的人力资源管理措施与计划,规划资金投入方案等。它直接决定了企业能否将电子商务成功运用于组织的运作环节和关键流程中并取得竞争优势。

IT 资源部署是依据战略,针对不同 IT 资源的用途差异加以比较后作出的优化选择、规划布置和创造利用,从而引导企业实现电子商务创新的管理过程。这要求企业实现有效 IT 资源的甄别、整合和利用,形成 IT 资源整体的难以模仿性。例如,计算机硬、软件可以直接购买,员工可以招聘,但是企业整体应用 IT 的能力是不可能直接从外部获取的,只能通过内部优化配置和学习运用取得。

(二)第二阶段:能力建立

电子商务应用能力的建立依赖 IT 资源在电子商务流程中的转化作用。能力根植于流程,企业通过构建和执行电子商务流程,实现对 IT 资源的综合利用形成能力。因此,这一阶段主要的管理任务是通过 IT 资源在流程中的转化产生能够推动企业创新的电子商务应用能力。

能力建立阶段强调 IT 资源如何在电子商务流程中相互协调和整合利用,实现单一 IT 资源所不具有的商务应用特性。这里举一个极端的情况:在电子采购流程中,对于 IT 资源而言,如果企业只单独考虑其中某一种资源的使用(如 IT 技术资源)而不考虑与伙伴关系资源现状,可能导致的结果是,先进优化的电子采购平台和优化流程由于供应商不愿意参与而无法完成采购活动,或者由于员工对工作流程大量改变产生的抵触情绪无法正常开展网上业务。因此,技术资源、人力资源和伙伴关系资源只有整合在一起,才能产生新的能力。这种能力是以前商务活动都不具备的。

(三)第三阶段:价值实现

企业电子商务应用能力在电子商务流程中产生创新变革效应,通过改善流程效率、合作伙伴关系、财务业绩以及市场竞争水平而体现出电子商务价值。因此,这一阶段的管理任务就是通过在电子商务流程中产生的能力及其转化来实现价值创造。值得注意的是,以上四种电子商务价值的体现将在不同层面和不同时间点表现出来。这就需要企业管理者了解和掌握不同的测量方法。具体内容将在本书第七章阐述。

以上三个推进阶段的特征反映了企业电子商务价值产生的进程和关联作用关系。

三、价值创造过程的四类主要因素

(一)电子商务战略

企业战略是为获取竞争优势对未来规划的发展方向和准备采取的行动。战略的目的在于提出企业的战略展望,在此基础上建立目标体系并最终确立企业的战略政策和方案。在一个企业中,战略可以分为三个不同的层次:总体战略、业务战略以及运作(职能)战略。

(1)第一个层次是总体战略,总体战略关注整个企业的经营范围,从组织的整体目标考虑如何对资源进行配置,如何选择合适的经营业务。一般而言,总体战略可采用稳定型、增长型、紧缩型、混合型、进攻型和防御型等多种模式。

(2)第二个层次是业务战略,主要涉及如何在市场中竞争,如何在一个特定的行业中实现预期目标并形成竞争优势。可以采用的业务战略有成本领先、差异化、目标集中等类型。

(3)第三个层次是企业运作战略,也可称为职能战略。在这个层次,企业关心的是不同职能如何为其他各级战略提供保证。例如,销售战略能够保证企业市场占有率的提高,人力资源战略能够保证企业优质的人力资源储备和利用。

　　电子商务本身就是企业应对竞争的一种价值创新的战略选择,是企业经营领域的进一步拓展和革新,更是企业战略的一个重要组成部分。电子商务战略应当支持企业的整体战略。大量的数字化转型成功经验表明,有效实施电子商务的关键是企业必须进行合理的电子商务战略启动和规划,即需要系统地分析和回答企业应用电子商务的目标是什么、支持电子商务的资源有哪些、就绪程度如何、重点应用领域和流程在何处、组织流程应该如何整合、如何才能充分发挥电子商务的价值等问题。

> **电子商务战略**　是通过识别、优化和配置能为企业带来新的价值创造潜力的 IT 相关资源,实现电子商务价值创新的战略活动。

　　电子商务战略是组织战略的一个有机组成部分,图 2-16 展现其在三个层次战略中的关系,主要表现在以下三个方面:

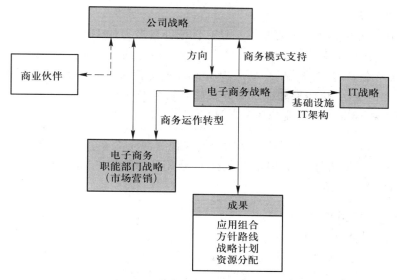

图 2-16　电子商务战略层次图

资料来源:Efraim Turban,等.电子商务管理新视角.王理平,等,译.北京:电子工业出版社,2002.

　　(1)公司战略为电子商务战略提供商务指导,电子商务战略为公司战略提供新的商务模式支持。

　　(2)电子商务战略是在 IT 战略提供 IT 架构基础上的商务战略,与 IT 战略相比具有明显的商务特征。

　　(3)电子商务职能部门战略是在电子商务战略的指导下的单部门战略,是对电子商务战略的整体支持和扩展。

学术观点 2-8

　　与传统的商务战略相比,电子商务战略具有以下显著的特征:

　　(1)强调利用 IT 资源实现商务模式的创新。传统商务战略依赖于对市场的准确定位以及竞争状况的分析,而电子商务战略则更强调 IT 资源与企业流程的匹配与创新。

（2）基于能力的培育。从传统市场中的定位能力转移到现在的以 IT 能力基础的培育模式,以企业电子商务流程为中心,实现资源的整合利用并形成电子商务应用能力。

（3）战略聚焦点不同。传统商务战略关心的是产品和市场,而电子商务战略关注客户和市场变化的灵敏度,重视新关系和新价值的发展。

（4）规划周期不同。传统商务战略周期相对长。由于市场竞争变化的加剧,以及新技术的迅速发展,电子商务战略强调短期而快速灵活的执行,采用关键战略将公司定位在最有前途的机会上。

（5）电子商务战略强调价值创新。电子商务战略聚焦于服务主导逻辑,将商业活动的参与者视为价值创造者,企业与供应商、分销商和顾客在互动中共创价值,战略的目的是构建数字化商业生态系统。

（二）企业 IT 资源

IT 资源是电子商务实施的重要支撑。具有价值创造潜力的 IT 资源直接决定了企业在流程中形成电子商务应用能力并产生电子商务价值。根据前界的理论研究并结合中国企业实践,本书认为信息系统资源、数据资源、复合型人力资源以及伙伴关系资源是电子商务价值产生的四类核心 IT 资源,对于数字化转型和电子商务实施具有各自不同的战略功效。本书对 IT 资源的定义如下,第五章将详细介绍企业如何部署这些 IT 资源。

> **IT 资源**　是指支持电子商务的有价组织资源,这种资源是企业在其电子商务运作中能够获取和利用,但又难以模仿且不可替代,既包括 IT 设施和数据资产,也包括各种无形使能资源,如人力资源和伙伴资源等。

（三）电子商务应用能力

电子商务应用能力来自电子商务流程的成功应用和商务创新。从电子商务价值创造过程可以知道,企业是通过电子商务流程集成利用四类 IT 资源,从而产生了电子商务应用能力。电子商务流程成为了 IT 资源转化为电子商务应用能力的重要载体。

电子商务流程打破了部门、企业的界限和阻隔,形成横向信息通道,同时贯穿了从战略层至管理、运作层的纵向信息通道,实现跨企业边界端对端的整合资源优势,随着流程中信息及时到达需要的伙伴,相应的业务活动流程通畅。电子商务流程的实现依赖于数字化的技术能力的支撑,同时也带来了新的商务能力。电子商务应用能力从整体上反映了企业使用电子商务后商务活动的能力创新。第六章将详细介绍企业电子商务应用能力如何形成。

> **电子商务应用能力**　是指电子商务流程中企业利用电子商务技术形成的商务能力,以改进和创新现有商业活动,响应不断变化的外部环境。

（四）电子商务价值

电子商务价值可以在流程、企业间合作、整体企业业绩以及市场竞争四个层面表现出价值创造的潜力。这四个方面的表现由内而外、由流程底层向市场外部形成了多层次的电子商务价值体现形式。电子商务价值的定义如下,第七章将详细介绍电子商务价值的多层次衡量标准。

电子商务价值　是指企业在电子商务应用中获取的收益,表现在流程绩效、关系绩效、财务绩效和竞争绩效四个方面。

　　研究者普遍认为,电子商务价值首先会表现在实施的流程水平,因为流程反映了电子商务在特定应用环节为组织带来的直接价值。它不同于企业的财务绩效指标(例如 ROA 等),流程绩效可以从组织运作的中间层面解释企业电子商务应用能力的直接影响效果。例如,在面向供应商的电子采购流程中,商务信息的共享能够降低企业与供应商的信息不对称,提高采购的效率(例如控制库存,及时了解供应商新产品等)。这就是典型的流程绩效。

💡 学术观点 2-9

流程绩效作为 IT 价值衡量的原因

　　关系绩效是一种无形的收益,是通过建立数字化的合作关系,提高了合作双方联盟能力而带来的价值表现。例如,很多企业利用电子商务发展了长期的合作伙伴关系,既可以降低采购的不确定性,也可以加强销售渠道的管理。这种因为合作伙伴关系改善而带来的价值体现就是关系绩效。值得注意的是,关系绩效往往负载于合作流程中。但是关系绩效与流程绩效的差别是,关系绩效聚焦于因为关系开创、维持和改善而带来的价值水平,是企业与合作伙伴二元关系(dyads)中形成的。

　　财务绩效主要是通过盈利、偿债、营运和竞争四个方面的财务指标加以衡量。基于财务绩效的测量可以对企业运作的各个方面进行定量化的监控,并且由于财务指标经济价值的可比性,使企业能够及时发现和纠正问题。因此,财务绩效是衡量企业 IT 价值的常见工具。

　　竞争绩效是企业电子商务应用从运作层面、企业间关系层面向市场层面的价值拓展和延伸,是企业市场竞争中超过同行竞争对手的战略性收益。它关注的是一切商务活动和价值在市场竞争中的综合效能。竞争绩效是企业获取竞争优势的直接动力,尤其在动态变化的市场环境中这种绩效可以更为科学地测量企业适应市场去获取的 IT 价值。例如,资源重构、组织响应环境动荡能力使企业"充分利用提升的机会修正原有运作活动",提升竞争效果。虽同为传统的绩效考量指标,但相较于财务绩效,竞争绩效更能反映企业电子商务应用在特定的产业竞争环境中的应用价值。

第七节　电子商务流程观

一、电子商务流程的定义与特点

企业实施电子商务离不开电子商务流程,因为所有的商务活动、信息和服务都是伴随着流程在商务对象之间进行传递和转移的。例如,在小猪短租上预订民宿,当订单在网上提交之后,交易信息就传递到民宿运营者那里。整个预订活动中,Internet 传递到了小猪短租后台,在线支付以及入住后的在线评论等都是通过数字化的流程实现的。

Henry 在研究中较早地定义和描述了数字化流程,他认为,数字化流程侧重在价值网,增进合作和联盟,不仅与公司内部的流程有关,而且穿过一个界面/接触面与外部的供应商交换信息,按照一定的规则与步骤,实现商务活动。流程被认为是资产,电子商务流程管理的价值是面向客户和其他供应商。

电子商务流程体现了互联网信息流给组织带来的变革和价值创新,本书对电子商务流程定义如下:

> **电子商务流程**　是人、交互的网络信息流和活动的集合。它面向商务活动参与者(例如核心企业、供应商、渠道分销商等),通过 Internet 网络信息的流动,满足参与者之间的信息和活动的交互需求,形成一个信息与活动嵌套的交互流程,跨越企业边界连接了合作伙伴支持数字化商务活动,实现电子商务价值。

它包含以下三个方面的含义:

(1)以参与主体为中心。电子商务流程是以参与主体为中心的,这使它区别于以产品为中心的传统业务流程。电子商务流程为企业创造的是个性化、人性化的全新价值,认识到这一点才能够真正理解电子商务的本质,并利用它去创立和发展全新的工作方式和经营模式。具体地说,存在于 Internet 市场的经济主体(个人、组织)之间的交互,包括信息的交互和商务活动的交互,是一个依赖 Internet 技术支持的交互。Internet 的媒介技术特点在组织中产生了不同于以往的动态交互效果,它具有高连接和高到达(信息的丰富和传递信息的速度)的特征。所以,参与主体之间交互的信息与活动达到了整合的效果,形成了一个信息与活动嵌套的电子商务流程,例如我们在抖音直播中参与现场互动,发现一个好的产品,然后转到天猫店铺直接下单购买。

(2)交互媒体特性。电子商务流程是源于活动参与者之间的信息和活动的交互需求,利用网络信息的流动性,形成的新型交互式电子商务流程,可以整合和分享价值链上所有企业的各类资源和能力,从而实现跨部门、跨企业的信息共享和合作活动,传递电子商务价值到所有参与对象。这里的参与者既可以是网红、消费者等个体,也可以是供应商、分销商、物流商等。企业采用的新媒体与用户进行交互除了具备交互性、个性化、信息量大与传播速度快等特征之外,更多地体现新媒体的传播特色。当前交互的媒体除了互联网网页之外,更多的是 Web2.0 和社交媒体,如海外的 Facebook,Twitter,以及国内的新浪微博、抖音短视频、微信小程序、斗鱼直播间等。企业与参与者之间的信息交互特征是描述企业与用户信息交互过程的方法、体系、指标、数据。具体交互形成的商业价值见第七章。

（3）智能运营趋势。智能化是当前电子商务流程的一个新特征,当前各种新媒体利用相当成熟的人工智能支撑,使得电子商务流程实现越来越高的智能化。例如天猫首页实现千人千面的智能推荐的基础就是消费者在 App 中的差异化浏览和点击行为。社交和移动媒体的形式丰富,用户群体交互效果精准,使得电子商务流程在消费者层面全面呈现数字媒体智能化运营特征,体现了"科技+媒体+运营"商业机会。在 B2B 层面,电子商务流程也大量使用人工智能支持采购决策、物流优化、动态定价等。通过"数字化+智能化的"流程应用,企业可以缩减供应链渠道、降低企业成本和提高用户满意度。

电子商务流程具有以下特征:

（1）电子商务流程不同于以往的面向产品或者面向功能的流程,它以参与者(例如企业与合作伙伴、消费者等)为中心,不是以产品或功能为中心;电子商务流程对于商业的贡献在于形成符合数字商业战略的商业生态。

（2）电子商务流程是由参与主体、网络信息流和数字化商务活动的整合构成的,可以在实现数字化商务活动的同时,交流和共享信息,交互信息和活动是互相嵌套的,形成信息与活动的整合;在这个过程中大量新媒体、人工智能技术可以被应用在整合活动中,促进了流程越来越自动化和智能化。

（3）电子商务流程直接面向合作伙伴,满足企业与合作伙伴的交互(分享信息和合作商务活动)的需求,目的是产生基于价值共创的商业生态,在流程交互和运营中产生新的商业机会,从而不断迭代促进价值创新。

（4）电子商务流程是发生在业务边界上的流程,产生跨企业的商务活动(如电子采购、电子渠道管理以及客户关系管理),并涉及企业内部跨功能业务活动的支持。它加强了组织资源的利用和转化,协调了伙伴关系,产生了电子商务价值,成为"网络使能的商务变革"的重要驱动力量。

 学术观点 2-10

电子商务流程与 ERP 的流程具有很大的差别,见表 2-5。两个流程不同的特征包括流程的管理对象、参与对象、数据调用模式、活动特征、流程变革、价值导向以及价值结构等方面的差异。

表 2-5　电子商务流程与 ERP 流程特征比较

比较项	电子商务流程	ERP 流程
流程涉及面	企业内部和合作伙伴	企业内相关部门
参与对象	面向供应链所有成员	面向组织功能结构
数据调用	面向合作商务的 Web 信息交互	系统内模块间数据共享
活动特征	跨企业边界的商务活动	企业部门内以及部门间的业务活动
流程变革	流程管理(PM)	业务流程重组(BPR)
价值导向	满足交易或合作需求	满足业务数据需求
价值结构	价值链和价值网	内部控制和优化

二、电子商务流程的交互关系与主要流程

电子商务流程在参与主体之间流动,产生了数字化的商务活动,构成了新的交互关系,反映了互联网的分享特征。不同的参与主体之间分享信息与合作活动形成了新的交互关系,实现了跨企业边界甚至跨行业的不同功能的电子商务流程,也为参与各方带来价值。在电子供应链中,以上的交互产生了面向不同合作伙伴的电子商务流程,这些流程包括电子采购、电子渠道管理以及客户关系管理,具体如图 2-17 所示。

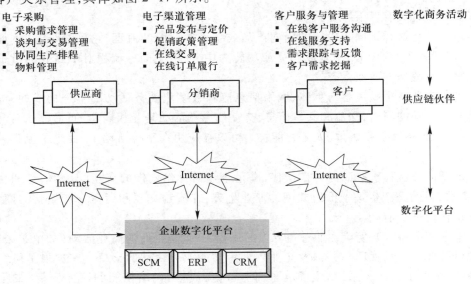

图 2-17　供应链中的主要电子商务流程

电子采购主要涉及企业与供应商之间的采购活动,电子渠道管理涉及企业与代理商、分销商以及终端消费者之间的销售管理活动,而客户关系管理涉及企业为其客户提供的各种支持性服务和决策活动。它们是我国企业电子商务三类典型应用流程,发生在组织边界,直接面向企业的伙伴和客户的需求,服务于企业与合作伙伴/客户之间的跨组织信息交互和合作活动。表2-6说明了这三个流程企业应用实例。

表 2-6　电子商务流程举例

举例	电子采购流程	电子渠道管理	客户关系管理
企业实例	海尔 i-haier 采购平台	联想的 PRC 系统	上海大众 CRM 系统
合作对象	海尔的供应商	联想的代理商	上海大众的客户
共享信息举例	供应商可以查询相关的历史订单等相关信息	代理商可以及时查询联想更新的各种销售策略	自动建立客户数据库,对客户特征分类保存
业务活动举例	供应商通过查询海尔采购计划,可以提前备料和生产	代理商将客户潜在需求反馈给企业,以便企业跟踪客户需求	利用软件系统整理和分析客户资料,以便支持个性化服务

　　联想的 PRC 系统是针对下游销售渠道的典型的电子渠道管理流程,其交互关系发生在企业与代理商和销售商之间。借助联想的 PRC 系统,代理商可以在这个平台上下采购订单,并可以在线跟踪订单的处理情况和货物配送状态,联想则通过该系统发布最新产品信息和对订单的管理和处理。此外,海尔 i-haier 采购平台是典型的电子采购流程,主要包括网上订单管理、网上支付、网上招标竞价以及相关的信息交流。海尔与供应商就是围绕这些功能进行电子采购管理。

三、电子商务流程的作用机制

　　电子商务流程观由本书的两位作者赵晶和朱镇提出,从电子商务流程是人、交互的网络信息流和活动的集合这一基本概念出发,根据流程组件分析原理,解释电子商务流程的三种结构化组件以及这些组件所蕴含的价值创造作用机制。通过对组件之间的关系以及作用机制的分析,可以跟踪电子商务流程是如何在跨企业边界的应用中实现电子商务价值的。

(一) 电子商务流程的三种组件

　　对电子商务流程的组件分解依赖于 Crowston 和 Osborn 的流程组件分析原理。Crowston 和 Osborn 指出,流程的组件实际上是由三个相互关联的要素相互连接而成,分别是活动(组成流程的任务)、资源(活动之间产生的要素)以及活动者(执行活动的对象)。根据这一原理,电子商务流程可以分解为商务、技术和关系三种组件。商务组件是指数字化商务活动,技术组件对应数字化的资源,即数字化平台支持的网络信息流,关系组件涉及企业与供应链合作伙伴。这三种组件的关系如图 2-18 所示。

1. 技术组件:数字化平台

　　作为 IT 资源的重要组成部分,数字化平台是电子商务流程的技术组件,是电子商务实现的重要资源。通过数字化平台的链接,企业与合作者可以实现实时的信息共享,这种网络信息流促使了合作伙伴提高预测、生产协同与交付、库存决策协同以及实现供应和销售的同步化。当企业通过数字化平台与合作伙伴建立连接后,网络信息流将促进企业间战略和运作信息的共享,支持了数字化商务活动的形成。海尔 i-haier 采购平台和联想的 PRC 系统都是典型的数字化平台。

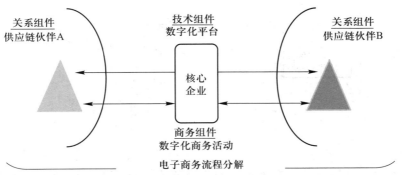

图 2-18　电子商务流程的三个组件

2. 关系组件:供应链合作伙伴

　　当前企业越来越依赖供应链伙伴的参与来支持数字化商务活动。合作伙伴的参与是核心企业获取伙伴资源的重要途径。因此,电子商务流跨越了企业边界为核心企业启动和提高与供应链的伙伴关系提供了更多的机遇。作为关系组件,电子商务流程的参与者包括上游的供应商、下游的分销商/代理商以及终端客户。

例如,通过电子商务流程发展广阔的供应商关系,核心企业可以发现并采购优质的原材料。同样地,电子商务流程可以跨渠道整合多类型的分销商从而提高企业与市场和客户的互动关系。通过鼓励客户参与在线服务流程,核心企业可以最快地了解客户需求并作出反馈,从而提高客户的满意度。

3. 商务组件:数字化商务活动

数字化商务活动作为电子商务流程的商务组件,赋予了核心企业利用数字化平台进行在线交易、合作和服务等商务活动的能力。这种活动是网络信息流赋予核心企业与商务伙伴合作完成商务任务的结果。根据与供应链合作伙伴的交互特点,数字化商务活动可以分为电子采购、电子渠道管理以及客户服务与管理(图2-17)。

电子采购活动允许企业利用数字化平台进行直接和间接采购,同时获取供应商的价值增值服务,包括仓储和物料管理,支付处理、质量检验以及协同生产排程。电子渠道管理活动可以实现企业与各类型分销商的集成,完成协同的产品上线、统一促销安排,促销政策管理、在线交易以及订单履行等业务。而客户服务与管理活动则需要与上述分销商一起收集客户的反馈信息、快速响应客户需求以及及时提供价值增值服务。同时客户的参与也体现在知识贡献和内容分享等,例如小米网站提供客户参与的互动服务以及客户云服务都成为数字化平台得以成功和繁荣的重要保障。

(二)电子商务流程的三种作用机制

电子商务流程的三种组件通过协同、中介以及流程交互三种机制推进了电子商务流程实现价值创造的进程,揭示了电子商务流程是如何在跨企业边界的应用中实现电子商务价值的机理。这三种机制的作用关系见图2-19。

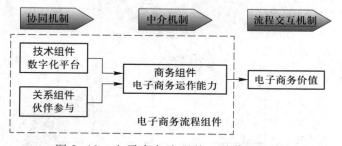

图 2-19 电子商务流程的三种作用机制

1. 协同机制

协同机制主要用于解释在一个流程中数字化平台与伙伴参与这两个组件相互之间的整合作用效果,体现为技术推进和关系依赖两种作用的耦合推进电子商务运作能力的实现。作为技术组件,数字化平台是通过技术支持推进执行电子商务流程,保证核心企业与合作伙伴可以实现在线合作。数字化平台的开放性链接、跨功能兼容以及模块化处理功能,不仅可以支撑企业间的实时信息交互,还可以产生适应性的链接手段,让更多的现存和新的合作伙伴不断加入。此外,作为关系组件,伙伴参与反映了核心企业与伙伴之间的关系依赖。电子商务流程的实现需要合作伙伴的积极参加,企业寻求和形成正式的伙伴关系有助于治理伙伴间的资源交换,保证核心企业可以源源不断获取外部合作伙伴的资源和能力以支撑电子商务应用。

2. 中介机制

中介机制揭示了核心企业如何利用电子商务运作能力实现电子商务价值创造的过程。组织能力理论指出,企业 IT 价值依赖于 IT 使能的能力获取、整合以及重构 IT 资源的过程。这种中介作用解释了作为一种更高阶的组织能力,电子商务运作能力是在协同数字化平台的技术支撑以及伙伴参与的关系依赖基础上产生电子商务价值。作为一种商务组件,电子商务运作能力是将技术组件和关系组件集成转化,产生电子商务价值的关键中介因素。

3. 流程交互机制

流程交互机制主要用于解释在多个流程中,如何优化跨流程的电子商务运作能力并实现 IT 价值创造的最大化。协同理论指出,任务与任务之间的相互依赖需要确定任务的先后顺序,从而保证商务活动中的资源能够在不同的任务活动之间流转。跨流程的电子商务运作能力需要优化和协同,这种优化效应将有助于简化流程之间的切换,并消除合作步骤中潜在的延迟瓶颈。例如,电子渠道管理中的销售策略往往需要根据采购和生产成本进行及时调整,产品上线管理也需要根据在线服务中对以往客户需求的了解和分析。这些跨流程电子商务活动之间的交互可以提高流程协同、更好地跨企业信息共享以及降低合作不确定性,从而创造更高的电子商务价值。

 学术观点 2-11

理解电子商务流程的结构和作用

本 章 小 结

本章主要介绍企业电子商务管理方面的相关基础理论知识。首先介绍了基于企业资源理论的 IT 价值观论。具有价值性、稀缺性、不可模仿性、不可替代性特征的资源决定了企业竞争优势的来源。资源不直接产生价值,而是通过科学地组合资源,产生企业 IT 能力,进而产生 IT 价值。这种组合一般将企业的流程作为载体来实现。因此,组织资源的特征、类型以及组合方法,决定了资源优势与企业竞争优势的关系。IT 能力是企业将各种有价值的 IT 资源整合起来,将资源转化为客户价值和利润的能力。企业资源理论为解释企业电子商务的价值提供重要理论依据。本章还对动态能力理论以及动态能力和企业能力之间的关系进行了阐述。在电子商务环境变得不确定性越来越强的情况下,企业的竞争优势越来越短暂,企业需要不断更新自己的现有能力,加快对新技术的吸收以保持竞争优势,所以动态能力就显得非常重要。动态能力能驱动企业能力进行更新以适应环境的变化。

其次,IT对企业的影响不仅仅是提高了组织绩效,它还深刻地影响了企业的组织形式(organizing form)和组织边界。本章介绍了IT组织形式的影响,包括网络组织结构和平台型企业的产生。网络组织是科层和市场之间的一种混合型组织形式,是追求重复的、持久的和另一方的交换关系的企业的集合。网络组织形成的驱动力是信息技术的发展。在科层、市场和网络组织结构的选择上,企业需要考虑交易成本因素和企业间关系。从交易成本的角度,资产专有性投资和不可写入合同的因素及其交易频率、交易不确定性和产品复杂度的角度等确定如何进行组织结构(市场、科层、网络结构)的选择;从关系观的角度,关系专用性资产、信息/知识共享惯例、互补的资源和能力以及有效的治理影响由企业间关系产生的组织价值,进而影响组织结构的选择。平台型企业指的是提供平台以撮合他人进行交易的第三方企业。平台型企业具有三个特点:较强的信息技术实力、以生态系统搭建为核心以及对网络组织形成支撑。

再次,企业在从事电子商务的过程中可以通过持续地数字创新来获得竞争优势。本章介绍了数字创新的定义、类型和特点。数字创新指的是被视为新的、需要使用者作出重大改变的、并且嵌入了IT要素或由IT使能的产品、流程或商业模式的创新。数字创新包括三大类型:数字流程创新,数字产品创新和商业模式创新。理解数字创新的特点离不开对数字技术主要特征的理解。数字技术的主要特征包括摩尔定律、可重编程性、数据同质化、网络效应、模块化和自我参照性。由于数字技术的这些特点,数字创新具有以下特点:自生长性、汇聚性、组合创新的盛行和分布式创新的出现。企业在从事数字创新时需要利用数字创新的特点来管理和利用数字创新。

本章还基于TOE框架介绍了电子商务采纳和实施的影响因素。技术情景因素包括技术的相对好处、电子商务系统的兼容性、系统的复杂性和易用性、IT基础和IT培训;企业情景因素包括闲散资源、高层管理者的支持;环境情景因素包括制度环境和环境政策。这些因素有助于辅助企业在决定从事电子商务时做出合适的决策并有针对性地应对劣势因素的影响。

最后本章介绍了电子商务价值创造过程以及电子商务流程观。电子商务价值创造过程以电子商务战略为起点,揭示了企业电子商务战略如何启动和部署IT资源,产生企业电子商务应用能力并创造电子商务价值的动态过程。价值创造过程可以分为四个相互关联的推进阶段:战略启动、IT资源部署、能力建立以及价值实现。电子商务流程是参与主体、网络信息流和数字化商务活动的集合,它表现了网络信息流跨越企业边界链接了合作伙伴支持数字化商务活动,从而实现价值创新。主要的电子商务流程包括电子采购、电子渠道管理以及客户关系管理。电子商务流程观主要用于解释电子商务流程的结构化组件以及这些组件蕴含的作用机制。通过对组件之间的关系以及作用机制的分析,可以跟踪电子商务流程在跨企业边界的应用中实现电子商务价值的过程。电子商务流程可以分解为技术、关系和商务三种组件,这三种组件通过协同、中介以及流程交互三种机制推进了电子商务流程实现价值创造。最后两节知识是理解和掌握企业电子商务管理原理的重要基础。

本章关键词

| 企业资源理论 | resource-based view of a firm(RBV) |

信息技术/信息系统	information technology(IT)/ information systems(IS)
核心竞争力	core competence
异质资源	heterogeneous resources
持续竞争优势	sustained competitive advantage
电子商务战略	e-business strategy
IT 资源	IT related resources
动态能力	dynamic capabilities
电子商务应用能力	e-business application capability
电子商务流程	e-business process
流程绩效	process performance
交易成本经济学	transaction cost economics
网络组织	network organizations
资产专有性	asset specificity
电子集聚效应	electronic aggregation effect
电子协调效应	electronic coordination effect
关系观	relational view
数字化平台	digital platform
商业生态系统	business ecosystem
数字创新	digital innovation
数字产品创新	digital product innovation
数字流程创新	digital process innovation
数字商业模式创新	digital business model innovation
电子商务流程组件	the components of e-business process

复习思考题

1. 什么是企业资源理论？该理论和波特五力模型以及 SWOT 分析有什么关系？
2. 企业的资源必须具有哪些特点才能使企业拥有竞争优势？
3. 理解价值创造过程的四个主要因素与作用。
4. 理解动态能力的概念，并说明动态能力和企业能力之间的关系。
5. 理解什么是市场、层次和网络组织。
6. IT 技术的发展对组织治理结构产生了什么样的影响？
7. 关系观理论涉及的四种关系租是什么？如何理解其对组织治理结构选择的影响？
8. 影响企业电子商务采纳和实施的技术、组织和环境因素分别有哪些？
9. 平台型企业有哪些特征？
10. 数字技术的特点是什么？
11. 什么是数字创新？数字创新有哪些特征？
12. 从战略—资源—能力—价值的关系，解释电子商务价值创造过程。

13. 依据价值创造过程框架,说明三个阶段的特征。

14. 什么是电子商务流程?如何理解电子商务流程?

15. 电子商务流程组件有哪些?如何利用电子商务流程组件解释电子商务价值创造?

┌─ **案例讨论** ─────────────────────────────────────

中石化 IT 能力的培育

中国石化是国内石油化工行业的龙头企业,主营业务为石油、天然气勘探开发业务和石油化工等业务。截至 2020 年,中国石化总人数约 58 万人,以 2.125 千亿元的营业收入居中国大型集团企业之首。

中石化的信息化建设之路始于 2000 年。2000 年,中国石化集团在海外重组上市,在行业竞争及自身业务发展双重压力之下,中石化在 2000—2001 年开始重新定位信息化战略:坚持以 ERP 和电子商务应用为主线,以 ERP 深度应用、总部与二级企业的信息集成为重点,采用国内外成熟和先进的信息技术,改造和提升组织、管理及决策水平,为企业精细化管理和业务的国际化发展打下坚实的基础。中石化为此拨出 2 亿美元的资金进行信息化建设。

为了实施企业信息化战略,中石化主动尝试新的 IT 组织及管理模式,将内部信息中心的一般性和具体性的技术操作职能和人员分离,与香港电讯盈科成立石化盈科信息技术有限公司。信息系统管理部会同业务单位与石化盈科签订外包服务协议,并由业务单位、分子公司分摊 IT 支出,通过市场交易促进 IT 资源、服务的有效利用,同时也较好规避了完全市场化交易的风险(中石化拥有石化盈科 55% 的股权)。

重组之后,中石化总部的信息系统管理部编制由原来 245 人降为 34 人。时任信息系统管理部姜主任谈到:"重组实现了信息化的'管理'与'服务'的分离,目前该部门的核心职能是 IT 的规划和管理,协调与业务部门、外包商之间的关系,而具体项目实施和运维服务则主要是交给石化盈科去完成。"通过此项重组,内部 IT 部门将向业务部门合作伙伴、领导者角色转换,更加关注 IT 价值创造。

2001 年,在全面规划和实施 ERP 之初,总部成立 ERP 项目指导委员会,由总裁任主任,主管技术的高级副总裁任副主任,成员由信息系统管理部主任、总部各相关业务部门的主要负责人、软件提供商、咨询服务商代表组成,每个季度定期由总裁召集会议。中石化后来的实践表明,准备好与开好 ERP 项目指导委员会会议,对于推动全局信息化工作非常关键。

中石化信息管理体系十分明确地规定了在应用系统建设中的基本关系:业务和职能部门是 IT 应用系统的使用单位,也是与本部门有关应用系统建设的牵头单位,与信息部门协同配合共同做好本部门所担负的信息化工作,通过在业务部门设立关键用户,作为协调双方关系的正式安排。信息系统管理部应重视业务部门管理人员和员工的 IT 培训工作,不断提高他们的 IT 技能和应用水平,从而形成一支强大的信息化建设应用队伍,这是公司成功推行大型信息系统建设的一条重要经验。粗略统计,截至 2004 年,已经实施 ERP 的 25 家企业中参加 ERP 专职培训的管理人员和员工达到 22 000 多人次。

除了上述的正式协调机制以外,信息部门主动和各业务部门进行沟通,一些由信息部门主管的相关活动主动邀请他们参加,如软硬件选型、方案评审等。这样,双方之间的理解和友谊与日俱增,工作上的配合越来越密切、越来越默契,形成了双方对于 IT 应用的共同理解以及相互信任的合作关系。比如在案例作者的访谈及非正式交流过程中,物流部主任叙述电子商务采购系统应用成功的关键因素时,对网络采购的运行情况、收益(比如网络采购比率、采购金额的节约等)的熟悉程度,以及对发展网络采购的信心、决心给作者留下了深刻记忆,并且多次提及 IT 部门为了配合物流部所付出的巨大努力;信息系统管理部李主任也补充道:"在建设 ERP 过程中,总部各有关业务部门(如物装、炼油、化工、销售等部门)都发挥了非常重要的牵头作用,而这种作用是 IT 部门永远无法替代的。"

伴随信息化建设发展的是企业业务的不断转型。中石化领导层认识到,只有不断地进行业务转型和相应的流程再造,信息化才能获得更大的价值。比如在最初做业务转型时,中石化选择了采购流程。传统采购是分布到中石化全球 100 多个企业各自采购,整体采购人员高达 15 000 人的规模。为杜绝因信息封闭导致的竞价情况的发生,中石化决定将业务进行整合,赋能物资采购业务,实现归口管理、集中采购、统一储备、统一结算的采购管理体制。截至 2015 年,采购系统经历了 5 个版本的升级,网上采购率达到 90%,为企业节约了大量的成本。

ERP 系统只是中石化信息化建设的开端。从第十个五年计划到十三五期间,中石化持续进行信息化建设。从十一五到十二五,中石化建成了三大信息化平台,包括以 ERP 为核心的经济管理平台、以 MES(Manufacturing Execution System)为核心的生产运营平台以及基础设施和网络运营平台。开始了石化云和智能工厂的试点,尝试应用数据分析改善生产管理,建立智能管线和智能油田。从十三五开始,中石化开始建设面向客户的、为客户提供服务的前端系统。前端系统的建设同样关注商务智能的建设以及营销服务的创新。截至 2019 年 7 月底,中石化大概有 2 500 套系统,这些系统深入到企业核心业务的各个角落,基本实现所有的核心业务数字化。除了核心应用系统的搭建,中石化的 IT 管理实践亦得到提升,由于系统运维工作量巨大,中石化建成了信息基础设施和运维平台,同时构建了标准化和信息安全两个体系,建立了一套信息化管控机制。

(本案例部分摘自:殷国鹏和杨波.企业 IS 外包、IT 组织变革与能力提升的案例研究.软科学,2007,21(2):128-132;李剑锋.中国石化数字化转型发展的路径与策略.中国石化,2019(11).)

讨论题:

1. 运用本章介绍的理论知识,尤其是 RBV 理论,说明中石化在信息化和智能化过程中培育和搭建的 IT 资源与能力。

2. 结合技术采纳理论,解释中石化 ERP 实施成功的原因。

参 考 文 献

［1］Barney, J., Firm resources and sustained competitive advantage. Journal of management, 1991. 17(1): p. 99-120.

［2］Grant, R.M.,The resource-based theory of competitive advantage: implications for strategy formulation. California management review, 1991. 33(3): p. 114-135.

［3］Wade, M. and J. Hulland,The resource-based view and information systems research: Review, extension, and suggestions for future research. MIS quarterly, 2004. 28(1): p. 107-142.

［4］Melville, N., K. Kraemer, and V. Gurbaxani,Information technology and organizational performance: An integrative model of IT business value. MIS quarterly, 2004. 28(2): p. 283-322.

［5］Mata, F.J., W.L. Fuerst, and J.B. Barney,Information technology and sustained competitive advantage: A resource-based analysis. MIS quarterly, 1995. 19(4): p. 487-505.

［6］Powell, T.C. and A. Dent-Micallef,Information technology as competitive advantage: The role of human, business, and technology resources. Strategic management journal, 1997. 18(5): p. 375-405.

［7］张嵩,黄丽华.信息技术竞争价值两种观点的比较研究. 研究与发展管理, 2006,18(3): p. 85-92.

［8］Teece, D.J., G. Pisano, and A. Shuen,Dynamic capabilities and strategic management. Strategic management journal, 1997. 18(7): p. 509-533.

［9］Bharadwaj, A.S.,A resource-based perspective on information technology capability and firm performance: an empirical investigation. MIS quarterly, 2000,24(1): p. 169-196.

［10］Barua, A., et al.,An empirical investigation of net-enabled business value. MIS quarterly, 2004. 28(4): p. 585-620.

［11］陈守龙,刘现伟.国外企业 IT 应用绩效评价理论的研究综述. 首都经济贸易大学学报, 2007(6).

［12］Wang, C.L. and P.K. Ahmed,Dynamic capabilities: A review and research agenda. International journal of management reviews, 2007. 9(1): p. 31-51.

［13］Eisenhardt, K.M. and J.A. Martin, Dynamic capabilities: what are they? Strategic management journal, 2000. 21(10-11): p. 1105-1121.

［14］O'Reilly Ⅲ, C.A. and M.L. Tushman,Ambidexterity as a dynamic capability: Resolving the innovator's dilemma. Research in organizational behavior, 2008. 28(1): p. 185-206.

［15］Zahra, S. A., H. J. Sapienza, and P. Davidsson, Entrepreneurship and dynamic capabilities: A review, model and research agenda. Journal of Management studies, 2006. 43(4): p. 917-955.

［16］Podolny, J.M. and K.L. Page,Network forms of organization. Annual review of sociology, 1998. 24(1): p. 57-76.

［17］Gulati, R., Alliances and networks. Strategic management journal, 1998. 19(4): p.

293-317.

［18］Malone, T.W., J. Yates, and R.I. Benjamin, The logic of electronic markets. Harvard Business Review, 1989. 67(3): p. 166-172.

［19］Gulati, R. and M. Gargiulo, Where do interorganizational networks come from? American journal of sociology, 1999. 104(5): p. 1439-1493.

［20］E., W. O., The Economic Institutions of Capitalism: Firms, Markets, Relational Contracting. New York: The Free Press, 1985.

［21］Dyer, J.H. and H. Singh, The relational view: Cooperative strategy and sources of interorganizational competitive advantage. Academy of management review, 1998. 23(4): p. 660-679.

［22］Grover, V. and R. Kohli, Cocreating IT value: New capabilities and metrics for multifirm environments. Mis Quarterly, 2012. 36(1): p. 225-232.

［23］Saraf, N., C.S. Langdon, and S. Gosain, IS application capabilities and relational value in interfirm partnerships. Information systems research, 2007. 18(3): p. 320-339.

［24］Patnayakuni, R., A. Rai, and N. Seth, Relational antecedents of information flow integration for supply chain coordination. Journal of Management Information Systems, 2006. 23(1): p. 13-49.

［25］Klein, R., A. Rai, and D.W. Straub, Competitive and cooperative positioning in supply chain logistics relationships. Decision Sciences, 2007. 38(4): p. 611-646.

［26］Fichman, R.G., B.L. Dos Santos, and Z. Zheng, Digital innovation as a fundamental and powerful concept in the information systems curriculum. MIS quarterly, 2014. 38(2): p. 329-A15.

［27］Dhar, V. and A. Sundararajan, Issues and Opinions—Information technologies in business: A blueprint for education and research. Information Systems Research, 2007. 18(2): p. 125-141.

［28］Nambisan, S., Information technology and product/service innovation: A brief assessment and some suggestions for future research. Journal of the association for information systems, 2013. 14(4): p. 1.

［29］Tilson, D., K. Lyytinen, and C. Srensen, Research commentary—Digital infrastructures: The missing IS research agenda. Information systems research, 2010. 21(4): p. 748-759.

［30］Yoo, Y., O. Henfridsson, and K. Lyytinen, Research commentary—the new organizing logic of digital innovation: an agenda for information systems research. Information systems research, 2010. 21(4): p. 724-735.

［31］Yoo, Y., et al., Organizing for innovation in the digitized world. Organization science, 2012. 23(5): p. 1398-1408.

［32］单宇,许晖,周连喜,等.数智赋能:危机情境下组织韧性如何形成?——基于林清轩转危为机的探索性案例研究[J].管理世界,2021. 37(03): p. 84-104.

［33］Lee, I., Big data: Dimensions, evolution, impacts, and challenges. Business horizons, 2017. 60(3): p. 293-303.

［34］Lin, J., Z. Luo, and X. Luo, Understanding the roles of institutional pressures and organizational innovativeness in contextualized transformation toward e-business: Evidence from agricultural firms. International Journal of Information Management, 2020. 51(April): p. 102025.

［35］Liang, H., et al., Assimilation of enterprise systems: the effect of institutional pressures and the mediating role of top management. MIS quarterly, 2007. 31(1): p. 59-87.

［36］赵晶, 朱镇. 基于价值创造过程的制造企业电子商务绩效评价模型研究. 管理工程学报, 2010. 24(1): p. 17-24.

［37］Ray, G., W.A. Muhanna, and J.B. Barney, Information technology and the performance of the customer service process: A resource-based analysis. MIS quarterly, 2005. 29(4): p. 625-652.

［38］Zhu, Z., J. Zhao, and A.A. Bush, The effects of e-business processes in supply chain operations: Process component and value creation mechanisms. International Journal of Information Management, 2020. 50(Feburary): p. 273-285.

第二篇　管理原理

第三章　企业电子商务管理原理

学习目标

- 了解过程管理在企业变革中的作用和意义
- 理解企业电子商务管理新的含义
- 理解电子商务过程管理的特点
- 掌握企业电子商务管理的定义,包括管理目标、管理对象和管理过程
- 掌握过程管理的原理、基于电子商务价值创造的过程管理框架,四个阶段的管理内容

在大数据、人工智能、物联网和云计算等新兴信息技术的推动下,电子商务发展对于传统的商务活动、经营模式和管理意识产生了深刻的影响。越来越多的企业正在从传统工业经济时代企业管理范式向数字经济时代新兴电子商务管理转变。在数字经济时代,电子商务改变了组织结构和经营管理方式,管理者需要运用符合电子商务规律的管理理念和方法,确定电子商务的战略方向并协调和控制执行该战略的操作过程,以获得通过变革产生的新价值。

只有首先认清电子商务管理与传统的企业管理的不同之处,才能认识和理解企业电子商务管理的目的和内容,进而实现以价值创新为目标的企业电子商务管理。本章主要围绕企业电子商务管理的概念、过程管理的原理、过程管理的特点和意义三个层面展开。首先从企业电子商务管理源于变革的需求出发,给出企业电子商务管理的概念,然后介绍企业电子商务的过程管理原理和过程管理框架,并从四个阶段解释每个阶段电子商务管理的主要任务,最后讨论过程管理在企业变革中的作用和意义。

第一节　企业电子商务管理概念

一、管理变革的视角

在新旧交替的转型过程中,管理者必须面对与之相适应的管理变革。以美国通用汽车公司为例,为了快速有效地掌握顾客需求,公司与经销商合作开发了网上购车系统"BuyPower",方便顾客了解产品信息和经销商信息,又建立了汽车订单管理系统提高订单处理效率,经销商可通过网络进入该系统下订单,并查看订单履行流程中的处理进程。为此,公司将组织结构转变为以顾客导向为中心的跨职能合作模式,围绕电子商务流程进行部门重组,例如电子渠道管理流程是支持与经销商之间的订单履行、接洽和计划活动,公司将原来在生产部门的订单管理小组合并到市场销售部门的订单管理小组,成为执行一个电子渠道管理流程的小组。公司还把大多数旧信息系统更新转换到互联网运行环境,并将公司的流程和系统与经销商销售点的流程和系统更好地整合起来,实现集成化的高效信息平台。

企业电子商务的应用与发展引发了管理变革,这在很大程度上是环境需要和组织能力不匹

配造成的危机,使传统组织模式中的许多基本概念受到质疑,于是产生了一些新的管理思想和观点。这些新的观点从管理变革视角出发,指出了传统的企业管理与电子商务管理的不同,有助于理解企业电子商务管理的内涵。

（一）从工业经济时代对产品的管理转向数字化管理

在工业经济时代,企业以产品为中心构建具有功能化特点的经营业务活动和组织结构。当前进入数字经济时代,数字技术不断渗透到企业的经营活动和产品本身,也引发数字化服务创新,成为商业运作的基础设施并驱动企业管理变革。数字化被普遍认为是企业信息化的延续与进一步拓展,因此数字化管理不仅包括企业信息化所强调的利用数字技术改造企业业务流程,也包括基于数字技术对企业产品和服务的数字化。

1. 流程的数字化

流程的数字化是指借助数字技术改善与重塑企业的各种业务活动。在数字技术作用下,产品研发、生产制造、销售和物流等各个业务活动正在发生新的变革。在产品研发阶段,数字仿真和数字孪生技术使企业能够快速且低成本地完成产品设计、开发和测试。物联网和区块链技术的应用能够使企业生产制造过程变得透明和可追溯。在互联网和社交媒体技术的支持下,产品销售和营销从线下转移到线上,涌现出直播带货、微博营销和用户点评等各种新型商业流程。

2. 产品和服务的数字化

产品和服务的数字化是指传统工业时代的产品和服务与数字技术的创新性结合,主要有四种形式:

（1）将物理产品映射为数字化数据。例如,淘宝平台将各行各业上亿产品数据化为文字、图片和视频等形态,使消费者可以快速准确搜索到想要的产品。又如,存储在磁带中的音乐从模拟信号转化为数字信号,进而可以在 mp3、手机和电脑等设备存储、编辑和播放,也可以在网上传播和分享,还可以将音频数据与图像数据结合形成抖音短视频,成为一种新兴媒介平台。

（2）在物理产品中嵌入数字化组件以增加新的数字化功能。例如,耐克推出的"Nike+产品"就是在运动鞋中放入传感器,用于记录运动时间、距离和消耗热量等数据。又如,传统音响产品中嵌入智能语音系统形成天猫精灵、百度小度等各种智能产品,为消费者提供新的人机互动体验。

（3）纯数字化产品,例如苹果与安卓应用商店中的各种移动应用程序为用户提供各种功能。

（4）服务的数字化是伴随着产品数字化应运而生的,是为了支持产品线上交易、使用和消费而开发的各种服务。例如,携程公司开发了智能语音搜索和地图搜索,便于用户快速在数量庞大的产品中搜索到所需产品。

 学术观点 3-1

数字化管理与工业经济时代企业管理的不同

当前学者们从不同角度讨论数字化管理有别于工业经济时代企业管理的特征,其中最显著的两个特征是即时的交互信息结构和数据驱动的管理。

第一,即时的交互信息结构。数字化使不同商业参与者可以在不同时间和空间进行实时的信息交互,从而形成大规模的商业协作。美国西北大学凯洛格商学院著名学者 Mohanbir Sawhney 等人根据网络信息的流动性提出交互信息管理的重要概念:"信息的流动具有深刻的组织意义。通过网络的连接,各个不同的公司可将他们的能力和资源整合在一起,形成临时和灵活的联盟去把握和利用独特的市场机会。价值因而也从拥有信息的企业实体转移到能够协调信息的流动和实现整合的企业之中。在网络时代中,关注交互信息管理往往能比实施具体的行动带来更大的经济效益,换句话说,管理企业间的交互信息比执行功能化的任务更赚钱"。

第二,数据驱动的管理。数字化将传统工业经济依赖个人经验的管理转变为基于数据的管理,以数据为生产要素驱动经营管理、提升运行效率和实现创新增长,从而形成数智企业。美国达特茅斯学院著名学者 Ron Adner 等人指出数据聚合是数字战略区别于传统战略的特征之一,因为将分离的数据(例如,位置、搜索记录和社交网络)聚合起来可以有效解决过去无法回答的管理问题。例如,人力资源相关数据与传统供应链数据的结合可以帮助管理者及时洞察内部组织运行情况。又如,电商平台通过"埋点"记录消费者网页浏览情况,并结合其过往购买记录和产品评论数据设计推荐系统,为消费者提供"千人千面"的个性化推荐,提升产品供需双方的匹配效率。

下面的企业实践案例"青岛啤酒的数字化管理"也印证了即时的交互信息结构和数据驱动的管理决策这两个特征的重要性。

 企业实践 3-1

青岛啤酒的数字化管理

青岛啤酒创立于 1903 年,是国内历史最悠久的啤酒品牌之一,规模和市场份额一直处于国内啤酒行业领先地位。青岛啤酒 2021 半年报显示,报告期内,其营收、净利双创历史新高,分别达到 182.9 亿元(同比增长 16.66%)、24.16 亿元(同比增长 30.22%),并以人民币 1 985.66 亿元的品牌价值保持"中国啤酒行业品牌价值第一"的地位。这样的增长,对于啤酒行业而言实属不易。

从 2013 年开始,国内的啤酒销量整体开始下滑,而疫情出现以来,餐饮、夜场等啤酒主要消费渠道更是受到严重影响,啤酒销量备受打击。在如此大环境之下,青岛啤酒还能创新高,绝非偶然。青岛啤酒在十年前便已开始进行数字化转型,而疫情的出现更是加快了进程。从 2021 半年报的描述,不难窥见青岛啤酒对数字化的重视,以及数字化转型所带来的成效。那么,青岛啤酒具体做了哪些数字化管理工作? 又如何结合业务,解决实际问题?

一、解决连接问题

十年间,青岛啤酒建立了完善的电商系统和终端系统,可触达全国近 400 万个销售终端,通过数字化完成了厂商、经销商和消费者之间"端到端"的连接。这样的准备工作,让青岛啤酒面对突如其来的疫情时,可以迅速地找到解决线下销售几近停滞的问题。疫情期间,虽然餐饮、夜场等啤酒主要消费渠道关闭,但却催生了在家饮酒的需求。青岛啤酒发现了这个新需求之后,很快便推出了对应的解决方案——用 48 小时上线了全国无接触配送地图小程序。网络下单——

智能分仓—智能仓储—快递接货—配送上门，每一个节点均有数字化驱动，并且全链路可追踪。

二、挖掘数据价值

青岛啤酒的产品面向全国销售，每年生产 180 亿瓶啤酒，而每一个带码的啤酒瓶盖，都成了连接生产者与经销商、消费者的端口，消费端的感性需求变成了可量化的大数据。通过与研发、生产、物流、供应商、销售终端实时共享数据，青岛啤酒在多个层面可以灵活地根据市场变化做出调整。

● 在商业模式层面，青岛啤酒实现了以用户需求为驱动，逐渐从过去的规模化生产，转向个性化定制，以满足不同人群的细分需求。

● 在研发层面，销售数据可以快速、直接地体现不同品类、不同定位的产品在市场的表现，帮助企业更及时地调整研发策略。

● 在生产层面，青岛啤酒的订单系统能够精确分析预测未来 40 天后某个市场某款产品的需求量，从而调配全国 60 多个工厂的 150 条生产线以及近 400 万个销售终端，真正实现按照市场需求快速优化生产和精准营销。

● 在营销层面，客观的数据帮助青岛啤酒更好地洞察消费者的喜好并识别其需求，提高营销的精准性。这也解释了为什么青岛啤酒无论是主动拥抱年轻化，还是目前频频出圈的国潮营销，总能击中目标消费人群的心。

三、实现智能生产

数字化是青岛啤酒实现持续增长的手段，一切最终都需要落地到产销层面，才能产生实际的效益。借助消费端的大数据，青岛啤酒率先在业内推出了私人定制平台，不仅可以满足 B 端企业或商家的需求，还可以满足 C 端消费者在婚礼、生日、庆功宴等场景的个性化定制需求。

通过数字技术的应用，青岛啤酒的定制化产品从最初的一万箱起订，到三五百箱，再到 15 箱，现在甚至可以做到 5 箱即可定制，交付周期也从 45 天降至 15~20 天。智能产销带来的效益，最终体现在了销售的增长上——2020 年青岛啤酒的定制化啤酒份额和营收分别增加了 33% 和 14%。在智能生产的助力下，即便是在疫情肆虐的 2020 年，青岛啤酒依旧交出了全年净利润同比增长 18.86% 的优异成绩。智能生产的成功，不仅帮助青岛啤酒收获了利，还换来了名声。2021 年初，世界经济论坛公布新增"灯塔工厂"名单，青岛啤酒成功入选，成为全球啤酒饮料行业首家入选工厂——"灯塔工厂"被称为"世界上最先进的工厂"，目前名单上仅有 69 家。

资料来源：改编自 88 号实验室编辑部。

（二）战略中心从竞争转移到价值创新

由于互联网的出现改变了商业基础，日益增加的变化速度要求新的战略反应，一些学者提出以价值为中心的战略正在挑战传统的以竞争为基础的战略。Kim 和 Mauborgne 指出，注重价值是将客户而不是竞争放在战略思维的中心，强调通过创新推动管理者寻求全新的方式做事，而不是停留在改善现有的方式。价值创新与构建竞争优势不同，它是通过为现存市场提供全新的、更大的客户价值以及在客户价值中产生量的飞跃而形成新的市场，创造新的需求。尽管激烈的竞争使得创新必不可少，但是仅仅关注竞争却难以创新。下面的学术观点专栏从三个基本要素概括了战略重点的转移（图 3-1）。新的竞争环境是以新的产品和服务为特征，甚至是采用非线性战略建立新的市场，使得企业从通过竞争获得现存市场份额转变为创造新的需求，创造新的更大的价值，并同时获得产品的差异化和低成本，为企业带来了远高于竞争战略的结果。

 学术观点 3-2

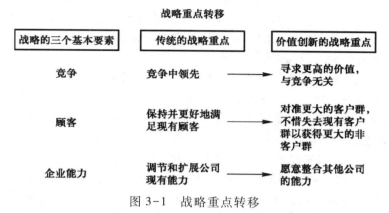

图 3-1　战略重点转移

资料来源：W.Chan Kim，Renée Mauborgne.Strategy，Value Innovation，and the knowledge Economy，Sloan Management Review，1999，40(3)：41-53.

在数字化的推动下，这样一种战略中心的转移产生了一系列战略观念的转变：

第一，以消费者为中心的价值创新。工业经济时代企业是大规模、流水线与标准化的生产。例如，一百多年前福特曾说不管消费者需要什么，我只生产黑色汽车。但数字化经济时代是消费者主权崛起的时代，企业面对的是海量的碎片化和个性化的市场需求。此时企业需要借助微博、微信和短视频等各种交互的数字技术，构建触达消费者的数字化"触点"，通过不断与消费者进行交互和反馈，动态地捕获需求信息，从而为其创造各种新价值。例如，新一代护肤品可以通过探头读取并分析用户皮肤数据，对护肤配方进行实时调整，使护肤品能够持续动态地匹配用户在不同时段的皮肤变化。

第二，价值创新由独创转变为共创。在工业经济时代企业创新活动主要由企业自身主导。在数字化赋能的实时交互信息结构支持下，外部参与者可以跨越时间和空间参与企业的创新活动。这些外部参与者为企业带来大量异质性知识，加快企业创新活动，从而使价值创新呈现价值共创的特征。例如，海尔 HOPE 开放创新平台聚集了高校、科研机构、大公司和创业公司等群体，社群专家 12 万人以上，全球可触达资源 100 万条以上，每年解决 500 个以上的各类创新课题，创新增值 20 亿元以上。

第三，价值创新的无边界性。基于物理产品的价值创新通常被固定在特定产业价值链中。数字化使企业能够基于现有产品不断汇聚新的功能服务，使价值创新超越现有的产业边界，呈现无边界生长特性。数字化产品具有虚拟无限的产品空间，可以在用户持续参与和反馈下不断拓展其服务范围，使得企业边界变得不固定和可延展。例如，做网络零售起家的阿里巴巴已经进军金融、医疗和娱乐等新的业务领域，不断涌现跨界创新。

（三）静态管理转变为动态的过程管理

在新旧交替的管理变革中，一些研究者根据失败企业的管理教训指出，组织变革必须和新的管理过程相一致，转型期的企业需要面对新旧两种观念在组织中的共存，伴随着旧事物消亡和新事物发展,组织要在转变过程中进行管理。由于市场的变化和发展永无止境,企业处在不断创新的过程中,因此,传统管理方式已经不适用,需要从动态角度将管理看作是一个新的过程管理。美国麻省斯隆管理学院 Hax 和 Wilde 教授提出了适应变化环境的管理模式,通过整合企业关键业务流程形成符合战略目标的适配流程,实现从战略定位到有效执行的、适应实施过程的管理方法。企业需要从传统职能型的静态管理转变为对执行过程的动态管理。

执行过程的动态管理呈现如下两点特征:

第一,强调快速试错、不断迭代的执行过程。在复杂多变的商业环境中,依赖长期战略计划并按部就班实施的静态管理已不再适用。取而代之的是,企业需要快速将商业想法付诸实施,发布新品进行试错。尽管新品可能不那么完美,但在与用户的互动中可以不断积累用户反馈和需求数据,进而做出适应性调整和迭代更新,从而应对复杂商业环境。形象地说,先前静态管理是"先瞄准再射击",而动态管理强调"先射击再瞄准"的试错迭代过程。

第二,数据驱动贯穿全过程的动态管理。在试错迭代的全过程中,企业需要依赖数据驱动才能有效化解外部环境的不确定性和做出正确决策。Huang 等人研究一家创业企业发现了数据驱动在产品试错迭代中的重要作用。大量用户数据的分析能够帮助企业洞察新的试错机会,例如发现有哪些用户细分群体。新数据类型的加入能够帮助企业评估不同试错机会的风险,进而帮助企业做出判断。新品推出后,通过收集、分析和评估用户使用数据能够为企业提供细粒度的监控指标,为后续做出调整提供依据。

二、企业电子商务管理的定义

关于一般的管理学概念,斯蒂芬·P.罗宾斯教授在《管理学》一书中将管理定义为一个通过计划、组织、领导和控制职能协调工作活动的过程,以便能够有效率和有效果地同别人一起或通过别人实现组织的目标。管理职能分为计划、组织、领导和控制,有效率和有效果体现了成功的管理。该定义明确了管理是一个过程,即协调工作活动使之有效率和有效果的过程。罗宾斯教授也指出,管理理论的发展是按照对管理的不同见解来表达管理者应该做什么,以及应该怎么做。

(一)企业电子商务管理包含的新内容

企业电子商务管理理论目前还处于形成过程中,从初期研究企业电子商务发展模式逐渐过渡到如何进行管理。事实上,企业电子商务是一个变革创新的活动,从管理的角度来说,它不同于传统的、静态的职能管理。一些学者认为应该从管理变革的视角来认识全新的企业电子商务管理,它包含了以下四个方面的新内容。

1. 数字化流程的管理

数字技术赋能的实时交互信息结构会形成不同参与者之间的数字化流程。根据 Sawhney 和 Parikn 的理论观点,网络信息的流动带来了新的商机和价值。企业电子商务正是利用互联网为基础的信息结构,通过信息的流动将所有的人和业务活动连接在一起,运用数字技术赋能组织管理,形成了新的数字化流程,经济价值的体现不同于传统的有形、有界限的世界。数字化流程正在改变着很多行业的竞争局面。

由此可见,能够真正理解数字化流程是如何实现商务变革的管理者,通常能够更好地开发和利用数字技术的能量,形成企业新的商务能力。

2. 数据作为新生产要素的管理

企业将数据作为生产要素,提供以客户为中心的新的产品和服务,在客户体验与参与交互的过程中,实现快速试错与不断迭代,构建智能商业。不同于土地、劳动力和资本这些生产要素,数据作为资源具有可复制、可分享和自我生成性等特性,具有独特的数字化价值创造规律。基于机器学习等算法的数据分析能够帮助企业发现和优化企业低效流程,以提升运营效率和实现降本增效。基于内外部环境的大数据分析也可以帮助企业不断洞察新机会、新需求和新模式,赋能企业产品服务创新,促使企业不断升级转型和挖掘新的价值增长点。

由此可见,企业想要实现数字化价值创造必须构建数据资源和开发大数据能力,形成数据驱动的管理模式。

3. 以价值创新为目标

Kim 和 Mauborgne 认为价值创新战略的核心是"创造全新的、更强大的价值",体现在以客户为中心,以全新的工作方式发现和创造新的需求和市场,因此,企业战略应该定位于企业独特资源和能力的培养与发展。新经济支持内部成长理论,即增长和创新来自体系内部。数据成为企业新的战略资源,驱动产品、服务和流程的价值创新。Rayport 和 Jaworski 也指出,企业电子商务成功的基础就是创造价值,价值创造的途径是通过开发和利用互联网这一新的媒介,从而在战略制定、利用资源、经营企业、处理伙伴关系和测评企业绩效的过程中产生新的变化,形成新的能力,为顾客创造新的价值。

由此可见,企业电子商务管理目标必须与价值创新战略目标一致,管理工作必须遵循价值创新的规律。

4. 管理过程与新价值创造过程相一致

根据 Ghoshal 等在《新管理宣言》一文中的观点,当公司的重点从价值占有转变为价值创造时。管理任务由强调机构的监控变为倡导信任和领导变革,不再只关注于组织结构的系统化,而专注于建立核心的组织流程。发展和提倡员工的使命感和掌握运用新技术的创新能力,整合各部门的资源和能力创造一种张力,持续不断地推动企业创造新价值。

由此可见,从新价值的创造过程来理解企业电子商务管理的对象和任务,数字化使能的产品、服务和流程的创新应当是中心焦点,它可以将战略制定和执行联系起来,可以将各个不同企业的能力和资源整合在一起,形成新的电子商务应用能力,价值就可以在协调信息流动和实现整合的企业中产生。

(二)企业电子商务管理的含义

从管理变革视角出发,可以给出企业电子商务管理的定义如下:

> **企业电子商务管理**　是一个以价值创新为目标的管理过程,通过数字化使能的产品、服务和流程的创新,实现对于电子商务价值创造过程中的战略启动、IT 资源部署、能力建立和绩效实现的动态管理。

这个定义包含了管理目标、管理对象、管理过程和管理内容四个方面的含义,分别说明如下。

1. 管理目标

以价值创新为管理目标表明企业电子商务管理必须支持和保证企业的变革创新活动顺利进行,它既不能等同也不能代替常规的职能管理,而是通过数字化赋能产生产品、服务和流程的创新,为企业创造新价值的管理活动。

2. 管理对象

数字化管理是为了提供数字化的产品和服务,形成新的客户体验,并且将满足客户需求的整个业务流程数字化。所以,数字化产品、服务和数字化流程的管理是企业开展电子商务活动的抓手和进行数字化转型的着力点,体现了数字技术在组织中变革与价值创新的作用。

(1) 作为管理对象,数字化流程是在数字技术支持下参与者之间有序互动产生的交互流程,通过数据的流动将所有的人和业务活动连接在一起,它们是参与主体、主体间信息交互和商务活动嵌套的整体,不仅驱动各类资源的整合,也会形成一种数据驱动的智能化工作方式,实现价值创新。

数字化流程能够助力企业实现管理变革。对于流程来说,互联网出现之前,企业的信息沟通被限制在各个职能部门中,成为静止的信息孤岛。企业电子商务运作打破了这个格局,交互的信息和商务活动已经贯穿于整个价值网络,变革是由价值网络中各个实体之间的交互来驱动的。数字化流程推动了组织的变革,成为改变管理规则和组织形态的根本动因。例如,在业务中台和数据中台的支持下,良品铺子构建全新的数字化营销流程,打通实体店面与线上渠道的商品、资金、用户和供应链等各个环节,提升了各个部门之间的协同和管理效率,实现 30 多个渠道和 8 000 多万会员的统一管理,为消费者提供了全新的服务体验。

数字化流程嵌入数据和算法形成新的智能化工作方式,实现价值创新。企业打通内外部数据孤岛,数据进而在企业生产全过程和业务全环节实现融通,并且借助算法内嵌到管理流程中,从而形成数据驱动的工作方式。例如,在中国商飞公司的生产流程管理中,飞机尾翼复合材料检测流程需要具有不同专业背景且经验丰富的资深技术员通过数十小时的检测流程才能完成。现在通过大数据构建人工智能辅助检测系统,整个检测决策流程实现全程自动化,形成了新型数据驱动的检测流程,并且整体检测率大幅度提升到 99%。

数字化流程是一种新的电子商务流程,体现了数字化赋能流程创新,企业利用电子商务流程实现了组织资源的整合利用,产生企业电子商务应用能力,最终创造了价值。电子商务流程在价值产生中起到了重要的中介传递作用。本书第二章介绍了电子商务价值创造过程框架,在这个过程中存在着战略—资源—能力—价值的关联转化关系,通过电子商务流程的中介传递作用,实现了从"资源转化为能力"到"能力产生价值"的转化进程。企业应用实践证明,电子商务流程整合了企业内部和外部的各种资源(包括企业外部伙伴关系、信息系统等),产生了跨企业的协同合作(如电子渠道管理、采购和电子贸易),穿过价值网(从客户延伸到公司和供应商)传递特有的价值到上游供应商和下游客户。

(2) 作为管理对象,数字化产品和服务体现了数据作为新生产要素的管理。由于数字技术嵌入产品和服务,使得企业能够在数据驱动下以消费者为中心进行资源优化和能力提升,进而做出适应性创新来实时响应动态更新的用户需求。

数字化产品和服务重构组织与用户体验,企业在与消费者进行实时交互的过程中实现数据战略资源的积累和沉淀。在工业经济时代企业一般通过分销商、零售商才能接触到消费者,距离消费者较远。数字化产品利用嵌入的数字化组件帮助企业实现与消费者的实时互动,并记录消费者点击、浏览和使用等行为数据,从而成为企业直接触达消费者的交互媒介。例如,美的公司针对其冰箱产品专门开发一款 App,为消费者提供各种智能服务的同时也能够及时获取消费者的需求反馈。

数字化产品和服务的适应性创新能够调动企业在数据驱动下重新配置资源和升级能力,进而实现价值创新。数字化产品的适应性创新是产品能够随用户需求变化而不断改变的能力。为了实现产品能够及时响应用户需求,企业需要根据用户的使用和反馈数据不断"内视"现有资源状况,找出问题环节和能力短板,进而借助数字技术对资源和能力进行重构和建设。例如,为了从大规模制造转型为以消费者为中心的智能制造,美的通过资源数据化和流程互联化对先前薄弱的工业化基础进行数字化补课,实现从粗放式管理到数字化管理的能力跨越,进而利用数据驱动的智能系统实现智能化创新。

综上所述,数字化流程、数字化产品和服务作为管理对象能够有效地实现数据驱动的价值创新,引导企业进行战略变革、资源部署和能力构建,最终实现价值创造。

3. 管理过程

企业电子商务管理过程是动态管理过程,它与价值创造过程一致,包含了跟随价值产生的每一个阶段进行有效管理的活动,下一节过程管理原理中将加以详细说明。

4. 管理内容

管理内容分别对应价值创造过程的战略、IT 资源、电子商务应用能力和绩效四个层面,它们包含了企业电子商务管理过程中四个阶段的主要内容,也将在下一节过程管理原理中进一步介绍。

 企业实践 3-2

福特汽车公司采购流程的变革

 企业实践 3-3

美的公司数字化产品变革

在智能家居理念和智能家电产品不断普及的今天,产品的智能属性仅停留在基础功能本身,已经不足以满足消费者对家居生活"万物互联"的期待,"孤岛式"的智能也正在被 5G、大数据、AI 技术所打破和重构。

美的深耕家电行业数十年,积累了海量家庭使用数据,通过对这些数据的整合再利用,打造了美的智慧生活服务平台美的美居 App。近日,美的美居 App"冰箱云管家"功能上线,更加智能化、精细化和人性化的生活方案来到身边,为用户真正开启了一扇"智慧之门"。

一、精细化控温,智能保鲜更省心

虽说冰箱都有温度调节基础功能,但在实际生活中,用户对如何调节冰箱温度及模式仍存在很多疑惑或担忧。例如,用户自己不敢轻易调节温度怕影响保鲜效果,或者是在不同季节,用户不知如何根据实际情况调整冰箱的保鲜模式。

考虑到用户的这些需求,美的美居 App 的冰箱云管家新增一键开启智能保鲜托管功能,可根据用户使用习惯和环境温度智能调节温度控制,实现一年四季更好的保鲜效果,无需反复进行手动调温操作,更省时省心。另外,若用户忘记关闭冰箱冷藏室的门,美的智能冰箱会立即开启速冷模式,避免因长时间开门造成舱室冷量流失导致保鲜效果受影响。

二、人性化关爱,给家人多一重守护

冰箱是全家人的“营养舱”,既要考虑年轻子女的日常使用,也要兼顾老人、儿童的便捷和安全需求。美的智能冰箱结合美的美居 App,设置了多种关怀模式,用户可以选择老人模式、儿童模式、离家模式等多种家人守护模式。以老人关怀功能为例,子女可以通过美的美居 App 的冰箱云管家功能了解父母的起居信息。结合父母使用冰箱的习惯,美的美居 App 还会针对异常使用情况实时提醒,并通知家人及时关注长时间未关闭冰箱门、长期未使用冰箱等问题。

为了进一步提升家庭智慧生活品质,美的美居 App 还将上线智能云静音、智能云净味等功能,精细化运营场景,大幅度优化用户体验。

在用户体验方面,美的美居 App 也对智能云管家的启用过程做了简化,用户进入美的美居 App 的冰箱插件页即可看到“云管家”的入口。

三、智能化管理,把冰箱掌握在手上

都市人工作繁忙,人们经常会忘了冰箱里面缺少哪些食材,也没有太多时间去研究食材的不同烹饪方法。基于对大量用户数据的收集和学习,美的美居 App 早已针对这些问题提出了全套解决方案。

用户可以通过美的美居 App 的食材智能识别功能,记录不同的食材,并生成关联菜谱进行贴心指导。借助美的美居 App 的食材管理提醒功能,用户可以及时了解冰箱中缺少的食材并做到及时补充,所需的食材还可以通过京东生鲜进行一键购买,足不出户就能将新鲜的食材送到家。

同时,在美的美居 App 的云端数据库中,已经预先搭载了不同季节、不同人群、不同体质的养生饮食数据库,用户在超市或者厨房场景下,打开美的美居 App 扫描功能并对着食材拍照,马上就可以获取食材信息,并且会结合用户平时接入设备、个人偏好数据等维度推荐个性化食谱,满足用户“一日三餐不重样”的需求。

为了降低用户的学习成本,特别是照顾到老年人群的使用体验,美的美居 App 还对语音管理功能进行了优化升级,AI 语音助手包含多种通用语音技能,支持查天气情况、了解股票信息、讲故事、翻译、单位换算、查今日油价等需求,人机交互的使用体验不断完善,为用户提供更丰富的智慧生活服务。

冰箱智能化管理带来的是更加贴心和便捷的使用体验,而这一切的背后,是美的美居 App 结合 AI 大数据技术,不断满足用户需求。用户在使用过程中也可以通过美的美居 App 反馈建议与问题,每一次反馈都将转变为美的美居 App 提升用户体验的参考。

资料来源:美的公司新闻中心。

第二节　企业电子商务的过程管理原理

企业电子商务管理以价值创新为目标,但在当前数字化转型背景下实现这一目标并非易事。2021 年咨询机构埃森哲在对 30 多家企业高管进行深度访谈后,发布中国企业数字化转型指数报告,总结出当前企业面临的三大挑战。第一,战略缺位,转型缺乏方向。面对复杂多变的商业环境,部分企业还未找到未来竞争的着眼点,未来愿景不明朗,转型方向未知,企业的数字化方向也不清楚。第二,能力难建,转型难以深入。数字化时代对企业能力的要求超越信息化,需要构建能够支持企业敏捷应对、高效运营和持续创新的能力。但企业现有的 IT 系统通常比较老旧,数字化转型底座不牢。第三,价值难现,投入无法持续。数字化转型的系统性使数字化投资周期长、见效慢,难以用传统的财务指标衡量转型效果,需要构建新的价值指标体系。这三个挑战涉及企业的战略层面(战略定位、战略决策、战略制定和执行)、IT 资源(包括信息系统整合、大数据资源、复合型人力资源和外部伙伴关系资源)、电子商务应用能力(包括电子商务流程能力、知识管理能力和新兴商务能力)和电子商务价值测量(流程绩效、关系绩效和竞争绩效),这些因素的作用将促使企业创造新的价值。本节将介绍企业电子商务过程管理原理的基本思想,进而说明企业电子商务的过程管理框架和管理内容。

一、基于电子商务价值创造的过程管理原理

要成功地实施电子商务管理,在价值创新的目标下,以数字化使能的产品、服务和流程创新产生的变革与价值创造为中心,将战略、IT 资源、能力和绩效四个要素的关联作用视为整体运作过程,形成四个阶段的过程管理,使得价值创造过程中的四个要素整体优化运行,从而达到创造新价值的管理目标。

企业电子商务过程管理是对电子商务价值创造全过程的管理,是通过电子商务战略启动、IT 资源部署、建立企业电子商务应用能力、绩效产生和测评四个阶段的管理活动,跟随价值创造进程的连续动态的过程管理。它包含了管理要素和管理阶段两个方面的含义:

(1) 过程管理要素来自构成电子商务价值创造过程的四个要素,即战略启动、IT 资源部署、能力建立和绩效产生。

企业电子商务的管理要素来自构成价值创造过程的四个主要因素。

(2) 战略启动、IT 资源部署、建立能力、绩效产生和测评的关联管理四个阶段形成了跟随价值创造进程连续动态的全过程管理。

围绕四个阶段,整个管理进程是相互协调的整体,四个阶段的关联管理形成了动态推进的管理全过程。

二、过程管理框架

基于过程管理原理,可以构建过程管理框架,如图 3-2 所示。框架表明了以数字化使能的产品、服务和流程创新产生的变革与价值创造为中心,企业电子商务管理过程的四个阶段以及每个阶段的管理内容,体现了跟随创造电子商务价值阶段进行连续关联管理的整体过程。

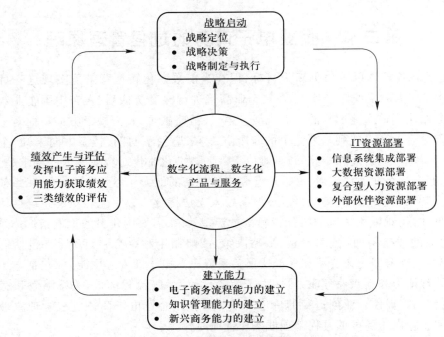

图 3-2 企业电子商务的过程管理框架

（一）战略启动

在战略启动阶段,企业以高层管理的领导能力为核心,通过战略定位和战略决策确定电子商务战略方向,制定战略部署 IT 资源,以推动电子商务实现价值创新目标。电子商务战略启动分为战略定位、战略决策以及战略制定和执行三个阶段,在不同阶段通过采取相应的战略分析方法,为企业外部竞争优势识别、内部资源分析和评估以及 IT 资源部署三个核心战略任务提供了战略启动的操作方式。

（二）IT 资源部署

在 IT 资源部署阶段,企业要完成四类 IT 资源的规划。管理者主要面临两个问题,其一是集成规划的方式,即如何对产生电子商务价值的内部资源和外部资源进行战略规划;其二是整合利用的方式,即如何通过流程整合利用各类相关资源,实现资源向能力的转化,最终产生电子商务价值。集成规划与整合利用的管理思想和方法是非常重要的,它决定了规划方案的合理性。

（三）建立企业电子商务应用能力

在建立能力阶段,目标是通过电子商务流程应用和数字化创新,实现 IT 资源的整合利用,形成电子商务应用能力(包括电子商务流程能力、知识管理能力和新兴商务能力),以利于最终实现电子商务价值。企业将建立电子商务应用能力与执行企业间商务活动结合在一起,在具体的业务活动中进行组织改革、创新和管理,实现企业间的电子商务流程能力和知识管理能力。通过对这两类能力的战略应用,形成企业新兴商务能力,进而最终获取新的电子商务价值。

（四）绩效的产生与测评

在绩效产生与测评阶段,管理的主要任务是围绕有效发挥企业电子商务应用能力,形成三类新兴的绩效测量方式（分别是流程绩效、关系绩效和竞争绩效），同时需要设计具有合理衡量绩效标准的绩效测评系统。

总之，四个管理阶段构成了一个关联管理的进程，为企业提供了对电子商务价值产生全过程的动态管理。企业电子商务战略往往是针对环境快速变化和新的客户需求而采取的价值创新战略，所以，这样一个连续的动态过程管理既可以促使新战略的出现，又能够有效地跟随调整后的战略规划与执行过程，有助于企业不断实现新的战略目标。企业实践也表明，过程管理可以使企业重新考虑如何通过数字化流程以及数字化产品和服务，跳出现有组织职能和活动的局限，发现新的价值创造的机会、新的商务模式和新的客户价值。

三、四个阶段的管理内容

四个管理阶段的主要管理内容如下所述。

（一）战略启动阶段

在战略启动阶段，企业通过战略思考和分析确定电子商务战略方向，制定电子商务战略，正确识别组织 IT 资源，以利于形成企业电子商务应用能力。与传统的战略管理模式不同，由于电子商务战略是一个价值创新的战略。企业高层领导要针对企业发展面临的关键问题，确定价值创新的战略方向，制定整合企业内外部 IT 资源创建能力的战略。与此同时，企业电子商务战略需要聚焦短期应变，强调敏捷调整，在快速迭代中不断提高精准度，还需强调数据化驱动的创新洞察。

这里需要强调两个新的战略管理观点，一个是重视感知和反应的战略思考过程，对于顾客需求和行为的微妙变化的感知，需要战略决策者对顾客需求具有敏锐的洞察力；对于市场发展变化，需要决策者具有敢于利用电子商务进行战略变革发现新型市场机会的眼光，以及开拓企业价值创新道路的企业家精神。另一个是简单规则战略，对于不确定和复杂的环境，应当采用简单规则，不要注重制定复杂的战略，而是要采用制定关键战略将公司定位在最有前途的机会上。简单规则可以帮助企业辨别环境，作出相应的反应，确定战略方向，识别 IT 资源和关键流程，使有效的战略得以执行。

 企业实践 3-4

戴尔公司的电子商务战略启动

战略启动是一项重要的管理活动，现将其三个阶段的管理任务分别说明如下：

战略定位：战略定位从发掘企业自身优势资源出发，使具有独特价值的 IT 资源能够被识别和整合优化，以获取自身独特的能力，这样才能响应急剧变化的市场需求，达到获取竞争优势的目的。其管理目标是通过积累的知识和经验交换，取得战略共识。管理任务是确定高层领导力以及公司的战略方向，并判断潜在竞争优势。

战略决策:战略决策阶段主要分析企业电子商务战略资源以及如何进行战略决策,管理目标是降低决策偏差,提高决策的科学性。管理任务是需要在外部市场定位基础上进行企业内部资源分析,确定企业优势资源,并通过优势 IT 资源分析与评估,作出对组织竞争优势获取途径的判断。

战略制定和执行:战略制定和执行是将高层领导的战略决策落实到具体的实施方案中,并对这些方案进行论证和优化的管理活动。战略制定和执行阶段的管理目标是将战略决策的结果付诸实施。管理任务是识别和配置 IT 资源和关键流程,通过有效部署使得战略得以执行。

(二) IT 资源部署阶段

IT 资源部署的目标是部署信息系统集成、大数据资源、复合型人力资源和外部伙伴关系四类 IT 资源,确定资源集成利用的模式。此阶段包括两个方面的管理任务,其一是部署四类 IT 资源,对产生电子商务价值的内部资源和外部资源进行整合规划与配置,使得各类资源相互协调、相互促进以形成互补。其二是建立 IT 资源的集成利用模式,按照电子商务价值的产生是负载于流程的原理(详见第二章),IT 资源集成利用模式应该跳出传统的技术、商务单一整合的框架,重点是如何在流程水平中实现信息系统、大数据资源、人力资源、伙伴资源的整合利用方案。集成规划的管理思想和方法尤为重要。在第五章将详细介绍四类 IT 资源的规划过程和管理要点。

(三) 建立电子商务应用能力阶段

能力产生的关键在于企业如何将有价的 IT 资源集中在产生新的电子商务应用能力中,通过整合 IT 资源形成电子商务流程能力和知识管理能力,实现对电子商务技术的支持性应用;以及如何将这些能力实现有效的战略应用,转化成为新兴商务能力,包括智能决策能力、合作联盟能力和数字创新能力,重点强调企业电子商务的战略应用过程,进而获取电子商务价值。

电子商务技术的两种不同的应用范式:基于技术的支持性应用和基于商务的战略性应用。

电子商务技术的支持性应用阶段强调电子商务流程能力和知识管理能力的建立,主要包括四个方面的管理任务:第一,集成化的信息平台是将企业内部的活动延伸到业务合作伙伴直至最终客户,形成集成化的协同网络平台;第二,通过提高员工的 IT 技能和应用创新能力,加强企业流程的"软性"竞争优势,培育运用能力的人才;第三,推进跨组织的合作关系管理,建立信任的合作关系,采用基于互联网的交互式的新工作方式实现信息共享和合作;第四,加强数据资源作为企业战略要素的应用,驱动流程变革和产品创新。

电子商务技术的战略性应用阶段强调电子商务流程能力和知识管理能力向新兴商务能力的转化,企业的主要任务包括基于流程合作的协同商务管理、基于知识管理的运作创新等。基于流程合作的协同商务管理要求加强和提升企业间的沟通能力和交互效率,及时响应伙伴和客户的商务需求,促进企业间的协同商务管理水平。基于知识管理的运作创新,要求企业通过数据管理平台,挖掘数据背后的潜在价值,帮助企业更直观地发现问题,主动预测市场变化和辅助决策,有针对性地开展企业对新市场的探索性行动,实现产品、服务和商务模式的创新。

 企业实践 3-5

戴尔公司与供应商的共享信息和合作

供应链成员信息共享水平低下是供应链管理的主要障碍。企业不愿意把详细的经营信息告诉合作伙伴,担心这样会使本企业在竞争中处于不利的地位。戴尔公司在完成电子采购的流程中,通过与供应链成员共享信息来减少信息的不确定性,降低供应链的成本。当戴尔公司收到客户订单时,立即将此信息提供给自己的一级供应商,以便供应商能够根据戴尔公司准确的需求来规划和安排生产。例如,硬盘供应商发现戴尔公司客户计算机订单要求的硬盘配置开始提高,就可以立即改变生产计划。这样就可防止供应商小硬盘的过量生产,从而降低供应商的成本(硬盘滞销的成本)和整个供应链的成本(供应商不必为弥补滞销硬盘的成本而向戴尔公司索要高价)。

戴尔公司的主要供应商可访问一个安全的网站,了解戴尔公司最新的销售预测、计划产品的变化、次品率、质量担保等信息。这个网站也可以让一级供应商知道戴尔公司顾客购买产品的情况,以便他们计划生产。在这样一个电子供应链中,信息共享是双向的,一级供应商也向戴尔公司提供次品率和生产问题等信息。这种合作关系要求合作者之间高度信任。为了加强这种信任关系,创建一种社区气氛,戴尔公司把网上的公告牌变成公开论坛,供应链成员可以分享他们同戴尔、或者他们彼此之间的交易经验。

在创造价值的过程中,需要供应链所有成员共享信息,彼此合作。这样,贯穿于供应链的电子商务流程才可以显著地加快业务处理速度,降低成本,提高经营的灵活性,降低库存,改进质量,为最终顾客提供高价值的产品和服务,同时也让每层供应商都能够享受到效益。

改编资料来源:中国制造业信息化门户网。

(四) 绩效产生和测量阶段

电子商务价值绝大部分表现在各种非财务的无形价值。对电子商务内在的无形价值的忽视直接导致了企业对电子商务等 IT 投资经济作用的低估。本书采用三类绩效(流程绩效、关系绩效和竞争绩效)描述电子商务价值。

电子商务流程绩效是指执行某一具体电子商务流程的运作绩效,它的产生依赖于企业执行电子商务流程体现出来的企业电子商务应用能力的变革与创新作用。电子商务流程在实现 IT 价值的过程中,成为资源集成和创新运用的载体,最大限度地发挥技术能力向商务能力转化的传递效应,在流程终端产生流程绩效,体现的电子商务价值包括提高效率、降低成本、改善合作关系等。

关系绩效是指通过建立数字化的合作关系,提高合作双方联盟能力而带来的价值。关系绩效的管理目标则是发挥企业电子商务应用能力在企业伙伴间的协同效能,改善企业对合作联盟的管理能力,实现基于共同目标的长期合作,获取和测量电子商务价值。企业这一阶段主要关注两项管理任务:第一,发挥能力的协同运作和联盟管理的功能,明晰关系绩效的产生机制,确立基于企业间合作关系的电子商务价值创造过程。第二,针对具体的合作伙伴设计合理的绩效衡量标准。

竞争绩效是指企业市场竞争中超过同行竞争对手的战略性收益。竞争绩效关注的是一切商务活动和价值的竞争效能,其管理目标是发挥新兴商务能力在企业开展市场竞争活动中的推动作用,提升企业的核心竞争力,以创造持续性的竞争优势。管理任务重点体现在厘清不同的新兴商务能力对竞争绩效的作用关系以及对竞争绩效进行测量。

过程管理框架的四个阶段构成了企业实现电子商务价值的管理过程,本篇第四章至第七章将按照阶段进程并结合企业实际电子商务流程,详细介绍每个阶段的管理概念、管理内容和管理原则。

第三节　过程管理的特点和意义

企业电子商务的过程管理是建立在价值产生过程中的动态管理,它不同于一般传统的管理。本节归纳和阐述了过程管理的特点,以便进一步了解过程管理的含义以及它们在企业变革中的作用和意义。

一、过程管理的阶段性、连续性、可调整性和迭代性

过程管理各阶段的管理任务与目标相互关联和影响,并最终决定企业绩效。这种动态管理与以往职能管理不同,它是通过数字化使能的产品、服务和流程创新,实现企业电子商务的动态管理,跨越了部门和企业边界,深入到产生企业电子商务价值的要素包括战略、资源、能力和绩效,四个阶段的管理将企业的战略启动与实施过程、IT 资源规划利用和建立电子商务应用能力联系起来,最后完成对流程绩效跟踪测评,整个过程管理具有阶段性、连续性、可调整性和迭代性,其管理优势体现为以下四个方面。

(1)四个阶段的管理活动解决了战略启动、IT 资源部署、构建能力和绩效评价各方面的管理问题,其整体关联性形成了一个逐步推进的管理过程,使得产生电子商务价值的四个要素能够优化运行。

(2)过程管理的四个阶段规定了达到最终价值创新管理目标所必需的相互关联、相互依赖以及执行的途径。例如,战略启动阶段包含的管理任务是在下一阶段实现 IT 资源部署,而 IT 资源部署的管理目标和任务是在价值创造过程的下一阶段形成企业电子商务应用能力。一些研究也发现能够成功应用电子商务的企业是那些将其管理与价值产生过程进行有效连接的企业。

(3)企业始终存在一种永久的需求,需要利用数字技术实现变革与创新,这也导致了企业的战略、组织、流程都处在调整和变化中。过程管理满足了动态和可调整性的管理需求,支持企业在持续前进的基础上不断地实现创新。在过程管理四个阶段的进程中,企业可以根据本阶段出现的问题,作出及时调整,解决问题,避免导致最终绩效低下。例如,在 IT 资源部署阶段,集成利用模式要考虑伙伴资源整合的问题,但是,与供应商合作出现了问题,他们由于习惯传统的工作方式不愿意使用采购平台完成供货流程,这必然影响到下一阶段建立企业与供应商的信息共享和流程合作。那么,企业及时发现问题后,可以调整信息系统集成的规划方案,主动为供应商提供在采购平台和供应商内部信息系统之间的连接,方便他们的信息流无缝传递到采购平台。

(4)过程管理在数据驱动作用下形成一个循环迭代、不断优化的管理闭环。当完成绩效测评后,企业会根据当前绩效状况和用户反馈等数据进行新一轮的战略布局,在数据的指导下调整资源部署和弥补能力短板,进而优化数字化流程和革新数字化产品与服务,以此动态响应用户的需求和商业环境的变化。过程管理的迭代性可以让企业在复杂多变的商业环境中利用数据资源精确抓住用户需求,并予以个性化响应,从而使企业在反复迭代和反复试错中进行管理变革和价值创新。

由此看出,这样一种关联的管理过程贯穿企业的战略、资源和能力各个层面,在组织之间、

组织内各部门之间以及人与人之间完成灵活的、可协调的管理任务。它为传统组织利用电子商务实现新的选择提供了有效的全程管理,也可以为新兴的电子商务公司创造新的市场机会,提供符合其价值创造过程的动态管理。

二、过程管理在企业变革中的作用和意义

企业电子商务管理所具有的动态性使整个管理过程与新的价值创造过程融为一体,这种新的过程管理对于企业管理变革的作用和意义可以体现在以下几方面。

（一）实现战略精确定位、快速执行、敏捷调整与迭代优化的过程管理

当前不断变化的商业环境使静止的长期战略规划已经不能满足时代要求。Collis 和 Montgomery 指出,管理者常常抱怨战略计划显得迟钝和呆板,因为"现在的市场变化越来越快"。企业需要灵活的商业战略,管理者必须准备在实施计划的过程中修订计划,这是一个和实施紧密相连的持续过程。

企业电子商务的过程管理通过将战略视为一个持续迭代、不断调优的动态过程,把战略制定与执行联系起来,体现了数据驱动的电子商务战略创新。企业将自下而上的市场反馈与自上而下的敏锐洞察相结合,采用客观真实数据精确定位用户需求,强调快速部署资源和构建能力的执行过程,促进企业敏捷调整和迭代优化。这种过程管理贯穿战略和运作层面,跨越企业边界,实施中保持灵活性,并进行动态的绩效测评。这种动态管理方法与传统管理方法相比更强调如何实现战略目标,将管理落实在整个战略执行的进程中,解决从制定战略、利用资源、构建能力、处理与伙伴关系、满足客户需求以及评价业绩各方面出现的新问题,实现跨越多维度的连通与整合管理。管理者学习和掌握新的过程管理方法,可以在变化的环境中依据战略实施过程中所得到的反馈信息和新的客户需求信息,实现在不同层面上对电子商务战略的动态调整和有效的战略决策,提高企业的敏捷反应能力和变化速度,创建高效的电子商务战略。

（二）建立网络化和智能化的数字化管理模式

电子商务促进了企业组织结构向网络组织形式转变(对网络组织的解释可参看第二章第三节),数据作为新的生产要素改变了原有的生产方式,驱动企业由粗放式管理转向智能化管理,从而形成网络化和智能化的管理模式。

第一,在数字化商业环境下行业联盟和跨企业合作的方式正变得相当普遍。例如,为了获取市场份额,企业都在同供应商和分销商建立团队合作。此外,在电子商务的应用过程中,企业采用跨企业、跨部门的团队协作来代替孤立的部门工作,以促进组织间和组织内各部门间的合作,这种新的、注重协作的组织结构带来了战略优势。数字化使不同商业的参与者可以在不同时间和空间进行实时的信息交互,从而形成大规模的商业协作,过程管理有利于实现组织结构转变,建立一种新的基于交互信息的网络组织管理模式。目前,许多企业都致力于发展网络组织型企业结构,过程管理的方法可以帮助企业理解、培育和使用这种无边界的组织关系,不仅可以提高经营效率,还可以改善客户关系、提高产品服务质量、增加企业收益,实现有效的网络型组织运作。

第二,智能化管理模式是企业由工业化管理体系升级转型为数字化管理体系的象征。智能化管理体现了一个企业将数据作为一种新的生产要素进行有效管理和利用,能够及时、精确、高效地应对外部环境发生的变化。企业电子商务的过程管理将数据要素的管理贯穿战略、资源、

能力和绩效四个阶段,能够帮助企业构建智能化管理模式。在战略启动阶段,企业需要强调基于市场反馈数据的洞察,借助数据分析识别市场机遇和洞察用户需求,用数据指导企业做出适应环境变化的战略定位和决策。在资源部署阶段,企业需要构建多个渠道完成数据的采集,搭建数据平台沉淀数据资源,并注重数据与其他资源的整合利用。在能力构建阶段,企业需要构建将数据资源转化为知识资源的知识管理能力,并用数据资源激活企业的智能决策能力。在绩效获取和评估阶段,企业需要构建多维度绩效体系,对不同维度的绩效数据进行测算,并用来指导下一步的战略调整。

（三）实现价值共创的电子商务生态系统

电子商务已经彻底变革了商业蓝图,形成企业、消费者、供应商与服务商等不同对象共同参与的商业生态系统。商业生态系统是指为了系统核心价值主张的商业化,彼此互动的多边伙伴聚合形成的匹配结构。电子商务生态系统中各个主体由共同的价值主张所引导,形成互相依赖、共同发展的共生关系,通过合作形成价值创新来应对动态环境的变化。在这一背景下,企业从库存管理向信息管理转变,从竞争向合作转变,从成本向价值转变。数字化流程支持电商生态系统中不同参与者之间的信息共享,产生了参与者之间的合作业务流程。同时,数据作为新的生产要素能够帮助生态系统优化资源配置结构,提高不同对象之间的需求匹配效率。从管理变革的意义上讲,为了充分发挥电子商务的潜力,需要转变以本企业为核心的传统纵向管理模式,通过充分利用网络信息的流动和数据驱动的管理决策,将电商生态系统的所有参与者连通为一个有机整体,实现多对象共同创造价值的合作管理。过程管理支持生态系统中不同商业参与者之间的价值共创,具有以下两个主要特点。

1. 在生态系统中建立电子商务应用能力实现价值共创

企业可以通过构建电子商务生态系统及合作,提高与合作伙伴之间的流程合作,知识管理,建立新兴商务能力,最终实现价值共创。例如,摩托罗拉公司和它的合作伙伴通过采用“协作计划预测与补货”（CPFR）系统,建立了新型合作伙伴关系,通过共享信息和开发企业间的协同运作,实现了合作创造价值。CPFR 是利用互联网通过零售企业与生产企业的合作,共同做出商品预测,完成计划工作（包括生产计划、库存计划、配送计划、销售规划）,并在此基础上实行连续补货的系统。摩托罗拉公司和它的零售商通过 CPFR 共享库存信息,合作预测、计划,实现连续补货,保证了货架供应充足,同时减少了移动电话升级留下的剩余货物。由于采用卖方管理库存,零售商减少了库存成本,摩托罗拉公司消除了原来压在零售商手中的货款,加快了资金的流动,企业双方合作创造价值。

2. 四个关联管理阶段为生态导向的企业电子商务管理提供了整体框架

四个关联管理阶段（战略启动、IT 资源部署、建立能力和绩效产生与测评）有助于从战略层到运作层全面理解企业与伙伴合作创造新价值的管理过程,为生态导向的企业电子商务管理提供了整体框架。它可以使管理者超越单个组织的传统管理视角,从数字化管理视角考虑电子商务生态系统的热点问题,包括伙伴合作关系的管理,建立组织间系统集成平台支持电子商务流程,发展和运用跨组织的电子商务应用能力,创造生态伙伴关系绩效,以及多个流程绩效之间的作用关系与作用过程等。

本 章 小 结

本章阐述了企业电子商务管理原理,按照学习目标的顺序,将其主要概念和知识点总结如下:

企业电子商务管理新的含义。根据企业电子商务变革创新的特点,本书给出的企业电子商务管理的新的定义包含了三方面的内容:第一,数字化流程的管理反映了在数字技术支持下商业参与者之间的信息交互和商务活动,形成了一种数据驱动的工作方式,同时带来组织变革和价值创新;第二,数据生产要素的管理反映了数据作为战略资源改变企业的生产与管理范式,数据驱动的以客户为中心的产品和服务创新,促进企业管理变革和实现价值增长;第三,企业电子商务管理目标是价值创新,反映了企业电子商务管理目标必须与价值创新战略目标一致,管理工作必须遵循价值创新的规律;第四,管理过程与新价值创造过程一致,反映了从价值创造过程理解电子商务管理的对象和任务,应当以数字化流程与数字化产品和服务为中心。

企业电子商务管理定义。企业电子商务管理是以价值创新为目标,以数字化流程、数字化产品和服务为管理对象,实现价值创造全过程的动态管理。主要管理内容包括战略、IT 资源、能力和绩效四个方面。应着重理解以下几点:第一,企业电子商务管理的目标,它是以价值创新为目标,不同于也不能代替常规的职能管理;第二,企业电子商务管理的对象是数字化流程与数字化产品和服务,它们作为管理对象能够有效地实现数据驱动的价值创新,引导企业进行战略变革、资源部署和能力构建,最终实现价值创造;第三,企业电子商务管理过程和内容,企业电子商务管理是一个跟随价值创造进程的管理过程,管理内容对应了价值创造进程中四个阶段的管理活动。

企业电子商务的过程管理原理。过程管理是对电子商务价值创造全过程的管理,过程管理要素来自构成电子商务价值创造过程的四个要素,即战略、IT 资源、能力和绩效。四个管理阶段包括战略启动、IT 资源部署、建立企业电子商务应用能力、绩效产生和测评,四个阶段的关联管理形成了跟随价值创造进程的连续动态的全过程管理。

本 章 关 键 词

企业电子商务管理	enterprise e-business management
数字化转型	digital transformation
交互信息	interactive information
数据驱动	data-driven
价值创新	value innovation
过程管理	process management
数字化流程	digital process
数字化产品	digital product
电子商务战略	e-business strategy
IT 资源	IT related resources

数据资源	data resources
流程绩效	process performance
电子商务战略启动	e-business strategy initiative
IT 资源部署	IT related resources deployment
建立电子商务应用能力	building e-business application capabilities
流程绩效产生	process performance creation
流程绩效测量	process performance measurement
战略实施	strategy implementation
网络组织	network organizations
合作创造价值	co-creating value
电子商务生态系统	e-business ecosystem

复习思考题

1. 从管理变革的角度说明企业电子商务管理新的含义。
2. 给出企业电子商务管理的定义,并说明动态管理的含义。
3. 如何理解数字化流程、数字化产品和服务作为电子商务管理的对象?
4. 从电子商务价值创造过程与企业电子商务管理的关系,解释过程管理原理。
5. 依据过程管理原理,说明过程管理框架的结构和内容。
6. 结合企业案例讨论企业电子商务四个阶段的管理内容。
7. 说明企业电子商务过程管理的特点。
8. 结合企业案例讨论过程管理在企业变革中的作用和意义。

课后小组活动

阅读电子工业出版社 2021 年出版的《数智驱动新增长》一书,或者网上搜索观看该书的企业家领读会视频。结合本章知识点,归纳对数字化时代企业电子商务管理的理解,并以小组为单位制作幻灯片,在课堂陈述和讨论。

------ **案例讨论** ------

红蜻蜓公司的电子商务管理实践

红蜻蜓创立于 1995 年,是一家以制鞋为主的现代化企业。发展至今,公司拥有鞋业、皮具配饰、儿童用品等多种品类与品牌。在国内拥有近二十家销售分公司和覆盖全国各经济重点城市的四千多家销售终端。

在鞋业市场,购物体验方面的发展较为缓慢,尤其是中国老牌鞋履企业从此前万众瞩目到如今陷入发展困局,其中最重要的一环就是消费者的转变。一百多元的皮鞋在从前是奢侈品,消费者购买选择少。而且以前做产品设计、研发都靠公司内部有经验的一线干将,以他们的意见和经验为主。但现在消费者们生活更加舒适,有购买力的人群越来越年轻,面对社交媒体带来的最新潮流,选择也越来越多。红蜻蜓发现以往"靠经验"的做法会遇到许多问题,必须要改变了。

在危机的倒逼和自我的迭代中,红蜻蜓利用前沿的互联网和数字技术,全面重构了企业的运营,突破了工业时代的旧有模式和经营效率。线上线下同步、企业全链路的数智化转型,给红蜻蜓插上了轻盈的翅膀,帮助这家老牌鞋企焕发新的生机。

一、"人货场"全面数字化重构

2020年"双11",红蜻蜓成交总额突破8亿元,同比增长111%,拿下天猫时尚鞋靴品类第三名。线上业绩的迅猛增长,来自红蜻蜓对"人、货、场"三要素的全面数字化重构。

● "人"的数字化

借助天猫智能导购、钉钉等数字化工具,红蜻蜓的5 000多名门店导购全部搬到了线上。目前,庞大的导购人群在运营好线下销售的同时,还可应用直播、短视频、小程序、社群等工具,对776万个会员进行精准的数字化运营。

2020年新冠肺炎疫情最严峻的2—3月,在线下近4 000家门店停业的情况下,线上导购依靠小程序、会员群等方式维持了业绩。其中,3月的一场小程序社群营销仅用两天就取得了1 000多万元的销售额。两个月的时间,红蜻蜓通过直播实现5 300万元销售额,并选出了100多位优秀的店铺主播。

● "货"的数字化

依托数据中台,红蜻蜓打通了生产端与销售端,实现了供应链的柔性生产和快速反应,所有商品的开发、销售、促销也实现了全链路的数字化管理。

在商品开发环节,通过数字化智能评估,聚焦重点品类,大幅提升了爆品的概率。比如,红蜻蜓通过数据分析,提前一年预判到马丁靴品类将会持续走高,因此在马丁靴的开发上投入重兵。在2020年9月的两次直播中,8.7万双马丁靴售罄,创下鞋类单品直播销售纪录。

商品的数字化,使订货会变得更加便捷高效。红蜻蜓的订货会从此前的一年四次转变为月月上新,从大批量订货转变为高频次、小批量。虽然订单量变小了,但新品上市的频次增加了,规避了订货计划不准带来的库存风险,又让门店和线上一样具备了敏捷的销售能力。

● "场"的数字化

早在2018年红蜻蜓就与阿里巴巴达成新零售合作,线下1 000多家自营及联营门店全部上线智慧门店和轻店。次年1月,红蜻蜓正式成为阿里巴巴A100战略合作伙伴,将近4 000家门店全部实现了数字化,将线上线下会员、订单、库存一体化,实现线上线下的全面打通。门店将成为体验店、前置仓,成为连接消费者的空间,给消费者带来更好的线上线下一体化服务。

二、全链路数智化升级

对包括红蜻蜓在内的皮鞋品牌来说,一个最大的行业困境是,消费者越来越偏爱运动鞋。有统计显示,近年来运动鞋市场的年复合增长率在20%以上,而皮鞋市场的年复合下降率为10%。2017年,驰骋资本市场多年的"鞋王"百丽黯然退市,给整个行业拉响了警报。伴随着线下零售的困境,经历多年高速增长的中国鞋业来到了命运转折的"十字路口"。

　　早在 2010 年,淘宝商城上线第二年,红蜻蜓就成立了电子商务部,当年线上销售额 3 000 万元。2011 年 3 月,红蜻蜓备了 7 万双鞋子,在聚划算上搞了一场活动,一下子带来 800 万元销售额。2011 年 9 月,红蜻蜓成立电商公司,按照独立子公司模式运作。2018 年,红蜻蜓成立新零售部门,此时的红蜻蜓正处于传统企业转型的关键阶段,刚好遇到了阿里巴巴。以前更多的是通过经验去判断整个业务的流程,有了数字化赋能之后,红蜻蜓在整个业务端,包括门店端、导购端和营销端,更多的是通过数字化的能力去做业务决策。

　　在 2020 年新冠疫情期间,红蜻蜓抽调公司骨干组建“战疫指挥部”,新零售部门任先锋,一声令下,一天内搭建好线上商城,紧急复工的 5 000 多名导购全部上线,展开社群营销。依托前期积累的数字化能力,无论是会员数据还是门店商品,红蜻蜓都可快速导入新建的线上商城。疫情最严重的 2 月,红蜻蜓日离店销售额突破 200 万元,实现了逆势增长。

　　三、制造升级:数据驱动的柔性生产

　　过去 40 多年,中国企业最大的痛点在于:生产与销售割裂,产品与需求错配。制造商生产出来了大量不匹配市场需求的产品,导致经销商、零售商库存积压,造成了巨大的浪费。

　　红蜻蜓通过阿里云数据中台,打通了前端的销售和后端的生产,真正实现了 C2M(用户直连制造)。千篇一律的商品已经无法满足当今消费者日益个性化、多元化的需求。为了适应瞬息万变的市场,红蜻蜓研发出一套精益生产模式:100 多米长的生产线升级成为模块化布局,一旦预测到爆款,需要 50 双就可以接单,最快 7 天就能出货,生产变得更加有弹性、敏捷和高效。

　　早在 10 年前,红蜻蜓就开始研究中国人的脚形数据,把这些数据沉淀下来。如今,通过一系列数字化、智能化设备和技术,红蜻蜓正在把数据驱动的柔性生产一步步变成现实。一台量脚的设备,人只要站上去三秒钟,它就可以把十几个维度的数据精准测量出来。红蜻蜓通过对不同区域的市场数据的挖掘分析,建立了一套标准化体系,发现潮流趋势以后直接匹配数据,将原本需要 10 天的工艺大幅压缩,“最快 1 天半左右就可以出样品”。

　　(资料来源:改编自红蜻蜓公司官方网站和微信公众号阿里云研究的案例材料。)

　　讨论题:

　　1. 为了应对消费者的变化,红蜻蜓公司在哪些方面开展了数字化管理?

　　2. 请从交互信息流的角度解释红蜻蜓公司对“人货场”数字化和全链路数智化所带来的好处。

　　3. 请谈一谈红蜻蜓公司如何利用数据进行管理变革。

　　4. 红蜻蜓公司的案例对你理解本章企业电子商务管理知识有哪些启发?

参 考 文 献

　　[1] Sawhney M,Parikn D.Where Value Lives In A Networked World.Harvard Business Review,2001,79(1):79-86.

　　[2] Drucker P F.The Coming of The New Organization.Harvard Business Review.Jan/Feb88,

66(1):45-53.

[3] Kim W C., Mauborgne R.Value Innovation:The Strategic Logic of High Growth.Harvard Business Review,1997,75(1)

[4] Ghoshal S., Bartlett C A., Moran,P.A New Manifesto For Management.Sloan Management Review.1999,40(3):9-20.

[5] Grover V., Kohli R.Cocreating IT Value:New Capabilities And Metrics for Multi-Firm Environments.MISQ Special Issue,2008.

[6] Zhao J.,Huang W V., Zhu Z.An Empirical Study of E-Business Implementation Process In China.IEEE Transactions on Engineering Management,2008,55(1):134-147.

[7] Melville N.,Kraemer K., Gurbaxani V.Review:Information Technology And Organizational Performance:An Integrative Model of It Business Value.MIS Quarterly,2004,28(2):283-322.

[8] 赵晶,朱镇.企业电子商务战略实施关键成功因素的实证研究.清华大学学报(自然科学版),2006,46(S1):914-922.

[9] Boone T., Ganeshan,R.The frontiers of eBusiness technology and supply chains.Journal of Operations Management,2007(25):1195-1198.

[10] Krishnan M S.,Rai A., Zmud R.The Digitally Enabled Extended Enterprise In A Global Economy.Information Systems Research,2007,18(3):233-236

[11] Bharadwa j A., El Sawy O A., Pavlou, P. A., and Venkatraman, N. Digital Business Strategy:Toward a Next Generation of Insights.MIS Quarterly,2013(37:2): 471-482.

[12] 刘洋,董久钰,魏江.数字创新管理:理论框架与未来研究.管理世界,2020 (36:07):198-217+219.

[13] Yoo Y., Henfridsson O., Lyytinen K. Research Commentary - the New Organizing Logic of Digital Innovation : An Agenda for Information Systems Research.Information Systems Research,2010 (21:4):724-735.

[14] 曾鸣.智能商业.北京:中信出版集团,2018.

[15] Adner R., Puranam P., Zhu F. What Is Different About Digital Strategy? From Quantitative to Qualitative Change. Strategy Science. 2019(4:7):253-261.

[16] 肖静华,胡杨颂,吴瑶.成长品:数据驱动的企业与用户互动创新案例研究.管理世界,2020(36:03), 183-205.

[17] Yoo Y., Boland R J., Lyytinen K., Majchrzak A. Organizing for Innovation in the Digitized World,Organization Science,2012(23:5):1398-1408.

[18] Huang J., Henfridsson O., Liu M J., Newell S. Growing on Steroids:Rapidly Scaling the User Base of Digital Ventures through Digital Innovation.MIS Quarterly,2017(41:1):301-314.

[19] 陈国青,曾大军,卫强,等.大数据环境下的决策范式转变与使能创新.管理世界,2020(36:02):95-105+220.

第四章　电子商务战略启动

学习目标

- 了解企业电子商务战略启动的概念
- 理解电子商务战略启动的五个驱动因素
- 理解电子商务战略的三个新特征
- 掌握电子商务战略启动的过程
- 掌握电子商务战略启动三个阶段的管理任务以及分析方法

著名的电子商务专家 Fingar 在 2001 年就指出,电子商务不再只是一种选择,而是每一个企业都必须是电子商务企业。公司计划、设计和实施电子商务战略的能力决定了公司的成败。我国电子商务发展迅速,企业借助互联网以全新方式开展业务,已经形成中国特色的新模式、新业态。新冠肺炎疫情发生后,中国数字化转型推进的重点必然由消费或服务领域转向制造业领域。企业面对的是一个不同于以往的商业时代。

大数据、云计算、人工智能、物联网等新一代数字技术的快速发展,全球掀起新一轮的产业革命,我们已经进入新的数字化时代。企业只有主动进行战略变革并充分利用电子商务带来的机遇,才能继续在新的商业环境中生存和不断发展。成功实施电子商务的关键就是进行电子商务战略的启动,并据此进行 IT 相关资源的部署。

本章首先介绍了电子商务战略启动的定义以及主要驱动因素,接着对战略启动的阶段特点进行阐述,电子商务战略启动分为战略定位、战略决策以及战略制定和执行三个阶段,最后介绍了每个阶段的管理任务和分析方法,这些方法为外部竞争优势识别、内部资源分析和评估以及 IT 资源部署三个核心战略任务提供了战略启动的操作方式。

第一节　电子商务战略启动的概念与管理目标

一、电子商务战略启动的概念

战略启动是企业电子商务管理过程的第一个阶段,它是一个战略管理活动,包括确定战略方向和制定战略。在战略启动阶段,企业高层领导要针对企业发展面临的关键问题,确定电子商务价值创新的战略方向,制定部署和整合企业内外部 IT 资源从而推动电子商务实施。企业电子商务战略启动的定义如下:

> **电子商务战略启动**　是以高层管理的领导能力为核心,通过战略定位和战略决策确定电子商务战略方向,制定战略部署 IT 资源,以实现价值创新为目标的战略管理活动。

电子商务战略启动的驱动因素来自组织内外部的综合影响,根据驱动因素的来源可以分为外部驱动、内部驱动和内外联合驱动三种模式。

（1）外部驱动是由于外部竞争环境发生变化，满足客户需求变化的能力不足，企业为了提高组织对于变化的反应能力或者加强与伙伴企业合作而进行的战略启动。采用这种模式的企业，是受到竞争对手的挑战或者合作伙伴的合作要求而采取被动的战略调整。例如，在面临京东等电子商务公司带来的强大市场压力背景下，苏宁在 2010 年 2 月 1 日正式上线"苏宁易购"，希望通过"整合线下资源、发挥线上流量优势"的转型战略启动电子商务。这是一种典型的外部驱动模式。

（2）内部驱动模式是由于企业超前的电子商务战略意识，要求将较好的组织资源转化为新的竞争优势而进行的战略启动。这种模式形成于内部资源整合和优化过程中，是一种典型的企业创新。例如，20 世纪末招商银行的电子商务战略启动就是典型的内部驱动模式。招商银行计划通过一个灵活的 IT 系统来支持上述目标。招商银行通过建立一个核心 IT 平台，集成各种软件解决方案，帮助其更有效地合并金融数据、管理资产并处理各种关键行政事务。在此过程中，招商银行还计划使用该系统将各种业务流程标准化、自动化，提高数据的准确性，增强信息的透明度。

（3）内外联合驱动模式是企业在受到外部竞争压力的背景下，从内部做出调整响应的一种战略启动模式。因此具有明显的重新整合和优化内外部组织的 IT 资源的战略动机，使企业快速应对网络经济环境下新的挑战与竞争，从而获取新的数字化能力并赢得持续的竞争优势。例如，韩都衣舍定位于互联网韩风快时尚制衣，所面临的市场压力主要源于消费者的时尚快销需求以及内部应对市场需求的商业运作和供应链支撑需求。该公司启动电子商务战略，推进 C2B 的模式，设计了数据驱动的"爆旺平滞"的服装零售流程，打造匹配电商节奏的柔性供应链。

二、电子商务战略的管理目标

电子商务战略的目的是为企业数字化转型提供明确的发展方向，为企业抓住数字化市场机遇、加速转型变革，提供方向性、全局性的方略，并进行顶层设计。其管理目标主要包含两个方面：

（1）发现市场机会、寻求企业的最佳战略定位。以智能化、数字化为代表的新经济正在中国以及世界范围内蓬勃发展。新的经济业态改变了人们的生活方式，颠覆了企业的经营方式，也重塑了宏观经济的运营机制。市场机会越来越多地体现在用户需求的细微变化或者重大业务场景的不断更新中。技术、创意、IP、商业模式、大数据成为比机器设备更重要的生产要素，从而驱动新的商业机会产生。因此，电子商务战略的管理目标首先是要从这些新的生产要素中发掘附加值更高的商业机会，从而引导企业通过战略调整和部署做出正确的战略选择。例如抖音、快手等视频平台的产生大量催生了以视频流量为特征的流量入口，从而使得直播、IP、创意成为新的消费潮流，为消费品制造、创意产业的数字化创新提供了新的商业机会。

（2）选择与企业内部资源和组织准备相契合的战略方案。战略实施方案，是依据企业电子商务战略愿景、定位、目标和战略体系而做的具体行动计划。在确定了战略目标的前提下，也需要同时评估企业有效的资源，包括人才、资金、技术等各类资源才能找到有效的战略实施路径。战略方案的选择必须基于资源是有效可控的前提。其主要工作过程包括约束条件分析、资源需求分析、实时路径规划等，在确保目标达成的前提下，投入合理的资源，同时有效控制实施风险。

第二节   电子商务战略启动的影响因素

一、电子商务战略启动的影响因素

我国不少企业对电子商务的认识仅局限在硬件、软件及其延伸服务的投资。不少企业由于缺乏对发展电子商务的科学认识和组织准备,忽略了高层领导的参与、领导团队的构建以及战略制定等关键因素,极大地限制了电子商务战略启动的成效,失败的例子比比皆是。一些企业往往忽视了现有条件缺陷,没有认识到电子商务战略启动本身必备的重要因素,导致貌似合理的电子商务战略模式,在启动之时就已经埋下了失败的种子。

我国电子商务战略启动框架如图4-1所示。在战略定位、战略决策以及战略制定和执行三个阶段中,合理的战略定位、卓有成效的领导力、合适的项目团队、科学的战略决策以及充分的组织准备五种重要的驱动力因素推动了电子商务战略启动的过程。这五种驱动因素缺一不可,综合反映了电子商务战略启动是一项复杂的战略活动。

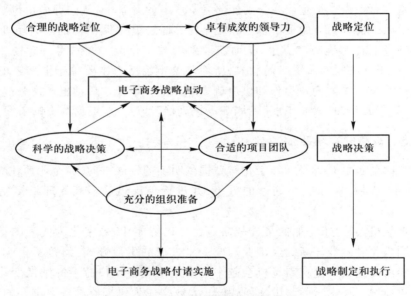

图 4-1   电子商务战略启动框架

(一)合理的战略定位

合理的战略定位决定了电子商务战略启动的方向和任务。战略定位的基调与企业是出于何种动机进行新的电子商务战略选择有直接的关系。合理的战略定位能够帮助企业对潜在竞争优势作出正确的预见和价值判断,以利于寻求竞争优势的获取方式。

电子商务战略启动模式分为三种定位:第一种定位是为了适应外部市场变化,企业需要通过采用领先的电子商务技术和管理创新模式获取竞争优势。快速行动,大胆变革,并建立不易被攻击的先动者优势是成功的关键。例如,苏宁上线"苏宁易购"整合线下资源、发挥线上流量优势,是一种典型的外部竞争定位模式,目的是提高组织的应变能力。

第二种定位是为了整合内部资源优势,创建新的能力,企业需要思考如何有效地管理具有竞争优势潜力的 IT 资源。例如,招商银行通过 IT 技术加强了对数据的统一管理,在实现自动化和智能化的基础上推出更多新的服务业务,提高了竞争优势。

第三种定位是外部机遇驱动与内部变革联合决定的战略模式。这种模式强调重新整合和优化内外部组织的 IT 资源的战略动机,使企业快速应对网络经济环境下新的挑战与竞争。韩都衣舍面向韩风快时尚推进 C2B 的模式,打造匹配电商节奏的柔性供应链就是此类。

(二)卓有成效的领导力

卓有成效的领导力体现为一种企业家精神(entrepreneurship),反映了企业高层领导对 IT 和电子商务的认识程度以及综合统筹优化的管理能力,也是促进企业变革、快速吸收和利用 IT 的战略能力。合理的项目团队为战略执行提供知识与能力的保证;企业领导力可以依据高层领导对实施电子商务的战略感知进行评估。其中以公司高层特别是 CEO、CIO 为主体的领导能力直接决定了电子商务发展方向。电子商务管理中经常提到的"一把手原则"就是领导力的主要体现了。

(三)合适的项目团队

合适的项目团队在战略启动中扮演了重要的角色,为战略执行提供知识与能力的保证。项目团队既是电子商务战略制定的主体,也是战略执行的有力保证。项目团队成员是否合适而卓有成效,直接决定了该战略制定的科学性以及被执行的能力。因此,项目团队应该与高层领导对战略意见保持一致。要求在业务层面识别电子商务的潜在价值以及对传统业务流程可能产生的影响加以识别和分析。例如,优衣库、周黑鸭、联想等传统企业都具有专门的指导委员会负责企业数字化战略草拟、执行和监控。

(四)科学的战略决策

科学的战略决策是为了确定合理的启动方式,是实现战略启动的核心。作为电子商务战略启动的关键要素,直接决定了企业采取稳健保守还是创新激进的战略实施方案和步骤。科学决策往往受限于参与决策领导人的专业知识、经验,企业现有资源的水平以及获取和积累新资源的速度。科学决策的目的是,根据企业当前的状况,选择一个最适合企业电子商务的战略实施方式。例如,对于中小型企业来说,电子商务战略启动最可行的战略方案是基于第三方平台(如阿里巴巴、京东等),而大型零售企业转型的战略启动则可能更倾向于线上线下整合的策略。

(五)充分的组织准备

充分的组织准备是电子商务发展顺利实施的基础,是从组织整体考虑支持企业电子商务应用能力的建立,主要包括组织结构调整以及资金保障等组织构架的支撑。组织结构的调整伴随着业务流程重组而发生,其目的在于通过调整和扩大管理跨度,加强组织间协作,提高运作效率。企业是否拥有持续而足够的资金投入,直接决定了企业电子商务能否顺利执行。这也是企业战略启动中最重要的问题之一。

二、主要影响因素的内在关系

战略启动是一项重要的战略管理活动,受到上述五个因素的综合影响。上节的电子商务战略启动框架描述了五个因素的关联影响和阶段特征,使我们对战略启动的过程有一个明晰的认识。具体通过以下两个方面理解驱动因素的内在关系。

（一）对电子商务战略启动的影响

合理的战略定位能够帮助企业对潜在竞争优势做出正确的预见和价值判断，卓有成效的领导力能够保障战略决策的科学性以及战略执行的稳定性，合适的项目团队为战略执行提供知识与能力的保证，战略决策是实现战略启动的核心，而充分的组织准备则是电子商务发展顺利实施的基础。

（二）因素之间的联系

战略定位与领导力是互为补充的，战略定位得当能够更好地反映高层领导的决策能力。同时高层领导的决策能力越强，电子商务战略定位就越科学。此外，战略定位模式决定了组织制定什么样的战略方案，而有效的领导力则是建立合理项目团队的基础。

战略决策与项目团队是互为补充的。由于项目团队是战略决策的参与者和执行者，一个好的项目团队可以在专业知识结构以及业务能力等方面为战略决策与执行提供强有力的支撑，同时，科学的战略决策进一步优化管理团队，从而促进战略决策的有效执行；充分的组织准备能够更好地支持项目团队建设和战略的制定与执行。

第三节　电子商务战略启动的阶段特点

一、战略启动的阶段特点

在经典的战略管理理论中，战略启动是战略管理的起始阶段，Lechner 将战略启动分为议程建立、决策以及执行三个连贯的过程。这三个部分分别回答了战略启动的三个关键问题，即企业要启动什么（定位），是否需要启动（决策）以及如何启动（执行）。根据 Lechner 的战略启动分析框架，电子商务战略启动可分为三个阶段：战略定位、战略决策以及战略制定与执行。

（一）战略定位

战略定位是战略分析的起始点，目的是确定战略启动的方向与任务。在这个过程中，需要企业高层领导有效的沟通，针对电子商务实施意见的充分讨论和分享有助于交换各种经验和知识，为战略方向的确定奠定知识基础和经验积累。在这个过程中，高层管理者的行为和群体行为将影响战略定位。

1. 高层管理者的个体行为

电子商务战略定位依赖企业决策者能否发现和识别电子商务的实施价值以及相应风险。高层管理者对电子商务战略的思考包括了从感知到定位的过程，直接决定了电子商务的实施进程。

战略感知是企业电子商务战略方向和任务的基本立足点，是企业高层领导对电子商务所需具备的各种因素的综合分析和评价过程，体现了决策层对电子商务的战略预期和目标。该过程不但依赖于企业当前的竞争状况和组织要素，还取决于他们对电子商务带来潜在竞争优势的预见和价值判断。作为战略制定的前提，战略感知对于促进组织理解和发现电子商务的优势和执行关键因素具有重要的意义。

2. 高层管理者构成的决策群体行为

战略感知的影响因素不但来源于领导者的知识和经验,还与组织的氛围和决策方式存在很大的关联。虽然高层领导的战略感知对于电子商务战略的形成具有重要的作用,但是战略决策并不是高层领导一个人做出的。随着企业管理越来越规范化,群体决策的优势已经在电子商务管理中显现出来。例如,神龙汽车公司的电子商务战略决策是由信息化委员会集体讨论形成的,委员会具有否决总经理及其他任何个人的意见和决策的权力。从组织管理角度讲,群体作为组织指挥链的延伸,是组织集权的表现,连接他们的纽带是组织的战略目标以及相互补充的经验和知识。虽然高层领导可以凭借其在组织中的威望而决定战略的方向,但个体决策可能因为个人的感情偏好容易导致非理性决策,而造成企业的损失。决策群体内部的意见交流可以弥补这些缺陷。

在管理实践中,多数企业倾向于采用群体决策方式,通过集体讨论可以使高层管理者的战略感知通过理性化和程序化的方法更加科学地体现在战略规划中,以提高电子商务的成功率。

（二）战略决策

在现代企业中,基于群体的决策是常见的决策方法,也是提高战略决策科学性的主要手段。决策群体一般指推动战略决策而形成的领导群体,包括 CEO、CIO 以及直接向他们汇报工作的中高级经理人员。这一群体主要负责电子商务的战略决策和执行,对电子商务启动具有直接的决定权。为了取得战略共识,群体沟通是常见的手段。群体沟通往往是由决策群体内部成员交流关于电子商务的战略意见,从而评估电子商务实施价值和启动风险。因此价值认知和风险控制认知是企业进行战略决策的重要依据。

> **价值认知** 是指决策群体关于电子商务实施对企业运营和竞争力提升作用的预期判断。
>
> **风险控制认知** 是指决策群体对企业控制电子商务实施风险能力（包括来自市场和企业自身）的认识。

价值认知表现为能否通过电子商务降低成本、能否扩大市场份额等,而风险控制认知既可能来自企业内部,如是否具有持续投资的资金来源,还可能来自企业外部,如是否会产生渠道冲突等。这两种认知的形成通常依赖决策群体的有效沟通。在正式进行决策之前,群体沟通需要对电子商务实施价值和风险控制能力进行全面剖析,并取得较为一致的意见。

（三）战略制定与执行

战略制定是将高层领导的战略决策落实到具体的实施方案中,并对这些方案进行论证和优化的管理活动。由于电子商务战略是一个价值创新的战略,不但注重制定关键战略将公司定位在最有前途的机会上,还要对不确定和复杂的环境做出反应,及时调整和确定战略方向,识别和配置 IT 资源和关键流程,使有效的战略得以执行。

战略制定是对组织内外部可控制 IT 资源进行综合分析和评估,有效识别 IT 优势资源,并确定最佳的 IT 优势资源组合方案。在管理职能上看,战略制定应该注重以下内容:IT 投资、人力资源分析、信息系统整合、伙伴资源的巩固和拓展以及与电子商务运作紧密相关的组织文化、知识管理以及组织结构调整等方面。

战略执行是指将制定的战略付诸行动的过程,在企业实际管理中主要表现在 IT 资源的部署。战略的付诸实施需要较好的组织资源支撑。在研究中,研究者常常使用数字化就绪来描述支持电子商务实施的优势资源匹配。根据 RBV 理论关于资源优势的阐述,企业数字化就绪能够推动战略决策被执行的关键在于,稀有的、难以复制的且不可替代的 IT 资源是形成竞争优势的基础。正是这种潜在的竞争优势推动了企业对优势资源的集成规划和有效利用,并形成了战略执行行动。

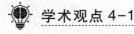 学术观点 4-1

电子商务战略启动的主要学术观点

二、战略启动阶段与驱动因素的对应关系

如果说战略定位阶段是对潜在竞争优势的预见和价值判断,那么战略决策阶段则是通过对优势 IT 资源的分析和评估,对组织竞争优势获取途径的判断。而战略制定和执行阶段则是关注战略行动方案的正式确认和实施,聚焦组织 IT 资源部署,以便形成企业电子商务应用能力。

在战略定位阶段,卓有成效的领导力和合理的战略定位能够更好地推动决策者之间的感知和沟通;在战略决策阶段,合理的战略定位和科学的战略决策对电子商务战略的选择和确定具有重要的影响;在战略制定和执行阶段,合适的项目团队和有效的组织准备将提高战略行动方案的实施效率和能力。

三个战略启动阶段与驱动因素的对应关系见表 4-1。管理任务和主要分析方法见第三节内容。

表 4-1 战略启动三个阶段的比较以及主要分析方法

比较内容	第一阶段:战略定位	第二阶段:战略决策	第三阶段:战略制定和执行
战略目标	实施电子商务获取竞争优势的战略方法和组织实现路径		
战略管理议题	目标确定(启动什么)	战略决策(是否启动)	战略执行(如何启动)
参与主体	高层领导	高层领导团队	高层团队和项目团队
战略活动类型	个体参与行为:决策者之间主观感知和沟通	群体决策行为:对战略问题的选择、优化和确定	企业商务活动:对战略行动方案的正式确认和实施
战略任务	外部潜在竞争优势的预见和价值判断	优势 IT 资源分析与评估	IT 资源部署
战略管理目标	积累的知识和经验交换,取得战略共识	降低决策偏差,提高决策的科学性	对确定计划的有效行动

续表

比较内容	第一阶段:战略定位	第二阶段:战略决策	第三阶段:战略制定和执行
对应驱动因素	卓有成效的领导力、合理的战略定位	科学的战略决策	合适的项目团队、充分的组织准备
分析方法	技术接受理论、波特五力分析	RBV 的战略资源分析、信息化领导力分析、价值与风险对偶分析	数字化就绪分析、价值链分析、关键成功因素、项目团队构架

 企业实践 4-1

京东数智化转型的战略洞察

背景:京东是综合全品类的电商,品类发展最开始从数码产品和家用电器起家,慢慢往图书、消费品、服饰等品类不断扩展。每扩展一个行业,就是隔行如隔山,每个品类都不一样。比如生鲜,保质期就很短,送货时间比如一天两送、三送的方式;服饰属于两季或者三季品,需要提前订购,按期货的模式去做,需要预测未来的趋势和需求;快消品第二天要进货,预测算法要做到一天以内;家电要按一个月计划去排产;服饰则需要一年。品类、特性、工作流程、系统、算法、颗粒度都不一样。更麻烦的是,季节天气、节日促销还会进一步给销量带来剧烈波动。再如节日促销带来的意外波动都需要快速反应和实时跟进。仓储网络布局又增加了更多变数。这么多维度交织在一起,带来的复杂系数不是简单的加法效应,而是乘法效应。这些都对智能供应链的技术提出了巨大挑战。

战略决策:京东希望用技术重构流程,提升自动化效率,增加整个零售核心的竞争力,最终打造一个智能商业体。其中的核心,一是智能物流,二是智能供应链。京东数智化转型的关键是,第一,需要加强对用户需求的洞察能力,扩大供应链协作节点的广度与深度,优化供应链协作节点之间的联动效率,才能从不确定中找到确定性,整体提升供应链的效率和敏捷性。第二,使用智能供应链帮助合作企业改造,整合部分仓库和库存渠道数据,就能够直接帮供应商系统对接,实现自动化拆单,完成零售商和供应商之间的数据交换。

战略制定和执行:京东积累出一整套系统性的智能化解决方案,用来处理供应链的复杂决策难题。他们把供应链智能决策自动化分为五个阶段:第一阶段是采购建议,系统自动生成补货辅助建议,但还需经过采销人工审核后才下采购单。第二阶段是自动下单,在这个阶段,智能补货的准确率已大大提升,系统可以自动下采购单。第三阶段是深度托管,系统几乎不再需要人工干预,极大地提升了人效。第四阶段是自动学习,智能补货系统能够自动学习采购专家的优秀经验,并优化到补货模型中,智能补货采购更准、更好。第五阶段是最终实现端到端的超级自动化,包括营销、供应链、采销的全流程智能运营。

京东在自身供应链体系的海量、复杂业务倒逼下,淬炼积淀了数智化能力,这成为京东对外输出数智化技术的硬支撑底座。C2M 模式是京东从"修炼内功"到"向外输出"的一个典型例子。在 2019 年年初正式启动京东 JC2M 智能制造平台,以便更好地支持 C2M 的业务发展。例如,在奥妙"洗衣凝珠"新品开发中,京东基于 C2M 平台辅助奥妙围绕定人、定量、定价、定款四个环节进行新品设计。首批上市的 3 款 C2M 新品奥妙洗衣凝珠,销量排名进入品类前 10,在衣物清洁品类的销售占比由 3%提升到 8%,成为品类下增速最快的细分品类。

京东集中发布零售云、京慧、言犀、仓灵四大重磅产品。其中,由京东零售发布的京东零售云将专注泛零售行业的技术服务生态,通过对技术、业务、数据、用户四大中台的能力通用化,将京东零售积淀多年的全链路技术及成熟方法论首次体系化对外输出,实现技术实施、运营流程、业务活动的全面标准化。目前,该产品已为大型汽车集团打造了看车、买车、养车、购物于一体的营销服务中台,构建以用户为中心的大数据平台,形成泛汽车出行生态圈,帮助客户实现数字化转型。

数字化供应链平台型产品“京慧”则来自京东物流,可为企业提供大数据、网络优化、智能预测、智能补调以及智能执行等一体化服务,帮助企业通过量化决策和精细化运营实现降本增效。京东智联云发布的“言犀”,基于智能人机对话与交互平台,包含智能客服云、交互营销云、交互媒体云等产品矩阵,能够为政务、金融、零售、教育等行业客户提供全栈技术支持及产品服务能力。基于京东数科智能城市操作系统的市域治理现代化平台“仓灵”,将面向各级城市管理者,解决跨委办局的业务痛点,提升治理能力现代化水平的政务数字化平台。

“数字技术是一种‘核心的技术’,正在改变人类的生产方式和生活方式,数字经济在中国经济增长中发挥着重要作用。”清华大学中国经济社会数据研究中心主任许宪春教授认为,“数智化供应链最主要的是让用户的需求得到更好的满足,让用户的成本尽可能降到最低,减少中间环节,让信息更加透明,这样产业和社会就会更好。”

资料来源:

吴杨盈荟,京东的 10 年马拉松智变:智能供应链,亿邦动力,2021 年 9 月 23 日。

京东为未来 10 年定调:数智化社会供应链成新一代基础设施,财经涂鸦,2020 年 11 月 27 日。

第四节　电子商务战略启动的分析方法

一、战略定位阶段的管理任务和分析方法

战略定位阶段的管理目标是通过积累的知识和经验交换,取得战略共识。管理任务是确定高层领导力以及公司的战略方向,并判断潜在竞争优势的预见和价值体现。前者可以借助 TOE 框架帮助高层管理者理解企业应用新技术驱动的商业创新动机和前驱因素,后者可以借助波特的五力分析对电子商务战略发展进行外部环境竞争和市场定位分析。

(一) TOE 框架

TOE 框架可用于描述影响企业电子商务采纳和实施具体的影响因素。根据 TOE 框架理论,企业对于电子商务的采纳动机和实施影响因素取决于技术情景因素,组织情景因素和环境情景因素(图 4-2)。技术维度描述了公司内外部对新技术的优势(如电子商务的积聚效应、协调效应等),这里的新技术优势既包括公司现存和全新的技术的复杂性和易用性,也包括与其他企业共享的技术的兼容性。组织维度从组织规模、集权化程度、高管支持以及闲置可用资源等方面进行描述。环境维度是企业开展业务的舞台——包括该企业所在整个行业,面临的竞争者以及

政府规制带来的压力。由于电子商务采纳与否一般由企业的高层做出,企业管理层理解这些因素,有助于他们理性地分析本企业电子商务的采纳和实施动机或者障碍,从而有意识地克服这些障碍。

TOE 框架综合影响了电子商务战略的决策,并最终产生对组织绩效创新的影响。比较经典的研究如 Zhu 依据 TOE 框架研究了电子商务的价值产生机理,证明电子商务价值的产生需要整合系统前端的电子商务能力以及后端的 IT 设施。

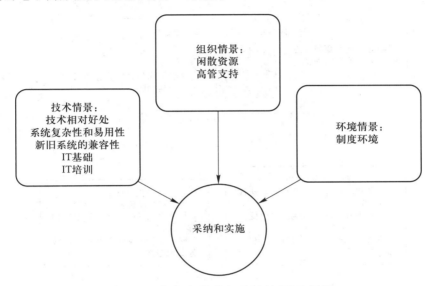

图 4-2 企业电子商务采纳的 TOE 框架

(二) 五力分析

波特的五力分析是对外部竞争力量的经典分析框架。企业存在于购买者、供应商以及竞争对手的相互作用环境之中,此外还受到潜在的新进入者以及替代产品的威胁。企业战略应该对这些关系做出综合的评价,对如何避免处于不利竞争地位以及如何获取竞争优势等方面做出战略决策。图 4-3 勾勒了这五种力量——购买者、供应商、竞争对手、新进入者以及替代产品,并且列举了一些与电子商务相关的影响。基于竞争力量的分析结果可以帮助企业在低成本战略、差异化战略以及聚焦战略中做出战略决策。

五力分析模型特别适合用于传统企业转型的分析,因为传统企业将面临比互联网企业实施电子商务更为复杂的市场竞争压力影响。五力分析模型可以帮助传统企业更准确地找到互联网与传统业务的衔接之处。图 4-4 显示了利用波特五力分析模型分析某大型旅行社的市场竞争态势。

二、战略决策阶段的管理任务和分析方法

战略决策阶段主要分析企业电子商务战略资源以及如何进行战略决策,管理目标是降低决策偏差,提高决策的科学性。管理任务是需要在外部市场定位基础上进行企业内部资源扫描,确定企业优势资源,通过优势 IT 资源分析与评估,作出对组织竞争优势获取途径

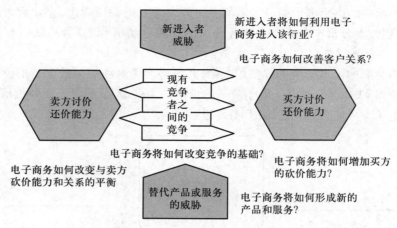

图 4-3 波特五力分析应用

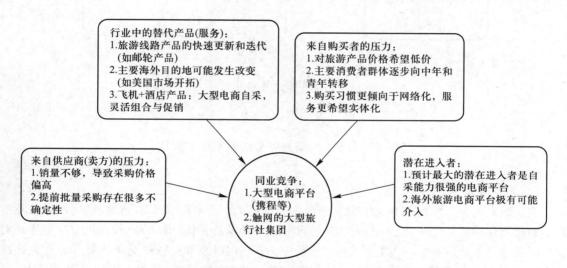

图 4-4 某大型旅行社在互联网环境中的市场竞争态势

的判断。

（一）基于 RBV 的战略资源分析

基于 RBV 的战略资源分析重点在于识别 IT 资源和能力能够达到的组织变革水平潜力。从发掘企业自身优势资源出发,使得具有独特价值的 IT 资源能够被识别和整合优化,以获取自身独特的企业电子商务应用能力。例如,联想实施电子订购系统的直接目的在于加强对全国2 000家分销商的销售管理,提高订单处理能力,满足客户需求,销售渠道被联想视为核心的组织资源。

基于 RBV 的战略资源分析是从发掘企业自身优势资源出发,这种战略定位的基本要求体现在以下两个方面:

第一,定位于企业可利用的有价 IT 资源,并将自己的资源状况与主要竞争对手进行比较,明确资源的异质性。在电子商务环境下,内部 IT 的技术资源、人力资源和外部伙伴关系资源都是创造独特的电子商务价值的主要组织资源。

第二,企业战略需要考虑如何将这些资源集成,并形成独特的竞争优势。因此,电子商务战略定位还需要考虑整合优化 IT 资源的可行性,使之能够形成独特的电子商务应用能力,最大程度地发挥作用。

每个企业都拥有独特的组织资源。弄清楚什么是有价资源,才能据此制定最佳的 IT 优势资源组合方案。

如何判别 IT 有价资源?RBV 理论认为可以从有价性、稀缺性和专属性三个方面交互进行评价。如图 4-5 所示,企业资源的价值体现在交叉区域中:资源必须是有价的,不能被竞争对手复制(稀缺的资源难以模仿),而且能够创造利润(专属性必须体现企业的价值难以替代)。根据这种判别,企业中信息系统整合、复合型人力资源、合作伙伴就绪以及应用技能和知识等都是有价 IT 资源。如何对有价资源进行部署,将在第三节阐述。

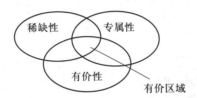

图 4-5　有价资源区域图

资料来源:David,等著.公司战略:基于资源论的观点.2 版.王永贵,等,译.北京:机械工业出版社,2006.

IT 资源属性体现在创造竞争优势的能力上(有价性、稀缺性和专属性),在此基础上维持竞争优势。表 4-2 显示了五种主要的 IT 资源。这些 IT 优势资源对于电子商务的成功是至关重要的,但是战略属性却有很大的差异,在制定电子商务战略过程中了解这些差异有利于充分运用不同资源的优势。

表 4-2　IT 资源与属性之间的关系

IT 资源	创造优势			维持优势		
	价值	稀缺性	专属性	模仿性	替代性	流动性
信息系统整合	M-H	L-M	H	M	L-M	M
复合型人力资源	H	M-H	L-M	M	L-M	M
应用技能和知识	H	M-H	H	L	L	L
伙伴关系资源	H	M-H	H	L	L	L
企业商务流程	H	M-H	H	L	L	L

注:L=低;M=中;H=高

学术观点 4-2

外部与内部定位的分析比较

关键词：内部论　外部论　战略定位
来源期刊：*Harvard Business Review*，*MIS Quarterly*，计算机集成制造系统

（二）信息化领导力

信息化领导力是企业运用电子商务进行战略转型的重要领导者能力表现。由于工业社会流行的官僚、等级、独裁式管理制度正在被信息社会的自我管理、合作和民主式管理制度所替代，因此企业需要培育信息化领导力，这是企业高层管理团队适应电子商务潮流的重要战略能力。

1. 信息化领导力的特征

信息化领导力还没有统一的定义，我国中科院霍国庆教授提出的概念是，"信息化领导力就是领导者在信息化时代吸引和影响追随者和利益相关者并持续实现群体或组织目标的能力"。信息化领导力的形成是 IT 技术促使领导环境变化产生的新的领导模式。这种模式更加注重团队合作、创新和自由沟通氛围以及对管理技能的新要求。信息化领导力主要表现在以下四个方面。

第一，强调团队领导而非个体领导。施乐公司"创造性领导力中心"认为，IT 技术及其塑造的网络环境已经显著改变了领导环境、领导技能和领导内涵。在信息化环境中，团队领导者而不是个体领导者起主导作用，领导力的聚焦点已经从个体转向关系网络。随着组织结构的日益复杂以及市场变化的加剧，越来越多的企业采用群体决策方法。

第二，领导团队内部信息沟通至关重要。共享和合作沟通是领导群体内部行为个体之间的协作。企业内有效的交流还能够提高解决问题和快速学习新知识的能力，促进专业化技术知识的共享，加强隐性知识的学习。同样，有效的交流也能够改进企团队内人际关系和增强凝聚力，促进相互沟通、协调与合作，从而降低个人信念、动机和意愿的差异而造成的认知差异。例如，苏宁公司在进行电子商务转型中，重点强化了中高层培训项目以及开设了领导力课程，目的在于逐渐改变传统企业的运营思维以及构建相互沟通的战略领导平台。

第三，领导风格强调透明和参与。IT 技术发展也促使领导风格发生转变。与指挥型领导相比，参与型领导更有利于群体成员利用群件系统去提升合作水平和互动效果。电子商务的先驱者思科公司和戴尔公司之所以能够成功，不仅在于他们能够应用最新的 IT 技术，还在于其吸纳了员工和合作伙伴对于电子商务战略的意见。

第四，高层领导参与规划。高层领导参与电子商务的战略启动是信息化领导力的主要表现。在企业中，高层领导一般是指企业经理层或董事会等领导者，包括董事长、CEO 以及主管信息化、财务、生产运作以及销售等企业核心部门的高级经理人（在我国企业更多位于副总经理或

者部门经理等职位)。高层领导的作用不仅是审批,而且要参与整个战略规划过程,改变企业内的组织管理方式,将电子商务战略与企业战略有机地契合在一起。同时,高层管理还要在公司中担当变革促进者的角色,加速电子商务战略的产生。

2. CIO 角色分析

CIO 是对"IT 主管"或"首席信息执行官"的称呼。CIO 在高层领导团队中扮演着 IT 技术规划和推进的角色。确定 CIO 的角色(组织中的地位)与个人能力对于电子商务战略与执行中的作用同等重要。

未来的 CIO 职能角色将随着业务环境、组织结构和企业流程的变化而发生转变。Tom Thomas Vantive 公司主席兼 CEO 认为 CIO 这个职位与技术联系在一起,他应该解决如何将技术应用到各业务环节之中。他还认为在整个企业中只有 CEO 和 CIO 这两个职位要把握全局,并且他们之间又是搭档关系:CIO 更应该了解每一项业务的主要职能并理解 IT 如何对公司整合业务流程产生推动和变革作用。Gina 信息咨询公司的咨询师 Mcateer 和 Elton 认为,今后 CIO 职位应该向项目经理转变,他们的工作就是规划和协调大型 IT 项目。该职位的定位应该是领导者,然后才是 IT 专家。他们还认为 CIO 在电子商务战略制定和执行过程中应该处于核心位置。表 4-3 显示了在 Internet 时代,CIO 角色承担的职责更加丰富。

表 4-3　CIO 角色的变化

	分布式主机时代	Internet 时代
IT 投资范围	● 跨组织系统、ERP 系统、知识支持	● 电子商务、知识管理、虚拟组织、供应链流程再造
CEO 对 IT 的态度	● 越来越多地参与 IT 问题的识别和处理 ● 两种极端的态度:IT 是一种战略性投资或者是一种需要削减的投资	● 认为 IT 尤其是 Internet 是时代的转变 ● 现在的 IT 投资在时间和成本方面更具有吸引力 ● IT 已经成为商务环节的重要部分
工作职能	● 与 CEO 直接对话 ● 被邀请"坐下来谈"	● 执行管理团队的一员 ● 帮助定义"做什么"
主要任务	● 管理 IS 职能部门 ● 建设 IT 基础设施 ● 管理 IT 部门	● 与其他部门共同研究电子商务方案 ● 引入基于 Internet 的管理流程
角色	● 战略合作伙伴 ● 关系构建者 ● 技术顾问 ● 整合 IS 与业务流程	● 提供战略远景 ● 关系构造者 ● 驾驭并执行战略

资料来源:改编自 Ward.信息系统战略规划.吴晓波,等,译.北京:机械工业出版社,2007.

CIO 所体现的领导才能和管理技能是选拔胜任者的主要依据。这要求 CIO 应该同时具备对 IT 应用、业务流程以及竞争优势的敏感性,有效地将自己理解的 IT 价值期望传递为其他部门经理或更高层的领导者。一名成功的 CIO 应该在行为、动机、胜任力以及工作经验等方面都表现出色,其基本要求如表 4-4 所示。

表 4-4 成功 CIO 的描述

才能维度	描述
行为	忠诚于组织,开放式的管理风格,为人正直
动机	目标导向,适应变革,富有创造力并鼓励新想法
胜任力	提供新建议,善于沟通,拥有丰富的 IT 软硬件知识,能够通过他人进行工作
工作经验	拥有丰富的 IS 开发经验(尤其系统分析和项目管理经验)

资料来源:Earl M.J, Feeny D.Is your CIO adding value,*Sloan Management Review*,1994,Spring,10~20.

(三)价值与风险对偶分析

一般来说,高层决策群体对电子商务价值认知越积极,越易形成有助于电子商务发展的战略决策;相应的决策群体对电子商务风险认知控制难度越有把握,越易形成有助于电子商务发展的战略决策。由于需要同时考虑价值和实施风险的影响,在企业实际管理中,经常形成四种决策方式,如图 4-6 所示。

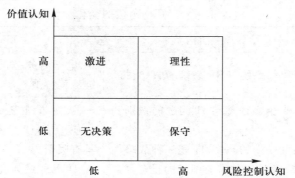

图 4-6 电子商务战略启动决策方式的四维矩阵

(1)理性的战略决策,表现为决策群体对电子商务启动的认知价值较高,同时具备较强的风险控制能力。在这种情境下,决策群体更容易做出理性的决策。这种情况多见于具有创业精神的新兴企业和部分具有电商思维的企业。

(2)激进的战略决策,表现为决策群体对电子商务启动的认知价值较高,但是不具备较强的风险控制能力,导致在高风险环境下启动电子商务战略。Sutton 和 Hampton 等人指出,技术、应用者和商务是三类典型的电子商务风险,如果无法正确认识、应对并有效控制,将影响电子商务的投资收益。这种决策模式多见于初创 IT 企业和部分具有电商思维的民营企业。

(3)保守的战略决策,表现为决策群体对电子商务实施风险预估较高,同时无法准确识别电子商务启动的价值,导致保守的战略决策。这种情况多见于转型期的国有企业以及部分传统行业的民营企业。其原因在于,这类企业 IT 基础设施建设较少,由于缺少大型 IT 系统的启动经验,比较关心如何控制启动风险,但是受制于其知识和经验积累的不足,识别风险的能力较差。高层群体没有足够的动力去推动电子商务战略启动。

（4）无决策，表现为决策群体对电子商务启动的认知价值和风险控制能力的识别都很低，没有明显的战略决策意图。

由图4-6的四维矩阵可以看出，战略决策者应该重点围绕价值识别（实施机遇）和风险防范（控制风险）的"对偶式"分析框架识别电子商务启动的必要性和可行性。如果不能很好地在这两方面进行有效判断，极易造成低效的电子商务启动。近五年来，我国服装行业、零售行业的传统企业"触网"失败的例子说明，高层管理者在电子商务启动前并未对机遇识别和风险防范对偶分析给予足够关注。因此，在决定是否进行电子商务启动前企业均要进行完善的价值和风险对偶分析，尽可能降低非理性决策的可能性。

三、战略制定和执行阶段的管理任务和分析方法

战略制定和执行是将高层领导的战略决策落实到具体的实施方案中，并对这些方案进行论证和优化的管理活动。战略制定和执行阶段的管理目标是将战略决策的结果付诸实施。管理任务是识别和配置IT资源和关键流程，通过有效部署使得战略得以执行。需要进行组织数字化就绪分析、关键成功因素分析和项目团队构建方法分析。值得注意的是，战略制定和执行是一个动态的循环过程，即根据战略制定的方案执行，并根据执行效果灵活调整战略方向和方案，从而实现在动态变化的市场环境中快速适应市场竞争环境。

（一）数字化就绪

数字化就绪的概念最早由亚太经济合作组织和思科公司提出。数字化就绪是指企业或组织为成功实施电子化战略和计划而对相关各方面进行优化的水平，是电子商务启动最为重要的因素。企业应该具备哪些必要条件才能保证电子商务成功是数字化就绪研究的核心。组织数字化就绪的评价方法有很多，大致可以分为对国家或区域的宏观评价以及对组织水平的微观测评。分析过程一般是在提出数字化就绪的指标体系或理论模型构建基础上，运用调查数据进行评价。学术观点中的表4-5列出了主要的测量指标体系。为了体现各测量指标的重要性差异，在实际应用中可以采用专家打分与AHP相结合的方法确定评估指标之间的权重，使得评价结果能更真实地反映就绪水平。

 学术观点 4-3

企业数字化就绪的主要观点

此外，数字化就绪的分析还需要考虑企业电子商务的发展动态性。很多研究指出，IT技术的实施是一个长期的平衡与较短时期的突变相结合的过程。所以，对电子商务实施进程的科学理解是建立在长期渐变描述和短期突变分析相结合的基础之上的。全面了解电子商务的发展阶段特征以及阶段间的跨越过程，才能对电子商务实施过程的指导具有更好的预测性和指导性。

（二）价值链分析

价值链分析法是由美国哈佛商学院教授迈克尔·波特提出来的,运用系统性方法来考察企业各项活动和相互关系,从而寻找具有竞争优势的资源和管理活动的融合。价值链的结构决定了不同企业的利润来源,价值链是分析企业产品结构调整和业务流程优化的主要分析工具。价值链分析的基础是价值,各种价值活动构成价值链,也是剥离和梳理公司有效和无效业务流程的根据。波特将企业活动分为基本活动和辅助活动。企业的基本活动包括内部后勤(inbound logistics)、生产作业(operations)、出厂后勤(outbound logistics)、营销与销售(marketing and sales)和售后服务(图4-7)。

电子商务的应用必须了解企业如何将 IT 和电子商务系统嵌入到关键的能够产生价值的环节。因此,价值链分析法不仅有助于理解企业自身的价值链结构,而且可以帮助企业从整体上识别价值链的关键节点。图4-7阐述了当前主要的电子商务应用环节以及在价值链中价值增值的关键节点。

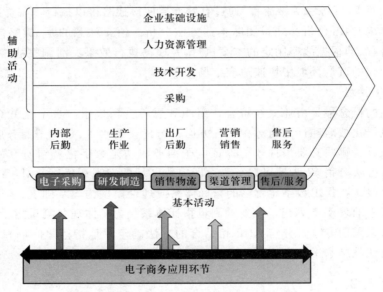

图 4-7   价值链与电子商务嵌入的结构

（三）关键成功因素（CSFs）

关键成功因素(critical successful factors, CSFs)是在探讨产业特性与企业战略之间关系时,结合本身能力对应环境变化以获得良好的绩效的有效方法。关键成功因素法是以关键因素为依据来确定系统信息需求的一种 IT 总体规划的方法。该方法不但可以用于分析战略的制定、关键信息和管理需求,也可以用于分析组织现有资源的优势和劣势,还可以帮助高层领导确定行动和信息需求的优先顺序。

该方法首先根据战略评估的目标筛选出一系列影响因素,并根据重要性程度决定各自的先后顺序。一般 CSFs 方法识别的关键因素为 5~8 个,比较适用于管理的控制和分析,但是容易受到高层领导管理风格的影响。CSFs 的分析流程主要步骤如图4-8所示。

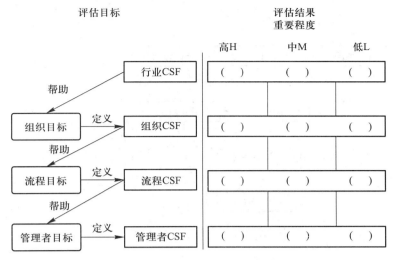

图 4-8　CSF 分析过程

资料来源:改编自 Ward.信息系统战略规划.吴晓波,等,译.北京:机械工业出版社,2007.

这是一种由外而内的动态制定战略的有效方法,其特点是首先根据外部行业的关键因素(如跟踪同行的成功经验)确定企业的变革目标,并以此为基础确定企业自身的电子商务关键成功因素;在此基础上,引导企业确定变革的流程目标,确定满足战略实现的流程关键成功因素;而流程关键成功因素又可以指导管理者的目标,即如何制定实现该成功因素的战略。这一连串的相关分析,将企业从外部的成功经验投影到内部的组织、流程以及战略决策层面,从而为动态跟踪战略实行效果和调整战略执行方案提供了方法依据。

(四)项目团队构建方法

项目团队建设是电子商务战略启动必须考虑的关键任务,是保证电子商务战略有效执行的重要依据。在组织中,工作团队是指"通过个体的共同努力产生积极的协同作用,其绩效远大于个体的总和"。在这个团队中由于个人的价值观、部门利益以及工作能力的差异可能存在各种冲突。项目团队建设就是要理顺和协调团队成员之间的关系,并实现团队效率最大化。

一般而言,项目团队是由高层领导团队授权组建,首先确定项目经理的人选,并且根据项目经理的意见将业务部门和 IT 部门相关的员工重新整合构成电子商务项目团队。项目团队是一种矩阵结构的组织运行模式。在项目团队中,项目经理是核心,由若干名经理助手协助其项目的运行和协调,同时还需要负责与咨询方(如软件提供商、IT 硬件提供商以及管理咨询公司)进行项目沟通。项目经理主要领导两类工作团队,一类是支持企业业务环节变革的团队成员,另一类是支持 IT 建设的团队成员,每一类团队都有 1~2 名项目组长负责领导,如图 4-9 所示。

项目经理受企业高层领导授权,主要包括以下工作任务:

(1)接受高层领导团队的领导,有效执行企业战略计划;

(2)识别企业电子商务的价值并提出可行的项目方案;

(3)总体负责项目的实施、经费结算以及团队建设;

(4)审核、修正和批准战略计划,并对实施风险进行评估;

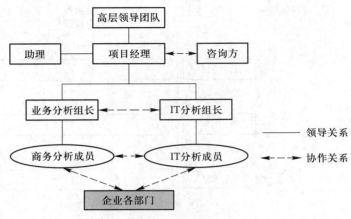

图 4-9　项目团队的一般结构

（5）授权下级管理者进行项目细节的管理，并进行监督；

（6）选择合适的外部咨询方，寻求有效的 IT 外包模式；

（7）完成企业项目并给出评价。

项目经理一般都是由企业 IT 经理或相关职位的领导担任。成熟的项目经理管理体制应该与企业的 IT 管理相分离，项目经理可以由企业内部产生也可以外聘。

项目团队的工作效率还依赖于团队成员的技能和经验，以下条件可以作为挑选成员的依据：

（1）对组织目标、业务流程、管理风格以及企业文化具有较深的理解；

（2）具有良好的沟通能力；

（3）能够执行组织安排的任务；

（4）具备制定项目计划和决策的能力和权威；

（5）尊重项目团队内所有成员的工作成果；

（6）除了自身擅长的工作领域外，具备相关的协作分析能力和兴趣；

（7）拥有较为丰富的电子商务战略分析和执行的工作经验。

项目团队必须清晰地理解电子商务战略启动以及关键的步骤，并成为战略执行的主要力量。因此，搭建团队协作管理机制显得尤为重要。项目团队应该加强与战略决策团队、运营职能部门、技术部门的沟通和交流，尽可能从商务视角更全面地评估电子商务的机遇和价值。

 企业实践 4-2

CIO 如何构建最佳项目团队？

第五节　电子商务战略新特征

新一代数字化技术具有全新的特征,也产生了前所未有的商业机会。这些新的技术触发企业价值创造各环节发生改变,从而颠覆传统的价值创造逻辑。无论是韩都衣舍、海尔和酷漫居等传统企业,还是京东、苏宁和阿里巴巴,几乎所有的企业在部署电子商务战略的时候都面临了与十年前不同的模式。数字化技术的创生性、可编辑性和延展性为开展动态的电子商务管理提供了大量新的解决方案,数据化和智能化的新技术让数字化创新变得无所不在。因此企业的电子商务战略也呈现了新的特征。

一、聚焦短期应变,强调敏捷调整

以前企业的战略规划强调前瞻性和全面性,这导致公司战略一旦制定,很难修订和更改。而战略本身是公司或者外包团队经过专业调研、细致分析确定的,这也决定了战略具有高瞻远瞩和长期性特征。正是由于战略确定的专业性和困难性,使得战略确定的公司发展都具有很长的周期性,不利于根据市场变化及时作出响应。在这种情境下,机械执行战略的后果,就是丧失机会。

但是,当企业进入数字化时代后,外部竞争环境、市场机会、新技术发展和商业模式的响应都存在快速变化的趋势,公司很难能够预料到 2~3 年后的变化,这就要求新时期的电子商务战略在长期发展方向不变的基础上,短期应变能力必须作出重大调整。在保持使命、愿景和价值观的一致的基础上,确保战略实施大方向前提下,在局部和细节上不断调整,反而有利于公司快速适应市场机遇的变化。这也决定了公司的电子商务战略应该具备敏捷性特征。后文企业实践中,恒丰银行的例子充分展现了当前银行利用电子商务战略响应市场和政府监管的快速变化需求而取得的成效。

二、快速迭代,不断提高精准度

迭代是指从市场机会和企业问题出发,不断修正之前的策略,不断优化实施路线,以小修完善的方式实现战略预期。企业在执行战略的过程中,经常会发现战略的设定和设计好的路径未必能反映真实情况,不断调整和优化是关键策略。但由于战略设计和实施的步骤涉及企业方方面面,调整难度可想而知。如果不做调整,又面临机遇丧失,处于两难境地。

电子商务战略快速迭代的含义是:不仅要从市场机会出发,确定数字化转型的主要方向,而且还需要为后续根据市场寻找新的战略可能性留出空间。电子商务战略快速迭代是当前企业数字化转型的关键战略特征,要从当前问题出发,在不断解决转型问题的过程中,不断培育优化和完善市场适应的能力和技巧。电子商务战略快速迭代的过程依赖与消费者和合作伙伴的互动,通过建立精准协同网络,依赖数据驱动的组织学习,实现精确战略定位。精准的电子商务战略是建立在和用户的持续性互动关系之上的,在这种持续性互动中,对产品(服务)进行迭代和优化,从而不断适应市场变化和产业竞争。后文小红书电子商务战略的不断迭代依据就是,市场需求的不断变化,以及满足用户体验的数字化技术不断发展决定的。

三、强调数据化驱动的创新洞察

企业实施电子商务需要快速的反应和高度强大的执行力,管理层发起的那些自上而下的推动常常缺乏基层执行者的理解。数据化驱动的创新洞察突破了传统的自上而下的战略思维,强调了自下而上市场反馈以及自上而下敏锐洞察的结合。新时期的电子商务战略更加聚焦于如何合理配置数据资源,如何利用市场终端的大数据支撑企业高层的战略敏锐性,从而成功实现组织的高速响应,发挥数据资产在市场机遇识别、生产服务优化、商业流程创新等方面快速调整和重新部署的杠杆作用。

来自终端的数据分析和快速决策已经成为电子商务创新的重要来源,但是这也挑战了员工长期存在的心理和行为惯例。为了使数据驱动理念与电子商务创新发展紧密结合,必须改变以往完全自上而下的战略形成范式,将市场机会的敏感发现能力交给基层执行者。企业高层战略的核心则由原先设计战略为主,逐渐演变为引导企业全员创新和提供组织资源支撑新架构上。如何促进战略快速实施和部署,是数据化驱动的电子商务战略创新的重要变革领域。

📑 企业实践 4-3

电子商务战略的企业实践新特征

1. 敏捷调整中的恒丰银行数字化战略

恒丰银行把数字化作为高质量发展的核心生产力,把组织敏捷适应作为加速数字化转型的重要战略考量要素。围绕全行数字银行战略进行金融科技布局,并构建起具有鲜明特色的数字银行生态体系。公司在战略上强调平台思想,基于客户需求重构手机银行平台,提升移动银行服务的客户体验和运营效率;布局"数字化+智能化"生态,以数字驱动、线上经营为突破,通过"外拓场景、内建平台、流量经营"等途径,构建"数字化+智能化"的客户拓展经营体系,做大零售客群规模;积极建设全面风险管理体系,利用数字化敏捷快速响应监管需求,根据目标市场、客群的业务特征制定有针对性的风险管控措施和风险评价体系。围绕敏捷银行建设,开启数字化转型新征程银行数字化转型的核心要义是"技术+业务"双轮驱动的金融创新,不是孤立地在某个领域加强投入或深化应用,而是通过"战略、组织、业务、技术、人才"的效应,形成金融科技支撑数字化转型合力。

2. 迭代中的小红书电子商务战略

小红书是一个通过深耕 UGC(用户创造内容)的购物分享社区,不到 8 年就成长为全球最大的消费类口碑库和社区电商平台。小红书的主要用户群体是年轻女性,但由于语言和文化阻碍,如何在到达海外目的地前做好购物功课,一直是困扰自助游购物族的一大难题。公司的电子商务战略迭代就是围绕这个市场需求开展的。(1)早期的产品打磨期,小红书把自己定位到旅游赛道,主要战略是提供境外旅游购物指南攻略,主要用户群体是爱好出境游和购物价值的女性用户。(2)在第一波成长期,小红书抓住了 2014 年跨境电商的元年机会,凭借第一阶段沉淀的海外购物笔记分享,着力打造了一个海外品牌教育基地,获取的用户非常精准,而且用户黏性高、消费能力强,主要用户群体扩大为女性海淘用户,电商战略开始向海淘电商品牌调整。(3)重定位时期,小红书发现随着海淘市场红利期过去,海淘市场的竞争更加的激烈,用户的关注点开始聚焦用户口碑。这一阶段小红书的电子商务战略集中提高产品用户体验,维持自身社区的氛围,并不断加持自身后端供应链的能力,主要用户群体开始转型为90、95后新生代女生,通过社交、新媒体、短视频等方式扩大市场接触面,让核心客户更全面地了解海淘产品及使用效果,聚焦于用户价值最大化。

3. 数据驱动的韩都衣舍电子商务战略

韩都衣舍依托互联网平台,借助大数据,形成了基于小组制的前中后台架构——前台小组快速反应,中台提供智能数据系统,后台搭建品牌运营生态,并逐步向时尚品牌孵化平台转型。这种数据化驱动的电商战略大致可以分文三个阶段:第一,在蓄能期,韩都衣舍面临数量型要素失衡的问题。受"家庭联产承包责任制"的启发,该公司将传统组织模式下的部门拆分了,开创了"产品小组制"的组织管理模式,把决策权放给了"听得见炮声的人"。韩都衣舍小组制的核心,就是要在最小的业务单元上实现责、权、利的统一。独特的"基于产品小组制的单品全程运营体系"体现了消费者数据驱动,组内数字化管理的特征,各个业务环节相互配合,全程数据化、精细化运营管理,以数据为决策准则,形成了数字化组织战略。第二,在育能期,韩都衣舍面临的主要问题变成了质量型要素失衡。韩都衣舍采取了内涵式适配策略,通过机会创造、资源优化和团队整合,自主研发了线上商业智能系统,为打造时尚品牌孵化平台发力。韩都衣舍构建了以大数据为基础、以商业智能集成系统为核心、以柔性供应为支撑的中台网络系统,形成了数字化运营战略。第三,在赋能期,韩都衣舍面临的是结构型要素失衡问题。2016年起,韩都衣舍全面开放品牌孵化及服务系统,由单一的品牌商转变为"品牌商+服务商"的赋能平台。通过协同式适配策略,韩都衣舍搭建孵化平台,承接公司九大系统资源,整合外部优质的投资、咨询与培训资源,赋能创业企业构建核心竞争力,形成了数字化共创战略。

资料来源:

恒丰银行破局:数字化敏捷银行,新浪财经,2021年8月13日。

小红书趟出了一条电商盈利的"妖路",新浪科技,2018年5月21日。

韩都衣舍:数字化让品牌快人一步,搜狐网,2020年12月29日。

本 章 小 结

本章首先介绍了电子商务战略启动的定义,是以高层管理的领导能力为核心,通过战略定位和战略决策确定电子商务战略方向,制定战略并部署IT资源,以推动电子商务创新应用为目标的战略管理活动。电子商务战略启动分为战略定位、战略决策以及战略制定和执行三个阶段,合理的战略定位、卓有成效的领导力、合适的项目团队、科学的战略决策以及有效的组织准备是战略启动的五个主要驱动力。本章重点针对电子商务战略启动的三个阶段,介绍了几种主要的分析方法,这些方法对外部竞争优势识别、内部资源分析和评估以及IT资源部署三个核心战略任务提供了战略启动的操作方式。新一代数字化技术具有全新的特征,也产生了前所未有的商业机会。聚焦短期应变、强调敏捷调整,快速迭代、不断提高精准度,以及强调数据化驱动的创新洞察是电子商务战略三个新特征。

本章关键词

电子商务战略启动	e-business strategy initiative
战略定位	strategy positioning
战略决策	strategy decision-making
战略制定和执行	strategy formulation and execution
关键成功因素	critical successful factors(CSFs)
数字化就绪	e-readiness
信息化领导力	e-leadership
IT 相关资源	IT related resources
价值链	value chain
战略迭代	strategy iteration

复习思考题

1. 什么是电子商务战略启动?

2. 常用的战略启动分析方法有哪些?

3. 电子商务战略启动的主要影响因素是什么? 这些因素是如何影响电子商务战略启动的?

4. 电子商务战略启动可以分为哪三个阶段? 如何理解这三个阶段的特点?

5. 简述信息化领导力的特征。通过网络查找相关资料,说明当前企业信息化领导过程中还存在什么问题。

6. 通过对网络时代 CIO 角色的演变以及项目团队建设要点的分析,说明 CIO 如何才能更好地发挥在战略启动中的作用。

7. 电子商务战略启动中应该注重哪些 IT 资源? 为什么要识别和利用这些资源?

8. 当前电子商务战略具有哪些新的特征? 如何理解?

课后小组活动

任务 1:下载盒马鲜生 App,观察其主要功能有哪些。思考盒马鲜生 App 与一般的电商 App 购物有什么差别。

任务 2:浏览视频"盒马鲜生怎么定义'新零售'?"。

视频地址:

https://haokan.baidu.com/v? pd=wisenatural&vid=16681536260551961944

阅读"一文揭秘盒马鲜生新战略,从迭代到扩张,如今它要打造社区生活服务旗舰!"

文本地址:https://www.sohu.com/a/227553616_343156

阅读"讲透盒马鲜生的 4 大战略",文本地址:https://baijiahao.baidu.com/s? id=1669845225840132611&wfr=spider&for=pc

任务3:利用网络资源,以电子商务启动为核心,查询和整理盒马鲜生电子商务战略部署的相关资料。

要求:以小组为单位,根据视频资料和网络文本资料,讨论"盒马鲜生如何启动电子商务实施新零售",在小组讨论基础上制作幻灯片,并进行课堂陈述和讨论。

---- **案例讨论** --

武汉神龙汽车公司的 B2B 电子商务战略启动

神龙汽车有限公司成立于 1992 年 5 月,是中国东风汽车公司与法国 PSA(标致雪铁龙集团)等股东合资兴建的轿车生产经营企业。总部位于湖北武汉。建设规模为年产 30 万辆轿车和 40 万台发动机,一次规划,分两期建设。目前已形成年产 15 万辆整车和 20 万台发动机的生产能力,主要生产神龙富康系列和东风–雪铁龙毕加索等品牌轿车。公司现有职工 5 000余人。汽车的销售、生产和产品开发构成了企业的核心业务流程,因此企业信息化和电子商务实施的重点也是销售、生产、产品开发三个领域。当前企业在生产、财务、采购、人力资源、质量、产品工艺等领域已经全部实现信息系统的集成,建立了覆盖武汉、襄樊、北京的广域网,与供应商、经销商的网络相连接。企业信息系统还与法国 PSA 集团的信息系统相联系,建立中法网络专线,共用产品系统,共享备件目录。信息系统的建立使得与经销商之间的业务数据处理周期从以前的 2~3 个月缩短到现在的 1~2 天。异常订单的反馈从以前的 1~2 周缩短到现在的 1 小时。已累计处理客户咨询投诉上万起,大大提高了公司的客户满意度和公司的品牌价值。

神龙汽车有限公司在引进 PSA 集团最新产品和制造工艺的同时,也全面引进其信息化管理的方法。从 1992 年公司建立之初就开始信息化建设,在整个发展进程中注重企业信息化规划,并逐步形成了与企业商务规划的整合,以推动电子商务的发展。大致可以分为三个阶段:

第一阶段(1994—2000 年)神龙公司每三年由公司的信息部制定一期 POMS(组织管理与信息系统规划)。通过两期的 POMS,建立以 MRP Ⅱ 为指导思想的明细表、生产、供应、销售、财务等信息系统,该 ERP 系统的硬件平台基于 IBM ES/9000 大型机系统,支撑软件平台由CICS 事务交易系统和 IMS 数据库管理系统构成。系统完全按照法方的软件开发标准开发,以便通过 EDI 与法国总部的系统进行连接。神龙公司 ERP 系统包括汽车备件销售、生产物料采购、新车销售和非生产物料采购等系统,实现了对企业产、供、销的全部生产经营过程动态监控,但部分系统间集成性较差。

第二阶段(2001—2004 年)完成信息化规划与企业商务规划集成,实现了跨部门、跨组织的信息系统集成。神龙公司董事会意识到需要将信息化规划和商务战略更紧密地结合在一起,决定在制定企业产品规划和工业指导纲要(涉及工厂的工业设施建设和物流运转模式等)的同时,开始制定公司的信息系统发展规划——计算机指导纲要。在这一阶段,主要完成了原ERP 系统的升级,采用 SAP 公司的 ERP 系统实现了跨部门、跨组织的信息系统集成,实现与PSA 全球系统、整车销售系统、经销商门户系统的全面整合,顺畅企业信息,加强各部门的沟通,减少关账周期,提高备件满足率并降低库存。

第三阶段(2005—2009 年)实施企业间电子商务,形成上下游企业共同发展的电子供应链。

2005—2006年制定了二期计算机指导纲要,2006—2009年开始实施。随着公司战略规划的日益明晰,公司决策层已将计算机指导纲要作为支撑公司二期建设的"三个纲要,两个计划"的重要组成部分,二期计算机指导纲要主要加强企业供应链管理,通过数字化转型建立企业和客户、经销商和供应商之间的联系,将企业信息化从内部管理推向与外部连接,强化了企业间的联系,形成上下游企业共同发展的生存链,体现了电子供应链的管理思想。

从2000年开始,神龙公司的高层团队就开始重视数字化战略的启动,每年都有一个新的规划,每隔三年有一个大的中期计划。信息化规划与商务规划的集成为电子商务的实施提供了良好的战略基础。该公司从战略规划(3~5年的纲要,按照纲要具体制订发展计划和实施步骤)、组织结构配套(各业务主管负责实施、每个业务部门有IT背景的专人进行需求分析和实施的落实)、绩效考核(部门将信息化绩效考核纳入成本考核)各方面都建立了一整套完善的电子商务实施方案。

神龙公司电子商务战略规划基础是制定计算机指导纲要。该纲要以企业目标、战略、指标、处理过程以及信息需求为基础,识别并选择要开发的信息系统机构和确定开发流程。实质是将IT与企业商务目标融合,使企业能最大限度地使用IT技术,为企业带来巨大的经济效益。制定计算机指导纲要的目的在于提升公司在市场的竞争能力,提高公司的现代化管理水平和信息化水平,通过电子商务更好地与合作伙伴的信息交流。该指导纲要由神龙公司与法方股东——PSA集团共同制定,PSA集团专家作为实施顾问。神龙公司借助PSA集团在汽车制造、IT技术方面的丰富经验,编制适合企业的电子商务规划。在实施方式上,借助PSA集团在企业管理和信息化方面的丰富经验,解决方案由自主开发、母公司移植、外委开发三种方式相结合。

该公司组织信息部经理认为,公司高层领导通过指导委员会全面参与战略规划的制定,保证了与公司其他战略结合紧密,协调一致,最终形成了公司完善的电子商务总体战略,为电子商务的成功奠定了基础。在神龙,信息化工作已深入人心,渗透到业务部门内部,对职能部门日常业务的开展发挥了参谋和"智囊"作用。信息部门也摆脱了传统技术部门的角色,将企业业务流程管理和IT技术应用有机结合在一起,是企业经营管理中不可或缺的重要综合管理部门。建立了分工明确的信息化的组织机构,通过计算机指导纲要委员会、项目的委员会、项目组的跨部门的工作团队,使上至总经理,下至普通员工都参与到企业信息化中来。信息部门专业门类齐全,有大型、复杂和长周期项目的开发和维护能力,开发的项目有很高的成功率。

在战略启动中面临庞大的系统整合和业务流程的重组,神龙公司高层领导已经意识到项目团队建设的重要性。该公司形成了创新的项目协调管理机制。主持神龙汽车信息化工作的是该公司的组织信息部,项目经理是根据IT项目的特点在企业内部选拔产生。一个项目完成后就交由各业务部门日常管理。参与IT业务管理和操作的员工包括PFA(功能指导人员)和POA(操作指导人员)。IT技术部门由系统开发人员、技术支持人员以及"联络人"(负责流程改进、组织文件变更、组织结构调整和部门协调)组成。

"联络人"制度是神龙公司的IT项目团队的管理创新。神龙公司在主要业务部门(如采购部、生产车间等)也设立专门管理信息化的职位("联络人"),他们的主要职能包括:统一协调用户部门需求,归口向组织分部定义本领域计算机应用系统的功能、范围、接口;参加计算机应用系统项目组开发工作;组织应用系统项目用户验收;指导操作者使用系统;应用系统用户授权管理;系统功能更改和升级申请。这些职位的员工在该公司称为"联络人",负责收集信息需求整理,系统功能使用培训。该职位的员工既有 IT 背景又有业务部门工作经验。

讨论题:

1. 总结神龙公司电子商务战略启动的特征,并说明电子商务战略与其他战略的关系。

2. 神龙公司电子商务战略启动包括哪些步骤?如何体现基于 RBV 的战略定位?

3. 请使用项目团队建设相关知识,解释为什么神龙公司要建立"联络人"制度。

4. 请归纳神龙公司在制定电子商务战略中已经注意到哪些企业的 IT 优势资源。

参 考 文 献

[1] Chen J E, Pan S L, Ouyang T H. Routine reconfiguration in traditional companies e-commerce strategy implementation: A trajectory perspective. Information & Management, 2014, 52 (2):270-282.

[2] Sambamurthy V, Bharadwaj A, Grover V. Shaping agility through digital options: Reconceptualizing the role of information technology in contemporary firms. MIS Quarterly, 2003, 27(2):237-263.

[3] 朱镇,赵晶.企业电子商务采纳的战略决策行为:基于社会认知理论的研究.南开管理评论,2011,14(3):151-160.

[4] 白海青,毛基业.高层管理支持信息系统的概念及维度研究.管理评论,2009,21(10):61-69.

[5] Johnson A, Lederer A. The effect of communication frequency and channel richness on the convergence between chief executive and chief information officers. Journal of Management Information Systems, 2005, 22(2):227-252.

[6] Zhu K, Kraemer K L, Xu S. The process of innovation assimilation by firms in different countries: A technology diffusion perspective on e-business. Management Science, 2006, 52(10):1557-1576.

[7] Kearns G S. An electronic commerce strategic typology: insights from case studies. Information & Management, 2005, 42(7):1023-1036.

[8] 戴维 J.科利斯,辛西娅 A.蒙哥马利.公司战略:基于资源论的观点.2 版.王永贵,杨永恒,等,译.北京:机械工业出版社,2006.

[9] Carr N G. IT Doesn't Matter. Harvard Business Review, 2003, 81(5):41-49.

[10] 王念新,仲伟俊,张玉林,等.信息技术和企业竞争力的关系研究.计算机集成制造系统,2007,13(10):1970-1977.

[11] 霍国庆,孟建平,刘斯峰.信息化领导力研究综述.管理评论,2008,20(4):31-37.

［12］Armstrong C P,Sambamurthy V.Information technology assimilation in firms:The influence of senior leadership and IT infrastructure.Information Systems Research 1999,10(4):304-327.

［13］Sutton S G,Hampton C,Khazanchi D,et al.Risk analysis in extended enterprise environments:Identification of critical risk factors in B2B e-commerce relationships.Journal of the Association for Information Systems,2008,9(3-4):151-174.

［14］Mutulaa S M, Brakelb P.An evaluation of e-readiness assessment tools with respect to information access:Towards an integrated information rich tool.International Journal of Information Management,2006,26:212-223.

［15］孙新波,钱雨,张明超,等.大数据驱动企业供应链敏捷性的实现激励研究.管理世界,2019,9,133-151.

第五章　IT 资源部署

学习目标

- 了解 IT 资源部署的基本概念
- 理解 IT 资源部署的目标和管理任务
- 理解四类 IT 资源的特征和部署方式
- 掌握 IT 资源部署的集成规划和整合利用模式

电子商务战略的成功启动离不开企业对组织 IT 资源（IT related resources）的部署。长期以来，企业对 IT 资源部署的认识局限于 IT 硬件技术和软件系统。IT 资源部署实质上是针对一系列与 IT 相关的优势资源的集合，既包括信息系统集成、数据资源，也包括人力资源以及外部伙伴关系等因素。如何对这些 IT 资源进行集成规划和整合利用，是电子商务战略执行最为关键的步骤，也是 IT 资源部署的核心。

本章首先介绍了 IT 资源部署的目标和管理任务。接着针对四类 IT 资源：信息系统集成、大数据资源、复合型人力资源和外部伙伴关系资源，从管理的角度，分别阐述企业如何实现部署。最后总结了集成规划和整合利用这些 IT 资源的管理思想和利用资源的模式。

第一节　IT 资源部署的概念与管理目标

一、IT 资源部署的概念

电子商务战略的制定和执行依赖于企业对 IT 资源的配置和利用。长期以来，企业对 IT 资源的认识局限于 IT 硬件技术和软件系统。IT 资源实质上是一系列资源的集合，既包括硬件、软件、通信技术，也包括人力资源和伙伴关系资源等组织运行支撑因素。随着大数据的广泛应用，数据资源已经成为 IT 资源的重要组成部分。

正是这些 IT 优势资源的整合和利用，使得企业能够实现技术与商务的融合，并通过电子商务流程，促进电子商务应用能力的产生。如何对这些 IT 资源进行配置，在此基础上进行合理部署和开发利用，是电子商务战略执行最为关键的步骤。IT 资源部署的定义如下：

> **IT 资源部署**　是依据电子商务战略，针对不同 IT 资源用途差异加以比较后做出的优化选择、集成规划和整合利用，从而引导企业实现电子商务创新的管理过程。

二、IT 资源部署的管理目标

企业 IT 资源部署是在制定 IT 资源规划方案的基础上，确定这些资源如何被应用到电子商务管理实践中，并产生商务创新和创造企业价值的管理方法。企业 IT 资源部署的目标在于，集成规划和整合利用企业信息系统集成、数据资源、复合型人力资源以及伙伴关系资源,以形成企业数字化创新驱动的运营能力。不仅如此,这些资源的集成利用也将有助企业开拓新的产品和服务,探索新的商业模式,最终获取电子商务价值。管理目标包含两层意义:

（1）明确部署对象,它们是与电子商务应用能力相关的四类最核心的 IT 资源:信息系统集成、数据资源、复合型人力资源和外部伙伴关系资源。每一类资源都具有独特的利用价值和资源利用属性,是组织能力和商业模式创新的基础。

（2）明确 IT 资源部署是为了集成规划和整合利用 IT 资源。从电子商务价值创造过程可以理解其关联作用,将电子商务流程作为整合利用的途径,资源通过流程被有效地利用,形成企业电子商务应用能力,最终产生电子商务价值（详见第二章）。因此集成规划和整合利用相辅相成是完成整个规划的重要指导思想规划与执行密切相关。

第二节　信息系统集成的部署

一、信息系统集成的概念

信息系统作为一类重要的 IT 资源,已经成为企业存储、传递和处理信息的主要载体,对于加快信息共享、促进管理创新具有重要的意义。例如,企业通过对前台订单交易系统与后台处理系统的集成,实现销售部门与生产部门的协同。借助于信息系统的集成,实现订单处理自动化,加快了对市场需求的反应能力。

电子商务的发展使得企业能够将供应商、客户以及战略合作伙伴纳入日常的商业运作中。在这种环境下,如何借助 IT 技术实现商务的集成管理,有效避免"信息孤岛",保证各种信息在企业内外部的不同类型系统间传递,是企业战略需要考虑的重要问题。宝洁和沃尔玛的合作是典型的企业间系统集成的例子。沃尔玛为宝洁开放其产品的销售信息,宝洁通过监控沃尔玛每家分店的库存水平,可以按照其销售进度进行库存补货。所有这些都是通过电子化方式进行的,大大降低了库存成本,提高了销售效率。信息系统集成为实现信息共享和在线商务活动提供了技术保证。

本书对信息系统集成的定义如下:

> **信息系统集成**　是指基于网络的、支持组织内外部信息共享和合作流程的企业系统资源和技术构架的整合能力。

信息系统集成的定义可以从以下三个方面理解:

（1）信息系统集成部署的目的:信息系统集成在于支持实现企业内外部的信息共享和在线合作的电子商务应用能力,直接服务于企业间的电子商务流程。例如,戴尔实现了端对端（end-to-end）的系统集成,通过支持在线定制流程,戴尔公司实现快速、高效地按单生产和组装计算机。

（2）信息系统集成部署的对象:对象是面向数据和系统两个层面,包括数据标准化,各类系统整合形成跨功能跨企业的集成平台。在企业管理中,集成对象正在从办公自动化、ERP 或其他内部信息系统扩展到基于 Internet 的企业间系统对接。

（3）信息系统集成部署的内容：内容包括信息和流程，形成企业间信息共享和流程整合应用。例如，后文提到的阿里巴巴打造的"电子商务生态链"就是集成了交易、资金结算、物流跟踪以及信用认证功能的企业间系统。

学术观点 5-1

什么是 IT 基础设施？

关键词：IT 基础设施

来源期刊：计算机集成制造系统

IT 基础设施在这几年中被广泛关注。根据张嵩的解释，IT 基础设施是包括硬件、软件、通信技术、数据和核心应用等一系列资源的集合，

它能够使企业实现广泛的 IT 技术服务、灵活的 IT 应用并有效地支持业务流程，是企业 IT 技术能力的基础之一。如图 5-1 所示，IT 基础设施建设的目的在于，构建应用处于 IT 基础设施和服务之上的 IT 应用。

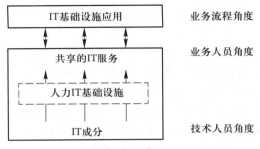

图 5-1　IT 基础设施的结构

详细阅读：

张嵩，李文立，黄丽华.电子商务环境下企业 IT 基础设施能力的构成研究.计算机集成制造系统，2004，10(11)：1459-1465.

信息系统集成与 IT 基础设施是有区别的。信息系统集成强调了对 IT 基础设施的整合应用过程，必须面向特定的商务流程。企业对信息系统集成规划的重点是在电子商务流程中实现对 IT 基础设施的重构和综合应用。而集成规划追求的是实现企业内外部的标准化和兼容性，保障不同类型系统间能够实现对接和集成。因此，信息系统集成反映了企业对信息系统的综合运用能力，而非单纯的技术投资。这种集成除了实现企业内部系统集成外，还考虑与合作伙伴系统集成，支持企业间的在线合作和协同。

正如美国得克萨斯大学奥斯汀分校的 Barua 教授所阐述的，"信息系统集成关注于企业与客户和供应商数据交换的便捷性，以便跨越企业边界进行信息共享和在线交易的执行"。从这种意义看，如何有效整合企业内外部的信息系统并促进电子商务的发展，是提升企业竞争优势的关键问题。

二、信息系统集成部署方式

电子商务环境下,信息系统集成部署可以通过基于电子供应链以及基于电子市场两种模式实现。前者适用于制造企业供应链上下游的系统集成,要求企业具备较好的信息化基础。后者的进入门槛和实施成本相对较低,比较适合于规模较小、信息化还处于起步阶段的企业采用。

（一）基于电子供应链的集成模式

传统的 ERP 系统被应用于企业内部,是对企业内部物流、资金流和信息流的优化和管理。电子商务的实施不仅要求企业内部系统集成和共享,更重要的是与供应商、客户等外部企业进行系统对接。从流程上看,基于电子供应链的集成模式要求企业实现上游采购、下游销售及相关客户关系管理的整合,在供应链集成的环境下实现企业间的物流、资金流和信息流整合。这就意味着客户的订单、企业的采购单要由网上形成和交付,货币收支亦在网上进行。电子供应链集成模式的定义如下:

> **电子供应链的集成模式**　是在内部系统整合的基础上,集成供应链管理和客户关系管理等外部系统管理功能,实现上下游企业间信息系统整合的方式。

图 5-2 描述了电子供应链集成模式的结构。该集成模式由面向内部电子商务、电子采购以及面向下游销售三个部分构成。在借助于 ERP 实现内部集成基础上,利用供应链管理（SCM）和供应商管理（SRM）与供应商实现电子采购流程的集成,还利用客户关系管理（CRM）与下游分销商和客户实现 B2B 和 B2C 电子销售流程的集成。这些新的集成模式综合采用了外部网（Extranet）、互联网（Internet）、内部网（Intranet）、移动商务以及 Call Center 等信息技术和网络技术。

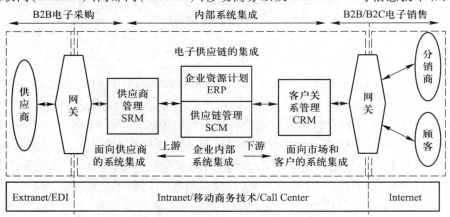

图 5-2　基于电子供应链的集成模式

通过基于电子供应链的集成模式主要呈现出以下两种集成特征。

（1）上游集成。综合采用 ERP 和 SCM,结合 SRM,可以将原材料和零部件的供应商、产品或服务的分销商、提供商组成电子供应链的网络,通过在线信息共享和采购流程协同,加快对市场的快速反应,在供应链整体优化基础上降低成本。面向上游供应商的电子采购主要借助于 Extranet 和 Internet,少量企业仍然采用 EDI 技术与重要的供应商进行集成。

（2）下游集成。综合采用 ERP 和 CRM，企业的管理视角由企业内部转向下游销售。通过全面优化企业的业务流程，保留老客户和获取新客户，并降低了成本，最终提高企业的市场适应能力和竞争力。CRM 一般被用于对市场需求的分析和管理，被广泛用于销售渠道。而面向下游销售渠道主要采用 Internet 网络。

这两个特征实质上反映了面向上游和下游两种不同的信息系统集成模式。以海尔电子商务为例，SRM 的主要功能是对供应商挑选和管理，SCM 被用于对物料和生产进度的跟踪和协调，借助于 CRM 企业可以对市场需求进行分析和判断，对客户购买行为和特征进行科学分析和跟踪分析。这些系统综合集成了在线采购、在线销售、供应商管理、物流管理以及客户关系管理等功能。

企业实践 5-1

联想销售渠道的信息系统集成

联想集团在全国拥有 3 000 多家分销商，需要建立联系各地分销商，集信息汇兑、信息分析、电子订单、电子支付、电子决策等各项功能于一体的互动式电子商务平台。联想通过实施 ERP，自行研发了下游渠道关系协同系统 PRC，将与在线销售相关的分销商管理、订单管理、资金管理、供货信息、商务交流、问题反馈、信用管理以及分销商库存八大模块进行集成。

由于面向分销商订单相关信息的高度集成和共享，联想集团在接单、审查、承诺交货期、计划生产、资金审查、提货、出库等各个环节对订单进行全程电子化管理。分销商在网上下订单，并在半个工作日内，从网上查询到联想承诺的订单交货日期，代理能够随时了解供货、订单状态、资金的实时动态信息，查询到发出时间、运输方式、预计到货时间等信息。联想对于订单的响应速度和订单处理过程等的相关工作都在分销商的监督下进行。

PRC 系统实现了前台销售与后台 ERP 处理流程的集成，这种集成方案依赖于该公司 ERP 系统对在线交易和后台处理的支持能力。系统集成模式如图 5-3 所示。

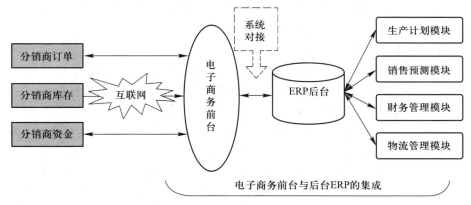

图 5-3　联想集团 PRC 系统的集成

联想 PRC 系统与 ERP 集成后的订单响应流程如图 5-4 所示。

（1）分销商在交易平台提交了订单，则该购物信息通过接口服务器，发送到 ERP 系统中。在 ERP 系统中经过三项检查——价格检查、库存检查、信用检查，若全部通过后，则 ERP 自动生成合格订单。同时，订单成功处理的状态信息由 ERP 触发，自动回填到交易平台中。

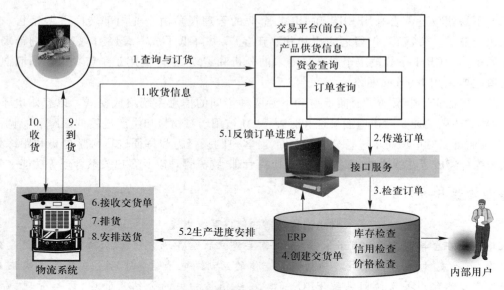

图 5-4　联想 PRC 系统与 ERP 集成后的订单响应流程

（2）成功订单经过人工审核批准后，创建交货单，库房自动接收该交货单，进行排货和发货，货物送到代理指定的送货地址后，到货信息回填到交易平台。

（3）若三项检查无法全部通过，则订单失败，ERP 向交易平台返回相应的订单处理状态信息和原因，并同时将订单失败的信息用 e-mail 发送商务人员和交易平台的系统维护人员，由他们立即对失败订单进行处理。

PRC 系统运行的优点在于，市场信息可以直接传到供应系统，只要使用采购计划和生产计划模块就可以快速改变采购计划和生产计划，并无时差地传递到供应商和生产车间。更为重要的是，PRC 系统提供了下游渠道分销商的个性化配置订单的处理业务。

（二）基于电子市场的集成模式

基于电子供应链集成模式的信息系统投资额度较高，少则几十万元，多则上亿元的资金预算使得大量中小企业望而却步。交易灵活、资金有限和市场风险较大的特征决定了中小企业更注重短期的利益，对盈亏更加敏感。此外，鉴于企业规模、资金等因素，无法招聘具有丰富的 IT 开发和实施经验的人才。但是否这就意味着中国上千万中小企业与电子商务失之交臂呢？

电子市场（e-marketplaces）的出现为中小企业实施电子商务提供了机遇。电子市场，也称电子交易所（trading exchanges），同传统的交易市场一样，为诸多的买卖双方达成交易提供各种便利。采购商和销售商可以在交易中相互作用，对商品的价格和数量进行谈判，并进行在线交易，以节约成本、扩大市场。他们使用公共的基础平台，通常由第三方组织（公司）或行业联合会进行管理。在中国，主要的 B2B 电子市场包括阿里巴巴（国际贸易 http://www.alibaba.com/，国内贸易 http://www.1688.com/）、环球资源（http://www.globalsources.com/）以及慧聪网（http://www.hc360.com/）等，其中市场占有率最高的是阿里巴巴。电子市场一般均提供完善的基于软件即服务（software-as-a-service, SaaS）的各种 IT 商业应用和集成服务，这为中小企业实现 IT 应用和企业应用集成提供了基础。

> **电子市场的集成模式**　是由电子市场运营方提供的基于软件即服务的信息系统整合方式，主要提供了商业功能、管理工具集成的商业应用。

　　阿里巴巴 1688 是全球 B2B 电子商务的著名品牌，是国际贸易领域内最大、最活跃的网上交易市场和商人社区。目前已融合了 B2B、C2C、搜索引擎和门户。

　　阿里巴巴致力于打造电子商务生态链，完善信息流、资金流和物流三个环节在整合交易过程中的整合。图 5-5 显示了阿里巴巴内贸业务的 B2B 业务集成方案，可分为两个层次：一是功能集成，二是工具集成。只需企业免费注册一个账户就可以享受其中部分电子化的集成服务。这种集成主要通过阿里助手完成（图 5-6）。

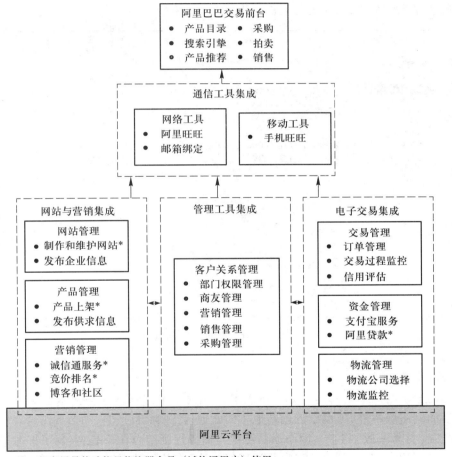

注：标有星号的功能只能注册会员（诚信通用户）使用

图 5-5　阿里巴巴 1688 电子商务平台提供的系统集成方案

　　1. 功能集成

　　阿里巴巴内贸业务的功能集成主要通过"阿里助手"这一功能平台提供（图 5-6），可以分为三个紧密相关的集成模块：

（1）网站与营销管理集成。这一模块的集成为企业实现个性化网站的制作和维护、产品管理以及进行各种网络营销提供便利，企业可以在 Internet 上发布产品信息，进行网络推广。

（2）电子交易集成。通过这一模块，阿里巴巴在整个交易过程中注入了新的系统集成思想，将订单信息、资金转移以及物流交割全部集成在一起。使用支付宝（Alipay）对账户资金进行管理和监控，在物流交割中可以选择阿里巴巴推荐的物流公司（如中外运、中铁快运等物流公司）对货物的配送进度进行全程跟踪。

（3）管理工具的集成。阿里巴巴提供了在线客户管理系统。通过该功能模块，客户不仅可以迅速构建公司组织结构，管理公司各部门的信息和资源，并对各种销售活动进行跟踪，还可以随时生成报价及订单，针对销售情况进行整体规划。该系统为企业分析客户需求、市场动向和细分市场提供了自动分析工具，为管理决策提供数据支持。

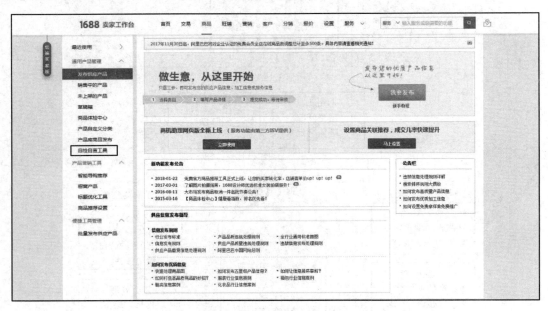

图 5-6　1688 助手的功能

2. 网络工具集成

阿里巴巴提供的网络工具集成方案体现了互联网技术与移动通信技术的集成。除了依赖于阿里助手的网络版本外，阿里巴巴创新地将即时通信工具（IM）和移动商务结合在一起。

阿里旺旺（贸易通版）将个人网络通信习惯与商务规则结合在一起，实现了即时通信与商务谈判和订单管理的集成。阿里旺旺（贸易通版）除了具有传统的在线聊天和文件传输功能外，还集成了商机搜索、商机管理、商务谈判、商务服务等功能，实现了与"阿里助手"中产品管理以及客户管理系统的集成。

为了适应移动商务的发展趋势，阿里巴巴还研发了与阿里旺旺（贸易通版）集成的移动通信工具——移动旺旺，可实现主要的移动商务功能。

近年来，阿里巴巴正在打造阿里云平台和云服务（图 5-7）。阿里云平台将为淘宝和天猫上的商家提供各种云服务，降低商家的开店和运营成本。阿里巴巴推出的"云电商"服务，通过电商与云计算的结合,将降低商家的开店和运营成本。这种"云电商"服务可以为天猫和淘宝的商家提供更高效的店铺管理、供应链管理、库存管理,在商家服务器等基础资源不足的情况下提供弹性的资源升级。除此之外,阿里巴巴的"云电商"服务还将提供数据分享功能,比如点击量、跨店铺点击、订单流转量甚至旺旺聊天信息等都将成为商家关心的数据,未来阿里巴巴可以在不泄露消费者隐私的前提下,为商家提供相应的数据。

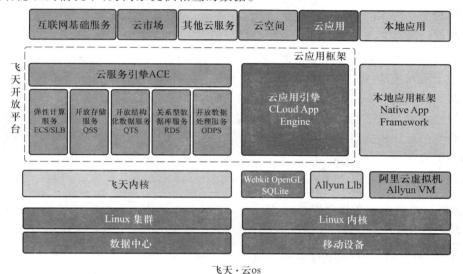

图 5-7　阿里云平台的构架

第三节　大数据资源的部署

一、大数据资源的概念

移动计算、物联网、云计算等一系列新兴技术涌现,社交媒体、协同创造、虚拟服务等新型应用模式将人类的生活和生产快速带进了大数据时代,使得全球数据量呈现出前所未有的爆发式增长态势。研究机构 Gartner 对大数据(big data)定义是:需要新处理模式才能具有更强的决策力、洞察发现力和流程优化能力来适应海量、高增长率和多样化的信息资产。

大数据广泛地来自互联网、医疗设备、视频监控、移动设备、智能设备、非传统 IT 设备等渠道产生的海量结构化或非结构化数据,并且时时刻刻都在源源不断地渗入现代企业日常管理和运作的方方面面。大数据具有 4V 特征,即规模性(volume)、高速性(velocity)、多样性(variety)、价值性(value)。

(1)规模性是指数据量呈爆发性增长态势,通常不再以几个 GB 或几个 TB 为单位来衡量,而是以 PB(1 000 个 T)、EB(100 万个 T)或 ZB(10 亿个 T)为计量单位。

(2)多样性是指数据来源多、数据类型多和数据之间关联性强。数据来源不仅可以是交易数据,也广泛来自诸如社交媒体,传感器等自动化设备。数据类型通常不再局限于关系型数据

（如企业内部的财务数据、运营和销售数据），大量非结构化数据也开始显现（如视频、图片、音频等），还有很多是半结构化数据，如 HTML 文档、邮件、网页等。这些数据的典型特点是数据间的因果关系弱。此外，数据之间关联性强还表现在频繁交互，如游客在旅游途中上传的照片和日志，就与游客的位置、行程等信息有很强的关联性。

（3）高速性是指数据的增长速度和处理速度很快，这是大数据区分于传统数据最显著的特征。大数据与海量数据的重要区别在两方面：一方面，大数据的数据规模更大；另一方面，大数据对处理数据的响应要求是实时分析而非批量分析。

（4）价值性是指大数据有效的部分仅占整体非常小的一部分。大数据背后潜藏的价值体现在要从大量不相关的各种类型的数据挖掘产生，因此机器学习方法、人工智能方法或深度学习方兴未艾。

大数据已经成为数字经济的重要生产要素，在各行业的深度渗透，在实体经济深度融合，极大改变了企业的运作模式以及与消费者的互动关系。因此成为企业推进数字化转型和实施电子商务的关键资源。

本书对大数据资源定义如下：

> **大数据资源** 是指企业在与合作伙伴和客户交互过程中产生的具有潜在价值创造或经济收益的数据资源或资产。

大数据资源的特征可以从以下三个方面进行理解。

（1）大数据资源体现了技术内涵，是各种新兴数字化技术和系统集成架构赋予数据生成、处理和利用形成的。各种交互技术（如新媒体、社交平台等）和感知技术（如互联网等）提升了企业与企业、企业与消费者之间沟通的便利性，运作和参与过程中形成的大量数据得以保存和利用，使得数据生成的条件更加便利、成本更低，也突破了时空限制。在商业活动中自然形成的多样数据源、数据轨迹和数据内容极大地弥补了传统商业活动中对市场变化响应的滞后性，成为企业创新的根源性资源。

（2）大数据资源体现了交互价值，是在企业与合作伙伴、客户互动过程中产生的。例如，抖音是根据消费者的浏览行为大数据将广告主、内容生产商以及市场需求结合起来进行商业运作，其核心是基于流程大数据的行为细分和客户画像。大数据成为这种交互式商业模式存在和创新的根本基础。图 5-8 总结了抖音在与多个对象交互的基础上产生和利用大数据的过程。在这种以交互为核心的在线服务过程中，消费者参与和互动是大数据产生的根本，也是体现大数据资源价值的载体。

（3）大数据资源具有所有权特性，这是企业合理利用大数据必须遵守的行业规范和理论准则。大数据的价值体现为是一种有价值的、待开发的稀缺资源。当前行业的技术壁垒、市场竞争、制度设计、互动方式、技巧能力等均会影响资源使用权，政府、企业或消费者可能需要通过支付才能够实际使用相应的数据。这就决定了必须根据所有权特性来设计大数据资源的归属问题，同时对企业如何积累大数据，规范大数据资源的私有化提出了新的挑战。当前，各大互联网公司根据大数据设计的商业模式，数据所有权的界定仍然是模糊的，这为商业模式的可持续创新带来不确定性。例如 2017 年 6 月发生的菜鸟物流和顺丰物流之间的"数据断交"事件是典型案例。

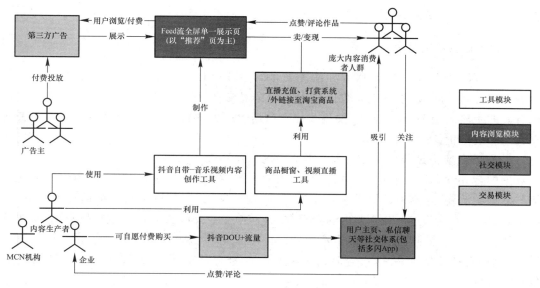

图 5-8　抖音运作中的大数据产生与利用

💡 **学术观点 5-2**

大数据资源的分类

关键词：大数据资源,私有,公有

来源期刊：管理科学学报,北京交通大学学报(社会科学版)

　　杨善林和周开乐从基于云计算不同类型"云"的划分思想,提出可以将大数据划分为私有大数据(private Big Data)、公有大数据(public Big Data)和混合大数据(hybrid Big Data)。私有大数据是由于安全性或保密性等特殊要求限制,仅能由某些特定企业或组织所有、开发和利用的大数据资源;公有大数据是可以由公众共享的大数据资源,公有大数据可以为大数据相关科学研究的开展提供便利;混合大数据介于私有大数据和公有大数据之间,可以通过交易、购买或转让等方式在私有大数据和公有大数据之间转换。

　　谢康、吴瑶和肖静华将大数据合作资产划分为公共品型、企业私域型、消费者主导型及共享型四类。公共品型具有非竞争性和非排斥性特征,典型的如维基百科;企业私域型是企业构建的一种独有使用权的数字化资源集合,可以帮助企业不断获得更多的来自消费者行为和互动的数据,如各大电商平台,工业互联网企业等。消费者主导型的大数据是指消费者不仅是内容生产者,更是社交网络内的资源分配者,消费者往往拥有更强的学习能力和合作能力,如小红书、知乎、豆瓣等社区论坛类都属于此类。共享型大数据是指,当企业和消费者通过提供各自资源或能力的合作方式共创数字化内容并分享收益时,就会形成参与方共同分享的大数据资产,如知识付费的知乎 Live、得到、喜马拉雅等。

详细阅读：

杨善林,周开乐.大数据中的管理问题:基于大数据的资源,管理科学学报,2015,18(5):1-8.

谢康,吴瑶,肖静华.基于大数据合作资产的适应性创新——数字经济的创新逻辑(二).北京交通大学学报(社会科学版),2020,19(2):26-38.

二、大数据资源的部署方式

大数据资源的部署是技术、服务和治理融合的全方位管理活动。从技术上看,企业需要重构数据使用方式,逐步建立适应大数据使用的数据架构支撑数字化商业转型,其中数据中台是一个有效的手段。从 IT 服务上看,要逐步建立数据生产力的管理流程,数据生产力的三要素是实现大数据资源价值的重要支撑。

1. 数据中台架构是共享和复用大数据资源的重要手段

数据中台并没有权威的定义。根据百度百科的定义,数据中台是对既有/新建信息化系统业务与数据的沉淀,是实现数据赋能新业务、新应用的中间、支撑性平台。更通俗地理解,可以将其定义为,为了汇总与融合企业内的全部数据(甚至企业外的数据),打破数据隔阂,解决数据标准与口径不一致的问题而建立的全新数据架构。因此,数据中台的核心思想是"共享"和"复用"。数据中台把数据统一之后,会形成标准数据,再进行存储,形成大数据资产层,进而为客户提供高效服务。

在中国,阿里巴巴将其付诸实施并取得成功,后逐步在其他企业得到应用。根据阿里巴巴的界定,数据中台是当企业面临业务云计算、数据存储海量化以及稀缺数据应用三大矛盾集中爆发,从业务、技术、组织共同寻找的 IT 化解决方案。数据中台不是一套软件系统,也不是一个标准化产品,而是企业数据驱动商业创新的一种数据资源利用模式。数据中台具有以下特征:

第一,居于前台和后台之间,是企业级的数据共享、能力复用平台,也是数字化转型的基础和中枢系统。它是站在企业的角度上,帮助企业沉淀业务能力,提升业务效率,最终完成数字化转型的数据架构手段之一。

第二,将企业全域海量、多源、异构的数据整合资产化,为业务前台提供数据资源和能力的支撑,以实现数据驱动的精细化运营。由于数据中台整合了业务与技术两大职能,业务产生的数据省去了跨部门传递的步骤,而基于技术产生的数据分析结果也可直接转化为业务优化方案。

第三,数据中台是一种强调资源整合、集中配置、能力沉淀、分步执行的运作机制,指向企业的业务场景。数据实时共享,直接赋能业务,使企业数据治理全链条的时效性与灵敏度得到提升,同时避免了技术与业务两部门因信息不对称而导致的认知偏差。

图 5-9 绘制了数据积累、数据中台和应用场景的关系。

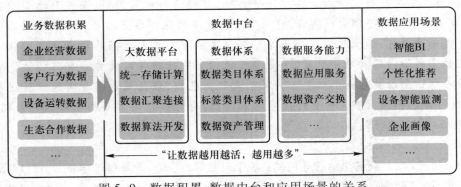

图 5-9　数据积累、数据中台和应用场景的关系

🔆 学术观点 5-3

数据仓库、数据平台和数据中台的辨析

数据仓库:是存储和管理一个或多个主题数据的集合,为业务提供服务的方式主要是分析报表,用于支持管理决策分析。

数据平台:数据平台是在大数据基础上出现的融合了结构化和非结构化数据的基础平台,为业务提供服务的方式主要是直接提供数据集。

数据中台:是企业级的逻辑概念,体现企业把数据转化为价值(Data to Value,D2V)的能力,提供服务的主要方式是数据 API,距离业务更近,为业务提供更快速的服务。数据中台可以建立在数据仓库和数据平台之上,不仅用于分析型场景,也适用于交易型场景,是加速企业从数据到业务价值转化的中间层。

2. 大数据利用的目的是提升数据生产力,支撑数据驱动的数字化商业转型

数据是新的生产要素,可以提高劳动、资本、技术、土地这些传统要素之间的资源配置效率,这是大数据成为企业数字化转型重要资源的主要依据和真正的价值所在。根据李纪珍和钟宏的定义,数据生产力是数据、算力和算法三要素综合利用的结果,体现了认识、适应和改造自然的新能力,是除了能源、资源之外第三种实现社会进步的新生产力。数据生产力意味着将能量转换工具升级为智能工具,将生产要素从自然资源拓展到数据要素,实现资源优化配置从单点到多点、从静态到动态、从低级到高级的跃升。因此,数据要素成为核心要素。

数据生产力的核心价值主要体现为"数据+算力+算法=新服务"。在大数据时代,数据生产力实现了数据生产全流程、全生命周期的管理,包括获取、分析和执行。数据的及时性、准确性和完整性不断提升,使得数据开发利用的深度和广度不断拓展。因此,大数据资源部署不是仅仅为了获取和存储数据,而是为了实现数据生产力的价值。数据要素的价值也不在于数据本身,在于数据要素与其他要素融合创造的价值,这种赋能的激发效应是企业数字化转型的重要途径。

📋 企业实践 5-2

Zara 把消费者声音化成数字,加强与消费者的互动

Zara 是世界著名的服装品牌公司。该公司的柜台和店内公共空间的各角落都装有摄影机,店经理随身带着 PDA。当客人向店员反映:"这个衣领图案很漂亮""我不喜欢口袋的拉链",这些细枝末节的细项,店员向分店经理汇报,经理通过 Zara 内部全球资讯网络,每天至少两次传递资讯给总部设计人员,由总部作出决策后立刻传送到生产线,改变产品样式。关店后,销售人员结账、盘点每天货品上下架情况,并对客人购买与退货率做出统计。再结合柜台现金资料,交易系统做出当日成交分析报告,分析当日产品热销排名,然后数据直达 Zara 仓储系统。

收集海量的顾客意见,以此做出生产销售决策,这样的做法大大降低了存货率。同时,根据这些电话和电脑数据,Zara 分析出相似的"区域流行",在颜色、版型的生产中,做出最接近客户需求的市场区隔。

Zara 将网络上的海量资料看作实体店面的前测指标。因为会在网络上搜寻时尚资讯的人,对服饰的喜好、资讯的掌握、催生潮流的能力,比一般大众更前卫。再者,会在网络上抢先得知 Zara 资讯的消费者,进实体店面消费的比率也很高。Zara 选择迎合网民喜欢的产品或趋势,果

然在实体店面的销售成绩依旧亮眼。这些珍贵的顾客资料,除了应用在生产端,同时被整个 Zara 所属的英德斯(Inditex)集团各部门运用,包含客服中心、行销部、设计团队、生产线和通路等。根据这些巨量资料,形成各部门的 KPI,完成 Zara 内部的垂直整合主轴。

资料来源:

ZARA 亚马逊沃尔玛,三巨头的大数据瓜葛,虎嗅网,2013 年 4 月 23 日。

第四节　复合型人力资源的部署

一、复合型人力资源的概念

在知识经济时代,人力资本代表了企业最重要的资产和能力。这种资本不仅促进了企业创新,而且成为提高绩效最为关键的要素之一。Hansen 和 Wernerfelt 曾指出,人力资源是导致企业绩效差异的最主要因素。因为企业人力资源已经形成了一个完整的结构,企业可以模仿其中的一个方面(例如,在劳动力市场招聘具有类似经验的员工),但是复制和照搬成功企业的所有人力资源因素是十分困难的。因此,人力资源通常被视为企业竞争优势的"软"实力。

从企业资源理论看,IT 技术要发挥效益,需要 IT 专业人员的开发和维护,也离不开员工的应用和管理。在数据驱动的商业环境中,更需要员工具备大数据思维和大数据分析能力。而后者已经成为当前传统企业甚至部分互联网公司人力资源结构中主要的欠缺知识和技能。当前,企业电子商务管理中对人力资源提出了新的需求。传统的以技术开发为核心的人力资源结构已经很难满足企业的管理需要。以 IT 应用、商务技能以及领导和管理技能为主要特点的新技能逐渐被企业认识到。在这里,我们需要区别传统商务和电子商务对人力资源的要求,提出复合型人力资源的概念。复合型人力资源是企业重要的 IT 资源之一,是以知识为载体的无形资源,也是企业电子商务实施的知识和技能保证。

> **复合型人力资源**　是指组织内整合和利用 IT 技术进行企业经营管理和决策的无形知识资源,既涉及管理者参与电子商务的领导能力和管理技巧,也包含了员工参与日常运作的技术和知识。

复合型人力资源是对组织中人的知识、经验和技能的关注。复合型人力资源规划的目的在于促进企业 IT 技术的发展,并通过员工的参与实现电子化运作,实现信息共享和在线商务活动。企业经历了从产品市场竞争以及资源和能力竞争,演变到基于智力资源的竞争(表 5-1)。福特汽车公司一直致力于通过网络和 IT 技术改善企业的竞争优势。该公司的人力资源管理策略体现了当今 IT 作为核心资源,寻求智力资源形成核心能力的电子商务战略模式。

表 5-1　人力资源作用的演化过程

	产品和市场竞争	资源和能力的竞争	智力的竞争
对员工的看法	人被视为生产要素之一	人被视为有价值的资源	人被视为"智力投资者"

续表

	产品和市场竞争	资源和能力的竞争	智力的竞争
人力资源在战略中的作用	实施和支持战略	是战略成功的贡献因素之一	对战略起着核心作用
关键的人力资源活动	招聘、培训和福利等管理	调整资源和能力，实现战略目标	建立以人力资本为核心的竞争优势的核心来源

二、复合型人力资源的部署方式

IT 应用、市场的开放性和全球化，以及由技术带来的先进商务运作模式三大力量驱使着公司人力资源管理的变革。这些相互依赖的力量在根本上改变企业对 IT 的应用模式。最典型的特征是，Internet 技术改变了员工商务合作和信息共享的途径，更多地依靠以计算机为媒介的沟通工具。例如，基于 ERP 集成的电子商务环境下，员工可以使用电子化的工具实现在线协作、分享更多的工作经验；管理者可以掌握更全面的市场信息进行商务决策。基于 Internet 的商务环境对人力资源提出了更多的技能和管理要求，有以下四个方面的部署方案。

1. 加强复合型技能的培育——实现由强调技能转变为强调 IT 业务应用

企业实施电子商务，需要对企业人力资源结构同时考虑技术技能、管理技能和数据分析三个方面。技术技能强调了对 IT 的设计、开发和实施，而管理技能则强调对 IT 在商业流程中的应用，数据分析技能要求员工具备依据各种 IT 技术和程序包（如 Python 和 R）进行经常性的数据归纳和提炼。这三种技能应该在人力资源结构中得到体现和优化。

如表 5-2 所示，在新的 IT 应用模式下，企业对 IT 的应用已经逐渐向专业化、服务化和用户终端化转变。在电子商务环境下，IT 技术要发挥应有效果，必须对业务流程进行重组。因此，复合型人力资源不仅需要具备一定的技术能力，以便承担对 IS 的设计和实施，更需要具备较好的人际沟通、技术技能和业务技能，从而使得他们能够分析问题，围绕 IT 技术变革业务流程。与此同时，需要员工对新的业务流程应用潜在效益具有清楚的认识，能够主动学习和适应新的电子商务流程。加强 IT 业务应用和大数据分析能力的培训显得极为重要。

表 5-2　IT 应用模式的转变

	旧的 IT 应用模式	新的 IT 应用模式
IT 应用	信息系统由 IS 专业人员开发并直接控制	逐渐使用已有的软件包（商业化），而非自行研发，软件开发、IT 设施维护的外包代替内部开发，用户通常自己控制 IT 的应用
IS 技能要求	IS 专业人员具备多样的与 IT 设计和实施相关的技术知识	终端用户 IT 知识增加，对 IT 部门的要求更高
IT 部门职能	IT 部门多为 IT 产品的创造者	用户要求 IT 部门提供支持和服务，而不是 IT 产品

2. 培育员工的参与意愿和能力——实现由传统的被动管理转变为参与管理

传统意义上的 IT 管理是对 IT 本身进行优化。其原因在于,过去的 IT 仅仅局限在个别部门并且是相互独立的,员工无需关心如何与他人协作,只需按照程序完成本职工作就行。

但是随着电子商务的发展,企业所有部门的管理者与员工都依赖于 IT 技术进行日常工作。跨部门间和跨企业间的协作日益增加。这种商务共享和流程的协作增加了员工参与日常管理的机会。流程的重组和优化已经不再只是 IT 部门的事,而是依赖于整个企业甚至企业间的合作才能完成。由传统的被动管理转变为参与管理是商务部门人力资源新的特征。例如,企业需要关注员工是否乐意接受电子商务模式,是否具备参与商务活动的技能,中层领导是否具备商务决策技能等因素。此外,企业市场部门每天都面临海量市场数据,这些部门的员工应该具备初步的数据分析能力,以便适应与消费者交互中的快速把握需求的要求。

3. 加强员工之间的合作能力——实现由"面向任务"转换到"面向角色"

商务信息的广泛性、终端用户使用 IT 技术的便捷性以及计算模式从主机处理走向 Internet,电子商务推动企业 IT 技术由集中化向分散化管理的转变。对于企业 IT 部门来说,为了在新的经营环境中有效履行职责,必须从"面向任务"转变到"面向角色",这也为电子商务环境下人力资源管理提出了新的要求。

在传统的"面向任务"方式中,通常任务本身就是目的。这种任务方式让 IT 部门局限于 IT 技术本身,形成了一种过分强调技术的组织文化。这样的结果会让 IT 技术的使用者——应用部门的员工感到 IT 部门"反应迟钝"。因此,在电子商务环境下,应该强调"角色"的观点,加强 IT 部门与其他部门员工的沟通和合作。在 IT 部门从传统的网络运行维护、开发和维护系统过渡到业务咨询和管理角色的过程中,应该还关注以下任务:了解一线管理人员对电子商务潜力和战略执行中有效运用 IT 资源的看法,为确保商务战略有效执行而提供更多的建议。

4. 加强员工岗位的胜任力评价——实现由技能评价转移到"胜任力"评价

传统对 IT 人力资源的评价都是基于这样一种逻辑:员工只需具备某种岗位的 IT 技能就能胜任该岗位。这是一种技能导向的评估模式,该模式的弊端在于,仅仅根据其当前的技能判断其能力,而没有考虑其职业生涯和个人发展条件。要实现长期有序的人力资源整合利用,企业需要考虑胜任力(competence)。在电子商务管理中,企业已经意识到,要实现潜在的 IT 资源价值,企业需要在组织内部开发并维持高水平的 IT 管理能力、操作技能和数据分析能力。企业对高质量人力资源的规划能力,将在很长一段时间内决定电子商务在组织流程中的整合水平。这种胜任能力就是相关人员凭借其拥有的知识、技能、专业技术,充分挖掘 IT 与企业流程整合的能力,适应大数据驱动的商业创新要求。

第五节　外部伙伴关系的部署

一、伙伴关系的概念

越来越多的企业已经意识到依赖自身的资源难以取得企业的核心竞争优势。与伙伴合作就显得极为重要,利用合作伙伴关系(partnership)分享他人的优势资源、知识和数据资源,以便更好地实现竞争优势。只要合作实施得当,取得双赢的局面是完全可以达到的。

要与合作伙伴保持长期稳定的合作关系,企业必须对双方在线合作现状和潜在的能力做出判断。正如美国得克萨斯大学奥斯汀分校的电子商务专家 Barua 教授所说的,"网络技术已经扩展到组织边界,传统企业网络转型的成功不仅取决于企业 IT 本身,更依赖于供应商和客户参与在线商务的意愿,……企业甚至应该设计一些激励机制等伙伴合作政策鼓励合作伙伴利用 IT 与企业进行在线合作"。

"企业要实施电子化在线合作必须加强与合作伙伴的联系,必须取得补己之短的组织资源作为补充。"罗技公司全球供应链副总裁格雷如是说。"合作伙伴关系"的概念正是基于企业界的这种看法提出的。

> **合作伙伴关系**　是指在相互信任的基础上,企业与合作伙伴(如供应商、分销商以及终端客户)为了实现共同的目标而采取的共担风险、共享利益的企业间关系。

对合作伙伴关系的关注,实际上将 IT 资源的范围由企业内部扩展到企业外部,可以从以下三个方面进行理解。

(1)从价值链角度理解伙伴的对象。企业商务对象已经扩展到价值链的上下游。电子商务环境下,合作伙伴既包括供应商和分销商,也包括终端客户。柯恩和罗塞尔就将合作伙伴定义为"供应链各方"。

(2)参与(engagement)是合作伙伴关系的首要特征。电子商务时代,企业间各种商业活动都需要合作伙伴的有效参与。好的合作伙伴关系意味着合作对象愿意主动参与投资和协调各种合作商务活动,通过合理利用数据资源协同开发新的商业模式。

(3)和谐是合作伙伴关系的核心要素。有效的合作需要所有合作伙伴提供及时、准确和完整的商务信息,而合作的前提是建立相互信任、共享收益、共担风险的伙伴关系。此外,还必须互利互惠,平等地界定各自的和共同的利益。企业间系统的对接、整合和信息的可视化(Visualization)都是以良好的伙伴关系为基础的。例如,阿里巴巴与中铁快运、圆通等物流公司进行的深度合作,将物流活动整合到在线交易系统中。物流公司的配送系统按照阿里巴巴的交易流程进行了重组,并与其交易系统无缝连接。通过这种协同,客户可以对货物配送进度进行全程跟踪,从而提高了物流公司对阿里巴巴交易流程的支持。

二、合作伙伴关系的部署方式

柯恩和罗塞尔在其著作《战略供应链管理》中对伙伴合作定义为"在相互交流意见、共享信息知识、共担风险、互惠互利的基础上,供应链各方企业共同努力为达到共同目标而努力的方法"。其中,共享收益和相互信任是伙伴合作关系创建和维持的根本所在,也是促进伙伴就绪的重要条件。

第一,共享收益是合作关系分配经济利益的有效方法。通过共享收益,企业和合作伙伴都愿意通过努力降低成本,并成为降低整体供应链成本和提高服务水平的激励手段。通过共享收益可以将企业和合作伙伴的战略目标连接在一起。由于具有共同的收益目标,合作才可能具有稳定的经济根基,更多的商务数据可以通过 IT 技术实现共享,并通过跨组织边界的协同实现更高的运作效率。合作伙伴关系的形成是电子商务环境中价值共同创造的基础,体现了双方资源交互、融合和创新驱动的价值形成模式。

第二,企业间实施电子商务还需要考虑信任问题。信任决定了伙伴合作战略联盟的稳定性。有些企业愿意共同投资 IT 基础设施,能够自动向供应商发送供求信息和数据,但是不愿意向供应商提供未来的销售预测等信息,其原因是对供应商缺乏必要的信任。当前,越来越多的企业为适应电子化的运作模式需要与合作伙伴共享各种商务信息,包括生产水平、交货排货进度、定价条件等,为提高运作效率、降低成本提供了良好的合作条件。为了建立数据驱动的供应链改革和数字商业模式创新,双方聚焦于数据、信息的合作信任是未来商业变革的重要支点。

第六节　IT 资源部署的管理任务

一、信息系统集成规划的管理任务

信息系统集成规划要求关注企业信息系统的整体功效,同时还需要考虑企业的业务流程、组织结构以及伙伴系统的连接现状。企业高层管理者应该在战略层面给以足够的重视,以下几个方面是关键的管理要求。

(一) 目标是提高商务流程的信息共享水平

IBM 大中华地区董事长周伟焜认为,集成就是企业将现存的所有流程都与基于 Internet 的业务流程整合在一起,没有集成,电子商务生命必需的血液——客户数据、报价信息、库存信息、供应管理……都将无法在商业中流通。企业是由各种商务流程构成的,业务流程的信息化覆盖程度以及集成水平是企业信息系统资源的两个重要标志。

例如,海尔 i-haier 采购平台致力于解决企业合作流程整合而非单纯的技术整合。通过这一采购平台,海尔实现了全球供应商网上查询计划、网上接收订单、网上查询库存、网上支付等活动,使供应商足不出户就可以完成一系列的业务操作。供应商不仅可以通过网上查询计划与库存,及时补货,实现 JIT 供货,还可以在网上接收图纸与技术资料。海尔与供应商加大了信息共享的范围,扩大了在线合作的内容,稳固了伙伴合作关系,海尔从全球供应商获取的不仅仅是价廉物美的原材料,还大大提高了运作效率。

(二) 整体规划,分阶段部署,提高信息系统集成的成功率

尽管当前各种商业软件(如 ERP、SCM、CRM)具有标准化和模块化的特征,但是将这些组件集成起来,构建适应组织结构、流程和文化的电子商务应用系统的过程却是十分复杂的。分阶段集成是一种有效的战略方法。信息系统集成大致可以分为内部集成以及与外部合作伙伴的集成两类。企业应该在内部集成基础上实现电子商务功能,并与合作伙伴系统进行对接,扩展电子商务的应用途径和范围。

1. 内部系统集成涵括了内部运营流程以及前后台流程的集成

内部运营流程的集成包括从销售、客户服务,到生产计划、库存管理等活动,都通过 IT 技术进行重新整合和优化以提高运作效率。这是获取电子商务竞争优势的前提条件。此外,企业还需要完成电子商务系统(前端)与组织职能系统(后端)的连接。

2. 外部集成是将企业系统与合作伙伴系统进行对接

电子采购、供应链协同运作等企业间系统(IOS)对于参与市场竞争必不可少,也是获取电子商务竞争优势的更高要求。企业应该在内部集成基础上扩展到外部的合作伙伴,实现对供应

商、客户、业务伙伴的协同与管理。包括与供应商和客户的计划协同、订货协同、库存协同、结算对账；与承运商的运输协同、仓储协同等。

（三）选择合适的信息系统集成模式

电子商务的实施可以采用多种方案，包括自行建设、外包、第三方平台以及加入行业龙头企业的供应商平台等。对信息系统集成的规划应该考虑采用何种模式以更好地实现电子商务。对于大型企业来说，可以借助于 ERP 系统，在内部集成基础上扩展到与合作伙伴跨系统的集成，围绕电子采购和销售进行协同管理。例如，海尔借助于原材料网上采购系统建立了与供应商之间基于 Internet 的业务和信息协同平台。通过该平台，供应商可以通过 Internet 进行招投标，还可以查询与采购相关的资金、合同和物流等业务信息。

中小企业则可以借助第三方中介平台完成企业内部核心部门的数据集成，并进行电子商务。如阿里巴巴和慧聪网都提供了较为完善的信息集成平台，并支持对在线交易的管理和评估。此外，OEM（贴牌生产）制造和服务行业企业应该与主流厂商电子商务平台和行业网站进行连接，而不是自己独立搞系统集成。此外，通过海尔的采购平台，家电原材料厂商经过申请，得到海尔批准后可以直接使用该平台对企业交易相关的系统进行集成。

二、大数据资源规划的管理任务

在数字化转型中如何部署大数据资源是企业一个新的挑战。相对于互联网公司而言，传统企业面临的压力更大。如何有效建立和利用大数据资源是当前企业的重要管理任务。

（一）从数据资源积累到开发利用，需要建立有效的数据管理流程

传统企业关注的主要是结构化数据，如企业 ERP 中的运行数据、财务数据和销售数据等。在大数据时代，非结构化数据成为企业链接市场的主要数据类型，因此需要建立内外联动的数据管理流程。例如扩展数据架构以摄取流媒体和云端外部数据，专注于数据集成战略，为新的数据源、用途、格式、系统和技术做好准备；充分利用新的集成模式，包括企业集成平台即服务（EiPaaS）、混合集成平台（HIP）和 API 等建立新的数据管理流程。

（二）需要建立数据整合、分析和业务行动的新资源利用能力

数据的整合、分析和业务嵌入是面对数据驱动的商业创新机遇主要的应对方式。在经营环境发生巨变的情况下，任何企业都必须在大数据规划上做好准备，这样才能抢先竞争对手发现市场新的趋势。数据分析能力是一种技术和管理融合的数据资源利用管理活动，其重要性已经被越来越多的传统企业认识到。

例如，服装品牌 Zara、食品企业周黑鸭等建立了相关的职能部门去推进企业的大数据分析，从而支撑数字化转型。通过数据分析探索出有效的业务价值，进而精确地协助制定商业策略或服务提升的策略，有效地采取正确的行动，来协助业务和服务质量的增长，或是解决业务已知、不确定问题或发现未知的问题。企业要立大数据分析的支持体系、分析的文化、分析数据的人才，彻底形成企业对大数据的综合管理、探索和共识。

（三）数据治理是保证大数据资源支撑商业创新的重要管理模式

从治理上看，大数据资源具有去中心化、多元参与的特征，企业需要建立全新的面向数据治理的管理新模式。集中控制的封闭式管理将难以适应大数据资源管理，多元参与的生态式、协同化治理才是新型生产力的要求。从商业实践看，数据治理也需要新的手段，如利用图片识别

技术、先进算法、大数据分析,实现对"假货、炒信、恶性竞争"等传统商业难以解决的问题探索新的解决方案。大数据治理还需要处理好数据归属、数据共享、数据安全和主体参与的关系。有效的治理手段能够让数字资产在产权边界清晰的基础上,通过共享实现大数据的价值。

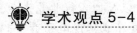 **学术观点 5-4**

大数据治理的原则

关键词:创新、公平、中立、福利

来源书籍:数据要素领导干部读本

促进创新原则:创新是数据生产力最重要的特征。在线购物、科技金融、云计算、无人驾驶等,无一不是创新的成果。创新带来了经济繁荣,创新提高了社会福利。未来,数据生产力进一步的发展深化,也必须依靠创新、促进创新。

主体公平原则:数据生产力能够充分为小微企业、个人参与经济活动赋能。小微企业、年轻人、普通个体,甚至残疾人,在数据生产力的体系下都应该也能够拥有公平化、普惠化的权利和能力。

技术中立原则:为促进平台等新"物种"的生存和发展,应坚持技术中立规则。平台是数据生产力体系的重要载体。平台责权利的合理界定,不但关系着平台这种组织形态的发展,也关系着数据生产力的未来。

福利最大化原则:数据生产力的发展,不可避免地会带来新与旧、先进与落后、发展与保守的对立与摩擦,如数据分享和保护的矛盾,跨境电商与传统国际贸易的矛盾。面对多难的选择,应考虑社会总成本、总福利,应使社会总成本最小化,总福利最大化。

详细阅读:

李纪珍,钟宏.数据要素领导干部读本.北京:国家行政管理出版社,2021.

三、复合型人力资源规划的管理任务

优秀的人力资源就是企业重要的知识财富,有效合理地部署和利用这种"软实力",是执行电子商务战略的必要组织资源。复合型人力资源强调员工所掌握的 IT 技术、知识和管理技能的规划和管理。因此,需要从战略上进行科学的规划和利用。

(一)综合能力的培育是复合型人力资源部署的核心

应该把复合型人力资源的部署和利用作为企业一项重要的战略来看待。科学的人力资源战略规划要着眼于培育从高层领导到员工的全方位能力,这些能力包括领导能力、技术管理技能、商务运作技能和人际沟通技能。

领导能力要求高层管理者具备电子商务战略规划的知识,能够积极地寻求电子商务的运用时机,协调部门之间各种资源的优化组合,通过有效的战略执行推动电子商务的实施。例如,海尔公司电子商务的成功在很大程度上依赖于以张瑞敏为首的领导团队对电子商务的透彻观察和执行,该能力直接决定了海尔电子商务的战略方向和运作模式。

技术管理技能是指 IT 部门员工的计算机和网络等知识以及相应的管理能力。该部门员工还需要深刻理解如何利用 IT 执行电子商务战略,需要加强对企业商务流程的分析和运作经验积累,提高对 IT 在商务领域应用的认识。例如,武汉神龙汽车通过建立"联络人"制度,使信息部门摆脱了传统技术部门的角色。通过将业务流程管理和IT技术应用有机结合,信息部门员工成为既熟悉商务一线操作,也能进行IT开发的综合技能人才。

商务运作技能是指业务部门员工运用电子商务技术和大数据分析能力进行日常管理和操作的能力。这要求业务部门的员工能够理解和支持组织的变革,重塑或改善他们的知识结构和操作技能,不断适应新技术(如新媒体、人工智能)和大数据驱动的商业变革模式。例如理解企业电子商务运作的原理,掌握基本的商务操作技能及相关的专业知识,理解新业务流程的管理模式并提出改善方案;还需要具备一定的数据分析和模型构建能力,理解如何在大数据分析中了解市场需求和改进、优化业务流程。

人际沟通技能是对企业所有管理者和员工的共同要求。这种技能包括:在协作环境中制定计划和执行任务的能力,应付不确定性的能力,计划、组织和协调的能力,沟通能力和执行能力等。一份对IT经理的调查显示,人际沟通协调技能不论是现在还是将来,都是企业领导和员工所具备的最重要的技能。

(二)完善人力资源管理机制

在实施层面上,应该从源头做起。从招聘、培训、激励、考核等多方面对传统的机制进行改革和创新,所有环节均应该强调对支持电子商务实施的"复合型能力"和"专业化技能"的综合考虑。有预见眼光的CIO和其他IT领导者们需要理解,特定的文化可以给企业带来很多的变化,并有利于最大程度利用IT资源。例如,阿里巴巴对人力资源的培训分为管理技能计划、管理发展计划以及领导力计划三个有机组成部分,共同促进了企业员工的综合性技能的提高。

此外,通过内部激活、岗位激活、权力激活等方式激励知识型员工,并通过内部人力资源整合使企业人才配置达到最优。对员工的考核应该改变单纯依靠绩效作为唯一评价标准,实施全方位的考核方法。能力考核中需要对员工潜力的考察,而态度考核中应增加其职业兴趣的测试。全球知名的通用电气360°绩效考核法就充分体现了以上的考核原则。

(三)提倡"人本管理",努力培育员工的创新能力

电子商务的实施需要团队合作,而团队合作的核心就是实施"人本管理"。人本管理的内涵是首先确立人在管理中的主导地位,继而围绕调动人的积极性、主动性、创新性等因素去展开工作,包括协调人际关系,培养团队精神,重视人自身的发展需要等,并提高员工的创新能力。树立人本管理理念,要求把员工的发展与组织的成长有机地结合起来,把单位变成学习型组织,以实现不同员工的需要。重视人际关系的协调和精神激励,使人事管理更加人性化,管理方式应由命令式向激励式转变。在这种环境下,企业员工易于发挥自己的潜能,有利于在团队合作中实现创新。

四、外部伙伴关系规划的管理任务

通过外部伙伴关系的部署可以获取互补性资源,并且形成"商务共同体"来共同执行电子商务战略。这需要关注合作机制以及经济利益保障机制。

(一)构建良好的伙伴合作关系是获取伙伴资源的重要前提

与价值链合作伙伴保持良好的合作关系体现了企业间特定的战略目标和利益。构建良好的合作关系,应该将战略聚焦于建立共享收益和信任机制。其战略意义在于,建立企业间联盟

实际上将合作上升到各自企业制度层面,有助于减少合作中诸如缺乏信任、利益分配不均等现象,并提高信息共享和在线合作的广度和深度。

值得注意的是,企业间文化差异将直接影响到合作关系以及战略联盟的形成。因为不同的企业文化对组织的合作目标理解也存在差异,例如,欧美企业更倾向采用目标激励方法刺激合作伙伴的战略合作,而东亚企业则往往采用企业关系或行业威望激励合作伙伴。

构建良好的伙伴合作关系依赖于彼此间良好的合作与信任基础。"供应链合作不是将成本从一个伙伴转移到另外一个伙伴,合作的目的在于降低供应链的总成本,使所有的合作伙伴都能够共享合作的利润。"企业管理者可以从中领悟到合作关系的真谛。

(二)从战略、文化、组织和技术多维度综合评价潜在的合作伙伴资源

选择合适的合作伙伴是企业实施电子商务重要的战略步骤,企业应该选用科学的方法选择和评估潜在的合作伙伴。柯恩和罗塞尔提出了一种四维度的评价方法,在战略重要性、文化契合度、组织契合度以及技术契合度方面全面评价合作伙伴潜在的合作能力,这些评价的内容具体如下。

(1)战略重要性分别评价潜在合作伙伴的规模、业务量、技术、专业知识、物料/部件以及市场地位的重要性。

(2)文化契合度的评价内容包括:企业与潜在合作伙伴的员工和价值观的融合程度如何?双方共事的默契程度如何?双方能否相互信任?

(3)组织契合度分别对以下问题做出评价:合作伙伴是否能快速地对信息和物料的需求做出反应?是否能够应对供求波动?

(4)技术契合度的评价内容包括:企业与潜在合作伙伴的支持系统是否兼容,是否易于进行企业间的系统集成?双方是否愿意共享技术解决方案?潜在合作伙伴是否能够提供必要的商务数据?

根据以上内容,结合运作状况对潜在的合作伙伴做出详细的评价,从整体上了解合作伙伴现状,并制定相应的战略方案和措施。

五、IT 资源的整合利用

IT 资源集成利用模式应该跳出传统的技术、业务单一整合的框架,从流程中寻找 IT 资源的整合优化方案。对 IT 资源的集成利用需要辨析这些资源的核心价值和互补的资源整合效应。互补(complementarity)的资源整合效应就是通过企业独有的资源优势去弥补其他资源可能被模仿和流动的结果,形成资源束(resource bundling)。

由于四种 IT 资源在战略属性上存在很大差别,为了更好地实现对这些 IT 资源的集成利用,必须扬长避短,充分发挥各个资源的竞争优势,通过与其他资源形成互补,降低资源的战略劣势。表 5-3 描述 IT 资源的竞争优势以及与相关资源的互补作用。通过对信息系统资源、大数据资源、复合型人力资源和伙伴关系资源的资源特色和缺陷对比分析,可以找到与之相互补充的资源整合关系,降低 IT 直接被竞争对手模仿的可能性,从而提高企业的竞争优势。

表 5-3　电子商务管理中的 IT 资源竞争优势比较

IT 资源	信息系统资源	大数据资源	复合型人力资源	伙伴关系资源
资源优势，核心价值	信息共享的载体，流程电子化和整合的技术基础	数据包含的隐性知识，是与合作伙伴和客户交互的最重要资源	员工和管理者参与研发、管理和决策的技能	组织资源的补充
资源特色	有形资源，强调应用	无形资源，强调分析和应用	无形资源，强调技能和应用	无形资源，强调获取
缺陷	缺少人的知识和参与以及与流程的整合，无法实现预定价值	需要较强的数据分析和模型构建能力，对人力资源要求较高	缺少知识积累和共享的途径，技能和知识难以提高	缺少良好的合作关系、技术对接和流程整合，无法实现资源互补
潜在的资源互补类型	复合型人力资源、伙伴就绪资源、大数据资源	信息系统资源、复合型人力资源	信息系统资源、大数据资源	伙伴就绪资源、复合型人力资源
资源互补的平台	电子商务流程（电子采购，电子渠道管理和客户关系管理）			

本 章 小 结

　　本章首先介绍了 IT 资源部署的定义。在此基础上，介绍了信息系统集成、大数据资源、复合型人力资源应用、外部伙伴关系的概念以及主要部署方式。信息系统集成的部署是为了整合企业内部与企业间的系统，实现组织内外部信息共享和商务合作；大数据资源的部署是技术、服务和治理融合的全方位管理活动，不仅应该重视数据架构，还要从数据生产力角度理解大数据资源价值的来源；复合型人力资源的部署是为了强调业务运用、参与管理、面向角色、面向胜任力评价的新人力资源管理模式；企业还需要在相互信任的基础上，培育共担风险、共享利益合作伙伴关系，分享他人的优势资源和知识以便更好地实现竞争优势。在此基础上，本章详细解释了针对四种核心 IT 资源部署的规划和整合利用主要管理任务。

本章关键词

IT 资源	IT related resources
信息系统整合	information systems integration
大数据资源	big data resource

数据所有权	data ownership
数据治理	data governance
伙伴关系	partnership
企业资源规划	enterprise resources planning，ERP
供应链管理	supply chain management，SCM
客户关系管理	customer relationship management，CRM
以人为本	people oriented
智力资产	intellective assets
技术技能	technology skills
业务技能	business skills
互补 IT 资源	complementarity of IT related resources
资源束	resource bundling

复习思考题

1. IT 资源部署的目标是什么？

2. 什么是信息系统集成？基于电子供应链的集成与基于电子市场的集成模式各有什么特征？举出企业的实例加以说明。

3. 什么是大数据资源？企业大数据资源的部署为什么需要综合考虑技术、服务和治理融合？

4. 电子商务环境下复合型人力资源的新特点表现在哪些方面？并说明为什么会出现这些新的现象。

5. 实施电子商务，企业应具备的人力资源能力结构包括哪些？对其部署应该注意哪些方面？

6. 什么是伙伴关系？请结合第二章的关系观论述，说明伙伴关系在企业执行电子商务战略中的重要作用。

7. 如何理解集成利用的战略思想？为什么要强调 IT 资源的核心价值和互补的整合效应？

课后小组活动

任务 1：浏览视频"从正餐到卤味零食，大数据和互联网成就周黑鸭的逆袭之路"。

视频地址：https://haokan.baidu.com/v？pd = wisenatural&vid = 12695672974552548738，归纳周黑鸭是如何利用大数据资源的。

任务 2：利用网络资源，以数据驱动的商业转型为内容，查询相关文献，归纳大数据驱动传统商业变革的主要路径或方式。

要求：以小组为单位，根据视频和文献资料，在小组讨论基础上制作幻灯片，围绕"周黑鸭是如何利用数据资源进行商业转型的"进行课堂陈述和讨论。

┌─ **案例讨论** ───┐

阿尔卡特公司的 IT 资源部署

全球远程通信产品和服务提供商阿尔卡特公司在决定与多家重要客户和供应商的合作时,进行了详细的战略规划。在 2001 年以前,阿尔卡特的零部件供应商在制订生产计划时,总是依赖于阿尔卡特过时的需求信息。原因在于,阿尔卡特是根据下游客户的预测作为计划制定的基础,并将这些信息提供给代工厂商。而代工厂商又是在收到预测数据 6 周之后才能将自己的生产计划传达给上游零部件供应商。因此,零部件厂商的实际供货计划与市场需求已经相差甚远。

阿尔卡特已经意识到这种局面必须改变,"通过改进供应链伙伴的合作模式,有效协调供需关系是至关重要的"。该公司采购副总裁伯特指出,"公司只有和供应链合作伙伴协同合作,才能解决信息及时更新的问题。而这个问题解决的关键在于业务伙伴的共同参与"。

为此,阿尔卡特公司的管理团队做出了以下决策:

首先邀请合作伙伴公司的高管,参与一次供应链业务展望的论坛,共同讨论市场变革对各自业务的影响以及以下一步合作的部署。该论坛的另一目的是从文化契合度和承诺的合作关系意愿评估对方的就绪现状。

接下来,该公司开始着眼于合作伙伴的重新选择。该公司全球客户质量副总裁尼丹指出,"公司与所有合作伙伴建立深度的合作关系很不切实际,我们需要确定每个合作伙伴都具有同舟共济的强烈合作思想,以便应对未来诸多不确定因素"。

为此,公司开始寻求更加有效的合作途径,挑选出愿意为解决预测、订单管理、库存等信息共享以及协调绩效管理新合作模式的供应商。整个方案的提出、论证和实施,合作伙伴都全程参加。公司高层与合作伙伴共同界定了合作的详细准则,为提高双方的就绪水平献计献策。相对应的是,企业还开始着手开发与之配套的系统整合方案,包括明确各自的角色和责任、业务流程重组、业务接口和业务流程的设计以及 IT 的实现。

在新合作方案实施过程中,阿尔卡特要求合作伙伴能够有效地协调企业内部与外部的运作,要求通过 IT 协助阿尔卡特强化对流程的监控和管理,包括新报告、在线流程状况等。所有合作伙伴都表示愿意共享数据、协同计划日程,必须在 3 日内对标准需求做出反应。

新的合作模式将阿尔卡特的计划周期降低了 50%,大幅提高了端对端的库存水平。"我们能够更好地协调供需关系",阿尔卡特美国分公司首席执行官麦克表示,"更重要的是,通过供应商和客户的融入,他们对我们一起合作而感到兴奋,而我们也正享受这种更加密切业务带来的利益。"

(改编自:柯恩,罗塞尔.战略供应链管理.汪蓉,译.北京:人民邮电出版社,2006:160−163.)

讨论题:

1. 阿尔卡特公司为什么特别关注伙伴关系资源?

2. 根据本案例,阿尔卡特是如何集成利用 IT 资源的?

└───┘

参 考 文 献

［1］Sirmon D G，Hitt M A，Ireland R D.Managing firm resources in dynamic environments to create value：Looking inside the black box.Academy of Management Review，2007，32（1）：273-292.

［2］张嵩，黄丽华.信息技术竞争价值两种观点的比较研究.研究与发展管理，2006，18（3）：85-92.

［3］Barua A，Konana P，Whinston A B，et al.An empirical investigation of net-enabled business value.MIS Quarterly，2004，28（4）：585-620.

［4］冯芷艳等，大数据背景下商务管理研究若干前沿课题.管理科学学报，2013，16（1）：1-9.

［5］谢康，吴瑶，肖静华.基于大数据合作资产的适应性创新——数字经济的创新逻辑（二）.北京交通大学学报（社会科学版），2020，19（2）：26-38.

［6］李纪珍，钟宏.数据要素领导干部读本.北京：国家行政管理出版，2021

［7］柯恩，罗塞尔.战略供应链管理.汪蓉，译.北京：人民邮电出版社，2006.

［8］Das T K，Teng B.Between trust and control：Developing confidence in partner cooperation in alliances.Academy of Management Review，1998，23：491-512.

［9］殷国鹏，陈禹.基于资源观的企业 IT 能力理论及实证研究.南开管理评论，2007，10（1）：26-31.

［10］Luo Y.How important are shared perceptions of procedureal justice in cooperative allances.Academy of Management Journal，2005，48（4）：695-709.

第六章 建立企业电子商务应用能力

学习目标

- 了解建立企业电子商务应用能力的目标和管理任务
- 掌握电子商务流程能力的形成机理以及特征
- 掌握知识管理能力的形成机理以及特征
- 掌握新兴商务能力的形成机理以及特征
- 理解电子商务流程能力、知识管理能力与新兴商务能力之间的关系
- 理解建立企业电子商务应用能力的管理原则

当前,基于信息技术的不断突破,尤其是云计算、大数据、物联网、人工智能的快速发展,越来越多的企业开始将数字化和创新置于运营管理的核心。而组织能力的强弱在很大程度上决定着企业未来的竞争力和数字化转型的成败。尽管许多企业早已在尝试数字化管理,但至今仍有不少企业对于如何打造数字时代的核心能力缺乏必要的认知和方法。那么,企业究竟应该如何打造企业的组织能力呢? 针对这一关键问题,根据企业电子商务的过程管理原理(详见第三章),企业的电子商务战略规划和资源部署是实现数字化创新的首要条件,在此基础上,不同阶段、不同行业、不同规模实力、不同技术领域的企业,其数字化转型一般都会涉及基于底层架构的 IT 系统变革和资源组合,进而形成企业多样且独有的能力和竞争优势。从价值创造过程来看,建立企业电子商务应用能力便成为企业战略执行的重点,决定着企业最终获取新的电子商务价值。

本章将首先介绍企业电子商务应用能力的层级和分类,并基于此针对企业电子商务应用能力建立的目标、管理任务和阶段特征进行概述。然后,分别对各类电子商务应用能力的表现形式和特征,以及能力建立的关联机制详细阐述。最后,总结建立企业电子商务应用能力的管理创新和管理原则。

第一节 企业电子商务应用能力的概念与管理目标

一、能力的层级和分类

企业作为一个资源集合体,能够通过对各种资源的部署和利用完成多种多样的活动,这些活动相应地会表现出多种能力特征,并形成一个基于资源集合的能力体系,这些能力会根据企业活动的层次属性特点呈现出类似的层次结构特征。Collis 在 1994 年就提出了能力阶层观点,本书基于该观点将电子商务应用能力分为以下三类。

(一)电子商务流程能力

电子商务流程能力是企业利用电子商务技术开展和支持基本职能活动的能力。这些职能

活动是企业维持正常运转所必须执行的商务活动,如生产制造、采购等等,对应的是企业的商务流程和商务功能(由企业相应部门执行),是不能替换且不可逾越的基础活动。换句话说,当企业尚未采纳新技术前,这些能力便存在于一个正常运转的企业中。一旦某个能力下降甚至消失,将严重影响企业的发展和生存状况。而企业在通过 IT 和电子商务技术的应用后,将能够有效地提升相应商务流程的执行效率。本书重点关注于企业在电子采购、电子渠道管理和客户关系管理三个基本流程中的电子商务应用过程,相关内容将在第二节进行阐述。

(二) 知识管理能力

知识管理能力是指企业利用电子商务技术开展和支持非基本职能活动的能力。企业除了执行维持正常运转所必须执行的商务活动之外,往往会在企业发展的不同阶段针对不同对象开展更多商务活动,以优化和改善资源的利用,促进组织的协同交流,如精准营销、员工交流等。企业执行这些活动时需要吸收大量的外部信息和知识,并通过有效地提炼、管理和共享,使其在企业内部融会贯通,而电子商务技术能够有效地支持知识的吸收、积累和共享过程,从而促进企业满足客户需求,提升与伙伴的协同合作。本书重点强调企业利用电子商务技术吸收、积累和分享知识的过程,相关内容将在第三节进行阐述。

(三) 新兴商务能力

新兴商务能力是指企业利用电子商务技术认知和开发自己潜能,早于竞争对手制定开发策略并能更好地加以执行的商务能力,这一类能力具有显著的商务战略属性,更加关注于企业的市场竞争活动,如创新能力、决策能力等,而不是日常运作业务活动。本书将新兴商务能力区分为智能决策能力、合作联盟能力和数字创新能力,重点强调企业电子商务的战略应用过程,相关内容将在第四节进行阐述。

电子商务流程能力和知识管理能力反映了企业对电子商务技术的支持性应用过程,强调 IT 资源的调用和部署,并与其他资源的协调和集成。其中前者强调企业间信息的共享和业务流程的优化水平,后者则强调企业从数据资源中提炼信息和知识,并使之在企业内部和伙伴间协同共享的水平。新兴商务能力反映了企业对电子商务的战略性应用过程,主要从商务战略角度关注企业如何响应外部环境的变化并重构原有运作能力。

这三类能力之间的关系如图 6-1 所示,揭示了电子商务技术的两种不同的应用范式:基于技术的支持性应用和基于商务战略性应用。基于技术的支持性应用能力强调通过搭建具体的信息系统和数字化平台支持企业的商务活动,如电子商务采购系统、知识共享平台等;基于商务战略性应用能力则强调企业将电子商务技术的应用与商务目标相结合,提升企业自身的竞争力,如商务模式创新、基于电子商务的敏捷合作等。企业在应用电子商务的过程中,不仅需要关注每种电子商务应用能力的建立过程,更重要地是需要实现基于技术的支持性应用能力向基于商务的战略性应用能力的转化,方能为企业创造持续性的战略竞争优势。

二、建立应用能力的管理目标和任务

(一) 管理目标

对电子商务应用能力的关注,是为了确定 IT 资源如何为企业带来价值和提高企业数字化创新能力。其管理目标是通过电子商务流程应用和数字化创新,实现 IT 资源的整合利用,产生电子商务流程能力和知识管理能力;通过对这两种能力的商务战略应用,形成企业新兴商务能力,

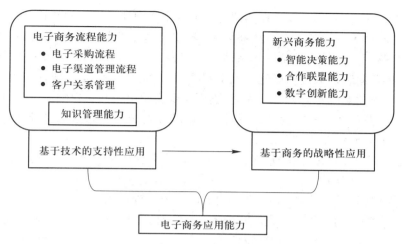

图 6-1 三类电子商务应用能力的关系

以便最终实现电子商务价值。目标包含两层意义：

（1）通过电子商务流程，实现 IT 资源的整合利用，这是电子商务应用能力产生的关键。调查数据显示，将近三分之一的中小制造业企业认为本企业信息化应用体系形同虚设，信息化在中小制造业企业发挥的功效可见一斑，究其原因便在于企业管理者仅仅将完成信息系统的购置视为信息化的核心目标，忽视了 IT 相关资源的整合利用，尤其是缺乏结合企业商务流程的资源部署，这也直接造成了企业空有资源却无法有效地转化为能力。

（2）IT 技术在企业间合作活动中的应用，培育出电子商务流程能力和知识管理能力，通过对这两种能力的商务战略应用，形成企业新兴商务能力，决定着企业最终获取新的电子商务价值。企业价值的形成依赖于核心的商务流程及其数字化创新活动，企业通过 IT 资源整合利用形成电子商务流程能力和知识管理能力后，还需要注重这些能力在执行企业新的数字化商务战略方面的作用效果，它们给企业带来完成数字化创新的商务能力。

（二）管理任务

针对电子商务应用能力建立的两个阶段目标，企业在不同阶段过程中，需要重点关注各自的管理任务。

第一阶段的任务是依赖于 IT 资源的集成利用实现电子商务流程能力和知识管理能力的培育，包括集成的信息平台构建、人力资源管理、跨组织的伙伴关系管理和数据资源管理。

（1）集成化的信息平台是将企业内部的活动延伸到业务合作伙伴直至最终客户，形成集成化的协同网络平台。借助于这个集成平台，电子商务流程可以实现跨企业的连接，为跨组织的资源利用和管理奠定技术基础。在集成化的信息平台上，企业可以与合作伙伴进行各种电子商务活动，实现企业间的信息共享和协同工作的能力。

（2）人力资源管理，企业通过提高员工的 IT 技能和应用创新能力，加强企业流程的"软性"竞争优势，培育运用能力的人才。他们在电子商务流程中，成为整合信息系统资源和伙伴资源的核心力量，在与合作伙伴交互的流程中建立协同商务和共享信息等。

（3）跨组织的伙伴关系管理要求企业建立稳定信任的合作伙伴关系，采用基于网络信息流的新的工作方式,与合作伙伴和客户在新的合作流程中实现流程合作和知识共享。

（4）数据资源作为一种新的企业战略要素,不仅仅是企业稳固核心业务的基础,更是企业加速数字转型的驱动力。数据的价值不只体现在销售、生产、财务管理等单一环节,更体现在对全业务、全流程信息网和价值链的联通。面对纷繁多变的经营环境,要求企业必须通过有效的数据资源管理,从被动响应转变为主动预测,进而实现实时决策和快速响应。

第二阶段的任务是实现电子商务流程能力、知识管理能力向新兴商务能力的转化,任务包括基于流程合作的协同商务管理和基于知识管理的运作创新。

（1）基于流程合作的协同商务管理,要求企业与合作伙伴通过 IT 技术实现信息共享和流程合作,加强和提升企业间的沟通能力和交互效率,及时响应伙伴和客户的商务需求,并通过有效的伙伴关系管理和客户关系管理,促进企业间的协同商务管理水平。

（2）基于知识管理的运作创新,要求企业通过数据管理平台,突破单点环节和单一业务的信息局限,获得全局性和系统性的管理视角,挖掘数据背后的潜在价值,帮助企业更直观地发现问题,主动预测市场变化和辅助决策,针对性地开展企业对新市场的探索性行动,实现产品、服务和商务模式的创新。

第二节　建立电子商务流程能力

一、电子商务流程能力的定义和特征

许多数字化运作优秀的企业在供应链中开展各种协同合,既调整了商务模式,也调整了价值链。企业实现流程合作也是为了改善经营流程,降低管理成本,保持甚至提高利润率。例如,戴尔公司开展了 PC 机渠道管理的端到端商务流程整合,以实现按订单生产的商务模式,不管从配送速度还是经营效益看,都做到了全行业领先。企业随着对 IT 技术的运用,将其嵌入到核心商务流程中,形成电子商务流程能力,来提升企业的竞争力。本书对电子商务流程能力的定义总结如下:

> **电子商务流程能力**　是指企业执行电子商务流程的过程中与伙伴信息共享以支持企业间商务活动的能力。

信息共享和合作流程是电子商务流程能力组成的两个主要特征,前者强调负载于电子商务流程的组织间共享经营管理信息的能力,后者强调了电子商务流程实现跨组织的合作活动与合作关系的能力。

（1）信息共享。信息共享是指在电子商务流程中,企业与合作伙伴之间的在线交互信息（如计划、库存和交易信息等）按需共享的水平。以零售商与供货商之间的信息共享为例,零售商可以要求供货商来决定订购的时间和订购量。零售商通过与供货商信息共享,以及存货数量和需要补货的信息发送,使其需求预测变得非常容易,在零售商下订单以前,供货商其实就已经得到了需求信息。零售商不必再为订购下单,存货量可以减少,也不会经常发生断货的现象。

（2）合作流程。合作流程是指在电子商务流程中,企业与合作伙伴之间在线合作活动和服务,达到企业内外部一体化协作的水平。合作流程是在企业间信息共享的基础上实现关键商务流程的 IT 支撑,信息共享是合作流程的前提,合作流程是将信息共享付诸具体商务活动的结果。企业通过与合作伙伴的流程合作,以达到降低运输及存货成本、缩短设计周期、减少渠道冲突等目的,以此实现商务的协同。

 企业实践 6-1

宝洁公司和沃尔玛的信息共享

二、电子商务流程对能力建立的作用

电子商务流程是实现电子商务流程能力的重要载体,对能力建立的作用主要表现在两个方面:一是 IT 资源的整合利用,二是培育两个电子商务流程能力:信息共享能力和合作流程能力。企业建立和执行电子商务流程的过程,实际上也是一个进行管理变革和价值创新的过程。

以下的案例描述了企业电子商务从失败到成功的过程,可以观察在流程中整合 IT 资源产生能力的过程。

 企业实践 6-2

传统企业电子商务是如何成功的?

以上案例描述了企业是如何将 IT 应用到电子渠道管理流程中,并综合运用人力资源以及伙伴资源整合并产生能力的过程。从这家企业改革过程中,我们可以发现,IT 资源整合和能力的产生伴随着来自组织内外各方的阻力,电子商务流程的应用管理起到了决定性作用。企业的管理实践也反映出,如果没有将系统间整合、人力资源培育以及伙伴关系的管理与电子商务流程的优势相结合,电子商务是不可能成功的。企业要获取电子商务的竞争优势就必须合理利用各种 IT 资源,在充分发挥 IT 技术在系统整合、数据共享等优势的基础上,运用企业员工的参与和管理技能更好地在电子商务流程中提高信息共享和在线合作的能力。

 学术观点 6-1

流程中 IT 资源整合与企业能力

关键词:IT 资源　整合　流程

来源期刊:*MIS Quarterly*,*IEEE Transactions on Engineering Management*

一些研究者从 RBV 理论着手探讨了 IT 资源整合与流程之间存在的关系。Melville 等人提出了 IT 商务价值模型(图 6-2),认为组织的 IT 资源(包括 IT 技术资源和人力资源)和互补性组织资源将在商务流程中整合并对流程绩效产生影响,并最终决定组织绩效。流程是整合资源的企业活动,脱离了流程,企业的各种 IT 资源就缺少了创新应用场所,也就失去了价值。

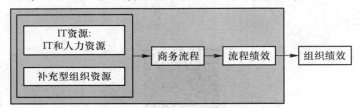

图 6-2　企业中 IT 资源在流程的整合与价值创造

　　Ray 和 Barney 教授等人关注于单一的服务流程,他们发现 IT 产生的组织竞争优势首先表现在流程水平,业务流程是公司资源和能力的一个重要决定因素,因此管理者应该根据资源配置状况重新设计公司商务流程,从而更有效率地开发其已有的组织资源和能力,并取得长期的竞争优势。

　　赵晶和朱镇通过一系列研究对电子商务能力与电子商务流程的关系做出了解释。他们认为,IT 资源本身并不能直接创造价值,电子商务流程是整合资源的载体,IT 资源负载于电子商务流程被转换成电子商务能力的过程反映了 IT 资源与电子商务能力之间的关系不是简单相关,电子商务流程是其中一个重要的控制变量。在不同的流程中 IT 资源的整合方式可能是存在差异的。

　　在电子供应链管理(e-SCM)中,流程的作用也日益重要。IT 使能的供应链整合能力(digitally enabled supply chain integration capabilities)是对信息流、资金流和物流整合水平的概括,认为组织间流程能力可以改善企业的内外部流程,集成一个公司与它的供应商网络和客户的各种资源去创造价值。例如,在面向供应商的采购流程中,通过为企业间的合作提供一个整合的 IT 基础设施来改善采购流程;而在面向客户的 CRM 流程中,则允许订单定制以提高制造柔性。这些都为买卖双方增加更多了价值,并且提高了运作效率。

　　电子商务流程是企业间执行和完成商务活动的载体,只有将 IT 资源运用到这些具体的商务流程中并进行流程运用的创新,才能形成电子商务流程能力。培育电子商务流程能力需要结合具体流程应用的管理,因为在不同的流程中,在线商务活动是存在差异的。根据流程面向的商务对象的不同,电子商务流程主要包括三类:一是与供应商之间的采购流程,二是与代理商/分销商之间的渠道管理流程,三是与终端客户的客户关系管理。表 6-1 描述了电子商务流程能力的两个方面信息共享和合作流程在企业具体运用的实例。本章第五节将通过案例的形式,阐述电子商务流程能力分别在电子采购流程、电子渠道管理流程和客户关系管理流程的建立过程。

表 6-1　信息共享和合作流程的企业实例

	电子采购流程	电子渠道管理流程	客户关系管理
企业实例	海尔 i-haier 采购系统	联想的 PRC 系统	上海大众的 CRM 系统
信息共享	供应商可以查询与相关的历史订单等相关信息	代理商可以及时查询联想更新的各种销售策略	自动建立客户数据库,对客户特征分类保存

续表

	电子采购流程	电子渠道管理流程	客户关系管理
合作流程	供应商通过查询海尔采购计划,可以提前备料和生产	代理商将客户潜在需求反馈给企业,以便企业跟踪客户需求	利用软件系统整理和分析客户资料,以便决策

第三节　建立知识管理能力

一、知识管理能力的定义及特征

由于 Internet 在信息传播和沟通方面所具有的快速、实时和交互性,电子商务也因此具备一些有别于其他商务流程的特点。如更短的商业渠道、更广泛的地域覆盖面,更迅捷的内外部信息交流等。这些特征都是建立在广泛、快速的知识管理基础上的。

对知识管理的解释,首先必须界定信息与知识的关系。在日益信息丰富的商务运作中,最主要的挑战就是如何从信息中获取知识,以辅助企业的决策。从本质上看,知识是经个体解释并赋予了内容的信息,因此,知识是一个动态的伴随着人类认识发展的结果,知识也被描绘成伴随着经验、背景、解释和反应的信息。正是如此,知识的产生是随着人的活动被认知、发掘和积累的过程。

从资源配置角度看,知识管理就是企业搜索组织信息,并且通过合作不断分析和优化,同时运用 IT 技术将这些知识与技能分享给合适的伙伴,以便做出最恰当的决策。作为一种重要的资源,知识只有优化利用才能实现其价值。在竞争日益激烈的市场环境下,组织需要考虑如何将知识转化为创新能力,并成为一种战略性资源。知识管理过程需要依靠 IT 技术以及人们的创新能力,从而实现将知识的作用扩大到相关管理活动和企业流程中。

赖茂生等人在《电子商务与竞争优势》一书中详细介绍了电子商务环境下的知识管理。知识管理是通过创造一种协调的环境让员工能够获取、共享、重复使用组织内外部知识信息以形成个人和组织知识,在充分肯定知识对企业价值的基础上,通过支持、鼓励个人将知识应用、整合到组织产品和服务中去,最终提高企业创新能力和对市场反应速度的管理理论和实践。

在此基础上,本书对知识管理能力的定义如下:

> **知识管理能力**　是指企业通过创造一种协调的环境让员工能够获取、共享、重复使用组织内外部知识以形成个人知识和组织知识,在充分肯定知识对企业价值的基础上,通过支持、鼓励个人将知识应用、整合到组织产品和服务中去,最终提高企业创新能力和对市场反应速度的管理能力。

正如 Cook 和 Brown 所谈到的,"认知和知识的互动才能产生新的知识和开拓新的认知路径"。在数字化时代,由于企业商务活动的环境以及范围产生了很大的变化,信息交互的渠道更加广阔,企业获取知识的能力也在不断增强。例如,依靠客户关系管理,企业可以获取大量的客户需求信息。因此,企业知识共享的过程需要紧密结合电子商务环境下新的管理需求和商务活动,主要体现在以下五个方面。

1. 商务战略的敏捷性需要企业扩展组织内外的知识

与传统战略依靠长期预测不同,电子商务环境下企业战略的敏捷性大大加强,简单规则战略要求企业适应剧烈变化的市场竞争环境,从更大的视野观察企业的商务模式,获取知识的途径大大增强。很多互联网企业的成功之道就在于此。

2. 技术使用模式的转变促使知识共享的载体发生了变化

随着互联网技术在企业内和企业间的嵌入,很多商务流程实现了电子化,进而加快了企业内外知识的传播速度,其共享范围大大提高;此外,企业数字化平台的搭建积累了大量的业务数据和市场数据,通过数据分析和挖掘也能够提炼和形成新的知识,并通过企业专用网络实现企业内各部门和企业伙伴间的知识共享。IBM 公司就是通过知识门户(Knowledge portal)实现对企业内外的知识获取、分析、整合、共享和应用的。

3. 高层管理角色的转变促使知识共享的模式向更加开放的方向发展

在电子商务环境下,高层经理人要从命令—控制的角色向"感知和响应"转移。高层经理人应该把组织看成是员工的知识社区,需要创造知识共享的氛围和商务参与能力。只有员工的充分参与,企业才能在商务活动中积累具有竞争优势的知识资源。

4. 随着合作范围的扩大,知识共享的对象转向内外部知识集成

电子商务的实施使得企业能够以更低的成本与更多的合作伙伴进行商务活动,企业就有更多的机会在交易、支付、物流以及其他商务环节中积累知识。在与合作伙伴连接协同合作环境中,企业可以从合作伙伴那里获取更多的知识。例如,北大方正科技集团通过实施面向代理商的电子商务后,在销售过程中由于代理商的参与,公司能够更快地掌握市场动向和客户需求的信息。

5. 电子商务环境下,知识的共享融入企业的商务流程中

在组织中,知识的吸收和共享反映了组织商务目标和流程的匹配,利用流程执行积累的数据资源提炼知识,进而又通过企业间流程将知识分享至员工和伙伴,进而形成不断迭代的良性循环,帮助企业优化流程和形成创新。例如中国广汽集团通过打造统一集团知识管理技术平台,整合集团各业务系统知识,同时搭建可保障集团知识管理长效运作的管理体系(包含组织、制度、流程、文化等内容),并将知识与产业链业务相结合,实现基于业务场景的知识应用,有力地促进了知识资源的整合与应用,为未来企业创新与协作奠定了坚实基础。

二、IT 资源整合利用与知识管理能力建立

明确了知识管理能力的定义以及实现过程后,企业需要考虑如何整合企业内外部 IT 资源,完成企业所需知识的吸收、积累和共享,从而提升企业的知识管理能力。

1. 信息系统基础设施是建立知识管理能力的物理载体

先进的信息技术为知识管理能力的建立提供了一座桥梁,它是企业与合作伙伴及客户进行知识交流的载体,没有技术这座桥梁,知识管理就很难顺利实现。企业需要善于利用信息技术,如网络平台、数据库、社交网络等,建立企业的知识库,实现知识的模块化和系统化。以美的集团为例,在制造段美的通过数字中台实时掌握每一家供应商的生产以及库存数据,从而能够精

准掌握和进行原材料的调配,基本实现了制造体系的零库存,有效提升整体生产效率。

2. 复合型人力资源是知识共享的内容基础和管理主体

在企业知识共享的过程中,"人"首先扮演着分享各类知识的内容提供者的角色,这些内容包括收集的信息、经验、操作说明等,与此同时,知识的分享也离不开"人"的参与,主要体现在对各类知识的储存、处理和管理上。以麦肯锡公司为例,为了更有效地实现知识共享,麦肯锡就专门建立了一个储备经验和知识的专业数据库,用以保存在用户工作过程中积累起来的各种信息资源,同时还委派全职的专业技术人员对数据库进行维护,以确保库中数据的更新,从而为员工的知识共享打下了坚实的基础。企业对复合型人力资源的配置实际上是为知识共享提供了良好的条件和氛围,通过对知识共享的过程管理,让组织成员在需要某种知识或遇到问题时,可以随时顺利找到相应的帮助和指导,同时也有利于激励员工主动在平台上分享和交流知识。

3. 伙伴关系是推动企业间知识共享的关键因素

知识只有通过相互交流才能得到发展,也只有通过不断地使用才能从原有的知识中派生出新知识。当更多的知识被合作伙伴共享时,关系各方才能获得更大的收益。如果关系各方为保密而设置各种安全措施给知识的共享造成障碍,那么将不利于企业间的知识交流。因此,在企业间建立良好的知识共享机制,无疑要先在合作伙伴间建立基于风险共担、利益共享的信任关系,进而相互投资并形成关系资本。良好的信任关系必然进一步促进合作伙伴间知识共享的深度和广度。当良好的伙伴关系基础上的知识共享机制为合作双方带来效益时,信任与共享机制之间又形成一个良性循环,不断地促进优质合作伙伴关系的形成。

4. 数据资源是建立知识管理能力的支持要素

数据已成为企业重要的生产要素,但企业要将数据转变为前瞻性洞见及差异化资产,需要展开"数据重构"行动,即通过数据挖掘技术将潜在的数据价值转化为可应用于战略决策的知识,优质精确的数据能够为企业提供多维决策知识,助力不断完善产品和改进服务,从而吸引更多客户,优化现有的业务流程。以老百姓大药房为例,作为拥有超过5000家门店的国内药品零售连锁企业之一,全流程数据的联通帮助解决了其从门店备货到仓储物流等一系列问题。公司在门店前端部署了智能决策辅助平台,通过数据建模和可视化 BI 对门店商品销售数据进行精准分析,将业务数据转化为可用于销售预测的关键知识,帮助管理者对每天的销售量进行主动预测,该销售预测的准确率可达98%以上,请货满足率较未实施前提升了17%。

三、基于知识管理能力的企业管理原则

在电子商务环境下,IT 技术对组织内外部知识的整合、加强和扩展具有重要的作用。企业知识管理的战略规划着眼于挖掘潜在的知识,使之作为组织无形资源促进电子商务价值的产生。结合国内外成功企业的知识共享成功经验,企业应该注意以下几个方面。

1. 克服人和企业文化对知识共享的障碍

知识共享作为企业知识管理能力的重要特征,其行为形成的主要障碍不是 IT 技术而是人本身。员工缺乏学习动机,长时期职位稳定,管理者担心失去权力以及割裂的组织结构都将阻碍知识的共享。对主动分享自己多年积累的经验多少具有心理抵触情绪,尤其是这种泄露伴随着在企业中地位下降更是如此。要改变这种局面,企业需要建立一整套完善的示范机制和奖励机制。当然这种战略的执行应该与企业文化的变革共同进行。知识共享与学习效果、工作目标挂钩,可以在一定程度上解决员工的惰性。建立学习型组织,加强创新能力的培育是企业文化建设中的重要环节。Schutze 和 Boland 报道了美国一家大型公司实施一种新的知识管理系统时所遇到的问题。建立系统的目的是促进各部门知识的共享。但是系统与部分员工和管理者的利益和工作习惯发生冲突。部门间缺乏合作关系,造成各部门的知识仅仅局限在部门内部,而无法在部门间共享。

2. 在业务流程中实现知识的整合和应用

依赖于信息系统跨企业的整合,连接了供应链上的合作伙伴和客户,形成了新的业务流程。而知识的获取、整合和应用都依附于商务流程。因此,在流程中整合组织内外的知识能够,形成有效的知识资源并支持企业的商务运作。同时还可以通过企业制度规范知识共享的范围和水平。

3. 注重外部知识的获取,通过在线合作提高知识的获取和应用能力

高层管理者需要意识到仅仅依靠企业内部的知识积累是远远不够的。因为当前的知识进化和淘汰速度太快。流程管理是基础,通过电子商务流程获取外部合作伙伴的知识才是知识共享的最重要的任务之一。通过电子化的在线合作,企业可以从供应商了解更多的新材料动态、价格水平以及产品研发相关的技术支持;也可以从销售商和客户下游了解到更多的市场动态,提供更多的个性化服务和增值服务。从外部合作伙伴获取的知识能够加快企业应对市场的激烈竞争应对能力,提高在线合作的效率。

第四节　建立新兴商务能力

一、新兴商务能力的分类

电子商务的一个重要特征是它不仅能改进现有的商务流程,而且还能不断地催生新的商务模式,作为企业的战略应用载体。企业依靠某种商业模式,通过执行相应的商务流程,开展商务活动,从而增强竞争能力和发展能力。对于那些希望主动引领市场,而不是被动应对的企业,尤其如此。因此,企业若想真正有效地发挥 IT 技术的潜在效能,便需要知晓企业自身需要哪些商务能力提升现有的竞争力,以及如何通过 IT 技术实现这一目的。图 6-3 中列出了企业电子商务活动能够带来的潜在商务影响。

这些电子商务活动对企业的商务影响都依赖于各种 IT 技术的支持和应用。首先,许多商务活动本身是要在互联网上完成的。例如,社交网络上的营销行为、在线会议、富媒体管理等;其次,IT 技术促进了企业的某些商务活动更有效地展开,例如,基于客户数据挖掘的营销决策制定,更加方便和快捷的企业间交流等,因此,本节将重点探讨企业如何将电子商务技术应用到具体的商务战略活动中产生新兴商务能力。

新兴商务能力可以分成三大类:智能决策能力、合作联盟能力和数字创新能力。每一类能力都对应着企业不同的商务活动,每种活动都需要一种或是多种 IT 技术来支撑,如表 6-2 所示。以下分别围绕这三类新兴商务能力的特征和建立过程进行详细地介绍。

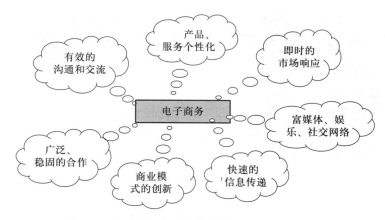

图6-3　电子商务活动能够带来的潜在影响力

表6-2　三类新兴商务能力及对应的商务活动和IT描述

新兴商务能力	关注点	对应的主要商务活动	采用的主要IT技术
智能决策能力	外部市场 （行业环境、竞争对手、客户）	● 及时感知行业信息 ● 知识应用与决策支持 ● 客户需求响应 ● 竞争对手响应	● 虚拟社区、社交网络 ● 大数据及数据挖掘 ● Web2.0工具和APP ● 智能技术 ● 知识图谱
合作联盟能力	合作伙伴 （采购商、分销商、零售商等）	● 伙伴关系管理 ● 企业间协同处理业务 ● 渠道管理和重构 ● IT商务战略联盟	● 电子市场 ● 管理信息系统 ● 虚拟社区 ● 电子供应链
数字创新能力	企业自身 （研发、经营理念）	● 新产品/服务的研发 ● 新的商业模式 ● 新的商务流程 ● 新的营销形式	● 知识共享平台 ● 社交网络 ● 即时通信平台 ● 协同研发平台

二、智能决策能力的建立

（一）市场环境变化对企业智能决策能力的需求

随着新技术的不断发展以及对传统商业市场的变革作用,企业面临客户需求的转变和越来越激烈的竞争环境。IT技术引发的市场环境和传统市场相比,一个重要的区别就在于客户有了越来越明显的主动权,而且这些诸如客户需求的环境因素变化非常快,十分难以预测。正如某零售电商的市场营销总监说的,"如果没有大数据及相关技术,我或许永远不知道我的客户第二天想做什么"。因此,企业必须快速响应,不仅要应对风险,而且要捕捉机遇。表6-3便列举了不断变化的环境(市场、社会、技术三方面)给企业带来的主要风险和机遇。

表 6-3　数字商业环境给企业带来的商务风险和机遇

	商业风险	商业机遇
市场方面	• 更加激烈的竞争 • 经济全球化 • 市场频繁、剧烈的波动 • 客户消费需求的不确定 • 劳动力成本的变动	• 新的细分市场 • 全球化引发的市场扩张 • 精准化营销
社会方面	• 政府监管 • 员工结构的变化 • 政府补贴的变化 • 行业政策变动引发的竞争加剧 • 区域贸易协定	• 加速组织结构调整和业务转型 • 优化产品结构 • 加快企业资产重组和并购步伐
技术方面	• 更多的新技术与创新 • 旧技术很快被淘汰 • 技术成本越来越低 • 信息量过大	• 获取先发优势的机会增加 • 更开放的技术平台带来的商机 • 更透明的信息获取渠道

　　面对不断变化的市场,企业应该如何应对? 如何捕捉机遇,降低风险? 经营环境的动荡,迫使企业改变商业模式,不少企业开展了组织重构,调整自己的信息系统,来帮助企业管理者及时了解行业正在发生的变化,并尽可能快速准确地做出战略决策。这些决策可以是对当前竞争压力的回应,也可以是对未来可能出现的状况的预防,还有的是充分利用环境创造的机遇等等。

　　(二) 智能决策能力的定义与特征

　　智能决策能力是企业通过大数据和智能技术察觉外部市场变化(如行业环境、竞争对手、客户需求等)并及时做出准确响应的水平,因此可以看作一种具有动态调整属性的敏捷能力,即企业整合、创建、重构企业内外资源从而在变化多端的外部环境中不断寻求和利用机会的能力。智能决策能力强调企业对市场环境中波动因素和未知因素感知的敏锐程度和响应的速度。而随着商业数据量级不断扩大和数据挖掘和分析技术的高度嵌入,企业管理者能够更加快速洞悉纷繁市场的变化特征,并依托积累的知识分析模型做出合理且有效的响应行动。拥有更高水平智能决策能力的企业能在瞬息万变的市场中不断地调整、补充、淘汰原有的各种战略,并及时地制定出新的应对策略,以实现持续性的竞争优势。本书对智能决策能力的定义如下:

> **智能决策能力**　是指企业利用大数据和智能技术从数据中发现业务规律和市场机遇,帮助管理者作出更精准、高效的预测和决策,从而更快地响应不断变化的市场。

　　从定义来看,智能决策能力的内涵体现在两个相互衔接的过程:感知和响应,前者强调的是从数据中感知市场变化的速度,后者则是在速度的基础上强调智能响应的精准和效果。

　　1. 从数据中感知市场机遇与威胁

　　智能决策能力在感知阶段体现的是一种对变化市场的洞察力。在快速发展的全球化竞争环境下,机遇与威胁几乎同时存在于这个动荡的市场中,但随着信息的日趋透明化,有些机遇或威胁是很容易被察觉到的。例如突如其来的疫情极大地改变了公众的生活消费需求,几乎所有商贸行业都受到了或多或少的影响,但可以预见的是,人们的服务消费行为也必然将从线下转移到线上,这种变化是可以通过观察人们的生活状态便可知一二。那些能适应后疫情时代公众生活消费需求变化的企业,积极采取数字化转型措施,将有更大机会发展壮大。反之,不能适应变化的企业,日子就要难过得多。

　　然而,还有一些机遇和威胁是潜在的且难以捉摸。这些潜在的市场机会隐藏在数量庞杂的客户行为中,而且这些客户行为通常是离散的,对于企业而言,如何从海量数据中,找到客户从购买意向、购买决策、购买渠道等全过程中挖掘客户的购买习惯和规律,将意味着企业能否更准确地洞察现有的客户群和潜在的客户群。企业感知这一类变化的难度更大,对企业实现决策支持的基础要求也更高。

　　因此,企业智能决策能力在感知机遇与威胁的功能上,其目标和任务主要表现为通过搭建合理高效的数字化基础设施实现对各类数据的抓取和沉淀,尽可能快速地获取和收集市场动态信息,包括行业政策、竞争对手的行动、客户购买数据等,并从中挖掘和提炼企业所需的有价信息,洞察蕴含在信息之中的机会和风险。

　　2. 智能决策支持响应市场机遇与威胁

　　智能决策在响应阶段体现的是一种对潜在机遇和威胁的判断力和执行力。当一个全新的以数据为中心、以洞察力为导向的市场环境出现时,准确的分析和响应能力成为在该环境下成功的关键。当企业通过 IT 技术从市场中获取到海量数据后,哪些是欺骗,哪些是真相,哪些对于企业而言蕴藏着巨大的价值,这些都是企业管理者在察觉到市场动态后需要慎重而深入考虑的。

　　以投放广告这一企业商务活动为例,社交网络时代的广告投放最关键的特征是实效性,如何有效评估网络广告的效果,如何准确抓取网络用户的行为路径,用投其所好的广告形式抓住他们的眼球,这些都是当今许多电商企业重点关注的问题。这也便是以大数据为核心的新兴 IT 技术日益盛行的重要原因之一,从数据收集、数据挖掘和分析的角度,更好地与智能商务结合,为电商企业实现有价值的数据输出,让企业的商务行为更智能、更精准和更高效。

　　（三）智能决策能力的建立

　　智能决策的核心优势在于能够形成自我迭代的决策闭环回路。以企业常见的营销场景为例,通过采集该场景的实时数据及反馈数据,算法在数据基础上训练出营销模型,上线后即可对每一位客户的个性化需求做出精准且实时的预测,并通过线上决策与实时互动,进一步得到客户的反馈数据,之后依靠模型的自学习能力重新校准,以不断满足该业务场景的新变化。因此,企业智能决策能力的建立离不开前期 IT 基础设施的建设和数据资源的收集与管理,企业可以通过整合利用 IT 资源形成电子商务流程能力和知识管理能力,通过对这两种能力的合理应用,提升企业的智能决策能力水平。

　　1. 电子商务流程能力与智能决策能力

　　为了在激烈的市场竞争中保持高度的运行效率和对市场的及时响应,早在 20 年前,世界500 强的大企业就纷纷启动信息化工程,无论是研发、生产、运营还是销售、售后各流程,无不依赖高度发达的信息化手段,通过技术改进和变革现有的商务流程,以提升企业的响应能力。那么,企业是如何通过流程合作实现这一点的呢?

其一,通过提升流程运作效率,加快针对合作伙伴和客户的响应速度。零售巨头沃尔玛便是一个成功的例子,沃尔玛通过建立了世界上最先进的电脑管理系统、卫星定位系统和电视调度系统等,将各种信息资源(包括客户信息、位置信息、时间信息等)予以整合,沃尔玛在全球5000家连锁店的盘点1个小时就能彻底结束,这无疑提升了沃尔玛响应市场的速度和效率。高度发达的信息化手段使得其能做到最大规模采购和销售,具有无与伦比的成本优势。

其二,通过海量信息的收集和共享,挖掘信息背后的市场规律,从而帮助企业感知市场的变化,进而为更合理的对策提供有力的参考。在传统门店,一个消费者拿起一瓶水,看了一下,然后又放回货架。传统零售商很容易忽视这一轻微的举动及其背后所反映的消费者的购物习惯。而制造企业如果和代理商或零售商搭建了信息共享平台,便能够通过电子商务平台保存消费者的浏览和购买记录,从而能更加精准地预测订单,使得企业对外界的响应更加及时和准确。

 企业实践 6-3

基于 IT 整合的供应链快速响应

2. 知识管理能力与智能决策能力

我们在前面谈到智能决策能力对企业作用的内涵时曾强调,企业不仅需要在速度上能够更快更及时地感知和响应市场,而且在制定应对策略时能够更加地合理和准确,而不是毫无依据地发起响应行动。与信息共享不同,企业间的知识共享是通过对信息的反思、启发和学习过程后提炼出的"更有用的信息"。这些知识具有很强的应用价值,当企业面临潜在的机会或威胁时,通过从伙伴或客户汲取和分享而积累的各类知识,使企业管理者能够更合理地制定有效的响应策略。表6-4罗列了不同类别的知识共享对企业制定响应策略时的作用。

表6-4   不同类别的知识共享对企业进行市场响应时的作用

共享的知识类别	对制定响应策略的作用
市场知识	明确行业发展现状和趋势
客户需求知识	掌握客户分布,理解客户购买意愿
合作知识	降低企业间学习成本,提升响应效率
竞争对手的相关知识	评估市场格局和企业自身定位,调整战略布局
电子商务流程管理知识	提升流程执行效率
营销技巧和服务知识	改善客户服务,增强客户黏性

在了解完电子商务流程能力和知识管理能力形成智能决策能力的过程之后,企业可以采取以下措施帮助实现智能决策能力的建立:

(1)企业间搭建信息平台,实时共享产品相关信息,如成交价格、交易量、存货量等。

(2)利用智能化管理提高对产品等数据的分析能力。

(3)提供在线客服,针对客户询问或投诉提供解答并给予及时反馈。

(4)建立客户数据库,采取尽量多的渠道收集客户基本信息。

(5)通过数据挖掘工具,分析和梳理客户消费等行为。

(6)在线提供产品评论系统,分享先前客户的使用经验和投诉。

(7)企业间构建虚拟社区或内部交流平台,实现知识共享。

(8)专门人员定期通过访问竞争对手企业官网、行业门户网站等渠道收集竞争对手动态信息,纳入企业内部系统。

(9)通过企业内部和企业间专有电子邮件系统等工具,更方便、快捷地搜索和分享商务伙伴、竞争对手信息。

(10)定期在线收集行业报告,了解行业最新资讯。

(11)通过社交网络(如微博、微信等)与客户实时沟通。

三、合作联盟能力的建立

(一)电子商务时代的企业联盟

首先我们来阅读以下的案例,了解为什么电子商务时代企业需要建立合作联盟能力。

 企业实践6-4

浪潮集团:上下游生态伙伴深度协同

浪潮集团作为云计算、大数据服务商,业务涵盖云数据中心、云服务大数据、智慧城市、智慧企业等业务板块,形成了覆盖基础设施、平台软件、数据信息和应用软件四个层面的整体解决方案服务能力,全面支撑政府、企业数字化转型,已为全球120多个国家和地区提供IT产品和服务。浪潮通过JDM(joint design manufacture)商业模式,与上下游生态伙伴产业协同,通过全链路的价值创造,实现敏捷高效的运营。这种模式以与用户产业链的融合为基础,面向用户具体业务,打通需求、研发、生产、交付、服务等环节,融合供需业务链,按需定制,实现客户大规模定制下的柔性供应和智能制造。

浪潮集团依托工业互联网打造企业内外部协同运营数字生态,覆盖企业运营全场景,涉及高级供应链计划(APO)、企业资源计划(ERP)、客户关系管理(CRM)等16个核心应用,对内强化运营管理的精细化、智能化,对外打通了上下游生态(供应商、大客户),促进了联合研发、联合创新、联合供应、联合交付等。

浪潮通过建设协同研发平台,支撑了联合研发创新,大幅缩短了产品上市周期。通过协同研发平台支撑JDM模式下端到端的打通,使得新品研发周期从1.5年压缩到9个月,从研发到供货缩短至最快3个月,产品上市时间缩短一半。

资料来源:改编自《2021埃森哲中国企业数字转型指数》第51页。

进入信息化、知识化时代后,无论是传统企业还是电商企业,都面临着许多发展经营中的挑战,传统企业在向互联网转型的过程中需要处理诸如渠道冲突、电子供应链管理等新问题,而电商企业则希望通过渠道下沉实现线上线下业务运作的协同发展,这些挑战和问题总结起来主要集中于以下三点:

（1）产品、服务的定制化和个性化。互联网时代,消费者能够比较方便地开展自我配置,也就是自己设计产品。于是,就出现了对产品、服务定制化和个性化的需求。纯粹的传统制造企业或网络零售商通常缺乏足够的资源向消费者提供个性化的服务。

（2）供应链协同。面对零售利润的不断下滑,企业需要从供应链层面提升企业的效益,从外部开源节流,通过电子商务手段减低成本。传统的供应链以生产企业为核心,在终端信息变化迅速的时代,如何通过商业企业如何控制终端,进而加强对供应链的控制和管理力度,通过供应链协同取得竞争优势,也成为制造企业越来越关注的问题。

（3）渠道冲突。许多传统零售商开始互联网转型时,会在保留传统的零售渠道的同时,也开展网络零售渠道的经营模式。这时候,就会出现渠道冲突问题。所谓渠道冲突是指采用了新的销售渠道后,绕开了传统的渠道伙伴,引发了渠道竞争。通常网络销售渠道会损害与既有的商业伙伴的关系。但是,只要企业管理得当,制定出有效的战略,加强渠道管理,利用各自的优势来改善客户体验,这种渠道冲突也转化成为一种协力优势。

企业会根据自身的行业定位和未来的业务拓展,选择合适的合作伙伴和合作形式:

1. 供应链联盟

供应链联盟是以供应链为合作基础的企业战略联盟,它是指供应链上下游的两个或多个企业之间,为了实现企业或整个供应链的战略目标,通过各种合同、协议、契约等结成的伙伴形式。供应链联盟的伙伴成员通常会存在一定的相互依赖性,其目的或是为了风险共担,或是优化流程减少成本。以汽车制造供应链为例,它有很多零配件供应商,而且不是为一家服务,而是为多家汽车制造商服务。电子商务的平台优势,使得供应链联盟具有一定开放性和兼容性,它提供了一个交流场合,使企业之间能碰撞出更多的机会。通过这种合作,引发出其他合作,进而整合企业资源,整合供应链资源,为整条价值链提供优化和便利。

2. 电商企业和传统企业的合作

电子商务的核心,从本质上其实还是一个商品流通的过程,传统企业通常拥有完整的供应链、客户群和构建多年的完整的全国物流网络,而电商企业则具有更强大的数据网络和分析能力,两者在企业各自发展的不同阶段会期望实现优势资源互补而选择形成合作联盟。例如,美的集团和京东在2014年底的战略合作便是这种形式的体现,美的看中了京东作为网络渠道商具有高品质的客户资源、覆盖全国的自建物流网络、强大的精准营销能力以及尖端的大数据信息系统,这对于正在进行互联网转型和积极开拓智慧家居领域的美的来说,正是理想的战略合作伙伴。而京东则为了向智能家居领域的战略性拓展,选择了与家电龙头美的公司的合作。总之,这种联盟关系是企业在某一段时期内,为了阶段性的战略目标,更好适应当期的外界环境的产物。因此这种联盟关系存在一定的动态性,企业需要不断地进行联盟管理和重构,以保持供应链的竞争优势得以持续。

3. 竞合关系

电子商务时代的企业间关系还呈现出由"竞争"转向"竞合"的趋势,在线旅游行业的携程与去哪儿网的合作,天猫与1号店等38家国内知名垂直B2C企业的战略联盟等,无不在说明竞合关系已成为以平台为载体的企业间关系的发展趋势。通过打通各电商企业系统之间的高墙壁垒，企业对产业链进行优化和重构，使价值链条上的每一环都形成核心竞争力和高效率，在资源得到共享的同时，也成为了市场共同的分食者。

（二）合作联盟能力的定义和作用

成功的网络企业都会非常认真地管理整个价值链上的商业伙伴、现有客户及潜在客户，企业有必要关注各种新的信息技术（例如呼叫中心、协同商务等），目的是创造一个整合的在线环境，改善和管理与客户及商务伙伴之间的关系。企业的这种能力被称为合作联盟能力，本书对合作联盟能力的定义如下：

> **合作联盟能力**　是指企业应用电子商务技术管理渠道资源、提升企业间交流、协同和治理商务交互行为的组织能力。

从定义来看，合作联盟能力的内涵及作用主要体现在以下两个方面。

1. 提升协同商务水平

所谓协同商务，指的是在线利用数字技术进行协同合作，用在产品、服务的计划、设计、研发、管理和调研，以及对电子商务应用的创新等领域。传统的供应链以生产环节和生产企业为核心，然而随着电子商务技术的发展，终端信息的变化迅速，企业便开始寻求如何掌握终端，进而加强对整个供应链的控制和管理力度，通过供应链的协调，实现商务流程的统一管理，提升企业间的协同商务水平。

2. 获取伙伴资源

IT技术会导致企业所处的市场环境和结构发生改变，企业原先拥有的竞争优势将逐渐丧失，那些不能依靠自身资源对产业结构变化做出反应的企业，就会强烈地要求利用外部资源弥补自身的不足。另一方面，随着全球经济一体化趋势的深入发展，单个企业的实力也难以与已形成规模的其他国外企业抢夺其已占据的市场份额，从而形成了市场进入的难度。这就要求企业从维系原有内部管理的资源积累向适应新环境的资源积聚转变。这样，企业对外部资源的依赖性越来越大，企业间协同性也就日益显得重要了。

（三）合作联盟能力的建立

以协同商务为核心的合作联盟能力需要企业与伙伴间的流程合作和知识共享，以合作流程能力对合作联盟能力建立的影响为例，企业通过共享诸如需求、订单、物料、客户需求等信息，能够帮助企业减少物料和沟通成本，从而能够提供更高的价格折扣。因此，在企业与渠道销售伙伴的关系中，流程合作通过共享产品的销售信息，根据企业战略目标整合了现有的分销渠道和伙伴资源，改善现有的商务合作活动。在此之前，本节曾介绍过传统企业在互联网转型时会遇到渠道冲突的问题，下面我们将通过一个流程合作的例子来讲解，电子商务流程能力如何培育企业的合作联盟能力，并解决渠道冲突问题的。

四、数字创新能力的建立

（一）数字创新能力的定义和特征

随着IT技术对企业经营、管理的变革，企业基于网络的创新活动持续、快速地发展。与以往相比，专利技术越来越多地涌现，新的经营模式及经营流程为企业及行业创造了新的基于，其至整个商业生态都在向电子商务方向发生转换。如同导入案例中讲述到的互联网金融,人们何曾想到有朝一日会在虚拟的网络世界中完成存款、理财等业务。诸如此类的例子不胜枚举:智能手机、远程医疗、在线购物、在线约会、数字电视等等,每天都会有新的电子商务应用渗透到我们的生活中。对于企业而言,也希望通过 IT 技术不断地推陈出新,培育自身的创新能力,将自己打造成数字企业,至少是部分的数字企业,成为数字经济的参与者。本书对数字创新能力的定义如下:

> **数字创新能力**　是指企业应用电子商务等数字化技术根本改善现有商务流程或创造全新的商务模式,持续创造新的产品和服务的能力。

数字创新能力的定义反映了数字化技术引发的企业创新行为,主要表现在以下三个方面。

1. 产品和服务创新

数字化技术引发的产品和服务创新从一个特定的市场角度来说,指的是包含了数字化技术本身或者数字使能的新的产品或者服务。比如新的企业平台(ERP,客户关系管理)、新的消费产品(智能手机,亚马逊即时视频服务)和由于新技术加入而性能大幅度改善的现有产品(通用公司的 OnStar 服务)。

2. 商务流程创新

商务流程创新是从企业角度来讲,通过数字化技术使能的组织体系形成的新的工作方式。随着时间的推移,电子商务引发的商务流程创新已影响到企业如何处理交易,如何进行决策,如何办公,如何处理现有的顾客和伙伴,以及企业如何吸引新的顾客等等,甚至也能够带来管理核心的改变,比如新的组织形式或治理结构。例如 Groupon 公司将"团体购买"与"疯狂交易"的形式结合在一起,形成新的团购商务流程,并利用各种社交网站(如 Facebook)推广团购的经营理念。

3. 商务模式创新

所谓商务模式,是指开展商务活动的方法,企业就此获得收益,维持生存和发展,也就是说,企业通过什么方式为客户提供产品和服务,从而创造和提升企业自身的价值。近些年,数字化技术改变了传统的网络结构和商业生态,数字技术的革新也是商务模式创新的主要驱动力。例如,零售行业中的盒马鲜生开启的新零售模式,餐饮行业中的海底捞打造的线上线下一体化的 O2O 模式等等。

尽管产品/服务创新、商务流程创新和商务模式创新是企业从不同角度对创新的理解和理念,但实际上这三类创新之间也存在着紧密的相互联系。企业可以选择"产品化"他们的内部流程创新,从而创造新的产品或者新的商务模式,抑或是企业推出一项新的产品,与其相关的商务流程也会随之改变。例如在乳腺癌检测的乳腺 X 线摄影领域,IT 检测技术使得放射科医生放弃了传统的胶片盒型模拟乳腺 X 线摄影,一个新的产品随之出现:IT 乳腺摄影,而伴随着这项产品的企业运作实践的集合——包括组织工作、研发流程、专家远程控制等也会随之发生改变。又例如,一项开源软件可以被看作为企业和个体客户在商务流程上的创新来创造 IT 产品,也可以看作为一种新的 IT 产品或者商务模式。

企业实践 6-5

阿里金融:互联网金融创新的排头兵

（二）数字创新能力的建立

企业实现上述的各类创新主要通过吸收来自合作伙伴不断涌现出来的信息和知识实现。事实上,的确有理由相信企业的渠道伙伴比第三方能够更好地获取信息。例如分销商可以获得销售和客户关系信息,而一个咨询公司便无法轻易得到这些信息,然而,由于分销商以前没有进行过这种信息或知识的收集和分享活动,市场"过滤"了市场规模、趋势和不断变化的顾客偏好信息,而企业通过与渠道伙伴间的 IT 连接,让信息和知识的共享更加透明和便捷,加速了企业掌握创新机会的过程。

1. 电子商务流程能力和数字创新能力

企业间电子商务流程能力能让企业间实现信息共享,并协调和整合企业与伙伴的竞争力,而企业的创新能力不仅依托于内部员工和团队的信息整合,同时更多的来自企业外部。那么,企业应该如何通过构建电子商务流程能力来促进创新能力的建立呢?

首先,利用信息技术,创造新的运营模式。利用信息流创造新的运营模式是企业利用电子商务的一个最直接的战略目标。当前的市场环境已不再是生产导向,而是基于客户导向,那么,企业首先要解决的是市场的反应速度要足够快,同时尽可能在产品当中加入更多服务性的元素。例如,京东商城通过搭建 B2C 平台,跟供应商建立共享库存。当消费者下了订单以后,京东库存没有,可以通过系统快速地去寻找供应商的库存,或者是厂商的库存,更快地响应客户。这便是通过信息共享和流程合作的方式,建立的一系列管理和运营的创新。

其次,重构合作关系,打造开放平台。在互联网的影响下,很多企业已经意识到市场竞争并非只是"你死我活"的针锋相对,同行之间同样可以做到互利互赢,妥协共存。而这种对合作关系的重构同样对企业创新能力的提升意义重大。流程合作的双方甚至多方提供的都是彼此的优势资源,事实上,很多新产品不能迅速实现更新就是因为产品受到一些技术或者资源上的制约。于是,企业通过电子商务流程能力的建立实现与合作伙伴的关系重构,使双方能够在同一个分享的平台,而且这种平台不仅仅局限于供应链的上下游,还甚至包括第三方企业、消费者个体等等,形成一条开放的产业生态链,以百度与京东共同创建的"创新硬件开放平台",在产品孵化、推广等方面整合了两家公司各自的优势资源和能力,为加入平台的合作伙伴提供技术、产品、渠道、数据等支持,而随着更多伙伴的加入,两家公司也基于该平台不断尝试开发新的硬件产品,如百度的小度 WIFI、影棒等产品,京东的智能家居产品等等。

2. 知识管理能力和数字创新能力

数字创新能力更高的企业往往比竞争对手拥有更多异质性的新知识和更快的市场响应。企业的知识管理能力赋予了企业更高的灵活性。这样,企业不仅能能更轻松地访问不同的外部数据,还能从外部数据中获得必要的洞察力,进而更快速地部署功能和开展创新。

以中信银行为例,中信 95558 知识库为中信银行总行各部门和 42 家分行重新开立了知识库用户,该知识库形成了一个由供应、使用、反馈共同支撑的全方位、闭环的知识网络环境,其总行各部门和全行 1000 多个支行网点均可以共同访问知识库系统,实现全行服务一体化。基于该知识共享平台,中信通过长期知识挖掘,制定了差别化客户服务策略,按照大众、贵宾、财富与私人银行区分客户群体,方便服务热线坐席员根据客户需求在不同业务知识模块间快速查询,给出专业解答,实现对客户的精准营销。2020 年 5 月 13 日,中信银行又作为第一批倡议方,与国家发展改革委等部门发起"数字化转型伙伴行动"倡议,推行普惠性"上云用数赋智"服务,培育数字经济新业态。可见,中信银行始终致力于通过数字化技术整合集团内部和行业伙伴的优质资源,开发新的商业应用,提升企业在金融生态系统中的创新活力。

第五节　实践跟踪:电子商务流程能力的建立

本节介绍在电子采购、电子渠道管理、客户关系管理以及跨流程协同四种类型的电子商务流程中电子商务流程能力的形成过程和影响机制。结合四项管理任务解释每个流程中 IT 资源的整合利用,从培育能力的角度总结电子商务流程能力的特征。

一、采购流程中的电子商务流程能力建立

1. 传统采购与电子采购的比较

采购(purchasing 或 procurement)是企业向其他企业购买原材料、产品和服务的商务活动。它是企业运营过程的一个重要组成部分,连接着生产与销售,对企业最终利益的实现有着很大的影响。传统采购几乎主要环节都依赖于手工操作。

随着 Internet 的发展,企业的采购活动也向电子化、网络化发展,通过电子化的方式执行企业采购活动正在被大型企业逐步接受。本书对电子采购的定义如下:

> **电子采购**　是指企业通过 IT 与供应商进行在线采购的商务活动,这种活动主要基于 Internet 在各种软件系统(例如 ERP,SCM)或电子市场支持的基础上,结合传统商务运作手段形成的新的电子商务流程。

表 6-5 对电子采购和传统采购进行了比较。可以发现,电子采购在依托技术、信息传递效率、采购过程监控、供应商管理以及订单管理模式上具有显著的优势。

表 6-5　电子采购与传统采购的比较

	电子采购	传统采购
采购目的	订单驱动,满足客户需求	补充库存
依托技术	依托 IT 和 Internet	电话和传真,手工操作
信息传递效率	适时传递,相对准确	延期,信息不准确,经常变动

续表

	电子采购	传统采购
采购过程监控	自动监控	难以控制
供应商管理	战略合作关系	人脉和人际关系
订单管理模式	自动管理,支持自动搜索	纸质管理,不易查找

2. 采购流程中 IT 资源的整合利用

在电子采购流程中,建立电子商务能力需要重点关注以下两个方面的 IT 资源整合利用:

第一,信息系统集成与供应商合作关系管理是实现电子采购流程的关键。企业要实施电子采购,首先要集成企业与供应商之间的信息系统,并与之建立长期的战略合作关系。如何在长期的伙伴合作基础上实现系统对接,并促进有效的信息共享和更多的在线合作业务是电子采购成功的关键。在电子采购中,还需要考虑供应商关系。在相互信任、共享收益、共担风险基础上建立战略合作伙伴关系将保证电子采购的有效执行。为了提高供应商的在线合作水平,有必要对其进行遴选以及实施有效的激励和控制。例如,海尔在选择供应商的时候,要求备选的供应商都在线提供生产能力、财务状况、供货历史、检测清单等资质证明,以便提高供应商的供货能力和在线合作能力。而联想集团则要求其代理商使用 PRC 系统每日上报销售情况,并将销售能力和上报情况作为考核经销商业绩、评定供应商级别的重要依据。

第二,复合型人力资源的支持作用。人力资源赋予了企业进行电子采购的技能、商务应用以及领导和决策能力。在电子采购流程中,这些知识性资源作用的发挥实际上就是员工参与管理能力的体现。通过员工的参与,有利于整合 IT 与商务流程,使之产生更高的效率,同时可以加强流程的应用从而支持快速变化的商务需求。此外,在线合作活动中,获取外部合作伙伴资源也无不依赖于企业员工的参与。人力资源本身具有的互补效应也就体现在商务活动中。

3. 采购流程的电子商务流程能力与特征

在电子采购流程中,电子商务能力的建立标志着电子采购的成功,并将有效地提高采购流程的绩效,体现电子商务的价值。下面企业实践中分享了 IBM 电子采购改革,因为在业界具有很高的声誉,其电子商务能力的建立经验值得很多企业学习。

 企业实践 6-6

IBM 的电子采购改革与电子商务能力的建立

根据 IBM 公司电子采购的实践,其电子商务能力可以在信息共享能力和合作流程能力两个方面进行综合概括。

信息共享能力的特征为如下五个方面：

（1）企业与供应商在线共享不断更新的采购计划，以便供应商及时了解原材料采购需求的变化，支持在线采购。

（2）在线与供应商共享不断更新的客户需求，供应商才能根据需求变化及时做出调整供货要求。例如，IBM公司就要求将客户信息及时反馈给供应商，这是对供应商管理的重要职责。

（3）企业通过网络将下游市场的信息（例如客户产品反馈、市场需求）及时通知供应商。

（4）在统一的采购平台上，在线与供应商共享其库存量，加快采购的进度和提高效率。这种自动化的共享机制保证了IBM无人驾驶采购的顺利执行。

（5）在统一的采购平台上，提供产品目录和价格信息，可以方便供应商对订单进行全过程管理。

合作流程能力的特征为如下五个方面：

（1）企业部门间完成系统集成，通过内部协作实现订单的统一管理和统一采购。IBM将原先的155个数据中心通过合并和标准化减少了90%，并集成到一个ibm.com全球网中，体现了对业务流程再造和系统集成思想的深刻认识。

（2）根据供应商的合作需求改造业务流程，支持跨企业的商务合作。例如，IBM公司为了实施电子采购，对IT系统构架和流程进行大规模的流程重组和整合。

（3）企业与供应商在信息共享基础上进行常规在线采购。IBM将库存、订单和客户需求的流程管理都转化为以信息为载体的电子采购流程管理，并有效地支持了无人驾驶采购。

（4）企业针对下游的销售和反馈情况完成商务报告，并将部分内容及时反馈给供应商，以利于供应商的商务合作。

（5）对于非常规采购（如突发性订单），企业能够与供应商共同解决此类问题。IBM将这种订单的处理纳入战略合作伙伴关系的考核中。

二、渠道管理流程中的电子商务流程能力建立

（一）传统渠道管理与电子渠道管理的比较

渠道管理（channel management）是企业为完成销售分销的目标而对现有渠道进行管理，以确保渠道成员间，公司和渠道成员间相互协调和合作的商业活动。其商务对象既包括销售渠道的代理商和经销商，也包括终端顾客。电子商务的出现，使得销售渠道发生了重要的改变，部分研究者认为，很多中间的销售层级可能被电子商务所取代。制造商可以绕过批发商和零售商直接面向消费者，如图6-4（b）所示。

（二）电子渠道管理的概念和类型

电子渠道管理既包括企业与代理商、分销商之间的B2B模式，也包括与终端消费者的B2C模式。企业与下游分销商、个人发生的交易均可以纳入渠道管理流程的范畴。本书从面向对象的观点提出电子渠道管理的概念。

> **电子渠道管理**　主要指企业通过IT技术与下游客户（如代理商、分销商、终端客户等）进行在线渠道管理或销售活动，这种活动主要基于Internet在各种软件系统（例如ERP、CRM等）或电子市场支持的基础上，同时结合传统商务运作手段形成的新的电子商务流程。

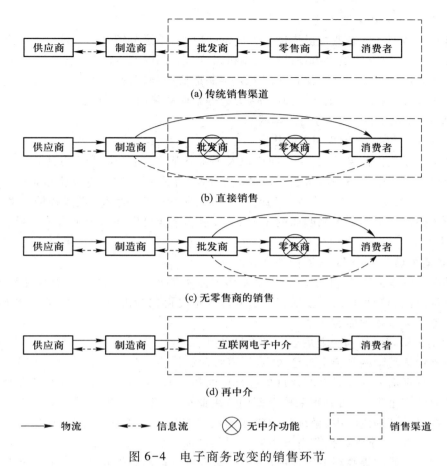

图 6-4　电子商务改变的销售环节

资料来源：Warkentin M.The role of mass customization in enhancing supply chain relationships in B2C
e-commerce markets.Journal of Electronic Commerce Research,2000,1(2):1-17.

根据企业与客户发生的渠道销售结构的差异,可以将该流程分为四种类型:

1. 自由平台网上直销(B2B 和 B2C)

采用这种类型的企业一般自建销售平台,越过各种中介直接向终端客户进行销售。其最大的优势在于能够直接了解客户需求进行生产或调配商品,大大节约成本。例如,戴尔公司就是典型的网上直销企业,国内的海尔、联想、美的等企业也提供网上直销业务。其销售对象既包括消费者,也包括企业,因此形成了 B2B 销售和 B2C 销售两种类型。

2. 基于中介的 B2C 网上直销

很多企业也借助于中介市场进行产品直接销售。采用这种模式的企业可以分为两类:一类是具有风险投资背景的高科技企业,以美国的亚马逊网上书店和中国京东最为典型,可以看作是一种新型的网上零售商。第二类是企业本身不经营网上销售,而是将产品销售权交给网上中介,借助于网上中介进行销售,并按照销售额度缴纳佣金。例如中国最大的网上酒店和机票预定网站——携程网,航空公司、酒店、景区以及旅行社都将其视为一种网上中介。

3. 自建平台的 B2B 渠道销售

采用这种销售模式的企业可以借助于 Internet 加强对渠道分销商的管理。通过 B2B 电子渠道管理流程,企业可以方便地对市场进行监控和调节,也有利于提高对市场的反应能力,使得一对一的售后服务成为可能。这种模式在国内大型制造商中被广泛应用。例如,个人计算机生产厂商北大方正、联想以及家电生产厂商海尔、美的等企业都采用这种模式。这是典型的"水泥加鼠标"(click-and-mortar)电子商务营运模式。

4. 借助于中介市场的 B2B 网上销售

中介电子市场凭借信息量大、交易面广以及专业化服务,为大量无法自建电子销售系统的中小企业提供了参与电子商务的机遇。通过中介市场,企业可以凭借专业化搜索引擎轻松找到大量的买方。同样,也可以通过个性化的网站制作工具发布产品信息,进行各种网络营销活动。有些中介市场还定期举办大型采购商的集团采购,中小企业可以在这个平台上轻松找到采购商订单,并与之交易。

(三) 渠道管理流程中 IT 资源的整合利用

在电子渠道管理流程中,电子商务能力的形成除了依赖于整合式的电子交易系统之外,员工的人力资源技能和知识以及对于伙伴关系的管理也显得尤为重要。这些 IT 资源的整合效果直接决定了电子渠道管理能否成功。

1. 前台销售管理系统与企业后台处理系统的整合

企业对于销售活动的重视由来已久,对渠道管理和销售信息的信息化也最早实施。为了有效地管理渠道管理活动并及时对客户订单进行跟踪和处理,必须通过渠道管理系统将订单信息及时通过销售转交至生产、物流和采购等部门。由此可见,渠道管理流程中对订单的处理能力至关重要。在渠道管理流程中,系统间的集成不仅仅满足于渠道管理确认,还应该将客户关系管理与之连接。例如,个性化推荐系统为客户提供产品推荐是 CRM 支持渠道管理流程的一项重要职能。这不但能够提高渠道管理的成功率,而且可以提高个性化水平。在渠道管理中还涉及资金交割、物流配送等相关流程,企业只有与金融机构、第三方物流公司等合作伙伴进行系统整合,才能满足客户在线支付和货物跟踪等要求。

2. 员工多维技能支持电子渠道管理

在渠道管理流程中,作为一种重要的互补性资源,员工具备更好销售技能以及领导和决策能力,能够提高渠道管理的运作效率和服务能力。这种技能在突发事件管理中显得尤其重要。

3. 合作关系管理对电子渠道管理的影响

与供应商关系管理的侧重点不同,在渠道管理流程中,企业仅仅关注相互信任、共享收益、共担风险的战略合作伙伴关系是不够的,对代理商或分销商的技术接受能力的考察更加重要。企业电子渠道管理流程面对的销售对象既可能是代理商(企业),也可能是消费者(个人)。这些销售对象对于渠道管理技术的掌握能力和合作关系是存在很大差异的。例如,代理商可能更多地考虑能否通过电子渠道管理流程减少库存并获取更多的利润,而消费者则关注于在线服务和产品是否优质、廉价并且渠道管理过程是否安全可靠。这种差异决定了电子渠道管理流程的实施应该从对象的交易特征以及偏好出发,充分考虑伙伴就绪的现状,确定具体的渠道管理策略。

（四）渠道管理流程的电子商务能力与特征

企业实践 6-7

各公司电子渠道管理流程的应用实例

虽然以上每家企业的运作模式和优势能力表现不同,但是在与销售对象的交互活动中都强调了信息共享和在线商务合作。与电子采购相比,电子渠道管理更加注重灵活的流程设计和面向客户需求的在线合作方式,可以通过信息共享能力和合作流程能力两个方面进行综合概括,体现了对电子渠道管理中发生"三流"的整合。

信息共享能力的特征主要表现在以下六个方面:

（1）在线与客户共享不断更新的销售策略（例如:产品优惠信息）。

（2）在线与代理商或客户共享不断更新的市场需求信息。

（3）在渠道管理流程,企业通过网络在线与代理商或客户共享不断更新的渠道管理产品目录。

（4）企业在线与代理商或客户共享渠道管理产品的生产进度和库存量,提高在线渠道管理效率。这是电子渠道管理中核心的信息共享内容,也是电子商务最重要的增值业务。企业与代理商之间的在线合作需要共享生产进度和库存,以便更准确地了解到市场的销售状况,代理商也可以查询订单的进度。

（5）通过网络与代理商共享客户的投诉和建议。很多大型企业都提供在线反馈和咨询的业务,终端客户可以将产品的投诉和建议提供给企业。企业将这些信息与代理商共享,提高代理商对产品和市场的认识,有利于更好地销售产品。

（6）在线提供网上代理商或客户社区,提供商业机会、技术服务等增值信息。这是企业为客户服务的重要环节,也是促进销售的重要手段。例如,瑞星公司开通的瑞星卡安全论坛,提供了大量的自助计算机安全防护信息,这些信息都是公司、代理商以及消费者提供的,对于新产品的推荐也起到了很好的作用。

合作流程能力的特征主要表现在以下五个方面:

（1）据代理商或客户的合作需求改造业务流程,支持跨企业的商务合作。

（2）企业内部部门间已经完成系统集成,提供在线渠道管理的支持服务。例如,神州数码借助 SAP 公司的 ERP,研发了神州商桥代理商渠道管理系统,将与企业销售相关的五大部门集成在神州商桥系统下,共同支持电子渠道管理活动。

（3）企业与代理商或客户在信息共享（如销售信息、生产计划）基础上进行常规的在线渠道管理活动。

（4）企业与供应商合作应对临时订单,满足代理商的渠道管理需求。这对企业的商务协同能力要求较高,需要与供应商建立战略合作关系。例如,按照订单生产的戴尔公司接受客户特殊订单后,如果库存不够,就要求供应商在规定的时间内提供备货。

(5) 代理商及时将客户潜在需求反馈给企业,以便企业及时做出决策和战略调整。该功能实际上是 CRM 系统对渠道管理流程的支持。通过该功能,企业可以根据市场变化,更好地设计产品和促进交易以及改善售后服务。

三、客户关系管理中的电子商务流程能力建立

(一) 客户关系管理的概念和功能

企业间的竞争不仅是技术、设备和产品的竞争,而且是如何有效强化企业与客户的关系,是对"客户"的竞争。客户关系管理(customer relationship management,CRM)就是在这种新的形势下提出的一种管理理念,同时也是一种帮助企业解决客户管理的 IT 解决方案。根据 Gartner Group 的抽样统计,通过 CRM 采用主动客户服务的企业,其销售收入增加了 15% ~ 20%。这说明企业在采用 CRM 后,将会获得明显的回报。由此可见,CRM 日益成为企业新的 IT 投资热点,也为客户关系提供新的管理模式。

客户关系管理认为客户是业务的核心环节,公司成功与否取决于能否有效地维持与客户的关系。随着管理思想、技术解决方案以及管理模式的不断更新,CRM 这个概念本身也处于不断发展之中。

本书认为客户关系管理是企业新管理思想与 IT 的融合,为体现客户价值最大化提供了新的运作模式。

> **客户关系管理**　是企业树立以客户为中心的发展战略,通过 Internet 和 IT 将一系列客户管理方法运用于营销、销售、服务和职能支持等业务流程中,产生客户价值以改善客户关系和客户服务,提升客户满意度和忠诚度,从而达到提供企业竞争优势和利益的一种新的商务活动。

由于产业的不同和流程的差异,不同企业的 CRM 功能也有一定的差异。CRM 功能可以分为业务型、分析型和合作型。

(1) 业务型 CRM 主要完成业务流程支持,如客户服务、销售和营销自动化等。它通常需要借助于 ERP 将企业的商务流程整合在一起。电子商务的订购和销售与业务型 CRM 关系最为密切。这类 CRM 系统一般被应用于大型制造企业的经营活动中。

(2) 分析型 CRM 涉及客户数据的获取、储存、提取、加工、解释和向客户提交报告等商务活动,根据需要对这些数据进行综合分析。这类 CRM 被广泛地应用于面向消费者的客户服务领域(如旅游公司、物流公司、汽车和手机制造等行业),被用于追踪客户的需求变化和个性化服务。这类 CRM 系统应用灵活,借助于 E-mail、呼叫中心和移动网络进行信息发布和查询,极大提高了客户接受服务的机会。

(3) 合作型 CRM 主要处理企业与客户之间必要的沟通、协调和合作活动。电子市场往往采用这种 CRM 为参与市场交易的对象提供分析客户潜在特征的服务。例如,阿里巴巴的客户管理系统就是合作型 CRM 的典型。大型制造企业的 CRM 也会采用这种形式,将渠道代理商作为重要的合作伙伴纳入客户关系管理合作型 CRM 进行综合管理。

（二）客户关系管理中的 IT 资源整合利用

IT 资源整合利用需要注意系统集成、人力资源支持以及客户参与。

1. CRM 系统集成

随着 CRM 的广泛应用，企业与客户之间的沟通渠道更加广泛，Internet、呼叫中心、邮件等都成为客户服务的重要工具，同时也为客户关系的维持提出了系统整合的要求。CRM 与支持其他电子商务流程的系统（如 ERP、电子渠道管理、移动 APP 平台等）进行整合，在营销、销售和服务等一系列环节中支持企业及时了解客户需求，更好地为客户提供各种个性化的服务。例如，上海大众的 CRM 系统与 ERP 和 SCM 集成后，使得客户个性化需求、售后跟踪等信息可以在企业各个部门之间共享。不但有利于企业更及时跟踪和了解客户消费特征，还可以通过商业智能支持企业决策。

2. 复合型人力资源支持 CRM 的应用

CRM 系统的实施必然会改变企业内部员工原有的工作习惯，也可能会侵犯到某些人的既得利益，以至于对 CRM 系统产生抵触，甚至会消极怠工，更为严重的会使企业投入巨资的 CRM 系统陷入瘫痪。重视业务流程重组中人的因素对项目的成功是很重要的。如果系统的最终用户对系统不持积极态度的话，那些由最新、最有力的技术支持的最合理的业务流程也可能不会产生理想的结果。复合型人力资源对 CRM 的支持更多依赖于员工的知识和参与技能。

3. 客户参与行为支持 CRM

企业的商务流程和技术整合模式必须有客户的有效参与，并提供与之匹配的服务途径，才能真正体现 CRM 的作用。因此，企业需要考虑客户是否接受并愿意参与这些新的服务模式。Patricia Seybold 集团提出了面向客户（customer-facing）、客户接触（customer-touching）以及以客户为中心（customer-centric intelligence）三种客户响应智能模式。这些响应模式能够满足不同层次的客户参与对 CRM 的需求。例如，小米为了吸引客户参与 MIUI 的问题和反馈，提供了完善的社区服务功能。

（三）客户关系管理中电子商务能力与特征

通过 CRM，企业可以在便捷的沟通和快速的问题解决中提高客户满意度。客户服务作为重要的增值服务，是交易中不可或缺的重要组成部分。请扫描以下二维码，了解国内外一些企业 CRM 成功的运作实例，不同的应用模式体现了电子商务能力的丰富内涵。

 企业实践 6-8

各公司 CRM 支持电子商务的应用实例

虽然以上每家企业的运作模式和优势能力表现不同，但是在与客户各种渠道的沟通中强调了信息共享和流程的合作。

信息共享能力的特征可以概括为以下七个方面：

（1）提供个性化的网页和商务活动管理功能，支持客户查询和订购。例如，武汉春秋国际旅行社可以在后台直接添加旅行线路的具体行程和食住行游购娱的图片，并通过视频展示线路中的关键服务要素，使客户具有身临其境的旅途感觉。

（2）企业网站通过提供 e-mail 和网上社区为客户提供产品和服务的交流方式。这是一对一的模式和公众信息交互的典型应用。上文中提到的加拿大贝尔高级通信公司的 e-mail 服务和微软的知识库信息共享都是典型的 CRM 应用。

（3）企业通过呼叫中心和后台的智能代理等技术和方法主动获取客户需求意向。例如，大陆航空公司通过引入微思（Witness Systems）提供的软件通话记录进行分析，通过获取客户需求意向，使得企业与客户之间距离越来越近，产品和服务越来越贴近需要。

（4）企业网站通过搜索引擎、产品目录等方式提供在线搜索相关产品信息服务。这是 CRM 支持在线交易的重要环节。例如，亚马逊通过其优越的搜索引擎可以帮助客户搜索 1 700 万条商品记录。

（5）企业建立客户数据库（包括客户分类、偏好和特殊需求），保持客户和促进销售。亚马逊的 CRM 系统与销售系统整合后可以识别登录客户的身份，并将这些搜索关键词的组合方式和频率进行智能记录，且形成客户销售行为数据库。

（6）企业网站为潜在客户提供有关产品质量、市场交易等评价信息（例如客户评论、客户分级等）。例如，阿里巴巴提供了诸如诚信通指数、评价记录以及是否接受支付宝等反映交易可信度的指标，以便为买卖双方达成交易提供参考。

（7）企业在线与伙伴共享客户需求（例如客户偏好、需求预测）的变化。通过该功能，企业可以根据客户需求变化，更好地设计产品和促进交易，改善售后服务。

合作流程能力的特征包括以下六个方面：

（1）企业通过自助服务为客户跟踪订单状态提供条件。这种在线合作的能力在很多公司都被广泛应用，如联邦快递的货物追踪，戴尔电脑的订单跟踪，以及福特公司也允许客户追踪定制汽车的制造进度。

（2）企业提供在线客户服务（如呼叫中心、短信平台），处理顾客咨询和反馈意见。例如，IBM 就将呼叫中心系统、短信平台与电子商务系统整合，满足客户多种渠道接受服务的能力。由于人工的介入和系统的自动化处理，其订单数量拓展 30%。

（3）企业利用 IT 和智能化的技术，根据客户的需求特征有效推荐产品和提供售后服务。例如，携程网根据客户的出行时间，智能地确定各个航空公司的航班信息和折扣情况，并推荐最优惠的机票信息。

（4）企业利用智能化分析工具，系统整理和分析客户的潜在需求和特征。例如，苏宁电器可以直接给某些有着良好购买记录的顾客现金优惠，也可以根据对方的购买习惯打包进行捆绑式销售，这些都给顾客带来实际便利。

（5）企业通过销售管理（如销售机会、销售统计），形成市场的分析和预测以便高层进行决策。例如，沃尔玛每月都会对其各个超市的销售记录进行数据挖掘，分析畅销产品之间的内在关联，以便调整这些产品的销售策略。啤酒加尿布的故事就是该公司著名的市场决策案例。

（6）对客户投诉和建议进行整理，并反馈给相关的合作伙伴。这是 CRM 支持电子商务流程的主要表现。例如，通用汽车采用 CRM 系统及时跟踪了解消费者的驾车感受，并将这些信息及时反馈给整车研发部门和供应商,大大降低了研发机构获取客户信息的难度,并缩短了新车的推出时间。

四、跨流程协同管理与电子商务流程能力

(一)跨流程协同的类型

企业电子商务运作是一个综合系统,采购、订购或者客户服务是相互融合的。当企业同时考虑在三个典型电子商务流程中实施电子商务时,就必然产生上游的采购流程和下游的订购流程及客户关系管理流程之间跨流程的整合,这种流程整合产生的跨组织电子商务能力的作用结构,对企业供应链绩效产生了深远的影响。

本章第二节已经提到合作流程能力偏重于跨组织和跨功能商务活动的合作。更加开放的信息共享能够促使伙伴在合作中形成信任关系提高流程运作的有效性。这就形成了电子供应链的流程协同,在流程协同中构成了复杂的电子商务能力整合作用,并最终形成以需求为导向的电子商务能力跨流程作用的效果。

由于电子商务依托的信息系统整合模式存在差异,所以跨流程的表现形式也存在差异,大致可以分为基于电子供应链的跨流程协同以及基于中介市场的跨流程协同两类。

1. 基于电子供应链的跨流程协同

电子供应链的上游是电子采购流程,下游包括电子渠道管理流程以及客户关系管理,将供应商、代理商以及客户全部纳入一个协同的运作环境中。电子供应链解决的是流程间的协同,即上下游电子商务流程间不是孤立的,而是通过订单将上游采购和下游渠道管理和客户服务连接在一起,最终实现对库存进行实时控制,对客户需求及时反馈,并提高对市场的反应速度。

流程协同一般发生在与企业密切关系的合作伙伴之间(如制造商与供应商,制造商与销售商),其价值创造是通过增加协同处理能力、降低不确定性实现的。例如,流程协同在一定程度上可以减少产品脱销、提高临时订单处理能力、降低整个供应链库存、降低原材料成本以及促进销售量的增加。

2. 基于中介市场的跨流程协同

在中介市场上,参与交易的买卖双方不但可以进行电子采购、电子销售以及客户关系管理,而且通过信息沟通、商业互动和社会资本的获取与占有来改变商业资源的流动方向与流动速度。这种协作活动被阿里巴巴称为"网商协作"。网商群体打破了以规范化、逻辑化等为特征的传统商业规则,通过 Internet 技术手段,让商业元素的流通速度加快,灵活度提高,数千万网商通过协作获得了更好的商业回报。

(二)电子商务的跨流程能力特征

不管是哪种在线协作方式,电子商务环境下跨流程协作的目的都是为了塑造一个一体化的、协调的虚拟组织,并提高对市场需求变化的反应能力。这几年电子商务的快速发展,国内许多企业都从跨流程协同中获益。

企业实践 6-9

各公司实施跨流程协同的应用实例

以上企业之所以能取得这样的成效,完全得益于供应链或中介市场中的合作伙伴共同分享它们所需要的各种信息和知识,从而促进协同运作。当供应链中每个成员企业的活动都像乐队队员按乐谱演奏那样时,供应商就知道何时增加/减少生产,物流公司能够掌握何时提供准时物流服务,分销商也可及时进行调整。这样,就能够把传统经营中经常出现流通中断或库存积压过长等问题降低到最低限度,实现资源的最佳配置。这种能力就是电子商务的跨流程能力。

根据企业的实践,电子商务跨流程能力主要表现在以下几个方面。

1. 提高流程间的整合水平和可见度

在电子供应链环境下,不同环节的库存、产品需求、交货时间以及客户服务等信息必须能够被各个环节的合作伙伴所分享。因此,提高流程间的信息共享水平是提高可见度的关键。

2. 战略合作关系有助于提高跨流程能力的形成

在多个电子商务流程整合的状况下,企业面临更加复杂的合作伙伴关系。对于制造企业来说,既包括原材料的供应商,也包括产品销售渠道的销售商,同时还需要面对终端客户日益变化的个性化需求。建立相互信任和长期合作的战略伙伴关系是电子商务跨流程能力形成的主要因素。

3. 构建以需求为导向的电子供应链运作模式

电子商务提高了企业间的信息共享,改善了伙伴合作关系和在线协作能力,进而推动企业关注于市场的变化和客户需求的个性化。当前的市场竞争已转变为企业掌握客户需求并满足其需求的能力之间的竞争,也必然影响到企业跨流程合作的导向。企业的流程协作需要关注如何实现以需求为中心"拉动式"的供应链,必须朝着周转环节少、灵活性强、交易成本低的方向发展。

以需求为中心"拉动式"的运作模式也称"随需而动"。根据客户需求而设计和制造产品,"随需而动"电子供应链模式被众多企业采用。它能提高企业面向市场的竞争能力,实现削减总体成本、提高供应链效率与灵活性以及管理系统整体性能的目标。

例如,IBM 最早提出了"随需应变"战略,提倡加快对客户需求的响应速度。IBM 积极推动客户、合作伙伴的标准开放,并且帮助那些采用了开放式标准的公司更加快速地集成信息,从而使得 IBM 加快对客户的响应速度。通过与供应商、合作伙伴之间技术上无缝的整合,抢在竞争对手之前建立起灵活高效的运营模式,并能够随着客户需求做出迅速调整,形成核心优势。

第六节　企业电子商务应用能力建立的管理创新

电子商务是在传统商务基础上发展起来的,是对传统企业的经营环境、资源配置、组织结构等方面的变革。企业需要针对这种全新的能力建立过程在管理思想、管理方法和管理模式上实现创新,根据能力建立过程所反映的特点和变化规律,做出相应的改进和调整。

一、提高人力资源的 IT 技能和管理能力

企业中的人力资源一直被认为是创造竞争优势的关键因素。人力资源以及由此对人员行为和技能产生的影响,通常被视为企业管理"软"的方面。人力资源所体现的员工技能、应用能力以及管理能力,能够在流程的应用管理中整合信息系统资源和企业伙伴资源,是形成能力的最重要因素。人力资源是企业内部的智力资源,对于培育和发展能力起到了决定性的作用,竞争对手在短时间内难以模仿,成为企业竞争优势的重要来源,现代企业之间的竞争已演变为企业人才的竞争。虽然竞争对手可以模仿其中的某些要素(如招聘同等学历和经验的员工、类似的培训),但却难以复制员工参与企业商务活动的过程。因为这不但与企业的商务流程相关,也与企业的组织文化和管理模式等因素存在密切联系。

针对电子商务流程能力的构建,各个电子商务流程的开发、实现、管理、操作和评价都依赖于企业员工所具备的专业技能和参与应用能力。企业对人力资源的要求已经超出了技术技能的范畴。员工 IT 技能和管理能力所应该具备的知识多样性直接决定了企业流程运作的可靠性和效率。通过协同工作和知识互补,在强化员工参与企业管理的同时,培养其发掘新工作方式的能力,鼓励其参与企业的创新和变革。

针对知识管理能力的构建,企业在组织活动过程中对企业间的知识与技能的收集和共享,以便达到将最恰当的知识在恰当的时间传递给最恰当的人,使他们能够做出最恰当的决策。而由于这些隐性知识最初的存在是以人为载体的,IT 技术提升了载体的效能,但最终使用这些知识做出符合组织利益目标活动的依然是人,所以说,复合型人力资源是企业进行知识共享过程中最重要的驱动因素,企业对新兴商务能力建立的过程管理需要强调对人力资源的合理配置和利用,实现企业间的知识共享,进而建立新兴商务能力这一动态过程。

二、重视知识共享对商务能力的推进作用

电子商务技术的出现使企业内部和企业间的知识共享成为可能,而这种知识的交流与共享反过来又促进了企业商务模式甚至整个电子商务的发展。

事实上,由于互联网在信息传播和沟通方面所具有的快速、实时和交互性,企业间的 IT 应用也呈现出新的特征,如更短的商业渠道、更广泛的信息交流等,这些特征都是建立在广泛、快速的知识交换基础上的。与电子商务流程能力中的信息共享特征不同,知识共享是经过企业或个体解释并赋予了内容的信息的共享,因此,知识是一个动态的伴随着商务流程和活动的结果,同时伴随着各种商务环节的经验、背景、解释和反应的信息。而电子商务的实施使得企业能够以更低的成本与更多的渠道伙伴进行商务活动,也就有更多的机会通过商务协作从商务伙伴那里获取更多的知识。知识管理能力对企业新兴商务能力的形成起到了更为重要的直接作用效果。

企业在建立有利于知识共享的信息平台后,从管理角度来看,还需要建设有利于知识共享的企业文化,让企业双方那些愿意共享的员工得到利益,适当地将隐性知识的拥有和传播设计为薪酬制度中的评价因素之一。如,员工通过知识共享平台进行了某一内容的交流培训之后,由相关人员对其交流的内容进行评价,确认这种交流培训的有效性,从而使知识共享的习惯和氛围逐渐建立。同时,从组织结构方面上来看,构建扁平的组织结构或者组建项目工作团队,使企业内部能有广泛的人员轮换,可以带动隐性知识在平台上的扩散和共享。

三、跨流程管理关注需求驱动

跨流程管理要求关注于企业与合作伙伴的流程间整合和协同,通过电子商务整合供应链,实现电子供应链管理。

基于 Internet 的运作模式促使传统供应链管理(SCM)模式发生了变化。市场竞争的加剧、产品生命周期不断缩短,市场需求日夕万变,传统以物料供应为主体、从上游供应商依次逐级向下游客户转移的供应驱动(supply-driven)模式已经不能满足企业竞争的要求。两种驱动模式的差别在于前者强调“推”的机制,即按照制造商预测满足客户需求进行生产和配送;而后者则是一种“拉”的机制,侧重于对市场需求的获取和传递。

电子化的运作方式使得传统企业能够以更低的成本进入新市场、吸引新客户、提供新服务,企业运作的焦点正在转向“以客户为中心的供应链”,即需求驱动(demand-driven)运作模式。需求驱动的供应链管理是企业跨流程管理的追求目标。它表达了企业对客户需求的强烈关注,显示了从客户的需求提出开始,到客户的需求得到满足为止的贯穿整个需求链的所有商业活动。它涵盖了与之相关的制造商、分销商、物流供应商、零售商、消费者等所有实体。其管理的基本思想是以市场和客户需求为导向,以提高竞争力、市场占有率、客户满意度和获取最大利润为目标,以协同商务、协同竞争和多赢原则为运作模式,通过运用现代企业管理思想、方法和信息技术、网络技术、集成技术,达到对整个需求链上的信息流、物流、资金流、工作流的有效规划和控制。

例如,联想面向代理商的 PRC 系统和神州数码面向经销商的 E-bridge 真实地反映了中国企业需求驱动的电子商务运作特征。海尔通过 ehaier.com 分销网络极大地满足了销售商了解市场变化的需求,提高了客户服务能力,降低了服务成本和订单反应时间。通过电子商务,海尔实现了与代理商的信息共享和双赢合作机制,有效的运作将实现实时订制并且改善对市场和客户需求的反应。

四、围绕数据资源架构企业能力体系

从电子商务流程能力、知识管理能力和新兴商务能力的建立过程来看,数据资源已成为企业能力形成和数字化改革的基本要素,是搭建整座能力大厦的砖瓦。数据从收集、浓缩、共享到应用贯穿于电子商务应用能力体系的架构中,数据资源的不同应用阶段对应于不同类型的电子商务应用能力的建立。换而言之,围绕数据资源架构企业能力体系,认清能力产生的机理和对应数据资源的应用目标,对企业最终创造电子商务价值具有重要的实践指导意义。

第一,电子商务流程能力是企业获取和沉淀数据资源的基础。电子商务流程能力涵盖了企业上下游各类运作流程的应用,能够汇聚供应商、代理商和终端客户的海量商业数据。而这些数据对于企业洞悉伙伴资质、生产效率、客户需求等具有宝贵的分析价值。在电子商务流程能力的建立上，要增强抓取数据"流"的能力，让数据能多源汇聚、自动采集、实时呈现。在自身工作流程上预先设计，使得各运行环节的数据能自动沉淀归集，形成结构化数据；同时合理配置智能感知设备，建立聪慧高效的感知网，实现数据自动采集。

第二，知识管理能力是企业将数据资源转化为知识资源的载体。大数据时代的到来为企业知识管理提供了强大的技术支持，而知识管理能力的建立则将数据中的价值浓缩成知识并为管理者提供决策支持。因此，知识管理能力在整个电子商务应用能力体系中可以被视为数据资源的转换库，可以将零散的信息和数据进行分类、整合、记录、读取和更新，基于"数据—信息—知识"的转化机制提炼商务知识，从而帮助决策者做出正确的决策，降低动态市场的变化带来的决策风险。

第三，新兴商务能力是企业利用数据价值支持商务战略的关键。在很多传统企业，业务部门一度认为数据管理是 IT 部门的事，与业务人员无关。也有很多企业将数据的管理和应用完全寄托在了 IT 部门。而新兴商务能力的建设就是需要业务管理者改变数据使用的现状，将数据真正作为企业的"生产要素"去管理和使用，而且需要企业全员建立对"数据"、对"数字化"的统一认知，具备"用数据说话、用数据决策"的思维模式，培养并逐步形成企业的数据文化。

本 章 小 结

建立企业电子商务应用能力的目标是通过电子商务流程能力的管理，实现 IT 资源的整合利用，产生和形成电子商务应用能力，并最终实现电子商务价值。电子商务应用能力包括电子商务流程能力、知识管理能力和新兴商务能力，其中，电子商务流程对电子商务流程能力建立的影响主要表现在两个方面：一是 IT 资源的整合应用，二是培育两个电子商务流程能力：信息共享能力和合作流程能力。企业建立和执行电子商务流程的过程，实际上也是一个进行管理变革和价值创新的过程。知识管理能力则从资源配置角度强调了知识资源的积累和共享对于企业创新以及获取竞争优势的重要性，并结合 IT 资源对知识共享不同的作用特征，总结了知识管理能力建立的过程。

新兴商务能力包括智能决策能力、合作联盟能力和数字创新能力，其中，智能决策能力强调利用大数据和智能技术提供决策支持的能力，其内涵体现在利用数据资源对市场机会和威胁进行感知和响应两个相互衔接的过程，其建立过程依赖于电子商务流程能力和知识管理能力的培育和支持；合作联盟能力强调企业管理渠道资源，提升企业间交流、协同和治理商务交互行为的能力。其作用表现为提升协同商务水平和获取伙伴资源等方面，合作联盟能力的建立主要依赖于电子商务流程能力对伙伴关系的优化和改善；数字创新能力强调企业根本改善现有商务流程或创造全新的商务模式，持续创造新的产品和服务的能力，表现为产品/服务创新、商务流程创新和商务模式创新三个方面。

最后总结了企业电子商务应用能力建立的管理创新和四项管理原则。

本章关键词

电子商务应用能力　　　　e-business application capability
电子商务流程　　　　　　e-business process
信息共享　　　　　　　　information sharing
合作流程　　　　　　　　collaborative process
知识管理　　　　　　　　knowledge management
电子渠道管理　　　　　　digital sales channel management
客户关系管理　　　　　　customer relationship management, CRM
智能决策能力　　　　　　intelligent decision-making capability
合作联盟能力　　　　　　collaborative alignment capability
数字创新能力　　　　　　digital innovation capability

复习思考题

1. 电子商务环境中,建立企业电子商务应用能力的目标和任务分别是什么?
2. 在电子采购、电子渠道管理以及客户关系管理中,电子商务流程能力特征各表现在哪些方面?
3. 请结合实例说明如何通过 IT 资源整合实现企业间的信息共享能力和合作流程能力。
4. 不断变化的市场环境对企业会产生哪些影响?
5. 请结合企业联盟实例说明企业间联盟合作的原因和特征。
6. 请分别举例说明,企业如何通过对数字化技术的应用实现产品和服务创新、商务流程创新及商务模式创新。
7. 电子商务环境中,企业如何对组织能力进行管理?请结合企业实际加以说明。

课后小组活动

阅读和讨论本章案例"联想: 后 PC 时代数字化转型的引领者"。
要求:以小组为单位,讨论联想集团在数字化转型的过程中形成了哪些电子商务应用能力,在小组讨论基础上制作幻灯片,并进行课堂陈述和讨论。

--- 案例讨论 ---

联想: 后 PC 时代数字化转型的引领者

作为联想集团主业的 PC 业务,经历了多年的增长停滞乃至市场萎缩,后 PC 时代已成业界共识。作为全球 PC 行业的巨头,为了在行业生命周期的成熟和下降阶段保持主业的适收规模与盈利能力,同时开创新业务增长点,联想决心数字化转型,而数字化能力和智能化能力的构建成为转型的核心因素。

第一,数字化转型:先进的数字化基础设施支撑端到端的数字化运营。

联想以每年 5 亿美元的数字化建设投入,在全球建设并运营 10 个数据中心,构建了包括私有云和公有云的混合云架构数字化基础设施。在其武汉生产基地实现两条 60 米长、10 米宽产线的 5G 专网覆盖,赋能面向未来的智能制造。基于这些基础设施,联想储存和管理超过了 14P 数据,数据资产超过 2 万张数据表,汇集多来源用户与市场数据,打通供应链、服务和财务等环节,实现敏捷分析、支撑业务的快速决策和快速响应。

先进的数字化基础设施,支撑了联想包括融合销售渠道、智能工厂和数字化供应链的端到端的数字化运营,并通过柔性制造和敏捷供应链,实现大规模的产品定制化。以深圳工厂为例,每天接收来自全球 170 多个国家的上万张订单;其中 95% 订单需要量身定制,操作系统语言近 40 种,客户定制软件超过 15 000 个,不同类型的标签达 700 多个,直接发货区域超过 20 000 个。从 2005 年至今,在深圳地区人力成本提高了 10 倍的情况下,联想深圳工厂的产品单台制造成本相比 2005 年却下降 50%,真正实现高成本地区的低成本制造。

第二,应对突发疫情影响,数字化能力提升运营韧性。

销售渠道方面,联想智慧零售平台一直致力于将线下大量连锁门店实现整合和线上转型,在疫情期间对于联想的销售发挥了重要支撑作用。疫情初期,联想关闭了 65.3% 的线下门店,对销售业绩带来了巨大影响。危机之下,大量线下门店主动开展线上业务,借力小程序的生态体系,实现了全渠道数据、会员、门店、营销、物流各环节的打通。联想乐呗小程序商城带动 1 000 家门店上云,让 4 万导购云复工,带动销量复苏。

为实现疫后快速复产,联想利用物联网、大数据等技术,自主开发“Ideas 信息平台疫情管理系统”,精准预测生产要素,通过数据的透明化,根据返工趋势来提前决策生产安排、预测生产状态,用最短的时间、最快的速度全面复工复产。虽然疫情带来短期的生产滞后,但由于已经实现了高级别的柔性生产,在生产线尚未启动的阶段,率先开始生产计划安排,从而快速恢复生产,提升产能。

另外,整体数字化供应链协同系统的应用也颇具成效。以 PC 产量最大的合肥联宝工厂为例,电子物料全自动仓储系统单日进出料 3 万卷,每 4 小时调取 2 000 多种物料到产线。在智能协同的供应链系统的管理下,将复杂化为无形,工厂从备料到生产就像人们去无人超市购物一样便捷畅快。

第三,数字化能力输出,引领商业模式创新。

基于自身数量众多的工厂与复杂的供应链,联想打造联网平台 LeapIOT,一款全新的端到端工业智能解决方案。在推动包括联想自身及上游供应商的数字化转型的同时,联想基于这一平台实现数字化能力输出,赋能工业用户的智能化运营,加速推进制造业服务化,打造未来的增长引擎。

在智能化运作领域,联想已经尝试在各个领域运用智能技术来推进智能化的流程。以机器视觉为例,在制造领域,联想将机器视觉技术广泛应用于研发、配料、测试、包装、仓储各环节,研发端设计验证、物料多条码自动识别等,大大提高了流程的效率和质量水平。同时,联想也不断尝试将这些成功解决方案推广到业界,协同上下游伙伴提高数字化智能化水平,打造高质量协同智慧供应链。

　　（资料来源：埃森哲 2020 中国企业数字化转型指数报告。）

参 考 文 献

　　[1] Osei-Bryson K M, Ko M. Exploring the relationship between information technology investments and firm performance using regression splines analysis. Information & Management, 2004, 42(1):1-13.

　　[2] Wu F, Zsidisin G A, Ross A D. Antecedents and outcomes of e-procurement adoption: An integrative model. IEEE Transactions on Engineering Management, 2007, 54(3):576-587.

　　[3] Melville N, Kraemer K, Gurbaxani V. Review: Information technology and organizational performance: An integrative model of IT business value. MIS Quarterly, 2004, 28(2):283-322.

　　[4] Ray G, Muhanna W A, Barney J B. Information technology and the performance of the customer service process: A resource-based analysis. MIS Quarterly, 2005, 29(4):625-652.

　　[5] 赵晶, 朱镇. 企业电子商务价值创造过程模型, 管理科学学报, 2011, 13(12):46-60.

　　[6] Zhao J, Huang V W, Zhu Z. An empirical study of e-business implementation process in China. IEEE Transactions on Engineering Management, 2008, 55(1):134-147.

　　[7] Rai A, Patnayakuni R, Seth N. Firm performance impacts of digitally enabled supply chain integration capabilities. MIS Quarterly, 2006, 30(2):225-246.

　　[8] Davenport T H, Delong D, Beers M. Successful knowledge management projects. Sloan Management Review, 1998(Winter):43-57.

　　[9] Ward J, Peppard J. 信息系统战略规划. 3 版. 吴晓波, 等, 译. 北京: 机械工业出版社, 2007.

　　[10] Schultze U. A confessional account of an ethnography about knowledge work. MIS Quarterly, 2000, 24(1):3-41.

　　[11] Teece D J, Pisano G, Shuen A. Dynamic capabilities and strategic management. Strategic Management Journal, 1997, 18(7):509-514.

　　[12] Rosenzweig E D, Roth A V. B2B seller competence: Construct development and measurement using a supply chain strategy lens. Journal of Operations Management, 2007, 25(6):1310-1331.

　　[13] Barratt M, Oke A. Antecedents of supply chain visibility in retail supply chains: A resource-based theory perspective. Journal of Operations Management, 2007, 25(6):1217-1233.

　　[14] Devaraj S, Krajewski L, Wei J C. Impact of eBusiness technologies on operational performance: The role of production information integration in the supply chain. Journal of Operations Management, 2007, 25(6):1199-1216.

　　[15] 朱镇, 赵晶, 魏晓燕. 电子商务与供应链驱动模式关系的实证研究. 管理评论, 2009, 21(7):41-48.

［16］Heikkilä J.From supply to demand chain management：efficiency and customer satisfaction. Journal of Operations Management,2002,20(6):747-767.

［17］Frohlich M T,Westbrook R.Demand chain management in manufacturing and services：web-based integration,drivers and performance.Journal of Operations Management,2002,20(6):729-745.

第七章　电子商务价值的实现与测量

学习目标
- 了解电子商务价值的定义和管理目标
- 了解电子商务投资与绩效之间的三种关系曲线
- 了解电子商务价值评价的主要理论
- 理解采用多种测量方式衡量电子商务价值的必要性
- 理解电子商务价值创新的主要特征
- 掌握电子商务价值的测量分类和主要的测量方法

　　价值创造是企业电子商务管理过程的最后阶段,这是一个管理控制活动。伴随着数字化变革与创新,它决定了整个电子商务应用与管理的最终成效。从企业电子商务管理的角度,明确电子商务价值产生的来源,进行绩效测评,对于企业调整战略、完善组织 IT 资源结构和规划具有重要的指导作用。越来越多的企业已经认识到,很难纯粹依靠财务指标衡量电子商务绩效,需要从更多的维度对电子商务价值的构成予以描述,方能体现电子商务所带来的真正的变革和创新价值,确立合适的电子商务价值测量指标和分析方法,实现科学、客观、有效的测评与诊断,有助于达到预期绩效。

　　本章首先阐述了电子商务价值的分类以及各类绩效形成阶段的主要管理目标。在此基础上指出了企业流程绩效、关系绩效以及竞争绩效三类价值的产生过程,并进一步介绍了电子商务价值评价的主要理论和测量方法。接着,针对流程绩效的形成,结合企业电子商务应用案例着重介绍了不同流程的绩效产生过程。最后总结了企业电子商务价值创新的主要特征。

第一节　电子商务价值的概念与管理目标

　　当前,企业电子商务已经从初期的盲目采用进入到理性发展阶段,确立合适的电子商务价值分析方法,实现科学、客观、有效的测评与诊断,有助于达到预期绩效。

　　一、电子商务价值的分类

　　价值创造是指企业生产、供应满足目标客户所需要的一系列业务活动及其成本结构。以往一般主要聚焦于会计学视角,重点关注资本投入回报。回报超过其投入就是价值创造。依据上述价值的表达,电子商务价值是使用数字化技术推动企业战略变革、改进业务活动而产生的价值增值。其可以体现在改进财务绩效方面,更多地表现在各种非财务的无形价值。全面认识多维度的电子商务价值体现,对于合理评价电子商务管理和创新效果具有重要意义。Davern 和 Wilkin 就提出,对各种数字化技术无形价值的忽视,直接导致了企业对电子商务等 IT 投资经济作用的低估。

近几年,伴随着电子商务在企业间的应用以及应对市场环境做出的创新响应,除了采用通常的财务绩效之外,更多的绩效测量维度被提出来反映新的价值表现,其中流程绩效、关系绩效和竞争绩效是主要的表现形式。表 7-1 给出了常见的四类绩效的衡量的指标。

表 7-1　四类绩效及其衡量指标

类型	关注点	核心的测量指标
财务绩效	资金的投入产出效应,衡量企业运营的稳健性	资产回报率、投资回报率、资产负债率、总资产周转率、速动比率
流程绩效	企业间运作流程效率的改进和提升	购买转化率、社交媒体访问深度、订单需求预测准确性、订单处理周期、销售管理的灵活性、订单执行的准确性、客户服务质量等
关系绩效	企业间及客户合作关系的改善	销售/服务合作网络稳定性、持续合作成本、合作伙伴数量、客户参与主动性、忠诚客户数量等
竞争绩效	企业与竞争对手相比的优势	市场占有率、盈利能力、销售增长、新产品/服务推出周期及销量等

由于财务绩效已经在"财务管理"课程中讲述,本书就不再单独介绍。本书仅介绍流程绩效、关系绩效以及竞争绩效这三类新兴的 IT 价值的管理目标、产生过程以及测量指标。

二、流程绩效的定义与管理目标

企业首先应关注电子商务运用是否提高了企业运作效率,可以通过实际流程的运作数据进行测评。这反映了电子商务实施对传统流程带来的变革效应。电子商务流程绩效的定义如下:

> **电子商务流程绩效**　是指执行某一具体电子商务流程的运作绩效,是电子商务流程中形成的数字化流程能力体现出来的价值,主要集中为效率提升、成本下降、库存控制和客户满意度提升。

流程绩效是某一电子商务流程应用的直接效果,从企业流程层面可以测量电子商务应用能力产生的价值,反映了电子商务对于企业流程变革作用的直接影响效果,其评估结果也为组织战略调整、提高电子商务应用水平提供依据。从测量指标的选取来讲,流程绩效有利于在相应的电子商务流程中采用可量化的指标对电子商务的价值进行衡量。所以,流程绩效表示电子商务价值的意义在于,它可以从企业运营的中间层面——流程层面测量电子商务对于企业的直接影响效果。

另一方面,电子商务价值有可能因为其他业务流程拙劣的表现而掩盖其价值。按照 Porter 的价值链理论,企业运作是由各种流程构成的,通过执行大量的商务流程实现其战略目标。一个流程需要组织各个职能部门协同工作,而一个部门也可能执行多个流程。例如,采购部门不但需要处理采购事宜,还需要与物流部门共同管理企业库存。像 IBM、Dell 和海尔这些组织的业务由几十个核心流程来实现。通常,企业的某些业务流程活动具有竞争优势,另外一些业务流程可能不具备竞争优势。一家企业在市场上取得很好的绩效,一般而言只是部分业务流程或者是其中某一个关键业务流程具有优势地位,所有的流程都具有优势的可能性很小。

企业电子商务应用的三类典型流程是电子采购、电子渠道管理以及客户关系管理,它们在企业内部系统整合基础上形成了完整的面向上下游的电子商务运作环境。电子商务价值表现为直接的流程绩效以及对企业绩效的部分影响。电子商务流程绩效与其他绩效的联系与区别如图 7-1 所示。

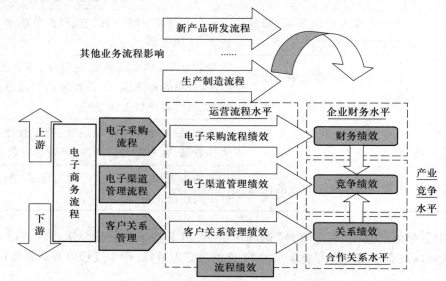

电子商务价值举例:+表示正面影响,-表示负面影响
流程绩效{采购(+) 订购(+) CRM(+)}→财务绩效(+)/关系绩效(+)/竞争绩效
流程绩效{采购(+) 订购(+) CRM(-)}→财务绩效(+)或( )/竞争绩效(+)或(-)
流程绩效{采购(+) 订购(-) CRM(-)}→财务绩效(+)或(-)/关系绩效(-)
流程绩效{采购(-) 订购(+) CRM(-)}→财务绩效(+)或(-)/竞争绩效(+)或(-)
……

图 7-1 电子商务应用中流程绩效与其他绩效的关系

如图 7-1 所示,企业财务绩效的产生是各业务流程绩效综合作用的结果,既可能来自电子商务流程也可能来自非电子商务的流程。电子商务流程绩效是导致企业绩效变化的最直接反映。特别是 IT 的广泛应用极大地促进了企业采购、渠道管理和客户关系管理的流程革新并提高了效率,获取了价值。但是,有可能在企业整体绩效的评价中看不到电子商务流程的应用效果。假设某一电子商务流程取得了很好的绩效,但是由于其他非电子商务流程绩效很差,最终的企业绩效可能并不一定很好。所以,值得注意的是在企业整体绩效的评价中,不能因为相互抵触的作用而抹杀了该电子商务流程的价值。

例如,某企业电子商务由三个流程构成(如电子采购流程 A、电子渠道管理流程 B、客户关系管理流程 C),而且企业在实施该项目时按照整体规划、分步实施的指导思想进行部署。因此,企业首先进行电子采购流程的投资和改造,并取得了预期的流程绩效,降低了成本提高了效率。但是由于还没有实施电子化的渠道管理流程,使得上游规模采购得到的效益在销售环节因为销售不畅,反而增加了库存。正是由于存在销售瓶颈,企业绩效依然没有大幅提高,甚至下滑。在这种情况下,企业绩效的降低不能归结于电子采购流程没有取得既定的价值。可能需要在电子渠道管理流程实施后,企业绩效才可能获得。

流程绩效的管理目标是发挥电子商务流程能力和新兴商务能力共同作用的传递效应,在合作流程中实现电子商务的变革与创新,获取和测量电子商务价值。目标有三层含义:

（1）流程绩效的产生依赖于企业执行电子商务流程体现出来的企业电子商务应用能力的变革与创新作用。

（2）能力间的转化是流程绩效产生的基础,发挥企业电子商务应用能力的传递效应,促进企业的流程创新,才能产生面向终端客户或伙伴的流程绩效。

（3）设计合理的流程绩效衡量标准,通过绩效测量,有助于组织成员有效地发挥企业电子商务应用能力,同时也为战略调整提供考核依据。

为了实现管理目标,进行有效的流程绩效管理,获取电子商务价值,企业这一阶段主要关注两项管理任务。

（1）通过电子商务流程的实施和优化,最大限度地发挥电子商务流程能力和新兴商务能力的创新作用,获取电子商务价值。例如,企业与伙伴通过使用电子采购流程,精简了采购过程并降低了交易成本。这种绩效源于电子商务流程能力通过企业间的信息共享和流程合作促进了企业间的合作,这种数字化驱动的流程创新打破了信息不对称所造成的成本损耗,从而获得电子商务价值。

（2）设计合理的绩效衡量标准,准确衡量电子商务流程绩效。从企业管理角度,它的作用体现在两方面:第一,通过绩效测评,有助于企业员工按照客户需求利用电子商务流程完成各种商务活动。第二,企业经理人了解流程绩效的产生以及测量方法,可以对电子商务流程的实施效果做出准确的判断,及时进行战略调整。企业通过可调整的战略管理控制过程,创建高效的电子商务战略。例如,社交媒体增加了客户对公司网站的黏性以及复购率,跟踪客户黏性以及分析复购率可以帮助企业改进服务、调整产品线、更新营销方案,从而获得新的客户服务绩效。

在社交媒体时代如何进行电商流程绩效管理,亚马逊 Amazon Posts 服务提供了很好的实践启示。

 企业实践 7-1

亚马逊 Amazon Posts

亚马逊推出 Amazon Posts 是为了增加消费者对企业的品牌认知广度。类似于社交媒体源,每个品牌都可以发布由品牌本身策划和控制的帖子,相当于多了一种方式展示自己的产品链,且不同于亚马逊平台的严苛图片展示,这里的图片商家可以自行编辑上传。Amazon Posts 帮助消费者发现商家产品。商家可以尝试发布不同类型的内容,看看什么能与受众产生共鸣,让他们不断点击和购买。点击帖子会将购物者带入帖子动态,或者转向浏览相关类别产品的帖子。帖子是可以点击购物的,购物者只需轻按"show products"即可了解更多产品信息,并访问产品详细信息页面进行购买。

目前,品牌帖子有多种位置可供选择,包括品牌拥有的详细信息页面,相关品牌的详细信息页面,相关帖子动态以及类目动态。但是商家无法选择帖子发表在哪里,这些都是通过用户的点击以及标签来进行计算,最终由亚马逊的算法决定。所有的帖子都引导客户加入购物车购买,从而形成完整的社交媒体购物流程,并提高消费者的冲动消费。当商家使用 Amazon Posts 时,会收到一些可以帮助卖家动态跟踪产品的参与度的指标,包括点击、浏览和分享次数。通过这些指标也有助于商家分析自己产品的市场受欢迎程度,从而调整产品布局。

Amazon Analytics 为商家提供了一个仪表盘来监控他们的亚马逊专页和 Posts 的表现情况,比如到达率、点击量和购买率等。Amazon Analytics 现在仅限于分析品牌商在亚马逊势力范围内的营销表现。

资料来源:亚马逊推出 Amazon Posts,正式进军社交电商,雨果跨境网,2020 年 1 月 13 日。

亚马逊为品牌商推出可定制的专有页面,橙皮书,2012 年 11 月 21 日。

三、关系绩效的定义与管理目标

电子商务的实施不仅会带来流程绩效,也会带来关系绩效。关系绩效是一种无形的收益,很多企业利用电子商务发展了长期的合作伙伴关系,既可以降低采购的不确定性,也可以加强销售渠道的管理。这种因为合作伙伴关系改善而带来的价值体现就是关系绩效。

> **关系绩效**   是指通过建立数字化的合作关系,提高了合作双方联盟能力而带来的价值。

值得注意的是,关系绩效的测量往往会依赖于运作流程,因为不同的流程决定了伙伴关系的处理和维系是存在差别的。关系绩效与流程绩效的差别是,关系绩效关心的是因为伙伴关系开创、维持和改善而带来的价值水平。而这种改善必须建立在合作双方的共同努力,这就为企业与合作伙伴二元关系(Dyads)的分析提供了载体。

关系绩效的管理目标是发挥企业电子商务应用能力在企业伙伴间的协同效能,改善企业对合作联盟的管理能力,实现基于共同目标的长期合作,获取和测量电子商务价值。目标有三层含义:

(1) 关系绩效的产生依赖于以企业电子商务应用能力为核心的企业间协同管理行为。

(2) 企业电子商务应用能力从技术协同向联盟管理的转化促进了关系绩效的产生,发挥能力的传递效应才能产生持续性的电子商务价值。

(3) 设计合理的关系绩效衡量标准,通过绩效测量,有助于企业战略制定者管理外部伙伴资源,进一步提升企业间交流、协同和治理商务交互行为的能力。

为了实现管理目标,进行有效的关系绩效管理,获取电子商务价值,企业这一阶段主要关注两项管理任务:

(1) 发挥企业电子商务应用能力的协同运作和联盟管理的功能,明晰关系绩效的产生机制,确立基于企业间合作关系的电子商务价值创造过程。

(2) 企业还需要针对具体的合作伙伴设计合理的绩效衡量标准,从企业管理角度,它的作用体现在:第一,通过绩效测评,有助于企业对前一阶段电子商务合作效果开展评价;第二,企业经理人了解关系绩效的产生以及测量方法,及时进行商务战略合作模式的调整。

学术观点 7-1

关系绩效的理论基础

四、竞争绩效的定义与管理目标

竞争绩效是电子商务应用从运作层面、企业间关系层面向市场层面的价值拓展和延伸。它关注的是一切商务活动和价值在市场竞争中的综合效能。虽同为传统的绩效考量指标,但相较于财务绩效,竞争绩效聚焦于企业在特定的产业竞争环境中的电子商务应用价值。

> **竞争绩效** 是指企业市场竞争中超过同行竞争对手的战略性收益。

竞争绩效的管理目标是发挥新兴商务能力在企业开展市场竞争活动中的推动作用,提升企业的核心竞争力,以创造持续性的竞争优势。目标有两层含义:

(1)竞争绩效的产生更多地依赖于新兴商务能力的推动作用,换句话说,电子商务流程能力和知识共享能力需要通过向新兴商务能力的传递和转化,方能产生相应的竞争绩效。

(2)不同于流程绩效关注的运作流程,关系绩效关注的企业间合作流程,竞争绩效的产生阶段嵌套于企业开展的竞争活动,即以新兴商务能力为基础,发起竞争行动和创造竞争优势的过程。

为了实现管理目标,进行有效的竞争绩效管理,获取电子商务价值,企业这一阶段主要关注两项管理任务:一是厘清不同的新兴商务能力对竞争绩效的作用关系,二是对竞争绩效进行测量。

(1)由于企业通过电子商务流程能力和知识共享能力转化而成的新兴商务能力不止一个,因此,在进行竞争绩效管理时,需要对不同新兴商务能力产生绩效的作用机制予以区分,并根据企业自身情况及行业特征,进行有针对性的绩效管理行为。

(2)竞争绩效反映了企业在所处发展阶段与相应的竞争对手的比较结果,具有明显的特殊性,如企业所处行业的主要竞争对手有哪些?企业当前处于何种发展阶段?这一阶段企业所面临的竞争对手又有哪些?因此,企业同样需要设计合理的绩效衡量标准,恰当地反映企业的竞争环境特征,使得绩效管理的结果更具有针对性,以帮助战略制定者能够有的放矢地进行战略调整和控制。

第二节 电子商务价值的产生

一、流程能力与电子商务价值的关系

根据资源基础理论的阐述,企业 IT 价值来源于 IT 资源整合形成不可模仿性的企业电子商务应用能力,这个能力通过新的电子商务流程,直接为客户和伙伴带来价值,企业才具备了电子商务应用的竞争优势,获得了电子商务的价值。电子商务流程在实现 IT 价值的过程中,成为资源集成和创新运用的载体。从企业电子商务价值创造过程,我们了解到,企业电子商务应用能力通过流程合作和知识共享产生高级别商务能力的传递作用产生绩效。这种传递作用,产生了新的工作方式,彻底变革了原先的技术和商务属性相互隔离的局面,在流程终端产生流程绩效。

在本节,我们将以电子商务流程能力为例,阐述电子商务价值的产生过程。首先通过思科(Cisco)的电子商务在线服务的例子,理解电子商务流程能力产生流程绩效的过程与特点。

 企业实践 7-2

思科的电子商务在线服务价值

思科(Cisco)公司是世界最著名的网络设备制造商之一。从 1984 年成立以来,以年增长率 50%左右的速度保持高速发展。思科的成功绝不只是因为思科卖的是最热门的网络基础设备,而是该公司成功地基于 Internet 建立了一整套电子商务系统(Cisco Connection Online, CCO),从而创造了一种崭新的企业运营模式。

思科电子商务系统最早是为客户提供技术支持和服务,主要提供软件下载、错误跟踪和技术建议。思科中国公司副总裁林正刚先生形容,在网上技术支持系统开通以前,思科的技术支持工程师经常接到这样的电话:"喂,思科吗?我刚买了你们的 6000 系列,这东西质量很差劲呀,它怎么不运行呀?""哦,你插电了吗?""哦,忘了。"30%的电话都是这类问题。公司为此要配备很多工程师,既浪费了工作时间也无法降低销售成本,内部员工满意率很低。

现在,通过 CCO 提供的技术帮助、在线服务,客户通过产品 ID 号可以网上接受思科提供的在线服务,通过 FAQ 和自助问题搜索,70%~80%的问题通过网上服务支持系统就能解决,95%的软件下载和升级都可以在线进行。仅此两项,思科一年就能节省 1.25 亿美元,这还不包括客户满意度提高所带来的好处。

思科在线服务的特色在于提供了卓有成效的信息共享和在线服务业务,通过互动的电子商务流程使得客户充分参与在线的商务活动,在获取各种帮助信息的同时享受到思科提供的各种优质售后服务。该流程的电子化改造大大强化了技术支持和客户服务能力,其技术支持和售后服务效率提高了 250%。

思科 CEO 钱伯斯先生对该系统的价值给予了高度评价:"这使我们可以在技术支持中少使用 1 000 名工程师,我将他们投入到新产品研发上,从而获得了极大的竞争优势……这些增值服务不但提升了公司的品牌和运作效率,对于加强客户需求和满足服务也具有重要的示范意义。"

资料来源:根据思科案例改编,案例网址:http://www.ins.com.cn。

从思科电子商务实践可以发现,该公司客户服务成功的关键在于做了两方面工作:

第一,思科根据客户需求在网上公布产品信息和提供常用的支持软件下载,通过高度集成的信息共享系统提高运作效率。同时也减少大部分制造、包装、运输纸制印刷品或光盘的费用。

第二,大部分常规、行政性(如销售、订货和客户服务)工作实现了流程电子化,提高了员工的效率,并可以及时响应客户需求,作出恰当合理的回应。

前者反映了思科 CCO 信息共享的管理理念,后者则强调了信息共享对合作流程的改善和优化,形成了一种新的客户参与的服务流程创新能力。思科正是依赖于这两个独特的企业电子商务应用能力取得了骄人的成绩,也成为当前 IT 厂商学习的楷模。

基于以上分析,电子商务流程绩效依赖于电子商务流程能力实现了客户服务的流程创新,通过集成化的信息系统连接合作伙伴,获得商务需求信息。员工借助于 IT 技术按照客户需求处理各种商务活动,形成一种高效优质的客户服务流程。在该过程中,信息共享与在线合作是电子商务流程能力的显著特性,成为实现流程创新能力的关键。

 学术观点 7-2

流程绩效的产生

二、新兴商务能力与电子商务价值的关系

在第六章中当企业将数字化技术应用到商务活动中,便形成了智能决策、合作联盟和数字创新三类能力。进一步地,对于企业获取竞争优势而言,还需要将这些技术能力映射到不同的具体的商务能力上。因为这些商务能力强调企业应对环境的战略应用变化,是企业获取竞争优势的直接动力,并从不同方式影响着企业的竞争绩效,如资源重构、创造市场变化、组织响应环境动荡的速度和效率等,使企业"充分利用提升的机会修正原有运作活动",提升企业绩效。因此,本节将以竞争绩效的产生过程为例,探讨三类新兴商务能力对电子商务价值的作用。

 企业实践 7-3

苹果公司的竞争优势

(一)智能决策能力与竞争绩效

企业运作的焦点正在转向市场客户需求驱动的运作模式,它表达了企业对市场的强烈关注,显示了从客户需求开始的贯穿整个需求链的所有商业活动,涵盖了与之相关的制造商、分销商、零售商等所有实体。随着竞争压力的日益增加,以及商务环境的动荡和不确定,企业必须发展智能决策能力,从用户交互出发,充分利用大数据资源、发挥知识管理的能力,快速抓住市场机遇,并做出战略性响应。因此,智能决策能力产生企业竞争优势的作用机制来源于提高了企业对市场的动态响应能力。

解释动态环境中的竞争优势来源,需要运用动态能力理论(见第二章)。敏捷(agility)是一种动态能力,是由敏感(sensing)和反应(response)两阶段构成。敏感是指企业需要意识到各种环境的改变并在战略上加以体现,例如竞争者活动、客户偏好、技术优势以及区域和法律的变化等,这是一种战略能力。反应则是在敏感基础上,企业做出的正式反应和活动,体现的是一种运作能力。

学术观点 7-3

敏捷与竞争绩效

智能决策能力可以帮助企业快速感知市场机遇。例如,通过数据分析洞悉纷繁复杂市场的变化特征,借助于智能建模方法预测市场变化,建立有效的客户画像和流量转化知识图谱,敏锐发现客户需求改变。这种快速感知的能力在复杂竞争环境中帮助企业更好地理解市场机遇和环境改变,从而增强了对数字化创新环境中市场竞争的适应能力。

智能决策能力还可以帮助企业应对市场机遇、快速做出响应。例如,基于客户画像的多维度大数据,利用 AARRR 模型(acquisition——获取、activation——激活、retention——留存、revenue——收入、referral——自转播)提出的销售算法训练出营销模型,可以帮助企业快速调整产品线结构和销售媒体,这种全生命周期的智能决策方法极大地增加了企业的市场竞争优势。

在敏捷的供应链中,企业与合作伙伴借助于 IS 技术实现供应、规划、制造以及分销运作无缝连接,通过提高客户满意度和降低库存实现更好的企业绩效。例如,苹果公司借助于渠道分销系统对销售进展和客户偏好进行细致监控和分析,可以为调整销售策略和重新分配货品流量提供依据,这种快速反应的能力为苹果公司的供应链整体竞争力提供了强有力的支撑。

(二)联盟能力与竞争绩效

在现代电子商务环境下,随着企业与企业边界越来越模糊,企业和伙伴之间的合作日趋频繁,企业之间的竞争已转变为企业联盟之间的较量。当前,电子供应链管理利用信息和知识取得更高的敏捷和速度,将与合作伙伴和客户的合作视为一种竞争战略资产。企业间关系的优化,有助于实现企业间的协同,从而通过减少响应时间、改进服务水平和减少服务成本等提升顾客满意度,最终获得竞争优势。

联盟代表了一种管理外部资源、优化企业间流程结构以实现更好协同整合的能力。因此,提升企业的联盟能力可以通过对内部和外部知识的吸收、资源基础的重构和联盟资源的应用提升企业间的协同。拥有高水平关系能力的企业能够更快更好地修正企业间流程和关系中的问题,以此响应变化的商务环境。

从苹果公司的案例我们可以发现,该公司与供应商之间严格的供应链管理体系保证了联盟能力的形成,这种联盟能力封闭了竞争对手的进入。虽然造成了供应商的单一供应,但是苹果特殊的产业链管理让苹果自身获得产业优势的同时,其供应商也能够借助苹果的高成长和资质认可度,实现技术提升和规模扩大。

(三)创新能力与竞争绩效

在企业层面,已经出现了许多创新模式,并基于各种各样的理论定位,如制度理论、认知理论、交易成本经济学、社会技术方法、市场定位和资源基础理论来解释企业的创新能力与企业竞争绩效的关系。许多企业实践表明,企业竞争的要点已不再是新产品本身的竞争,而是更深层次的发展新产品能力的竞争。因此,企业在成长和革新过程中,创新是一种应对市场变化重构资源的方式,企业需要不断地发展创新来帮助企业获取某一类竞争优势,进而提升企业的绩效。尤其是对于中小企业,创新能力甚至成为其成功生存的条件之一。许多企业由于面临资源的局限,创新能力也就成为了他们获取差异优势,进而取得竞争优势的重要前提。

对于苹果公司而言,其创新能力主要表现在开创了内容数字平台,并依靠"内容平台+硬件平台+品牌平台"创新打造实现了一个巨大的商业竞争生态系统,这种生态系统是其他企业都难以复制和超越的。

 企业实践 7-4

苹果公司软件平台生态的创新

苹果的操作系统,包括针对 Mac 台式电脑、笔记本电脑的操作系统,针对移动设备的操作系统以及新的编程语言。这与苹果的其他举措一起构筑起了苹果的"生态系统"。

苹果的宣传口号就是便利性。这主要体现在三个方面:首先,针对 Mac 电脑的操作系统 OS X Yosemite 和针对移动设备的 iOS,将会在现有版本的基础上不断进行改进。这将允许苹果的各种设备顺畅地进行协同合作。例如,在 iPhone 或 iPad 上打开的电子邮件,可以在台式电脑上关闭。如果你的 iPhone 铃声响起,你将能够直接在 Mac 电脑上接听电话——将其用作扩音器。不仅苹果承诺无缝连接的计算体验,而且它的用户也乐于使用它。他们总是很乐于升级自己的苹果设备,要么是购买新的设备,要么是在旧的设备上安装新的软件。

苹果提供方便的第二大举措就是放松对开发者的限制。开发者将能够在苹果应用商店中捆绑销售他们的应用程序、展示应用程序预览视频以及邀请用户试用测试版应用程序。苹果还允许第三方应用程序,例如可以给照片添加各种神奇效果的应用程序,嵌入它自己的应用程序中。新的编程语言 Swift 将让编写应用程序的工作变得更加容易。正因如此,编程者将会更加热心地优先为 iOS 编写应用程序,其次才会考虑到 Android 或 Windows。而应用程序丰富的应用商店对于消费者来说也是一大亮点。

第三个便利之处是苹果将越来越多的应用程序分成了两块:健康和家居。苹果计划将第三方健康应用程序归入 HealthKit 平台,这样一来,一款应用程序中的血压读数可能会激活另一款应用程序中的医生电话提示功能。同样地,HomeKit 将很多家居方面的应用程序聚拢到了一起:在上床睡觉的时间,对 iPhone 口述指令可以执行锁门和关灯等操作。苹果希望这种一站式享用各种关联应用程序的方法能够牢牢地将用户吸引到它的生态系统中。当然,用户仍然能够换用其他品牌的设备,并带走相关的数据,但是这样做非常麻烦,可能会让他们望而却步,最终选择忠于苹果的生态系统。

尽管微软的新 CEO 萨提亚-纳德拉(Satya Nadell)提出了很多高明的"移动优先、云服务优先"的想法,但是该公司要赶上苹果尚待时日。至于 Android 设备制造商,他们缺乏像苹果那样对生态系统和应用商店的强有力的控制力。最大的 Android 设备制造商三星正计划销售运行自主操作系统 Tizen 的智能手机,以防止过于依赖谷歌。

更多的平台内容生态可以百度搜索观看视频,"到底什么是苹果的'生态系统'"。

资料来源:苹果生态系统将成为巨大优势,https://tech.qq.com/a/20140607/018578.htm。

第三节　电子商务价值的评价方法

一、电子商务投资与价值关系曲线

企业有必要了解电子商务的投资与产出的关系。图 7-2 显示了电子商务绩效评价的基本原理。根据大量国内外企业的测评结果,电子商务投资与企业所获得的绩效并不是线性的,而是呈现随着时间的推移表现出几种典型的发展曲线轨迹。这些曲线也可以描述电子商务价值的发展态势。

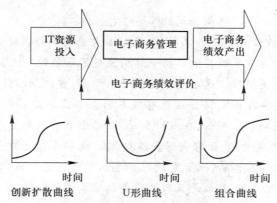

图 7-2　电子商务绩效评价和三种常见趋势曲线

第一种称为创新扩散曲线。这种曲线描述了在电子商务初期阶段,所获取的价值呈缓慢增长态势;当到达一个临界点后,电子商务价值快速增长。这是比较典型的企业投资和价值获取的关系。

第二种是 U 形曲线,即在投资前期,企业绩效呈下降态势,但随着投资的持续和组织变革带来的变化,电子商务绩效得到快速的增长。网络公司的电子商务价值获取过程主要体现了该曲线的特征。

第三种是组合型曲线,是前两种曲线的组合。企业电子商务前期具有倒 U 形特征,当发展到一个阶段后开始进入创新扩散曲线的增长模式。很多传统企业电子商务价值的获取过程具有这种增长趋势。这反映了组织在变革中发展,在发展中实现持续创新。

二、电子商务价值评价的主要理论

电子商务价值分析起源于 IT 绩效评价理论和方法。根据张青等人的总结,绩效评价方法的理论基础及其发展脉络主要包括四类:一是基于资金时间价值的理论;二是以投入产出比较为主体的微观生产函数法及其衍生形式;三是基于 IT 价值形成过程和竞争优势的理论;四是基于综合集成思想的评价体系。此外,基于实物期权(real options)的 IT 投资评价也逐渐被企业认可。

（一）基于资金时间价值的理论

这些评价方法多使用财务分析,例如净现值(NPV)法、经济增加值(EVA)法以及盈利能力评价等。

1. 净现值(NPV)

NPV 是典型的折现现金流量方法,主要指投资项目投入使用后的净现金流量,按资金成本或企业要求达到的报酬率折算为现值,减去初始投资后的余额。净现值法有两点优点:一是考虑了资金时间价值,二是能够利用项目计算期内的全部净现金流量。但是,它不能反映项目的实际投资收益率水平。

下面是一个简化的 IT 投资项目净现值分析。第一阶段前两年进行技术应用研发,从第 3 年开始商业化阶段,预计系统生命周期为 4 年,假设经济无残值。净现金流量及计算结果如表 7-2 所示。采用 NPV 方法,整个项目的 NPV = -194 万元,根据 NPV>0 才投资的原则,因此投资者不会投资。

NPV 可以被应用于 IT 项目的评估,但是包含以下两个前提假设:第一是项目投资不能推迟,所有投资在期初或某一时刻必然发生。第二是只要投资已实际发生,项目在投资期内就将持续运行,不存在中途发生变化或退出的可能。这些假设的最大缺陷是未考虑到管理决策的灵活性,因而折现现金流量方法也就无从反映灵活性所具有的价值。

表 7-2　项目两阶段现金流量与 NPV 计算结果(单位:万元,折现率 = 0.15)

年份	1	2	3	4	5	6
投资成本	50	100	1 000	500		
收益	0	0	400	600		
净值	-50	-100	-600	100	500	400
第一阶段投资额:50+100/1.15 = 137			第二阶段投资额:1 000+500/1.15 = 1 435			
第一阶段收益:0			第二阶段收益:$400/1.15 + 600/1.15^2 + 500/1.15^3 + 400/1.15^4 = 1 359$			
第一阶段 NPV:-137			第二阶段 NPV:-76			
整合项目的 NPV:$-137+(176/1.15^2) = -194$						

注:投资都发生在年初,收益都在年末

2. 经济增加值(economic value added,EVA)

EVA 是 20 世纪 90 年代发展起来的一种公司业绩评价方法,可以被应用于公司整体 IT 投资的效益分析。

$$EVA = NOPAT - WACC \times CAPITAL$$

式中:NOPAT——调整的税后净营业利润;WACC——企业的加权平均资本成本;CAPITAL——企业期初投入资本的经济价值。

由以上公式可知,经济附加值的大小取决于三个因素:税后净营业利润、资本总额和加权平均资本成本。因此,存在以下三种情况:

$EVA<0$ 时,说明公司耗损股东财富;

$EVA=0$ 时,说明公司恰好维持股东原有财富;

$EVA>0$ 时,说明公司为股东增加了额外财富。

EVA 被广泛地应用于 IT 短期绩效的衡量,Saeed 等人在研究电子商务竞争优势对客户价值的影响作用就采用了这种方法。EVA 促使管理者把注意力从关注企业利润转移到资本运用的效率上,有利于实现企业价值和股东财富的最大化目标。

3. 投资回报率为代表的盈利能力评价

盈利能力反映企业获取利润的水平。投资回报率(return on investment,ROI)是常见的指标之一,反映企业从一项投资性商业活动的投资中得到的经济回报。

$$投资回报率(ROI) = 利润率 \times 资产周转率$$

投资回报率的优点是计算简单;缺点是没有考虑资金时间价值因素,不能正确反映建设期长短及投资方式不同和回收额的有无等条件对项目的影响。只有投资利润率指标大于或等于无风险投资利润率的投资项目才具有财务可行性。

ROI 在过去的 IT 绩效和电子商务研究中是出现次数较多的测量指标,但是一般与其他财务指标同时使用。例如,Santhanam 等人在研究 IT 技术能力和企业绩效中,就采用 ROI、销售回报率(ROS)以及其他指标。

盈利能力是最常见的财务绩效评价方法,其他财务指标见下一小节。在实际操作中最大的缺点在于,往往忽视 IT 对非财务绩效改善的评价。此外,该方法立足于事后评价,重视表面可见的短期业绩,无法准确揭示 IT 价值与企业绩效的关系。

(二) 以投入产出比较为主体的微观生产函数法及其衍生形式

将 IT 价值的实现看成是一个投入—产出过程(input-output),而将投资价值的实现过程看作一个黑箱,通过对投入与产出的比较来分析 IT 投资价值。理论界目前倾向于采用大样本和多元统计的回归分析及数据包络分析(DEA)[①]对 IT 投入与产出之间的关系进行研究。

DEA 方法曾被应用于加拿大银行业的软件项目绩效评估、餐饮业的 IT 投资效率,其在宏观经济或行业发展中应用更多。DEA 方法为 IT 投资价值的评估提供了一种很好的评估手段。该方法对投入产出指标不像生产函数法那样苛刻,而表现出较大的柔性,仅仅要求这些指标与 IT 投资相关,其评价结果不仅能够衡量组织 IT 投资的相对有效性,而且为组织改进 IT 投资效益指明了方向。该评价方法依赖于生产函数的选择,不同的投入产出指标可以得到截然不同的结果,因此,选择测量指标尤为关键。其次,IT 投资与效益产出的时间滞后效应也影响到计量模式的准确性。

(三) 基于 IT 价值形成过程评价

以 IT 对企业绩效影响评价为核心的过程导向方法强调的是对 IT 潜在价值的测量,因此,常被应用于 IT 战略管理的研究中。通过对 IT 技术在商务流程和运作层面的分析,充分挖掘 IT 技术对组织的革新能力。赵晶和朱镇提出了在电子商务领域的绩效评价模型,这种分析方法的主要特征是:

(1)注重对电子商务投资价值形成与转换过程进行分析。例如,注重如何提高 IT 应用能

---

① 数据包络分析(DEA)是一种运筹学方法,可以借助于 Excel,Frontier Analysis 等专用的软件进行计算。

力,考虑如何进行流程重组,提高组织流程的适用性以提高电子商务价值。

（2）注重对电子商务价值产生的基本单元——商务流程的分析,在电子商务管理中跟踪电子商务价值的产生。

（3）突破了原先仅关注于财务单一维度,侧重对电子商务潜在价值的评价。例如,神州数码将客户满意度、客户反馈率等纳入 IT 价值的范畴。

（4）关注于价值创造过程中的影响因素和组织绩效的关系。例如,联想集团在管理实践中发现,电子商务流程的效率提高与组织绩效的改善具有明显的关联关系。

基于 IT 价值形成过程的评价方法将 IT 价值的计量方法由静态转化为动态跟踪评价,其价值的计量范围也发生了变化,实现了从企业整体评价细化到 IT 应用的流程的转变。

 学术观点 7-4

基于过程的企业电子商务绩效评价方法

关键词:基于过程   企业电子商务绩效评价

来源期刊:管理工程学报。

基于过程的绩效评价是基于价值创造的电子商务管理全过程,将战略启动、IT 资源部署、建立企业电子商务应用能力以及价值产生视为关联的过程,从跟踪评价的视角,动态综合评价电子商务绩效产生过程以及因组织创新变革所带来的绩效。这与传统的绩效评价最大的差异在于,不是仅仅为了计量绩效而去评价,而是深入到企业电子商务价值形成的过程因素和动态作用关系,为了更好地促进电子商务在组织中实现变革与创新,并获得新的价值与竞争优势。

基于过程的绩效评价体现了 IT 价值形成过程的评价思想,强调的是对 IT 潜在价值产生过程的测量,总结起来具有以下特点:

（1）绩效评价的动态性。基于过程的电子商务绩效评价就是通过评估战略启动、IT 资源部署、能力建立以及电子商务价值产生四个动态的阶段,如图 7-3 所示,将这四个阶段的管理任务有机联系在一起,再跟踪评价价值产生过程中指标之间的关联效应,揭示当前企业电子商务管理中存在的问题。

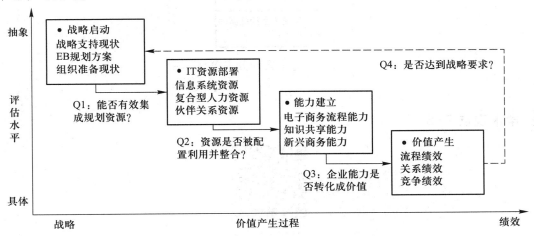

图 7-3 基于过程的电子商务绩效评价模型

（2）多层面评价绩效产生过程。基于过程的电子商务绩效评价吸取了平衡计分卡的设计思想,从企业战略层面、运作层面和管理层面进行多层面的分析和评价,将企业目标和合作伙伴目标在电子商务流程中实现了整合。同时,在突出组织使命和战略转化的过程中,将战略启动与 IT 资源部署、能力建立以及价值创造四个阶段建立因果关系,以展现组织发展电子商务的战略目标设定和实现过程。

（3）价值评价体系的统一性。基于过程的电子商务绩效评价方法提出了包含流程、合作关系、财务以及战略一体化的价值评价体系,全面体现了多组织环境下电子商务管理的新内容和新原则。

详细阅读:赵晶,朱镇.基于价值创造过程的制造企业电子商务绩效评价模型研究.管理工程学报,2010,24（1）:17-24.

（四）基于综合集成思想的评价指标体系

基于综合集成思想的评价指标体系在 IT 绩效测评中也得到了一定的发展。该评价方法主要起源于平衡计分卡（balanced scorecard）思想。平衡计分卡是由美国学者 Kaplan 和 Norton 提出的,用于衡量企业经营业绩和评价财务与非财务的综合分析体系。平衡计分卡是一种基于财务、客户、业务流程以及学习与成长四个维度构成的评价系统（图 7-4）。它不仅是一个指标评价系统,而且还是一个战略管理系统,旨在通过四套指标对绩效进行全面衡量。

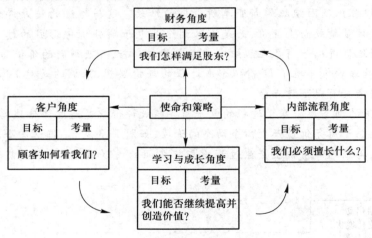

图 7-4　平衡计分卡模型

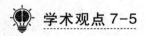　学术观点 7-5

平衡计分卡模型

平衡计分卡核心思想就是通过财务、客户、内部流程以及学习与成长四个方面指标之间的相互驱动的因果关系展现组织的战略轨迹。该方法的评估分为以下几个步骤：

（1）目标是什么？财务指标是企业最终的追求和目标，也是企业提高利润水平的根本。

（2）如何实现？要提高财务绩效，企业就必须以客户为中心，满足客户的需求。

（3）客户需求如何满足？要提高客户的满意度、满足客户的需求，就必须加强自身建设，提高企业流程的运营效率。

（4）运作流程如何改善？优化企业内部流程并提高运作效率依赖于企业和员工不断的学习与创新，适应市场的需求。

这四个方面所构成的是一个闭环，从四个不同角度解释企业在发展过程中所需要重视的四个要素，并通过适当的管理和评价，采取相应的战略，不断推进企业的发展。在平衡计分卡的这个框架里，企业应该更加注重跨职能的整合，与商业伙伴的战略关系以及可持续性提高等战略问题。对组织内部关系的深刻理解有助于企业克服传统以财务眼光简单看待商务问题。

（五）基于实物期权的 IT 投资评价

实物期权，就是对实物投资的选择权。实物期权的标的不是股票、债券、期货和货币等金融资产，而是某个具体的投资项目，是该项目所对应的设备、土地和厂房等实物资产的选择权。利用实物期权方法，可以给管理者更多的决策灵活性，注入对项目的实施延迟、冻结或者当项目已经启动后可以放弃的选择能力。因此，实物期权也具有金融期权的特征。例如，以表 7-2 计算的 NPV 为例，该 IT 项目的前景并不明朗，管理者可以选择在将来情况好的时候再实施投资，并无义务一定要立即投资该项目，即在这个项目的 NPV 为正的时候再投资。这种选择权就类似于一个股票买入期权。这种分析思路，可以方便地把一个项目构筑为管理者随时间变化的决策序列，有助于在项目评估中澄清不确定性的作用。

实物期权大致可以分为八种，分别是延迟投资（option to defer investment）、扩张期权（option expand）、收缩期权（option to contract）与中止期权（option to stop）、停启期权（option to shout down and restart operations）、放弃期权（option to abandonment）、转换期权（option to switch to use）、企业增长期权（corporate growth options）和分阶段投资期权（option to staged investment）。图 7-5 显示了多种期权的选择类型。

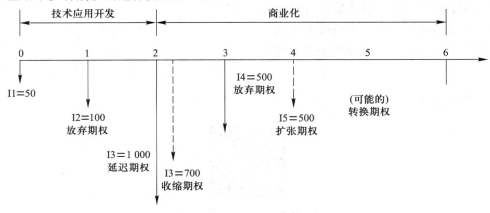

图 7-5　多种实物期权的选择类型

常见的实物期权的计算方法

三、咨询公司绩效测评工具

在企业咨询方面,各咨询公司的咨询方案主要集中于技术解决方案和管理咨询两大类。IT咨询公司(如麦肯锡)也借鉴平衡计分卡原理设计了一些适合于企业 IT 绩效的测量方法。这些方法的主要特征为:突破以财务为核心的测量评价体系,将组织战略目标与实现过程;组织战略使命与 IS 绩效联系起来,综合评价企业各个层面的绩效。本节主要介绍几家国际著名咨询公司的绩效测评方法和工具。

(一) 麦肯锡咨询公司的 7-S 模型

麦肯锡咨询作为咨询业界无可争议的"泰斗",最善于帮助企业的高层管理层诊断解决战略、组织结构和经营运作方面的关键性议题。7-S 模型就是麦肯锡咨询公司提出的著名方法,如图 7-6 所示。

7-S 模型指出,企业在发展过程中必须全面考虑各方面的情况,包括结构、制度、风格、员工、技能、战略以及共同的价值观。在麦肯锡看来,企业仅具有明确的战略和深思熟虑的行动计划是远远不够的,企业的组织要素是由战略、结构、制度、风格、员工、共同价值观以及技能组成。在模型中,战略、结构和制度被认为是企业成功的"硬件",风格、人员、技能和共同的价值观被认为是企业成功经营的"软件"。其中共同价值观就是指企业员工共同的信念,这也是企业文化的核心。

图 7-6　麦肯锡咨询公司 7-S 模型

麦肯锡咨询公司的 7-S 模型应用

（二）埃森哲公司的流程优化咨询方案

埃森哲公司是《财富》全球 500 强企业之一的管理咨询、信息技术和外包服务公司,也是全球领先的企业绩效提升专家。凭借其丰富的行业经验、广泛的全球资源和在中国本土市场的成功实践,埃森哲帮助客户明确战略,优化流程,集成系统,引进创新,提高整体竞争优势,成为绩效卓越的组织。在中国,埃森哲的项目涵盖了广泛的行业和各种解决方案。

（1）埃森哲为大型国有企业(例如中石化、中国移动)提供企业 IT 转型的咨询和服务,帮助它们转变成以市场为导向的企业;

（2）在客户关系管理方面,通过与客户合作,努力提高企业对顾客的认识,致力于帮助客户通过实施企业资源计划(ERP)等解决方案提高经营绩效;

（3）在电子商务领域,通过预见性的效益分析,帮助客户制定切实有效的电子商务方案并帮助客户更快地实现这些方案,克服在实施电子商务过程中的各种障碍;

（4）在供应链管理领域,埃森哲在产品开发、制造策略和运作、采购及供应商选择、运输管理、分销、库存管理、价值链规划、供应链协同作业以及第四方物流方案等方面都具有深入咨询技能。

（三）普华永道的 IT 战略咨询

普华永道咨询公司是世界上最大的管理咨询与技术服务提供商,同时也是该领域的领导者之一。普华永道咨询公司在世界咨询管理和技术服务方面处于领先地位,其咨询服务实现了从原先为客户提供审计、税务、企业管理咨询和财务咨询服务扩展到客户关系管理、财务管理、人力成本、信息技术应用、管理系统应用、企业发展战略、供应链及运作管理。

普华永道咨询公司 IT 战略咨询主要协助客户制定、执行关键战略、运营进程和首创技术的设计以提高客户的利润率和竞争力,并根据价值创造的过程设计了一个闭环的绩效评价工具,如图 7-7 所示。

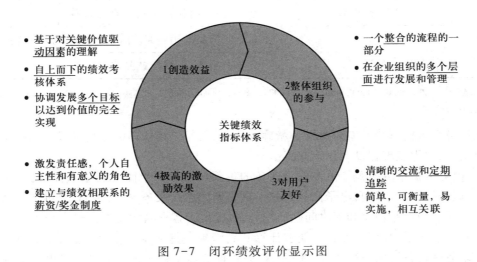

图 7-7　闭环绩效评价显示图

第四节　电子商务价值的测量

一、财务绩效测量电子商务价值的困境

财务绩效是衡量企业 IT 价值的常见工具,主要包括盈利、偿债、营运以及竞争四种类型,如表 7-3 所示。

表 7-3　财务绩效衡量指标

类型	指标	计算方法
盈利能力	资产报酬率(ROA)	净利润/平均资产总额
	投资回报率(ROI)	年均利润/平均资产总额
	销售回报率(ROS)	息税前利润/销售收入
	成本费用利润率	净利润/成本费用总额
偿债能力	营运资金/总资产	营运资金/总资产
	资产负债率	负债总额/资产总额
	速动比率	(流动资产-存货)/流动负债
营运能力	总资产周转率	销售收入/平均资产总额
	存货周转率	销售成本/平均存货
	应收账款周转率	销售收入/平均应收账款
竞争能力	资本保值增值率	年末所有者权益/年初所有者权益
	市场占有率	本企业产品的销售量/市场上同类产品的销售量
	价格竞争力	企业产品价格/同类产品平均价格

资料来源:综合 Bharadwaj(2000),Barua, et al.(2004),Huang et al.(2006),王立彦和张继东(2007),陈守龙和刘现伟(2007)等人的研究结果。

虽然财务绩效的测量具有可靠性和精确的优点,但是单纯依靠财务指标很难完整反映电子商务的价值,其原因表现在以下几个方面:

第一,财务数据本身掩盖了很多电子商务的价值信息。对于商品制造来说,投入成本和销售利润可以轻松计算。然而,电子商务提供了更多新的在线服务内容,例如,通过常见问题解答(FAQ)加快了客户产品使用和解决问题的能力,在提高了客户满意度的同时也降低了售后服务的压力。对于这些新的服务,没有人能够计算其利润到底是多少。在服务业中,IT 企业的服务能力更难以通过财务指标进行衡量。因此,财务数据的高度精确性反而限制了电子商务价值的准确衡量。

第二,无形收益难以测量,导致电子商务绩效远低于实际测量的结果。有形收益是明显的,

可以通过各种财务数据反映出来。但是电子商务通常提供各种各样的增值服务①,例如配送跟踪、缺货订单预定、高级会员的奖励等。这些增值服务将形成电子商务的无形收益,例如,可以更快满足市场需求、更高的客户满意度、更强的渠道分销控制能力以及更好的伙伴合作关系等。由于无形收益结果难以通过财务指标衡量,因此电子商务增值服务的绩效往往被企业忽略掉。

第三,电子商务在某一流程获取的价值可能被其他方面抵消,掩盖了真实的绩效水平。例如,由于电子采购流程中获得的效率很可能会被滞后的物流环节所损耗,使用财务绩效很难反映出某一个流程所获得的真实水平。原因在本章第一节进行了解释。

第四,任何固定资产投资的回收期都具有延迟性,发展电子商务的 IT 投资效果也需要多年才能逐步体现出来。这使得企业很难通过当年的财务指标评价电子商务绩效,这也是当前企业对 IT 价值认识的主要误区。

二、新兴的电子商务价值测量方式

从电子商务价值测量的困境角度看,我们不难发现,电子商务价值的绝大部分表现为各种非财务的无形价值。企业对电子商务内在的无形价值的忽视直接导致了企业对电子商务等 IT 投资经济作用的低估。在学术界,针对电子商务价值选取的绩效指标可能很大程度上来自研究者各自的研究领域以及其他领域的理论和采用的研究方法。

过去的 20 年里,对电子商务价值或绩效的测量方式也在不断地更新和改进。例如,研究者提到的绩效测量方式包括生产力、能力利用和生产质量、客户满意度以及各种市场导向的指标(如 Tobin's q 等)。近几年,随着电子商务在企业间的应用以及对不断变化的市场环境的响应,除了财务绩效之外,还需要引入更多新兴的绩效测量方式来反映这些新的价值特征,主要包括三类绩效:流程绩效、关系绩效和竞争绩效。这三者绩效的测量比较如表 7-4 所示。

三、流程绩效的测量

对于企业经理人而言,首先关注的是电子商务的运用有没有提高企业运作流程的效率,而对于这种运作效率的评价是参与部门的员工和管理者能够直接评价的,并不需要依靠财务部门提供的会计报表。因此,对电子商务流程绩效的测量需要关注企业具备竞争优势的电子商务流程到底提高了哪些效率、获得了哪些效果,才能准确描述电子商务流程给企业带来的直接价值。

---

① 电子商务的增值服务可以简单地定义为"通过电子商务为客户提供产品本身以外的服务,增加产品的附加值"。

表 7-4　流程绩效、关系绩效和竞争绩效三类绩效测量的比较

	流程绩效	关系绩效	竞争绩效
成本	• 新的采购和销售模式降低运作成本 • IT 支持的采购和渠道管理流程降低交易成本	与合作伙伴的关系改善效果 • 销售/服务合作网络稳定性 • 沟通成本 • 优质伙伴数量 ……	与同类市场竞争者相比,企业间的合作效果 • 市场占有率提升 • 赢利能力提高 • 销售量提高 • 市场影响力加强 • 新产品/服务推出周期短及销量增加 ……
效率	• 加强控制和协作,提高运作敏捷性 • 通过信息共享,提高决策的准确率		
库存控制	• 缩短库存的周转周期 • 增加库存管理的敏捷性		
客户满意度	• IS 应用增加与客户的接触面 • 提供多种服务模式,提高了满意度		
概念解释	执行流程的直接效果,流程水平的价值衡量标准	企业间及客户合作关系的改善	企业与竞争对手相比的优势
测量水平	商业流程维度	企业间合作关系维度	市场竞争维度

 学术观点 7-7

流程绩效与财务绩效的比较

　　财务绩效是从企业整体价值方面进行测量,从标准化的角度分析了 IT 的投入与产出关系。基于流程的价值分析方法与财务绩效最大的不同在于,它是对电子商务直接价值和收益的评价而非企业最终获利的评价。流程绩效不但体现了组织运作效率和效果,还反映了该流程带来的无形收益,如伙伴关系维持能力、客户满意度等。两者的比较如表 7-5 所示。

表 7-5　流程绩效与财务绩效比较

		流程绩效	财务绩效
相同点	目标相同	衡量电子商务对企业的价值	
	价值来源相同	IT 资源在电子商务流程中产生能力,并创造价值	
不同点	评价对象不同	某一特定的流程	整个企业
	衡量指标不同	经济性指标和无形收益	主要是财务等经济性指标
	涵盖范围不同	仅针对特定的流程范围	企业整体的绩效水平
	测量难度不同	复杂,需要测量无形收益	简单,来自会计报表
	表现形式不同	潜在价值	显性价值

流程绩效反映了电子商务带来的流程营运效率提升。主要测量指标有以下几方面：

（1）交易效率。这是以时间为标准进行衡量的指标，处理业务时间的缩短程度是企业流程效率提高标志，也是 IT 技术被应用于电子商务流程最直接的影响。订单履行时间、采购周期、客户服务响应时间、交货时间等指标都反映了交易效率。

（2）成本变化。这里的成本是因流程处理效率带来的成本变化，而非具体投资成本数额。例如，通用汽车的呼叫中心和在线服务功能在提高售后服务效率的同时，也降低了处理客户投诉的成本。

（3）库存控制能力。通过上下游企业的信息共享，企业可以在商务活动中及时了解供应商和代理商的库存情况，并根据库存变化及时调整采购数量和生产进度，这也是解决供应链中"牛鞭效应"的关键步骤。企业如果能够在共享库存基础上履行订单，牛鞭效应可以在一定程度上得到解决。各级企业的库存成本将大大降低，经营风险也将得到控制。联想、华为、盒马鲜生等企业都将库存控制能力作为电子商务价值评价的主要指标。

（4）客户满意度。客户满意度是企业评价销售以及售后服务最重要的参考指标。由于市场竞争日益激烈，客户满意和忠诚是实现企业利润增长的重要手段。电子商务的实施为销售和客户服务提供了先进和高效的管理模式，客户满意度自然在面向客户的电子商务流程中应该加以考虑。

（一）流程绩效测量为持续的流程创新应用提供了条件

电子商务流程代表了利用 Internet 交互特征的全新业务流程，可以帮助企业将有价的 IT 资源集中在创造价值的业务活动中，在与供应商、代理商以及客户的信息共享和在线合作基础上获得电子商务价值。这就决定了企业可以开发各种新的业务和服务，通过加强员工的参与和管理，在流程的创新应用中获取传统流程中不具备的无形价值。对流程绩效的测量可以追踪流程创新应用的能力，并为跟踪新价值的产生提供条件。

（二）对流程绩效的关注有利于跟踪和改进企业电子商务流程能力的水平

企业电子商务应用能力影响到流程绩效的产生，这种绩效产生的根源是在企业内部协调以及与合作伙伴形成在线合作基础上形成的价值增值过程。因此，作为流程终端的效应，流程绩效反映了企业电子商务应用能力的特征和应用潜力。如果企业通过测量流程绩效，发现没有获取相应的电子商务价值，就可以从影响能力形成的因素，找到解决问题的突破点，找到提高流程创新应用的渠道，并加以改善。

例如，IBM 在实施电子商务之后，加强了内部的协同和自动处理能力，订单履行周期由原先的 30 天降低到 1 天，合同周期则从原来的 7~12 个月降低到 30 天。很显然，这是对流程绩效综合分析和诊断后提出的企业电子商务应用能力改进方案。

（三）流程绩效的测量有助于战略调整，形成更优化的电子商务实施方案

流程绩效测量的结果深刻地反映出当前企业的运作现状。作为一种管理控制活动，企业根据流程绩效的评估结果，可以考虑从战略上调整规划方案或实施内容，通过重新整合 IT 资源，形成新的企业电子商务应用能力，进而推动企业电子商务向更优化的方向发展。因此，流程绩效既是对前期电子商务实施结果的检验，也是新战略调整的开始。

例如，上海大众通过 CRM 系统的实施，将品牌形象与客户体验相连接，跟踪客户行为和交易记录，分析客户行为与市场活动的相关性，进而指导和调整品牌宣传和品牌形象的塑造，从而引导客户的品牌体验,最终形成良性的品牌客户关系。

对电子商务价值的测量,是针对某一具体流程价值的描述。采用流程绩效测量电子商务价值,不但可以帮助企业明确价值的衡量尺度,也有利于在流程水平追踪价值产生的来源,指导企业实现价值创新的管理控制活动。

四、关系绩效的测量

关系绩效侧重于描述企业间展开数字化合作后对伙伴关系的改进程度。在第一节中,我们已经给出关系绩效的主要测量指标,具体可以表现为以下几方面。

(一)合作稳定性

这是以某一时间段为标准针对特定的合作网络(如供应网络、分销网络等)进行衡量的指标,通过持续观测该网络中的伙伴数量的变化,以判断这一网络的稳定程度。合作稳定性表现在主要合作伙伴的数量、质量以及关系维持都是稳定的。合作稳定性是衡量关系绩效的重要指标之一。

(二)成本变化

这里的成本是指企业与伙伴持续性合作时所需要的沟通成本。沟通成本一般会随着双方之间矛盾升级、冲突发生而大大增加,而沟通成本的增加往往与运作效率降低同时产生。例如企业间知识共享能力的建立使得传统的专家会议能够得以更为便捷地开展,降低了企业进行该合作活动时所需担负的成本。沟通成本的降低也从侧面表明伙伴参与长期战略合作的意愿。

(三)优质伙伴数量

企业在特定联盟中的优质伙伴和客户的数量很大程度上决定了该联盟的运作质量。优质伙伴数量可以通过分析交易数量所占比重、大单交易数量等指标来识别。优质伙伴数量的增长通常通过建立平等、公开、交互的合作模式获得。下一节酷漫居案例很好地解释了如何通过数字化手段建立与供应商和客户的关系实现产品定制。

五、竞争绩效的测量

竞争绩效主要反映了企业与竞争对手的比较优势的体现。该绩效具体可以用以下两类指标进行衡量。

(一)市场类指标

市场类指标以市场占有率、销售增长率为代表,在很大程度上反映了企业的竞争地位和盈利能力,是企业非常重视的一类指标。从企业电子商务的发展阶段来看,在企业开始实施电子商务的初期,通常是以低利润甚至亏损换取企业在市场中的份额,以积累足够的客户,这也就是为什么在衡量电子商务价值时不宜单纯采用财务指标的一个重要原因。所以这一类市场指标能够很好地观察企业在实施电子商务后,是否较竞争对手获取更多的竞争优势。对于研究者而言,通常这一类数据可以从咨询机构的行业报告或者上市公司的定期财务报表中查询和收集。

(二)创新类指标

创新类指标主要包括推出新产品/服务的周期、新产品/服务的数量等,这一类指标重点突出电子商务的价值创新特征。实践表明,电子商务给企业带来的创新主要体现为产品创新、服务创新和商务模式创新。因此,在进行企业创新类指标的选择时,可根据企业实际的数字化应用模式,选取合适的创新指标予以测量和细化。例如,新产品的数量可以通过某一时间段企业的专利数量表示;推出新服务的时间周期可以通过新闻报道等渠道计算相邻服务的时间跨度等。

第五节　实践跟踪:电子商务流程绩效的产生与协同价值创新

本小节结合海尔电子采购、思科渠道管理以及上海大众客户关系管理的企业实践,重点介绍各自流程绩效的产生、管理要求和衡量标准,以及电子商务价值创新的要点。

一、电子采购流程绩效的产生

在企业人财物、产供销各环节中,采购成本的降低是一个最容易见效的环节。例如,某企业采购支出占营业额 50%,利润率为 5%,其他支出占 45%。如该企业希望将经济效益提高至相当于利润率在 7.5% 的水平时,则有两种选择:一是提高销售量,二是降低采购成本。前者需要在现有基础上提高销售量 50% 才能实现,而后者只需在以往采购统计基础上降低采购成本 5% 即可实现。很明显,"在现有基础上提高销售量 50%"在当前激烈市场竞争环境下很难实现。而"降低采购成本 5%"这个目标在当前环境下,利用电子商务平台进行大范围询价、竞价、撮合等方法是完全有可能做到的。

据 Free Market 公司的统计,电子采购可节省采购成本最低 2%,最高达 25% 左右。根据经纬同盛在国内应用的实践和业务情况统计,节省采购成本最低 6.3%,最高达 24% 左右,所产生的经济效益和应用前景惊人。那么,企业是如何通过电子采购获取这些价值的呢? 下面首先介绍海尔电子采购平台,并通过分析海尔与供应商的采购流程揭开这个谜团。

📋 **企业实践 7-6**

海尔电子采购绩效的实现

从海尔的企业实践中可以发现,为了实现采购流程绩效,企业管理需要关注于以下几个方面:

(1) 供应商遴选:利用 Internet 提供的搜索能力,在线收集信息、识别优质供应商,使企业迅速发现关键信息,并与供应商建立良好的合作关系。

(2) 交易与订单管理:在电子采购中,借助于电子商务流程实现与供应商的在线商务活动,包括谈判、签订合同、在线支付、物流配送,可以有效降低成本,优化企业价值链,增强企业的获利能力。

(3) 需求跟踪与控制:借助于 Internet 强大的信息搜索和数据传输能力,企业可以迅速发现产品需求和市场机会,便于整合供应商的资源,迅速实现产品研发、供应和物流配送,并以此取得主动的市场竞争地位。

(4) 三流整合管理:电子采购流程绩效是企业在利用和整合供应商资源,对原有流程进行优化和调整,通过电子商务流程整合信息流、物流和资金流的过程中实现的。

由海尔的电子采购可以发现,企业在电子采购过程中需要完成的任务有搜索、交易、处理、控制和反馈过程。在采购前的信息搜索,采购中的交易和订单管理以及采购后的监测和控制过程中,借助于 IT 技术赋予的流程合作能力和知识共享能力可以实现电子采购流程的升级,加快了对采购的敏捷管理,提高了与供应商的联盟能力,同时大大提高了采购的商务创新,并最终实现相应的流程绩效,如图 7-8 所示。流程绩效测量指标主要反映在采购效率和质量、采购成本、供应商关系和库存控制能力四个方面。

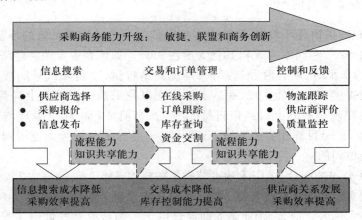

图 7-8   电子采购流程绩效的产生

从采购效率上分析,电子采购流程提供了较简单的订购方式,标准的过程,采购方式在线透明化,保证最小出错率。借助于电子采购平台,通过电子招标、电子比价等采购方式,形成更有效的交易方式,采购周期将大大降低,供应商的交货时间得到控制。IBM 通过无人驾驶采购,订单履行周期由原先的 30 天降低到 1 天。

从采购成本上看,由于提高了共享信息的准确性,企业与供应商可以适时共享各种信息(例如,自助式的产品目录、临时订单、交货规则等)以减少信息搜集费用和合同履行费用,并提高企业的运作效率,在总体上降低企业的采购成本。

从供应商关系上看,由于建立了供应商评估体系,加强了对供应商网络的管理和控制,与供应商紧密合作等,使得企业间的协调更加规范。例如,海尔对供应商的评价主要侧重质量、成本、交货期、能否参与到早期设计过程等方面。具体考核指标包括:设计控制、文件和资料控制、采购和仓库、顾客提供物资、产品标志和可追溯性、工序控制、检验与试验、内部质量审核、培训 9 个方面。海尔淘汰三个月绩效不合格的供应商,对存在一定问题的供应商,要求其进行整改,保障供货的准时性。海尔与供应商形成了良好、紧密、新型的网络合作关系,建立起动态企业联盟,实现双赢的目标。

从库存能力上分析,企业可以将电子采购作为控制和调节库存的重要途径,也是连接下游销售的重要流程。借助于电子采购,海尔将传统工业领域的寄售方式进行了变革,采用该模式的供应商将物资存放在海尔物流中心,但在海尔使用后才结算。供应商可通过 B2B 网站查询寄售物资的使用情况(这种模式称为供应商管理库存,将在第八章介绍)。属于寄售订单的物资和原材料,海尔不收取相关仓储费用。这样一方面减少了海尔呆滞物资,同时也利用海尔先进物流降低了供应商的库存成本。

　　作者近年来跟踪我国企业电子采购的实践,对 177 家制造企业的电子采购流程绩效分析显示,企业在上述几个方面都取得了较为明显的绩效(图 7-9)。与传统采购相比,在采购周期、交货时间、库存水平这三个指标上的改变最为明显。这些测量指标集中反映了企业电子采购带来的价值,提高了企业的竞争优势,带来了额外的价值增值。

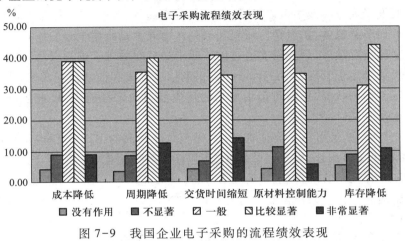

图 7-9　我国企业电子采购的流程绩效表现

二、电子渠道管理的流程绩效产生

　　电子商务的出现不但提供了新的运营模式,还拓展了分销渠道的范围。企业可以进行网上直销,也可以通过电子商务加强对分销渠道的管理,通过多元化和电子化的分销管理实现新的竞争优势。例如,美特斯邦威通过建立门店代理商企业资源管理系统(MBAGT-ERP),高度集成了生产采购、物流配送、分销零售、财务等业务,将分布在全国 200 多家上游供应商的内部各项业务,以及分布于全国 500 多个城市的下游 1 000 多家代理商、专卖店的内部各项业务集成在一个整体的分销平台上。现在,美特斯邦威处理一个完整订单的时间缩短到 2~3 分钟,财务往来结算周期降至 2 分钟,应收账款周转时间下降到 2 分钟,存货周转次数上升到 7 次,订单交货周期减少到 2~4 天。

　　以上分析仅仅计算了电子渠道管理流程给企业带来部分收益。电子渠道管理流程还能提高企业与分销商和代理商的信息透明度,改善协同计划处理能力,提高市场预测的准确性。此外,缩短的计划周期和交货期意味着减少了不确定因素,降低了安全库存,更好地响应市场变化。电子渠道管理给企业带来的益处在企业运作和战略中表现得更加明显。那么,企业是如何在电子渠道管理流程获取这些价值的呢?这里结合神州数码的企业实践,揭开该流程价值产生的谜团。

企业实践 7-7

神州数码电子渠道管理（e-Bridge 平台）流程绩效的实现

从神州数码电子商务实践中可以发现，通过与分销商的在线合作，实现产品的分销和销售，在这个过程中如何节约成本、扩大销售规模和提高运作效率是流程绩效的核心表现。

为了实现采购流程绩效，企业需要通过以下四个最核心的方式进行渠道管理：

（1）产品投放和定价管理：利用 Internet 提供的信息搜集和快速传递功能，更快地了解市场需求的变化和下游销售状况，提高对市场需求的反应能力和掌控能力，以此规划产品投放规则并确定恰当的定价方法。

（2）在线交易管理：通过电子渠道管理，实现面向分销商的 B2B 分销或面向终端客户的销售和服务，利用在线交易流程，提高订单处理速度，有效降低成本。

（3）订单和库存控制管理：在电子渠道管理中，及时了解和有效控制下游分销商的库存，通过各种激励措施提高分销商的销售能力，提高合作伙伴关系，扩大分销市场，并以此取得更主动的市场竞争地位。

（4）服务和优化管理：电子采购流程的实施是对销售渠道的再造和优化，使得信息流、物流和资金流支撑起的分销渠道更加个性化，能够在控制成本的前提下实现各地域分销的优化组合，适应不同市场的需求。

针对电子渠道管理流程的阶段特征，无论是订购前的产品和渠道选择，还是交易中的订单处理以及交易后的需求反馈，企业依赖于流程合作能力以及知识共享能力实现了相应的流程绩效，如图 7-10 所示。流程绩效的测量指标主要反映在订购效率和成本、代理商关系以及分销和市场控制能力三个方面。

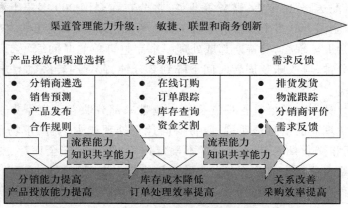

图 7-10　电子渠道管理流程的绩效产生

　　从订购效率和成本上看,在电子商务环境下,由于信息沟通成本降低,企业可以摆脱传统依赖纸质单一交流的限制,有效地提高了订购流程的商务信息的沟通速度。同时,通过共享销售进度和库存信息,企业与代理商都可以大大减少库存积压。

　　另一个重要方面就是改善合作伙伴关系,将代理商和客户作为重要的企业资产纳入战略管理范畴。因为与代理商和客户关系加强在线合作,有助于企业以更低的成本、更快的效率获得市场的最新动态。通过代理商的参与,企业还可以借助于代理商扩大产品的分销能力,更好地为终端客户提供各种增值服务。分销和市场控制能力是衡量电子渠道管理是否给企业带来创新的重要指标。电子渠道管理的实施往往被应用于改造传统的销售渠道。通过与代理商的信息共享和在线合作,企业和代理商都可以腾出更多的时间跟踪市场需求。通过更好地满足市场需求,而不是恶意降价进行市场竞争。

　　作者对我国177家制造企业的电子渠道管理流程绩效分析发现,企业在上述几个方面都取得了较为明显的绩效(图7-11)。与传统渠道管理相比,在订单处理效率、库存降低水平以及分销能力提升这三个指标改善最为明显。

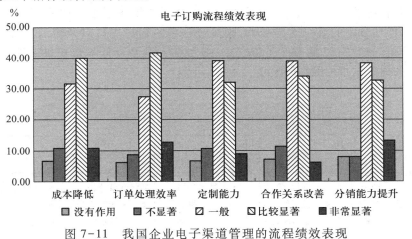

图7-11　我国企业电子渠道管理的流程绩效表现

三、客户关系管理流程绩效的产生

　　在金融服务领域,银行和保险公司(如招商银行和花旗银行等)借助于CRM系统对客户需求进行分析和挖掘,以便开发更好的金融和理财产品,减少客户流失率。在IT和汽车制造业,多数企业(如上海大众、联想和IBM等)通过CRM系统对客户消费行为和需求进行归纳,以便提高客户满意度。在零售领域,批发商(如沃尔玛、家乐福和苏宁电器等)通过CRM分析客户需求的变化调整供货数量和价格,满足客户购买需求。随着企业对客户的越来越重视,客户关系管理已经成为企业获取价值的重要途径。

　　上海大众是汽车行业最早实施CRM的企业,也是CRM绩效最好的企业之一。下面结合上海大众CRM为例,揭开CRM价值产生的谜团。

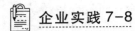 企业实践 7-8

上海大众汽车 CRM 流程绩效的实现

管理大师彼得·德鲁克提出,企业的任务就是创造顾客,顾客会从他们认为能提供最高价值的企业购买商品和服务。因此,在一定意义上讲,是顾客创造了企业的价值,所以要提高顾客的满意度和忠诚度,进而使顾客转化为自己的真实客户。而客户关系管理的流程绩效就是在这种发现需求、创造服务、转化客户以及形成忠诚的过程中实现的。在 Internet 商务环境下,CRM 的价值依赖于 IT 技术的分析能力并将相关知识进行企业内以及与合作伙伴进行分享,可以迅速了解客户的动态和需求,提高客户的满意度。这两个能力聚焦于客户关系管理的所有功能,通过客户获取,销售环节中的客户支持服务,购买过程中的客户支持以及售后服务中的客户关怀实现 CRM 的价值。图 7-12 解释了 CRM 系统是如何在各个功能模块提供个性化的管理、服务和决策功能的基础上实现 CRM 价值的。

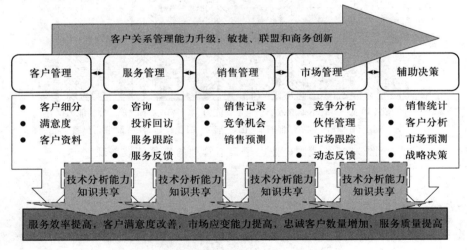

图 7-12 客户关系管理流程绩效的产生

国内外很多制造和服务企业通过 CRM 的实施取得了很好的效果。例如,携程网为先前订购同一航线的顾客提供更多的低价机票信息,提高了客户的满意度。通过 CRM,上海大众总部和分销中心可以实时查看各种数据,并且根据数据分析自动生成的报告,及时制定和改变市场策略,提高市场应变能力。在对我国企业的 CRM 流程绩效分析发现,企业在客户服务效率、客户满意度、需求应变能力、忠诚客户增加以及服务质量提高等方面都取得了较为明显的绩效(图 7-13)。其中对需求的反应能力和服务质量提高两个价值指标改善最为明显。

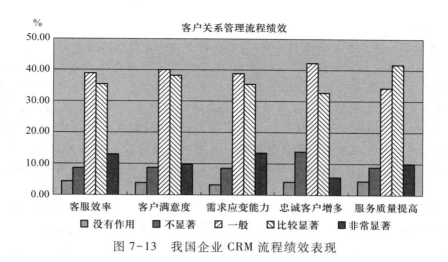

图 7-13　我国企业 CRM 流程绩效表现

四、电子商务流程的协同价值创新

当企业广泛应用电子商务在各个流程后，数字化转型带动了价值创造各环节和业务流程的整合和协同，推动了协同价值创新的模式。这种模式在战略上体现为广泛的数字化转型动机和战略部署，在运营上体现为触发商业模式、业务运营和组织架构的快速调整，从而更好地创造市场需求并拉动消费增长。

电子商务的协同价值创新表现为通过数字化技术、大数据资源的组合利用，触发企业设计、研发、生产、运营、管理等价值创造各环节和业务流程的改变，联合价值生态圈中的用户、供应商、服务商等参与者共创价值，从而帮助企业利用现有的核心能力或开发新的能力来满足用户需求进而获得持续的竞争优势。电子商务对传统商业的价值创新作用在于，要求企业考虑全新的价值创新环境和手段。

第一，电子商务价值创新环境依赖于服务创新，价值创造依赖于企业与资源提供商、客户形成广泛的商业生态。数字化价值创造的主体转为企业、顾客、利益相关者等整个生态圈中的主体。电子商务价值创造需要考虑更为广泛的流程协同基础上的价值创新，例如线上线下协同模式都是基于服务生态的价值创新方式。

第二，电子商务价值创新手段依赖于新技术的交互能力。当前平台化、数据化和智能化程度更高的新一代交互数字化技术开始渗透到各个行业，这些新技术的一个典型特征就是拉近了与用户的距离，即在使用中源源不断产生数据，数据又进一步吸引消费者参与，从而使得商业生态的结构更加紧密。因此，依赖于这些新的手段和资源组合方式，企业可以不断部署和开发新的商业能力，与供应商、客户一同感知和响应市场机会。例如，网红驱动的社交电商是近年来的典型商业例子。

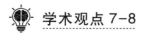 **学术观点 7-8**

电子商务价值创新

关键词：价值创造逻辑，数字化商业创新，用户体验提升

来源期刊:外国经济与管理

借鉴孙新波等人关于数字价值创造特征,可从以下四个方面理解电子商务价值创新:

(1)从价值创造逻辑和价值创造主体来看,电子商务价值创新从产品主导逻辑转向服务主导逻辑,是服务生态系统带动的价值增值过程。传统价值创造基于产品主导逻辑认为企业是价值创造者,顾客是价值消耗者;服务主导逻辑下企业将顾客视为价值创造者,企业是价值创造的支持者,企业与顾客积极互动共创价值。在电子商务场景中,双方是围绕价值共创去开展业务的,因此聚焦于广泛的生态系统。价值创造的宗旨不再以满足股东利益为核心,而是通过整合多方主体共创价值来协调性地满足以顾客、员工和供应商等利益相关者共同构成的生态圈的整合性需求。

(2)从资源视角看,电子商务价值创新更强调数据资源的价值以及各种资源的集成利用。工业时代,传统要素劳动、土地、资本、知识、技术和管理是企业价值创造的重要资源。数字化时代,电子商务改变了传统价值创造的资源基础,大数据资源通过新的资源编排方式支撑了数字化商业创新,在原有商业流程中产生了新的服务模式和价值创造基点,创造出全新的价值创造方式,从而成为企业新的重要战略资源。

(3)从价值创造的来源机制看,电子商务价值创新是通过"使能"培育新的商业能力捕捉市场机会基础上产生的。传统产品导向的企业追求规模经济,相对忽视顾客的个性化需求,表现为企业主导静态价值创造。数字化时代到来,企业借助大数据、云计算、人工智能、AR和VR等数字化程度更高的新一代交互数字化技术,赋能企业提升效率,更通过"使能"创新为企业和消费者等利益相关者创造价值。依赖于这些新的手段和资源组合方式,企业可以不断部署和开发新的动态能力,来感知和捕获出现的机会,从而提升企业应对外部不确定性和提升企业竞争优势的能力。

(4)从价值创造的体验程度来看,电子商务价值创新强调了交互信息流,将产品、服务与客户体验同步化,从而增加了价值维度。工业时代更加聚焦于产品价格与成本关系,企业和消费者处于分离状态,难以实现信息的实时交互;数字化转型情境下,及时、连续、细化和完整的信息结构实现了企业与用户之间信息的双向流动,用户体验提升到了前所未有的高度。

详细阅读:孙新波,张媛,王永霞,孙浩博.数字价值创造:研究框架与展望.外国经济与管理,2021

通过在电子商务流程中实现管理创新获取电子商务价值,决定了企业需要从新的管理理念和运作模式中实现管理创新。从电子商务绩效的形成机制不难发现,电子商务价值依赖于按照客户需求通过IT技术处理的各种商务活动。这些活动的本质便是通过在电子商务流程中产生的企业电子商务应用能力及其转化来实现价值增值。

对于企业管理者而言,实现企业价值创造的一个关键问题便是首先需要识别符合企业战略应用的商务能力,然后再考虑建立这些能力的不同的数字化应用方式所需要的支持、遇到的阻碍及其特性。基于此,发挥电子商务流程能力、知识共享能力和新兴商务能力之间的整合和转化作用,最终获取电子商务价值,也是企业在进行电子商务价值管理过程时需要注意的关键问题。

📋 **企业实践 7-9**

酷漫居的"关注消费者"创新计划：企业与平民化中心协同演化

酷漫居成立于 2008 年,是国内动漫家居细分市场的首创者,先后获得迪士尼、Hello Kitty、阿狸等全球 9 大顶级动漫品牌在中国家具业的独家授权,分别于 2012 年和 2013 年"双十一"创造 1000 万元和 2800 万元的单日销售纪录,成为互联网儿童家具行业的领军者。酷漫居自 2013 年起开始营销转型,实施"关注消费者"计划,不仅基于大数据应用实现对消费者需求的深入分析,还通过挖掘"妈妈型"消费者的情感特征,与关键消费者合作,开展以微信、微博和专业社交网站为主的线上推广,及以居民社区为主的线下推广。2015 年,启动"酷妈计划",打造酷妈营销团队。酷漫居是行业内最早开发移动端消费者管理系统的企业,率先实现对合作消费者的体系化管理,并在企业内部的人力资源职能中加入了对合作消费者的管理培训。酷漫居借助酷妈与普通消费者的互动来强化企业与普通消费者的联系,不仅快速吸引众多新顾客,而且利用消费者之间的联系提升顾客忠诚度,被评为"2015 年度最具品牌价值企业"。

酷漫居在 2014 年坚持了以用户体验为核心,打造了 O2O+C2B 的核心商业模式(图 7-14)。酷漫居是家居行业唯一入选《快公司》发布的中国创新企业五十强的企业。酷漫居认为,无论未来商业如何变化,无论走线上还是线下,商业的核心本质是人。如何以用户体验为核心,让用户体验、参与、分享,加入产品价值链,非常重要。创始人杨涛指出,"酷漫居一是把 O2O 模式打造得更完美,把线上和线下深度整合,线上能够搜索,线下能够体验,让消费者真正感受到极致的产品带来的喜悦;二是我们更进一步深入满足消费者需求,加强 C2B 定制服务,在我们供应体系中满足个性化需求。整体来说,创新是我们坚持的基因,用户是我们核心。"

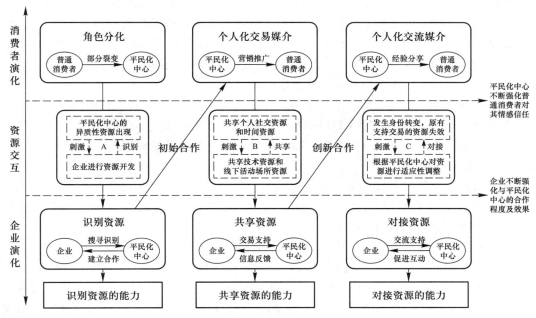

图 7-14　企业与平民化中心协同演化示意图

无论是整合设计、生产资源,还是重置物流、仓储、零售系统,酷漫居为了解决互联网通路的痛点做了诸多努力,甚至卖掉了工厂,关掉了三分之二的门店。而在发力电商 6 年后,酷漫居成为京东、亚马逊等电商平台儿童家具类最大品牌,2015 年双 11 单日总销售额突破了 3700 万,连续 5 年成为儿童家具电商冠军……但酷漫居对线上线下一体化的思考一直没有停止。在电商领域大获全胜后,2015 年,酷漫居将目光重新转向了线下,通过城市运营体系开始反扑线下店,并拟在三年内"占领"国内所有地级市。

为了完成这种新经营模式的探索,酷漫居通过大数据管理分析和优质资源整合,打造出"五同"模式,即线上线下"同产品,同价格,同服务,同体验,同支付",并将利用社群营销、会员系统、与优质团队,帮助全国线下店精确定位、精准导流,实现 O2O 模式的完美闭环。

资料来源:

1. 吴瑶,肖静华,谢康,廖雪华.从价值提供到价值共创的营销转型——企业与消费者协同演化视角的双案例研究.管理世界,2017(04):138-157.

2. 酷漫居杨涛:以用户体验为核心 打造 O2O+C2B 商业模式,新浪网,2015 年 1 月 13 日。

3. 电商大获成功的酷漫居,终于开始反扑线下店了,新浪网,2016 年 9 月 12 日。

本 章 小 结

电子商务价值是使用数字化技术推动企业战略变革、改进业务活动而产生的价值增值。电子商务价值可以体现在改进财务绩效,但是绝大部分表现在各种非财务的无形价值。除财务绩效外,电子商务价值可以从流程绩效、关系绩效以及竞争绩效三类非财务绩效层面进行测量。

流程绩效的管理目标是发挥电子商务流程能力、知识共享能力和新兴商务能力共同作用的传递效应,在电子采购、电子渠道管理和客户关系管理三个流程中实现电子商务的变革与创新,获取和测量电子商务价值。为实现流程绩效,企业需要关注两项管理任务:一是发挥企业电子商务应用能力的作用获取流程绩效,二是对流程绩效进行测量。流程绩效的测量标准包括成本变化、交易效率、库存控制能力以及客户满意度四个方面。

关系绩效的管理目标是发挥企业电子商务应用能力在企业伙伴间的协同效能,改善企业对合作联盟的管理能力,实现基于共同目标的长期合作,获取和测量电子商务价值。关系绩效的产生依赖于企业间电子商务流程能力向联盟能力的转化。其测量指标可从合作稳定性、成本变化、优质伙伴数量等方面选择。

竞争绩效的管理目标是发挥新兴商务能力在企业开展市场竞争活动中的推动作用,提升企业的核心竞争力,以创造持续性的竞争优势。竞争绩效的产生主要依赖于智能决策、联盟以及创新三类商务能力的推动作用。其测量方式主要包括市场指标和创新指标两大类。

除了财务的传统绩效评价方法外,本章介绍了一些新的绩效评价方法,大致可以分为五类,一是基于资金时间价值的理论;二是以投入产出比较为主体的微观生产函数法及其衍生形式;三是基于 IT 价值形成过程的评价方法;四是基于综合集成思想的评价指标体系;五是实物期权评价。咨询公司的绩效评价突破了以财务为核心的测量评价体系,将组织战略目标与实现过程;组织战略使命与 IS 绩效联系起来,综合评价企业各个层面的绩效。比较著名的如麦肯锡 7S 模型、普华永道的闭环绩效评价等。

　　电子商务的价值创新从本质上改变了传统的价值创造范式，为价值创造带来了全新的底层逻辑。电子商务价值创新是企业以战略变革驱动的价值创造过程，这种价值创造的逻辑、主体、资源基础、价值来源以及价值体验等方面都发生了相应的转变。

本章关键词

流程绩效	process performance
财务绩效	financial performance
关系绩效	relational performance
竞争绩效	competitive performance
能力整合	capabilities integration
资产报酬率	return on assets，ROA
投资回报率	return on investment，ROI
销售回报率	return on sales，ROS
伙伴关系	partner relationships
敏捷	agility
电子商务价值	e-business value
绩效测量	performance measurement
净现值	net present value，NPV
经济增加值	economic value added，EVA
投资回报率	return on investment，ROI
投入—产出	input-output
平衡计分卡	balanced scorecard
实物期权	real options

复习思考题

1. 电子商务流程绩效的管理目标和任务分别是什么？

2. 电子商务投资与绩效之间关系存在哪三种关系曲线？这些曲线反映了什么关系？

3. 电子商务价值评价可以分为哪五种常见方法？

4. 资金时间价值的理论与实物期权理论有什么联系？

5. 电子商务流程绩效是如何产生的？有何特征？

6. 为什么采用财务绩效不能准确反映电子商务价值？财务绩效与流程绩效有何差别？

7. 关系绩效和竞争绩效的定义是什么？这两种绩效有什么差别？

8. 电子商务关系绩效和竞争绩效的标准有哪些？请举例说明。

9. 请说明竞争绩效的产生来自哪些组织能力？IT 技术是如何创造竞争优势的？

10. 企业电子商务价值创新主要体现在哪些方面？如何理解？

课后小组活动

任务 1：阅读酷漫居的"关注消费者"创新计划：企业与平民化中心协同演化的案例，收看初始人专访，走访所在城市的酷漫居专营店，对到店客人进行访谈（如有条件），归纳你们理解的酷漫居 O2O 商业模式。通过中国知网查询相关论文进一步查询 C2B 商业模式，以小组为单位，汇报酷漫居电子商务 O2O+C2B 商业模式的特征，并为酷漫居的下一步电子商务转型提出你们的见解。

任务 2：通过互联网或者图书馆书籍查找和整理 CEO、CFO 和 CIO 对电子商务绩效的不同看法，思考为什么不同的高层管理者会关注不同类型的绩效衡量电子商务价值？阅读和讨论本章案例"陆总监的'困惑'"，以小组为单位，通过扮演 CEO、CFO 和 CIO 对电子商务绩效的看法和争论，深入理解企业为什么要使用不同类型的绩效评价电子商务投资。

案例讨论

陆总监的"困惑"

最近，身为一家大型民营企业信息发展部总监的陆辉一直在恶补财会方面的知识。这位名牌大学计算机硕士和 MBA 的双学历高材生自认 IT 开发和项目管理经验丰富，但是遇到汇报 IT 的投资和绩效的评价却显得一筹莫展。因为每当遇到企业电子商务系统升级时，总要与公司的财务总监刘聪君发生矛盾。这种矛盾不是由于工作原因，而是对电子商务投资的不同看法导致的。

陆辉自掏腰包，报了一个财会方面的学习班。可是，让陆辉没想到的是，上完财会班之后，他和公司财务总监之间的矛盾并没有减少。每当看到陆辉递上来的项目预算，公司 CFO 刘聪君的脸色会"晴转多云"："怎么又要更换软件系统？现在的系统不是用得好好的吗？"陆辉答："我先说一下升级的成本和收益吧，这是最重要的……"。跟搞财务的人打交道，就要时刻有"经济头脑"，陆辉暗自庆幸自己没白学。

刘聪君的眉头舒展开了一些，但还是不满意："陆总监，你每次都说你的这个系统很重要，能给公司带来多少效益，但每次我都无法看到系统的业绩。你能不能给我点儿东西？"陆辉明白，刘聪君所说的"东西"是明白无误、一目了然的财务数字。

陆辉苦着脸埋怨道："我也想拿出几个数字，可是要想计算出具体的电子商务投资收益和投入产出比，哪有那么容易！就说去年吧，咱们上线了一套新的销售系统（VSS2.0），客户可以在线下订单、管理资金流和跟踪物流的状态，这套系统将在两年内帮助企业建立全新的经销商体系和管理模式。到现在为止，员工反映运作效率提高了，客户满意度提高了。运用该系统后的订单毁约率降低到原来的 20%，处理速度也提高了一倍，仅这两项每年就节约运作成本 65 万元。由于我们的前期投资很大，该系统 800 万元的投资可能需要 5~6 年才能收回。那么，这个项目的收益该怎么算呢？总不能将今后 5 年后的利润增加额计算到今年的财务报告中吧……"

陆辉的这番话也深深提醒了刘聪君，是啊，如何计算电子商务的投资效益呢？虽然不是新题目，但是在公司预算日渐紧缩、CFO 恨不能算清楚每一分钱的投入能带来多少效益的大环境下,陆辉感到了前所未有的压力。

……

三年过去了,陆辉所在的公司取得了骄人的业绩,被同行认为是行业转型的"领头羊"。

其运营模式是通过"数字平台+渠道整合"方式加强了对渠道销售的拓展和管控。公司创造了年均60%的销售增长,其中在公司大本营所在的华东地区,市场占有率从三年前的4.1%增长到5.8%。这天,公司CEO王琦把陆辉和刘聪君都叫到办公室,进行了一次关于电子商务投资的讨论会。

CEO开门见山,"两位,今天把你们叫来,主要是一起讨论一下过去的成绩,看看明年准备怎么做。我看到了刘总监提交的上一年度报表,我们公司销售回报率和总资产回报率的指标已经有了很大的改善,但是对于全国的市场占有率我还是不满意,存货的周转还有待于提高。公司大股东的意见是加快互联网转型,不要保守,现在是弯道超车的好机会,是我们借助于互联网转型超越竞争对手的最佳时期"。

刘聪君挠了挠头,"我认同互联网转型的必要性,但这三年来,公司在IT上投入的经费已经占到整体研发的40%,如果短时间内难以看到公司利润,我也挺为难的,毕竟大股东还关心利润率。现在价格战这么厉害,我们对传统渠道的管理成本也很高。不知道陆总监有什么意见?"

陆辉一直保持沉默,认真听着他们的对话。涉及渠道转型的投资,他确实是最有发言权的人。他说:"VSS2.0已经上线四年,两次改版,现在该系统实现了对官网销售、第三方平台销售以及线下渠道的整合管理。我觉得,我们有必要继续升级该系统,增加大数据的分析功能以及与销售相关的动态跟踪和决策模块。因为我发现公司的库存周转问题是由于在不同渠道投放的产品不当以及价格定价不当造成的。例如,去年双十一,我们公司的最畅销款在天猫销售了2亿元,但是同时我们传统销售渠道的另外3款产品同期销售同样很好。这说明,如果我们能够有效调整产品在渠道的投放,应该可以大大降低库存周转率,当前这需要大数据的支撑,……"。

CEO听到大数据和公司的转型有关,眼睛一亮,"这很好,加快论证,确定竞争分析和项目方案,我们可以进一步商量。财务总监负责一同确定投资方案,具体投资和收益可以略微大胆一些,但是一定要聚焦到企业运营和竞争优势的建立上,这样我就可以通过和大股东的沟通更多地获取他们对本次投资的支持"。

刘聪君和陆辉都意识到,新的投资又将开始。他们又要开始争论……

(资料来源:根据实际企业编写,应被访企业要求,案例中隐去公司名称。)

讨论题:

1. 案例中请说明CEO、CFO和CIO分别关注电子商务的哪些价值表现?为什么会有差异?

2. 案例中陆总监的困惑反映了该公司企业电子商务绩效管理哪些问题?

3. 如果你是陆总监,你将如何评价该公司实施的销售系统(VSS2.0)绩效?请写出你的实施步骤。

4. 如果你是财务总监刘聪君,你将如何准备基于大数据的互联网转型方案?如果你是陆总监,你又将如何准备?

参 考 文 献

［1］ Davern M J, Wilkin C L. Towards an integrated view of IT value measurement. International Journal of Accounting Information Systems, 2010, 11(1):42-60.

［2］ Ray G, Barney J B, Muhanna W A. Capabilities, business processes, and competitive advantage: Choosing the dependent variable in empirical tests of the resource-based view Strategic Management Journal, 2004, 2004(25):23-37.

［3］ Melville N, Kraemer K, Gurbaxani V. Review: Information technology and organizational performance: An integrative model of IT business value. MIS Quarterly, 2004, 28(2):283-322.

［4］ 朱镇. 基于敏捷导向的电子供应链 IT 价值创造研究［博士学位论文］. 中国地质大学（武汉）. 2010.

［5］ 张青, 黄丽华. IT 投资价值评价研究综述. 外国经济与管理, 2003, 25(3):35-40.

［6］ 邓光军, 曾勇, 唐小我. 实物期权及其在 IT 投资中的应用评介. 预测, 2004, 23(2):35-40.

［7］ Fichman R G. Real options and IT platform adoption: Implications for theory and practice. Information Systems Research, 2004, 15(2):132-154.

［8］ 蔡敏. 论实物期权理论在电子商务投资中的应用［硕士论文］: 复旦大学. 2009.

［9］ Bharadwaj A S. A resource-based perspective on information technology capability and firm performance: An empirical investigation. MIS Quarterly, 2000, 24(1):169-196.

［10］ Barua A, Konana P, Whinston A B, et al. An empirical investigation of net-enabled business value. MIS Quarterly, 2004, 28(4):585-620.

［11］ Huang S M, Ou C S, Chen C M, et al. An empirical study of relationship between IT investment and firm performance: A resource-based perspective. European Journal of Operational Research, 2006, 173:984-999.

［12］ 王立彦, 张继东. ERP 系统实施与公司业绩增长之关系. 管理世界, 2007(3):116-137.

［13］ 陈守龙, 刘现伟. 国外企业 IT 应用绩效评价理论的研究综述. 首都经济贸易大学学报, 2007(6):97-102.

［14］ Thatcher M E, Pingry D E. Modeling the IT value paradox. Communications of the ACM, 2007, 50(8):41-45.

［15］ Bharadwaj A S, Bharadwaj S G, Konsynski B R. Information technology effects on firm performance as measured by Tobins q. Management Science, 1999, 45(7):1008-1024.

［16］ 孙新波, 张媛, 王永霞, 孙浩博. 数字价值创造: 研究框架与展望. 外国经济与管理, 2021, 43(10).

第三篇　管理实践

第八章 制造企业电子商务应用

学习目标

- 了解供应链管理以及电子供应链的结构
- 理解常见的制造企业电子商务流程和管理应用
- 理解电子供应链管理的内容和管理原则
- 理解数据化、智能化和平台化的供应链管理新趋势
- 掌握网上网下渠道冲突的解决方法

近年来,数据化、智能化和平台化的新趋势也在工业企业中开始普及,这为企业数字化转型提供了新的机遇,同时也带来了巨大的挑战。在新的数字化时代,制造企业为了提高运作效率,加快对市场的反应,需要将内部资源与外部上下游的合作伙伴进行集成,形成更加广阔的电子商务运用空间。作为 Internet 环境下的供应链管理活动,电子商务赋予了制造企业新的管理机遇和运作创新能力,产生了电子供应链管理的新模式,并开始呈现平台化的新模式。本章将在第二篇管理原理基础上,结合制造企业的运作特征,介绍在供应链环境下典型的企业电子商务应用与管理。

第一节 制造企业电子供应链管理

一、制造企业供应链管理

随着世界经济全球化的推进,全球性竞争日趋激烈。传统生产与经营模式的响应显得越来越迟缓和被动。这迫使企业重新审视自身的发展战略和生产运作模式。企业必须加强与其他优秀企业的紧密合作,充分利用企业内、外部的资源,增强企业的适应性、响应速度,于是产生了供应链管理(supply chain management,SCM)。

针对制造企业的运作特征,美国供应链协会(Supply Chain Council)将 SCM 定义为:SCM 是为了生产和提供最终产品,包括从供应商的供应商,到顾客的一切努力。该定义进一步描述了SCM 的四个基本流程:计划,采购,制造和配送(图 8-1),实现"管理供应与需求,原料采购与分配,制造与配送,库存与存活跟踪,订单管理,跨渠道的分销以及交货给顾客"。这个定义认为SCM 是一种跨企业、跨企业多种职能、多个部门的管理活动。

利用供应链管理,企业可以实现一系列的管理变革,主要表现在以下三个方面。

(1)采用"横向一体化"的思想,利用企业内外部资源快速响应市场需求,本企业仅仅关注于最核心的业务(如产品和市场)。至于生产,只抓关键零部件的制造,甚至可以全部委托其他企业生产加工。例如,福特汽车公司的 Festive 汽车就是在美国设计,日本企业生产发动机,韩国企业生产其他零部件和组装,再在美国市场销售。制造商将零部件和整车装配都放在企业外

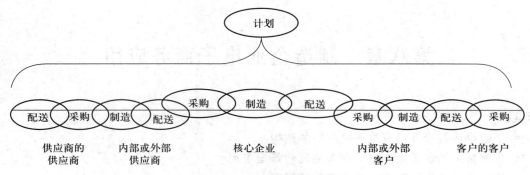

图 8-1   SCM 的基本流程

资料来源:美国供应链协会网站。

部,可以最大程度利用其他企业资源,避免自己投资造成投资周期长的问题,以赢得产品在低成本、高质量、早日上市等方面的竞争优势。

（2）加强各运作环节的协调和集成,通过高度集成的信息系统支撑信息流、资金流和物流的整合,以达到优化供应链整体优化的目的。例如,日本将供应链管理更多地定位在"跨越企业组织边界,作为一个完整的流程共享经营资源和信息,以整体优化为目标,彻底消除流程中的浪费的管理技术"。

（3）从客户视角实现 SCM 的优化目标,将整个供应链上各个环节的业务看作"一个完整的、集成的流程,以提升产品和服务的顾客价值为目标,跨越企业边界所使用的流程整体优化的管理方法的总称"。丰田汽车公司就是这种管理理念的早期提倡者,也是最早获益者。依赖于供应链管理,丰田在控制成本基础上实现了全球采购和销售,运作效率和市场反应能力大大提升。

供应链管理通过改善上下游合作伙伴关系而对各种商业活动进行集成,从而获得持续的竞争优势。如图 8-2 所示,整个供应链的运作是建立在企业对供应商和分销渠道综合集成基础上完成的。通过整合信息流、资金流和物流,实现供应链的集成化运作。

供应链结构可以分为三个部分:上游供应商,组织内部以及下游分销商和客户。

上下游供应链整合是为了满足客户在产品和服务成本、质量、准时配送、技术和经营周期方面的需求。另外,新的组织关系(如虚拟企业)和信息革命(尤其是 Internet 和电子商务)促使企业开始关注供应链的无缝集成。在一个完整的供应链中,由于 IT 技术的运用使得信息流、物流和资金流在一个集成的环境下运行和协调。

供应链管理将制造企业的资源范畴从过去的单个企业扩大到整个社会,使得企业间为了共同利益而结成战略联盟。通过 Internet 和 IT 技术实现集成化的业务流程,建立了与供应商和客户的协同业务模式。借助于电子商务,提高了企业对上游供应市场以及下游销售市场的协调和控制能力,使得企业在复杂的市场竞争中提高核心竞争优势。

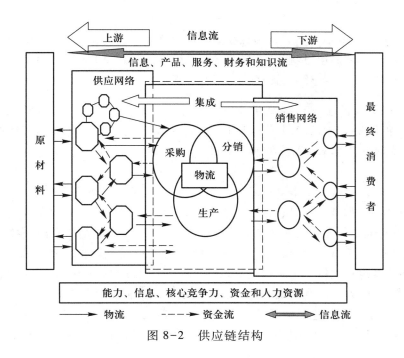

图 8-2 供应链结构

企业实践 8-1

利丰公司的全球制造供应链管理策略

二、基于供应链的电子商务应用模式

电子商务的发展进一步推动了制造业的全球化、网络化过程,虚拟制造、动态联盟和平台化等制造模式的出现,更加迫切需要新的管理模式与之相适应。随着电子商务渗透到供应链的每一个流程,改变了原先的信息传递方式,实现了从竞争到合作,从成本降低到价值增值。通过电子商务,企业可以在线设计产品实现在线协同,通过在线采购降低交易成本,依赖于在线协同提高供应链可见性(supply chain visibility),借助于高效的通信技术提高了客户关系管理和市场营销效果。在这种竞争环境下,企业不但需要考虑如何利用电子商务实现与合作伙伴的在线合作,提高信息共享的质量,更需要关注如何利用新渠道实现增值和解决各种复杂的流程协同问题。

（一）电子供应链的概念和技术支撑

电子供应链,就是供应链与电子商务等 IT 技术的自然结合,它是实现成员间连接、价值链整合以及与目标终端用户之间连接的手段,是供应链优化的必然结果。电子供应链管理的定义如下:

> **电子供应链管理（e-supply chain management，e-SCM）**　就是指通过电子商务的协同运用改进 B2B 过程，并提高速度、敏捷性、实时控制和客户满意度。包括运用 IT 技术改进供应链活动的运作（如采购）和供应链的管理（如计划、协调和控制）。

　　IT 技术和 Internet 的发展为提高供应链管理效率提供了技术基础。很多软件公司（例如 SAP、甲骨文等）提供的 ERP、SCM 以及 CRM 等软件系统，为企业进行供应链管理提供了集成化的 IT 平台。这些软件在学术界常常被称为组织间信息系统（inter-organizational information systems，IOS）。

　　虽然早期的 EDI（electronic data interchange）技术是实现组织间信息交换的主要工具，但是其非开放的技术标准（如 ANSI X12）使得其在供应链中合作伙伴的应用中受到很大的限制。而依赖于互联网的电子商务技术依托于有开放性标准（如 XML）使得企业间的链接成本降低和便利性大大提高，并且依托 Web 技术可以实现各种大型信息系统（例如 ERP，CRM）的数据交换和整合，为电子供应链构架提供了优越的技术条件。在 ERP 系统与 SCM 和 CRM 等软件集成的基础上实施电子供应链，为供应链实现无缝集成和数字化改造提供了条件。

　　在对我国 175 家已经实施了电子商务的制造企业应用流程分析发现（图 8-3），65.1% 的企业采用的是自建系统（ERP 和 SCM），30.9% 企业借助于合作伙伴的系统，部分企业同时采用多类系统的整合。

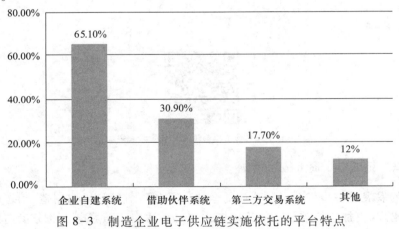

图 8-3　制造企业电子供应链实施依托的平台特点

（二）电子供应链的主要商务活动

　　如图 8-4 所示，通过整合的电子供应链，企业可以完成对物料和产品自上游供应商一直到终端消费者的全程监控，同时也方便收集市场需求并及时反馈给企业和上游供应商。

　　制造企业将电子商务应用于供应链管理是一种崭新的商务模式。电子商务可以支持供应链上的各种活动，如订单获取、订单跟踪和交流，并在履行订单过程中实现电子供应链的管理，迅速和方便地进行存货管理、进度计划、账单管理。因此，电子供应链不仅实现了在线销售或者采购，还可以将采购、销售和客户管理作为一个相互融合的整体以提高传统供应链的效率。以下简要介绍在供应链管理中一些典型的电子商务活动：

（1）在电子采购流程中，采用 VMI（vendor managed inventory，供应商管理库存）模式，当企业库存低于安全库存时，系统就会自动生成订单并传输到供应商。由此，订购速度大大加快，并且成本较低。例如，丰田汽车公司利用自己在整个产业链条中的核心地位，与供应商之间建立了高度的信息共享，通过基于 VMI 的电子采购实现了无库存生产。

（2）在电子渠道管理流程中，分销商和代理商通过销售互联网平台向制造厂商下订单；对于制造企业而言，可以通过一体化的销售政策、定价、交易和售后跟踪管理，使得整个渠道管理快捷而准确。制造企业可以按照订单需求安排生产，当订单进入企业后台系统后，借助于 ERP 功能实现对订单的分解，并监控库存及时向分销商和代理商提供订单状态。例如，联想公司就通过这种模式实现了对订单和生产活动的监控，改善了库存管理，并可以及时追踪市场需求和新变化，有利于推出更符合市场需求的产品。

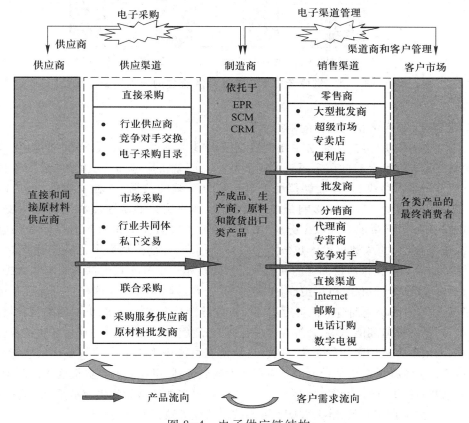

图 8-4　电子供应链结构

资料来源：改编自 John Gattorna.供应链管理手册.王海军，等，译.北京：机械工业出版社，2004：23.

（3）在客户关系管理流程中，企业依据在营销和销售环节获取的客户需求对其消费特征、偏好进行分析，并执行相应的销售策略促进销售、提高客户满意度。此外，将客户的这些特征与上游供应商共享，还可以加快产品的研发效率，提高与供应商的协作能力。例如，通用汽车采用 CRM 系统及时跟踪了解消费者的驾车感受，并将这些信息及时反馈给整车研发部门和供应商，大大降低了研发机构获取客户信息的难度，并缩短了新车研发时间。

如图 8-5 所示,71.4%的制造企业已经实施了电子采购,企业实施了电子订购和客户关系管理实施比例分别达到 56% 和 51.4%,而实现三个流程整合,建立完整电子供应链的企业占 32.5%。

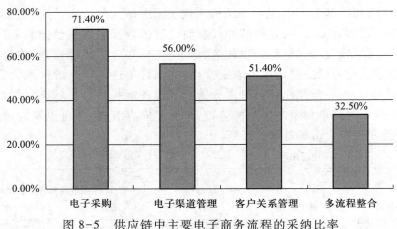

图 8-5   供应链中主要电子商务流程的采纳比率

(三)数据化、智能化和平台化的新趋势

第一,电子供应链的实施是建立在高度数据化的基础上的。要让数据发挥价值,首先要能够共享、集成、存储和搜索来自众多源头的庞大数据。而就供应链而言,这意味着要不仅优化和管理 ERP 内部的各种数据,还要能够接受来自第三方系统的数据(如社交媒体、供应链外包服务等),并加快反馈速度。其整体影响是增强协同性、加快决策制定速度和提高透明度,为提高供应链的响应能力提供帮助。大数据分析、数据管理、大数据应用和大数据存储在供应链领域蕴含着巨大的发展潜力,大数据投资也只有与供应链结合,才能推动数字化供应链变革。

区块链是实现数字化供应链问题的新抓手。区块链是一个分布式的共享账本和数据库,具有去中心化、不可篡改、全程留痕、可以追溯、集体维护、公开透明等特点。这些特点保证了区块链的"诚实"与"透明",为区块链创造信任奠定基础。供应链涉及多主体协作,仍然面临各种挑战,如信息交互成本高,全链可追溯能力弱,合规性难保证,动态适应性差,业务效率低。区块链提供了另一种信任模式,无须中央机构来仲裁交易。因此区块链有可能用于构造可信数字化供应链。如以太坊(Ethereum)为企业提供在该平台上进行应用开发的服务;腾讯建立的企业级区块链基础平台;京东上线的京东智臻链 BaaS 平台等。联合诺也科技企业打造的新型物流供应链平台,利用区块链技术保证贸易背景数据真实有效、链上数据不可篡改以及业务数据的可追溯性。

企业实践 8-2

数字化供应链新特征

根据德勤区块链分析报告,区块链在数字化供应链中的应用可以归纳为以下四个方面(图 8-6):

第一,针对数据共享:通过信息加密和解密授权、零知识证明等隐私保护机制,区块链可以解决数据隐私和数据共享价值间长期存在的矛盾,消除相关方在数据共享中的后顾之忧。

第二,针对数据可溯和资质保证:区块链是一种在对等网络环境下构建的可追溯的块链式数据结构,具有数据可溯、防伪造篡改特点,保障全链数据真实可溯(包括供应链状态信息和相关企业资质信息等)。真实可溯的数据将成为产品防伪、供应链管理、供应链金融等业务展开的重要基础。

第三,针对行业互信:电子签名+区块链技术是保证数据可靠的另一手段。将物流和贸易单证以可信形式进行电子存证化处理,解决传统纸质单据易丢失、易篡改问题,保证数据真实,增进行业互信。

第四,针对效能提升:基于区块链的全程无纸化交易流程,结合基于智能合约的自动交易处理,将进一步提升企业间交互自动化程度和便捷度,赋能区块链上下游企业协同效率的提升。

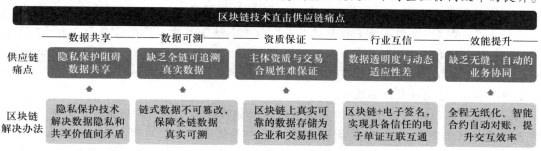

图 8-6　区块链在供应链的应用

资料来源:德勤管理咨询,区块链 VS 供应链——天生一对. 2020

第二,在数据化基础上,智能化的新运作模式将应运而生。人工智能"这一术语通常用于描述模仿人类与人类思维相关的"认知"功能的机器(或计算机),例如"学习"和"解决问题"。企业可以使用这些方法,然后对其进行分析,以获得可以启动流程和复杂功能的结果。在 Crisp Research AG 公司于 2016 年对 IT 决策者进行的一项研究中,发现物流行业是其中已经积极使用机器学习的企业数量最多的行业之一。在中国,工业互联网的发展,其中一个重要的方向就是人工智能的广泛使用。

企业实践 8-3

电子供应链的新应用场景

(1)人工智能进行大数据分析,从而增强需求预测。企业通过处理大量的数据(例如由传感器产生的数据)以描绘现实世界,然后做出正确的决定。例如当库存落后于需求时,企业可能会遭受损失。人工智能的预测能力有助于网络规划和预测需求。这使销售商变得更加积极主动。物流公司通过了解期望值,可以调整车辆数量并将其引导到预计满足最大需求的位置。这会降低运营成本。大数据技术可以进行预测和复杂的情景分析,并可以进行精确的容量规划以及供应链和库存的优化。

(2)人工智能提供了提高生产力的见解。通过自动计算更好的解决方案,人工智能极大地提高了仓库的利用率,特别是对于在线零售商。将人工智能应用于供应链管理,可以对其进行绩效分析,找出影响同一领域的新因素。为了找出影响供应链绩效的因素和问题,人工智能结合了强化学习、无监督学习和监督学习等不同技术的能力。

（3）聊天机器人正在重新定义客户支持。人工智能可以使客户和物流供应商之间的关系个性化。DHL 公司与亚马逊公司的合作。通过使用 Alexa 应用程序跟踪 DHL 包裹行程，DHL 客户可以要求 Alexa 与 Amazon Echo 或 Echo Dot 智能音箱连接，并确认包裹的状态。如果在交互过程中出现任何问题，Echo 用户可以直接与 DHL 公司联系，以寻求其客户支持团队的帮助。

（4）智能仓库管理。大面积的仓库管理将进一步自动化和智能化，人工智能技术越来越成为不可或缺的组成部分。智能仓库是一个完全自动化的设施，其中大部分工作是通过自动化或软件来完成的。在此过程中，烦琐的任务得以简化，其操作变得更具成本效益。亚马逊、京东等电商公司已经通过使用自动化改造了他们的仓库。亚马逊公司最近推出了根据客户订单自动装箱的机器人。在亚马逊公司的仓库中，机器人和人类一起工作以提高生产力和效率。

（5）自动驾驶。自动驾驶汽车是人工智能提供供应链的下一个重要产品。实现无人驾驶卡车可能需要一段时间，但是物流行业现在正在利用高科技驾驶来提高效率和安全性。在辅助制动、车道辅助和高速公路自动驾驶方面，预计该行业将发生重大变化。为了达到更低的油耗，更好的驾驶系统正在推出，它的作用是将多辆卡车聚集在一起形成编队。物流公司通过计算机控制这样的编队，它们也彼此相连。

（6）财务异常检测。供应链供应商通常依赖大量的第三方运营其业务的核心功能，这些第三方包括公共航空公司、分包人员、特许航空公司和其他第三方供应商。这给物流会计团队带来了更大的负担，他们每年要处理来自数千家供应商、合作伙伴或供应商的数百万张发票。在这里，诸如自然语言处理之类的人工智能技术可以从企业收到的非结构化发票中提取关键信息，例如账单金额、账户信息、日期、地址和相关方。咨询机构安永（EY）公司正在采用类似的方法来检测欺诈性发票。

资料来源：当人工智能（AI）撞上供应链，云计算百科，2020 年 7 月 10 日。

第三，平台模式颠覆、超越了企业边界，构建了更加开放的组织形态，众多企业纷纷开始跨界融合，通过搭建平台生态系统来变革组织形态实现价值共创：如海尔、京东等企业通过打造多元开放的企业生态和高度平台化的社交环境，构建了协同共享的商业生态并产生巨大的效益。平台连接了众多参与其中的成员企业，通过交互协同机制不断激发网络效应，发挥规模优势，从而以更低的成本提供更加多样的服务。制造企业可以利用平台商业模式加速供需双方的动态连接，并通过整合多边资源，形成高速成长并实现价值共创的平台供应链生态系统。

企业实践 8-4

供应链的数字化平台模式特征

（1）面向客户需求迭代升级：海尔日日顺物流平台上的健身链群不再是单纯地为用户健身器材提供配送与安装服务，而是为用户提供健身解决方案。疫情期间，健身链群基于全民居家场景健身需求，联合体育发展中心、健身教练、行业顶级健身器材品牌开展"全民健身运动会公益宅家健身"系列活动。通过各资源供应方，在健身链群赋能下，实现了用户体验增值。供应链上的各个供应方不再是基于平台的零和博弈，而是基于场景和生态的共创共赢。

（2）面向新技术赋能下营销环境转变：海尔 COSMOPlat 平台将海尔的智能制造能力与资源整合，提供 8 大生态服务板块。平台不仅聚集了上亿的用户资源，同时还聚合了 380 多万的生态资源，多种资源通过横向与纵向或端到端集成，进而实现相互补充并实时交互，最终形成了开放协同的产业新生态。

资料来源：高举红，武凯，王璐. 平台供应链生态系统的形成动因及价值共创影响因素分析.
供应链管理，2021（6）：20-30.

供应链各节点企业不断寻求资源优势互补的合作与协调，形成各个企业不断谋求自身价值
的推动力。同时，客观市场环境的不确定性，例如用户的定制化需求和在新技术赋能下营销环
境的转变成为平台供应链生态化发展的市场驱动力。在这两股力量影响下，供应链打破了信息
链路运作过程中传统的上下游传递模式，在平台模式的催化作用下不断迭代升级形成平台供应
链利益相关方资源互联互通的经济联合体，以满足最终消费者的价值主张的共同创造模式。

三、制造企业电子供应链运作的成功因素

电子供应链的成功依赖于五个方面：

（1）将多个合作伙伴之间的协调视为组织的战略资源能力；

（2）提高整个供应链的信息可见度；

（3）提高供应链各个流程的速度、降低运作成本，改善质量和客户服务水平；

（4）通过跨企业边界整合供应商、物流企业和分销渠道，实现更紧密的整合供应链；

（5）数字资产开始直接影响到企业运作创新和战略协调能力，如何建立大数据管理能力是
一项新型的组织能力。

如何通过各种先进的管理模式实现企业内部以及与合作伙伴在信息流、物流和资金流的整
合，进而提高企业绩效，成为企业供应链管理追求的目标。电子商务被应用于制造企业供应链
中，形成了独特的电子供应链管理模式。通过 Internet 的连接打破了企业传统的零散交易，使得
电子化的信息和交易活动可以在一个整合的信息空间被完成，实现了信息流、物流和资金流的
整合。这种协调模式具有跨产业的特征，制造商、金融服务商、物流提供商、分销和零售商围绕
产品和需求在价值链上快速转移。因此，在电子供应链环境下，企业正是依靠提高共享信息能
力和加强在线合作能力实现运作绩效的改善。

 企业实践 8-5

美的供应链管理的数字化能力跨越

从美的案例可以发现，制造企业将数字化运用于供应链管理，并非就是简单的在线采购和
销售，而是重点打造数字化转型的跨企业整合和创新。制造企业电子供应链的发展趋势主要表
现在四个方面：

第一，制造企业将数字化商业活动与供应链管理整合，实现更加广泛的合作商务活动。这要
求企业关注于企业整体运作效率，通过流程再造、重塑合作伙伴关系进行新的电子供应链管理。在
流程整合的环境下加强同上下游的信息共享和在线合作，形成了一个电子化的无缝连接供应链。

第二，随着消费者在供应链中的地位越来越重要,市场需求决定了供应链的发展,导致供应链向需求链①的转变。因此,当今决定竞争的因素是供应链的灵活性、速度和生产效率,它们都受到消费需求的影响。新的竞争不可避免地导致了改善供应链管理需要重点围绕市场的需求变化作出敏捷调整。而这种战略需要企业内部高度的集成以及流程数字化支撑。

第三,用"互联网思维"带动制造企业的供应链变革。当前面临市场不确定性增加、客户黏性不高、供应商参与不积极等问题,如何在互联网、大数据、云计算等新兴技术的支撑下,对企业供应链乃至对整个商业生态重新审视和改革成为制造企业电子供应链的新趋势。

第四,电子供应链高度依赖于数据平台。无论是数据中台、智能决策还是流程优化,数据资源管理是成功的关键。流程再造、伙伴关系管理、数字化商务能力离不开大数据的支持。如何有效形成数字资产,在合作网络内形成有效的大数据管理能力成为至关重要的管理变革趋势。

下面的小节将结合制造企业的电子采购、电子渠道管理以及客户关系管理的运作特征,分别介绍当前企业实现电子供应链管理的应用模式和管理实践。

第二节　制造企业的电子采购管理

一、电子采购运作特征

德勤咨询公司的研究发现,超过 200 家企业在使用电子采购的最初两三年内,平均可获得 300% 的回报。在我国,很多制造企业也认识到了电子采购的重要性,通过参与公共 B2B 平台、加入大型采购网络或者自建采购平台等多种方式实施电子采购。

电子采购给企业带来的不仅仅是成本的降低,更多的是经营模式和管理流程的创新。德勤咨询公司的高级经理 Len Prokopets 指出,"在电子商务环境下,传统的采购部门将不复存在,取而代之的将是通过对供应商加强管理,重点协调与供应商的信息交互,并巩固与供应商的关系。"制造企业的电子采购表现出以下主要新特征。

(一) 战略聚焦转变:从单纯"物资采购"转向"外部合作资源"获取

传统采购的弊端是仅仅关注以交易作为核心的物资转移过程,对于合作伙伴关系、战略合作和业务协同考虑较少。正是由于这些缺陷,使得企业与供应商之间难以进行系统的整合,最终导致在采购过程中缺乏对市场需求快速响应的能力。

在电子商务环境下,企业战略的重点从单纯的物资采购转移到获取供应商资源形成新的战略合作模式上。电子采购流程不仅仅完成采购活动,而且利用 IT 技术对采购全程的各个环节进行管理,有效地整合了企业的资源,帮助供求双方降低了成本,提高了双方的核心竞争力。随着企业与供应商信息系统的整合以及战略合作关系建立,通过电子化网络联结的采购活动使得企业与供应商的关系变得更加密切。成功的电子采购要求企业制定一套规范的流程,并在流程中整合组织的 IT 资源实现电子商务流程能力,在相互信任、共享收益、共担风险基础上建立战略合

---

① 　需求链仍然是一种供应链模式,但是与供应链存在一定的差异,在一些文献中也被称为"需求驱动的供应链" (demand-driven supply chain)。有兴趣的读者可以阅读 *Journal of Operations Management* 2002 年的 *Demand Chain Management* 专刊 (Special Issue) 中的系列论文。

作伙伴关系保证电子采购的有效执行。

（二）运作模式转变：由"为库存采购"向"为订单采购"转移

在传统的采购过程中，由于企业内部缺乏有效的信息共享机制和完善的协作流程，采购部门的职能是通过采购补充库存，避免库存不足而造成产生停滞。由于缺乏 IT 整合流程的能力，企业还无法做到接到订单后及时补货和生产。

在电子商务模式下，关键是要形成适合采购流程特征的电子商务流程能力，增强企业与合作伙伴的信息共享和合作流程能力。这就要求对企业 IT 资源进行重新组合和优化，也是由"为库存采购"向"为订单采购"转移的必要条件。企业应该在信息系统集成、战略伙伴关系、人力资源以及流程重组等方面整合优势资源，同时需要关注几个方面：

（1）企业必须与供应商建立长期的战略合作伙伴关系，通过引入 VMI 技术形成订单驱动自动补货模式，将采购部门的员工从烦琐的合同管理中摆脱出来，有能力去寻求更好的供应商，并参与对供应商的监控和管理。这里强调了建立战略合作关系的重要性，同时也体现了员工管理技能的转变。

（2）必须完成与供应商的信息系统整合，通过 Internet 连接，企业间可以进行关键信息的共享（例如采购计划、制造计划以及市场需求变化等），提高供应商的应变能力。这样，在采购过程中也可以进行信息的及时反馈，修正订货计划，使得订货与需求保持同步。

（3）简化采购流程，提高采购的灵活性。通过电子化的订单和在线合作模式，提高供应商的响应能力，根据订单状况决定采购数量和选择供应商。这种模式能够大大降低库存积压，并调动供应商参与企业生产的积极性。

（三）增值模式转变：在合作商务流程中实现价值增值

传统采购关注产品质量和价格，在竞争导向的供应商关系中，双方关注的是买卖双方的谈判和讨价还价的能力。在这种模式下，企业与供应商之间仅仅是买卖关系，无法解决涉及全局性和战略性的供应链问题，因此，其价值获取的途径非常狭窄。

在电子采购环境下，价值获取的途径发生了根本的变化。通过形成战略合作关系和电子采购流程的整合，企业能够在合作导向的流程中获得除了价格之外的更多收益。合作导向意味着长期的承诺和质量的合作，也意味着双方在未来采购中提供更多的信息共享途径和合作机会（例如，通过及时补货机制控制库存、临时订单需求响应，联合研发新产品等）。通过电子采购流程将企业与供应商的系统整合在一起。由于共享信息能力的提高，伙伴间的战略合作为解决供应链中的牛鞭效应、风险预测以及降低成本提供了有利条件。在电子采购中，库存的共享可以在一定程度上避免订货信息的扭曲和失真，使得采购决策变得更加容易。由于双方建立了战略合作伙伴关系，能够降低不可预测的需求带来的风险。

二、电子采购的应用与管理

电子采购是制造企业实施电子供应链的关键流程，如何促使该流程产生价值增值是企业电子商务管理的关键所在。根据电子商务价值的产生过程，企业应该在战略启动、资源部署和电子商务应用能力等方面进行全方位的管理和变革。昆山沪士电子有限公司的案例很好地阐明了制造企业运用电子采购的成功经验。

企业实践 8-6

沪士电子的电子采购管理

国内外不少实证研究对电子采购企业成功的因素进行了归纳和总结,这些研究揭示了企业如何在战略、IT资源的整合和核心能力进行综合管理:

(1)战略上重视电子采购,突出对IT资源的优化和利用。Angeles和Nath通过对185家企业的电子采购调查,认为信息系统整合、伙伴就绪、复合型人力资源等多种组织IT资源将影响到电子采购的成功,战略的作用在于发掘、优化和整合这些优势资源,以满足信息化环境下的敏捷、高效和面向需求的管理目的。

(2)将供应商资源纳入组织内,通过流程的重组对IT资源进行整合,并在流程中形成独有的电子采购能力。典型的如Mishar等人将制造企业的电子商务能力分为信息收集能力和处理能力两种类型,研究发现,采购流程电子化、采购知识多样化、供应商销售流程电子化以及组织对技术感知和采购数量的不确定性五个因素对上述两个能力具有较大的影响。从总体上看,研究者建议对企业采购流程中的优势电子商务能力进行观察,这些优势能力都与伙伴间的信息共享和在线合作相关。

(3)巩固和扩展与供应商战略合作关系,不仅体现了企业的核心竞争优势,也有利于对流程绩效进行分析。Wu等人在研究制造企业电子采购的过程中,特别提出了供应商关系的发展。他们认为企业与供应商关系的发展是电子采购成功的关键,并且建议在"在线协同"和"在线交易"两个方面对电子采购的绩效进行评价。另外一些研究也发现,采购周期和交货时间缩短、库存水平降低以及运作绩效提高等都与供应商关系改善和采用新的电子采购流程有关。

随着区块链的逐步应用,电子采购管理的资源集成以及关系管理也将迎来新的商业变革。例如,当前,许多整车厂缺乏对供应链中二级以上供应商在原材料库存水平方面的洞察。基于区块链的采购平台帮助整车厂商解决供应链可视度低、供应链柔性差的问题。

企业实践 8-7

汽车行业智能采购平台,促进采购协同

近年来,各种数字化技术对汽车行业的供应链模式产生了深远影响。为改善供应链管理水平,部分整车厂正在探索区块链技术应用,包括上游汽车零部件的跟踪和溯源、共享采购平台、汽车后市场等方面。通过基于区块链的采购平台,供应商的库存水平、交易量、价格等信息都会在区块链平台上安全存储、实时交互共享(图8-7)。使用该平台的利益相关方可以在平台上访问原材料采购信息,采购交易流程如下:

(1)整车厂创建一个采购原材料的请求,指定价格,交货日期等标准;

(2)使用该平台的供应商收到请求通知,并提交投标,其中包括他们希望提出的相关条件;

（3）基于智能合约技术，收到投标信息后，整车厂可以自动（如第一个满足整车厂要求的供应商）或手动选择供应商。

汽车价值链上的各层级供应商和整车厂之间可实现高效的信息交换和互动，从而提升汽车零部件采购的效率。同时，智能合约中可添加更多条款以触发特定事件。当前的整车厂较少识别和监督未及时交付的供应商。但在基于区块链的应用场景下，供应商的延迟交货可能会招致罚款，并在交货前自动向供应商收取费用。通过将区块链解决方案整合到基础架构中，用户可以实时掌握供应链其他参与者的库存水平，并获取有关供需的数据更新。整车厂可以更好地控制其库存、现金流和采购决策，并利用该系统验证供应链合规情况和识别供应商导致的延迟。汽车行业的供应链管理水平将会得到显著改善，行业内的贸易关系可能会变得更加透明，这也有利于行业内的供应商关系管理。

图 8-7 嵌入区块链的电子采购平台结构

第三节 制造企业的电子渠道管理

一、电子渠道管理的运作特征

Internet 同样改变了企业销售格局。在传统的供应链中，制造企业关注于物流配送、分销商以及代理商等下游销售渠道。然而随着 IT 技术和 Internet 的发展，信息逐步取代库存成为下游分销渠道中最为重要的资源。一些制造企业采用电子商务消除了供应链的一些环节（例如，Dell 采用直销模式），另外一些企业则成功采用电子商务降低了成本，实现低成本的渠道扩张（例如，联想的渠道分销管理模式）。在供应链中，电子销售渠道管理关注的核心是如何有效地进行渠道整合以及销售协调。因此，与传统的渠道管理相比，电子渠道管理运作也表现出新的特征。

（一）战略聚焦转变：实现从"产品销售"向"客户需求满足"转移

企业渠道管理的重点是分销商管理和产品销售。完整的产品销售大致可以分为五个环节，分别为销售预测、生产安排、库存管理、销售产品和售后服务。牛鞭效应产生是由于供应链中不准确的订货状态(例如临时订货、临时取消订单等)、低效率的信息传递过程以及库存管理的简单化造成的。如果企业与分销商之间的合作仅仅局限在买卖和产品销售,就必然忽略对市场需求的调控和满足。

在电子商务环境下,企业渠道管理的战略重点应该从单纯产品销售转移到客户需求的满足上来。这就要求企业将电子渠道管理看做是销售渠道的管理和协调模式,而不是仅完成产品的销售。企业应该提高 IT 资源的整合利用,只有让分销商与企业共同应对终端客户的产品需求,才能实现销售渠道的电子化协作。通过将分销商整合到渠道管理流程中,企业才能真实实现对市场需求的掌控和管理,更加科学地安排采购、制造和配送,并提高与代理商的协作水平。将代理商纳入企业的分销体系,才能真正实现为客户需求销售的目的。

(二)运作模式的转变:从"推式"转向"拉式"

在传统的渠道管理流程中,企业关注的是订单的接受和履行,而忽视了对市场需求的跟踪和分析。随着市场变化的日益加剧,客户需求变化很快,单纯地依靠市场预测进行销售将遇到很多问题。例如,分销商为了应对市场变化,减少积压库存,可能采用多频次的小额订单预定产品,并要求较短时间交货。在传统的模式下,企业通过大量备货才能满足分销商的需求,容易造成库存的积压。为了解决这种"推式"的销售模式,一种理想改进就是当企业收到订单之后,再安排采购和生产,这是典型的"拉式"运作,也是准时制生产的雏形。这种模式依赖于企业与分销商之间紧密的联系和信息的无障碍传递。现在汽车销售广泛采用的"预定后间隔一定时间提车"的销售模式就是"拉式"运作的体现。

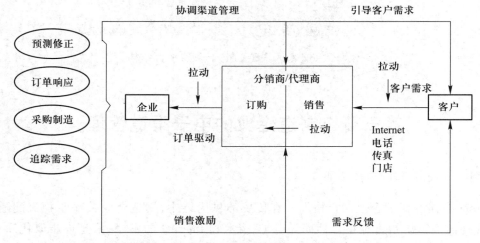

图 8-8   电子渠道管理流程中的"拉动"模式

为了适应这种新的运作模式,企业需要重新思考如何将分销商纳入自己的销售渠道并进行统筹管理。企业从这种模式中获取的价值并不仅仅是产品的利润,还包括快速应对市场需求变化、加快产品研发带来的时间收益,以及销售渠道的再造和优化实现各地域分销的优化组合的营销收益等。图 8-8 展示了在拉动模式下,企业数字化能力是如何改变企业运作流程的。针对电子渠道管理流程的特征,无论是订购前的渠道选择,还是交易中的订单处理以及交易后的需求反馈,企业无不依赖于企业间的共享能力和在线商务合作。

（三）渠道冲突解决:网上网下渠道的整合与协调管理

渠道冲突(channel conflict)是指企业建立了两个以上不同的渠道向同一市场分销产品而产生的冲突,其本质是几种分销渠道在同一个市场内争夺同一种客户群而引起的利益冲突。由于电子商务所创造的网上直销渠道几乎打通了所有中间环节,直达消费者,省去不少成本。所以这个新渠道就能够以低价运营,但是却引发了线下的渠道商和代理商所在的渠道冲突。因为不同的渠道销售成本是不同的(图 8-9),在利用电子商务进行网上销售的渠道成本仅为商场的20%。因此电子商务引发的价格战,在其他销售渠道无法应对,从而造成渠道冲突,伤害了分销商的积极性。具体的因果关系见图 8-10。解决线上线下渠道冲突的关键是要协调线上和线下两种渠道间产品、定价和品牌的归属和协调,主要有以下三种策略。

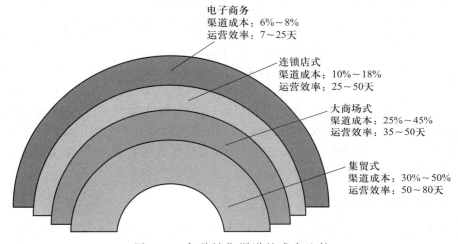

图 8-9　各种销售渠道的成本比较

1. 线上渠道新设一个品牌

互联网销售的产品和服务必须与线下品牌实现差异化销售。例如华为公司为了面向中国年轻消费者,创建了互联网手机品牌荣耀。荣耀品牌的手机研发和销售追求更快变化来适应移动互联网。荣耀与华为其他品牌系列手机明晰了销售渠道的归属:荣耀主推网络渠道,特别是互联网平台销售渠道;华为其他品牌主要依赖于电信营运商和传统代理商的销售。

2. 线上线下产品分开销售

这种策略主要是将企业产品按照产品特色和功能进行分类。将个性化较多,产品线较复杂的产品放在传统线下销售渠道,以便提供更好的服务和客户体验;而将高标准化、功能简约化、低成本以及高质量的产品放在互联网平台的渠道,以便进行促销扩大市场份额。以上策略的目的是,将不同的产品分布在不同的渠道进行销售,这样就有利于不同的渠道采用差异化的销售方式诸如价格折扣和产品组合进行促销。当前传统企业转型可先行尝试这种方式。

3. 线上线下相互支撑

这种策略往往利用了产品的生命周期,即恰当地选择产品生命周期利用线上和线下渠道进行切换销售。在新产品投放阶段,利用互联网平台进行产品宣传,刺激消费者在线上和线下融

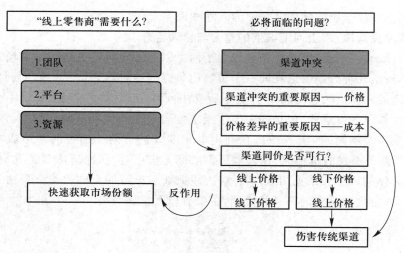

图 8-10　线上线下渠道冲突的形成和解决

资料来源:http://www.ebrun.com/20130716/77811.shtml

合的环境中,通过比较和体验高价购买产品和服务;在产品销售成熟阶段,通过线上的流量优势和客户黏度借助于价格折扣实现大规模销售,这样可大大减少销售成本,减少线下渠道的销售压力;在产品尾单阶段,可以将受众面较广的产品投放到互联网渠道,个性化较多的产品投放到实体渠道,通过尾单的销售方式消化库存。

二、电子渠道管理的应用与管理

电子渠道管理是企业扩展销售、综合管理分销渠道的重要流程。如何通过 IT 资源整合和流程重组实现价值增值,是企业管理关键所在。根据电子商务价值产生的过程,企业应该在战略启动、资源部署和能力形成三个方面进行全方位的管理和变革。

蒙牛公司成立以来,其快速发展的历程令人刮目相看,牛根生的企业战略策划起到了重要的作用。与光明等传统企业相比,蒙牛的优势是奶源充沛,最大的劣势是远离消费市场。正是依靠其创新的"跨企业协同管理平台"支持的渠道分销策略,蒙牛实现了销售的稳步增长。

 企业实践 8-8

蒙牛的电子渠道管理

蒙牛的成功在于,它并没有脱离传统销售渠道,而是将电子商务融入到电子订购流程中加强各个渠道的管理,这种管理策略成为"基于互联网转型的渠道整合"。通过 IT 技术加强了分销渠道的管理能力,借助于分销渠道的电子化和多元化实现了销售模式的创新。联想、神州数码等传统企业也采用了这种模式获得了成功。

这些企业成功的共同特点都是通过电子商务整合和重组了原先的分销渠道。这种模式的优势在于,借鉴了电子商务先进的管理理念和 IT 技术,并根据中国分销现状进行了变革。在加强原有分销渠道基础上,将各级分销商和代理商通过电子商务整合在一个以"满足客户需求"为导向的交易框架下。从本质上看,这种模式的优势主要体现了组织对优势 IT 资源的整合和优化配置。管理者应该在以下几个方面加以重视:

(1)企业将分销商资源纳入 IT 整合的范畴,电子商务战略执行的重点是将企业信息系统资源、数据资源、人力资源和伙伴资源整合到一个真正面向客户需求的分销流程中。

(2)电子商务的实施是对制造企业分销渠道的重组和创新,其成功不仅取决于企业与分销商的信息系统集成,还依赖于他们的积极参与和配合。

(3)根据企业传统分销渠道的特征,进行合理的流程重组和渠道细分,利用信息共享和在线合作能力实现客户需求的追踪、满足和反馈。在提高对市场需求响应能力的基础上,优化企业的分销渠道、理顺物流配送体系,实现由"推式"销售向"拉式"销售的转变。

(4)进行线上线下渠道的协调,目的是厘清产品功能以及销售模式在各个销售渠道的适用性,从而实现渠道组合利用最优化。部分企业失败的原因,就是因为没有很好地解决电子商务环境下分销商的渠道冲突而带来的利益分配问题。

第四节　制造企业的客户关系管理

一、客户关系管理的运作特征

当前,企业之间的市场竞争焦点已经从产品竞争、服务竞争逐渐转向客户竞争。竞争的关注点也从关注产品、技术和服务逐步演进为全面关注客户关系。越来越多的企业实践证明,企业成功的关键在于重视客户的需求,提供满足客户需求的产品和服务,有效地管理客户关系,提升客户的满意度和忠诚度。通过维持长期的良好的客户关系来获取持续竞争优势。因此,制造企业客户关系管理运作也表现出新的特征。

(一)客户关系管理的战略重点是开发和挖掘客户资源

当前,企业间的竞争已不仅是技术、设备和产品的竞争,低成本、质量优的产品已无法保证企业立于不败之地。有效强化企业与客户的关系,体现了对客户的竞争。企业竞争的观念逐渐由利润导向发展到以客户为导向。客户关系管理的进步之处在于,它强调了企业要在维持双方共同利益的前提下,为达到彼此间互助互利、和谐一致而采取合理的态度和行动。

客户关系管理首先是一种创新的企业管理模式和运营机制。企业通过研究客户的需求和购买行为来加强与他们的关系,达到客户收益率最大化。同时客户关系管理还必须依赖于集成化的 CRM 解决方案,通过 IT 整合的交互渠道在正确的时间通过正确的渠道为适当的客户提供适当的产品和服务(图 8-11)。

成功的客户关系管理离不开三个关键因素的支持:人、流程和技术。它需要公司内从 CEO 到每个客户服务代表的全员支持,实施客户关系管理战略需要重组企业工作流程,还必须选择正确的技术来推动工作流程的改进。这三个环节哪个出了问题就会使整个 CRM 项目崩溃。因

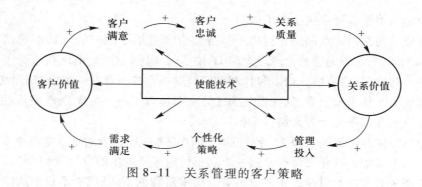

图 8-11　关系管理的客户策略

此,企业必须在实施客户关系管理之前对客户管理的理念、信息系统集成、员工培训等做出全面的战略规划和部署。

（二）在动态、交互的过程中实现客户价值增值

企业客户关系管理并不是一个与交易相关的流程,而是一种围绕客户价值产生为核心的客户价值探索、价值创造、价值传递以及绩效评估的动态过程。在这个动态的过程中离不开企业组织文化、IT系统、部门协同等组织资源的支持。这个动态过程实际上反映了在电子商务环境下,以挖掘客户价值和主张为起点,经过客户价值识别和资源分配,在实际的与客户交互过程中提供更多的方便服务,让更多的客户参与互动并最终实现价值产生和增值的管理过程。

 企业实践 8-9

通过客户交互,实现服饰定制化

二、客户关系管理的应用与管理

为客户创造和传递卓越的客户价值是企业获取持续竞争优势的基础和前提,也是客户关系管理的主要内容。企业要为客户创造价值并进行有效的客户关系管理,必须探索客户价值的真正内涵以及实现途径。根据电子商务价值产生的过程,如何在战略定位、IT资源配置以及形成和客户关系管理的能力是企业最为关注的三个管理环节。

索尼作为世界电子品牌,在中国有口皆碑。其产品的知名度并不是因为其产品如何适合中国消费者,而是该公司开创了一种国际产品本土化的客户关系管理模式。这种模式体现在市场营销、客户服务、个性化推荐和体验等多种商务流程中。依靠有效的客户关系管理,索尼(中国)实现了个性化的贴心服务,在中国培育了大量的消费群体。

 企业实践 8-10

索尼(中国)的 CRM——Customer Really Matter

提起索尼品牌的内涵,不同的人会有不同的想法。对于索尼来讲,CRM(客户关系管理)就是 Customer Really Matter(客户真正关心的问题)。

索尼是一个日本品牌,为了提高中国消费群体的认知度,索尼(中国)依托互联网实施的客户关系管理起到的作用是极其重要的。

(1) 抓住网络的新动向。越来越多的人通过网络来获取信息并接受网上购物,而索尼(中国)的 MY Sony Club 给客户提供了这样一个平台。只要登录该站点(图 8-12),即可了解索尼在中国的最新动态。无论是产品信息、活动推广,还是维修网络介绍、经销商名录(VAIO)、索尼互动中心联系方法等,足不出户,尽在掌握。通过链接,客户可获得更多有关索尼电子、Sonystyle、索尼音乐、索尼影视、索尼探梦、索尼梦苑(Sony Gallery)等的信息。通过 MY Sony Club 这一客户交互平台,索尼(中国)与客户进行着动态、自主和及时的沟通。

(2) 个性化的客户关系管理与网站进行集成。通过网站,不仅可以推广索尼在中国生产和销售的产品和活动,更为重要的是可以培养索尼的忠诚客户。通过推进会员升级等多个 CRM 项目,培养索尼的潜在客户,使他们最终成为索尼的用户。对于已有会员,则根据他们不同的星级,提供不同的服务和互动会员活动,以提升用户对产品进而对索尼品牌的忠诚度,提高销售和交叉销售,并保持忠诚度。

图 8-12 索尼(中国)的客户交互平台

线上和线下的业务结合提高了客户与企业的交互性。索尼(中国)开发了诸如收集网上"客户声音"的调查系统,方便用户网上服务的 Common ID 系统等。越来越多的客户可以通过 ID 号享受索尼不同网站的所有服务,并及时通过直邮系统获得感兴趣的信息。例如,网上订单系统更是将 Sonystyle 网上服务和索尼互动中心的服务连接在一起,大大提高了工作效率和客户满意度。在享受便捷时尚网络服务的同时,可通过不同渠道的客户接触点与索尼(中国)交流互动。索尼还利用大量的社交平台不断凝聚年轻消费者的注意力。例如开通了微信、微博等中国最主流的社交平台与消费者展开交互,一些新产品、新服务以及客户询问等,都通过发布和分享等方式完成(图 8-13)。

(3) 互动中心的服务工作支撑了整个 CRM 的业务活动。作为索尼(中国)统一的对外窗

图 8-13　索尼(中国)的新浪微博

口,索尼互动中心一直提供售前、售中及售后包括产品咨询、技术支持、顾问式销售等全方位的规范服务。索尼互动中心所有业务都离不开系统支持。系统的高度融合,可以方便地将新业务模块集成到系统中;完善的信息库给客户服务代表提供了强有力的信息支持;而用户数据库的管理和分析更体现了互动中心服务的价值。索尼互动中心通过数据网络将生产、制造、销售和服务体系有机地联成了一体,拉近了索尼和用户的距离,达到了更高的客户满意度。同时,索尼互动中心将进一步加强和全国维修网络、市场/销售及公司其他职能部门的紧密合作,以互动中心为集中和统一的窗口提供给用户更便捷更优质的服务。

索尼(中国)提倡的安心服务是以客户满意为前提的。公司将客户满意作为企业文化。遍及全国的维修网络,365 天提供服务支持,并提供附件销售的业务,为客户提供更多选择的渠道。索尼互动中心定期将准确有效的客户信息及关注的问题反馈给各相关部门,便于各部门进一步进行产品分析、市场调查、策略制定和质量提升。

通过设立 KPI(关键流程指标),并通过实施 SSS(Sony Six Sigma)这一有效的管理工具来思考和改变员工的工作方法,改善服务的流程,以最终提高互动中心的绩效。同时,利用多种途径来收集客户的声音、员工的声音和公司其他部门的声音,并据此制定和开展有效的改善和跟踪。通过互动中心全体工作人员的努力,月平均处理各项业务超过 10 万件,各项 KPI 指标均达到或超过既定目标,客户满意度也有很大提升。

资料来源:根据百度文库案例"索尼中国的 CRM 实施"整理。

索尼(中国)的成功来源于公司对客户价值的正确认识,以及采取了卓有成效的客户关系管理,并实现客户忠诚。从本质上看,客户关系管理竞争优势主要体现了组织对优势 IT 资源的整合和优化配置,在与客户交互过程中更好地发掘客户需求、提高客户交互能力、增加客户知识、识别客户价值。价值创造过程本质上就是管理客户关系价值链,包括以下几个方面:

其一,企业能提供给客户什么样的价值(客户价值),如何提供;

其二,企业能从它的客户中获取什么价值(关系价值),怎样获取;

其三,企业在管理客户关系的整个过程中,如何使客户价值和关系价值这对矛盾的统一体之间达到平衡和互动。

为了解决以上问题,因此,管理者应该在以下几个方面加以重视。

第一,应从战略层面建立全局性的客户关系管理。通过 IT 技术整合销售渠道,将客户的参与、知识以及经验纳入整体规划中。通过增加客户与企业员工的交互,一方面提高企业对客户需求的反应能力,同时也有利于将企业产品的知识传递给客户。通过双向的互动,在企业营销管理、渠道控制以及消费者管理等多种途径进行资源整合。

第二,重视 CRM 中的知识管理。通过有效的信息共享和在线合作能力提高企业与客户知识的传递和反馈,在知识管理中实现客户关系管理。CRM 主要存在三种类型的客户知识流:客户需要的知识、来自客户的知识和关于客户的知识。

客户需要的知识包括产品、服务、供应商、市场等信息,这类知识是由企业传递给客户,帮助客户更好地理解企业的产品和服务,从而使客户的需求与企业的产品和服务有效匹配。这个知识维度主要通过 CRM 服务过程进行传递,它也影响着客户对服务质量的感知。

来自客户的知识不但能够使企业及时响应客户需求的变化,进而相应地调整营销策略,而且可以被用于企业产品和服务的创新,或者用于对产品和服务的持续改进。

关于客户的知识是企业进行客户分析的重要基础,它能帮助企业准确地分析和定位客户资源,了解客户需求,并据此制定相应的个性化营销策略。

第三,客户关系管理绩效的评价以获取客户价值为目的。如果企业能有效地运用整合的营销渠道传递更多的价值给客户,品牌形象、社会公共关系也将得到提升,企业将不断增加收益。这对于企业获取持续盈利能力至关重要。从市场营销到客户服务与关怀的全程业务管理,对客户购买行为和价值取向进行深入分析,为企业挖掘更多新的销售机会。因此,企业可以在满足客户个性化需求,提高客户忠诚度,缩短销售周期、降低销售成本等方面对客户关系管理的绩效进行测量。

第五节 制造企业的电子供应链管理

制造企业电子供应链管理的目标是实现价值创新,作为管理对象的电子商务流程是管理的中心。对企业战略规划、IT 资源利用和优化以及电子供应链流程能力的建立都提出了新的管理要求。

一、电子供应链管理过程

(一)平台生态战略强调电子供应链商业生态创建

与供应链简单线性结构不同,平台供应链是基于平台进行多边合作,通过资源的灵活组合来创造价值。平台供应链模式基于线性供应链,但又是一种将传统供应链和商务平台相结合的商业模式,是一种集物流、资金流、服务流为一体的共享平台,也是基于"互联网 + "的供应链平台生态圈商业创新模式。

电子商务的高速发展下,传统"人到货"的零售路径已经被"货到人"的互联网商业生态系统发展路径所取代。新兴的商业生态系统理论则强调企业在相互依赖且紧密联系的共生系统下共同发展。商业生态系统模拟了自然界中的物种相互依存、适应环境变化并共同进化的模式。因此,平台供应链生态系统的战略应该着眼于价值共创过程。

📋 **企业实践 8-11**

海尔的工业互联网平台

海尔作为工业互联网平台企业的先行者,打破了传统供应链的线性结构,基于其企业平台整合内部小微及外部合作企业构成平台供应链。

在海尔生态链群中,触点网络对应体验链群;小微对应创单链群;底层的支持平台既可以在体验链群,也可以在创单链群,通过对生态资源进行集成整合来满足客户需求;通过用户与产业链上游以及各子生态之间的交互共生使得用户从供应链末端的接受者转变为整个生态的参与者,从用户需求出发带动整个场景生态的演化,并以顾客体验为目标对生态链群进行迭代升级,最终实现非线性自增值。

在海尔平台生态模式下,整个生态中多方资源和利益主体进行匹配与交互,其最终目标不同于传统企业追求企业或供应链的利益最大化,而是最大限度地满足用户需求,增强用户体验,创造用户价值。凭借同样的目标,整个生态以海尔工业互联网平台为核心,汇聚硬件、软件、业务和服务资源,通过对平台资源的集成与整合服务于海尔各个场景生态,而每个场景生态都是由海尔平台上根据用户订单动态地组合、迭代和解散。其平台生态模式如图 8-14 所示。

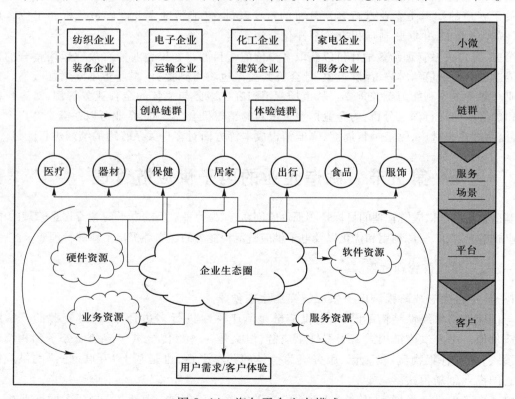

图 8-14 海尔平台生态模式

资料来源:改编自:高举红,武凯,王璐.平台供应链生态系统的形成动因及价值共创影响因素分析.供应链管理,2021(6):20-30.

（二）电子供应链流程能力的培育

在电子供应链的环境下，企业在执行每一个电子商务流程的过程中获得了企业间的信息共享和电子化合作能力。当上、下游的电子商务流程（如电子采购、电子订购）连通整合形成一个电子供应链流程时，上、下游流程的电子商务流程能力共同作用产生了电子供应链流程能力。

> **电子供应链流程能力**　是指企业通过互联网和信息技术支持的电子商务流程，在电子化的供应链活动中，实现与合作伙伴共享信息和在线协作，完成一整套在线交易、在线服务以及在线协调的电子化合作能力，这种能力可以改善供应链的绩效。

电子供应链流程能力体现了企业的管理创新。企业间的信息共享和在线协作是电子供应链流程能力的两个最主要特征。如何通过形成电子供应链流程能力实现供应链的整合是企业成功的关键步骤。成功实践证明，企业须考虑以下两个因素的影响。

1. 信息系统跨企业边界的整合

信息系统整合是实现电子商务的前提，但是在电子供应链中，由于存在大量的跨边界商务活动，需要重点考虑组织间系统的连接和整合。随着 Internet 的快速发展，很多新技术被广泛应用于企业的供应链管理实践中，例如买方管理库存（vendor-managed inventory，VMI），有效的顾客反应（efficient customer response，VCR），协同计划、预测与补货（collaborative planning，forecasting，and replenishment，CPFR）和企业应用集成（enterprise application integration，EAI）技术。这些技术都为电子商务在供应链的管理方面提供了重要的应用途径。

2. 搭建平台生态圈

平台供应链系统的形成还取决于平台的开放度与搭建的资源网络密集度，影响到平台系统迭代升级发展，是平台生态化实现的基础保障。

平台开放度是指平台企业向所有参与主体提供的可用资源程度，包括开放的广度与深度。平台供应链向资源供应方和消费需求方同时开放，可以帮助企业实现大规模个性化定制。例如宸派斯房车基于海尔的 COSMOPlat 平台让用户参与整个生命周期的产品定制过程，最终使采购成本下降 7.3%，生产周期从 35 天缩短到 20 天，产品溢价达到 63%。面向资源供应方开放则可以直接将解决方案赋能给供应方，海尔基于自身大规模定制的成功经验，通过平台提供交互定制、采购、营销、生产制造、客户服务等整套解决方案，帮助供应链节点企业降本增效。

平台网络密集度是指平台供应链各个成员企业之间组成的业务协同网络，存在多条链路与节点连接交叉的密集程度。高密度的网络也降低了信息搜索、评估和监控等交易和管理成本，有利于促进成员间资源共享程度，防范机会主义行为。对于顾客方来说，更强的网络密集性能够更好地提高整个平台供应链对顾客需求的响应效率，使得平台供应链节点企业面对复杂多变的顾客需求做出更加敏捷准确的应对，加强顾客对平台企业服务的感知可得性，减少价值创造过程中因流程冗长产生的管理成本。

（三）电子供应链绩效的产生

能否获取价值是企业实施电子供应链的关键问题。流程绩效的产生是由于企业在执行上、下游流程过程中提高了企业间的信息共享水平，实现了多个伙伴在线协同商务，产生了电子供应链流程能力，从而引发的一系列价值增值的过程。这个过程得益于电子供应链的整合加快了企业间业务流程的通畅运行，提高了运作的效率，使得企业能够更快进行决策、实施和交易。

　　企业实践表明,通过电子商务交易可以降低 12% ~ 23% 的成本,通过共享零售商的需求数据,成本可以降低 1% ~ 35%。例如,海尔成功实施 SAP 协同商务系统后,该公司与供应商通过 Internet 共享采购计划信息、订单信息和交货信息等信息,海尔大大节省了采购费用、采购成本、库存费用,提高了采购效率,成功地实施了协同商务。如图 8-15 所示,通过实施电子供应链,海尔平均完成一个客户订单的时间由原来的 36 天以上压缩到现在的 10 天。效率提高最明显的是电子采购和库存管理两个环节。

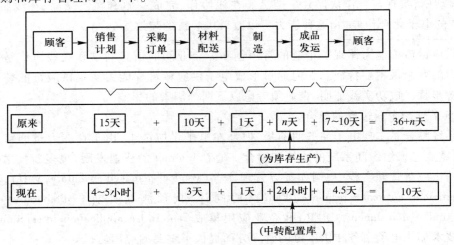

图 8-15　实施电子供应链前后的运作效率变化

　　此外,还需要考虑平台供应链实施后的价值共创问题。从分析对象看,可以从合作伙伴、企业和顾客三个方面的价值开展分析。而平台供应链中的企业价值需要通过营造互利共生生态环境而产生并且通过市场顾客价值来评价。产品或服务效用的用户感知需要通过企业的利益价值观或服务价值观的实现来体现。所以,共同创造价值需要在平台供应链生态系统中由供需双方共同实现。

二、电子供应链管理原则与挑战

　　挑战与机遇并存,制造企业实施电子供应链管理既要强调科学规划,也要结合中国企业的实践特征。

（一）电子供应链的战略投资要具有前瞻性

一项科学的企业电子供应链战略需要考虑几个方面问题:

（1）信息系统建设的重点和详细步骤是什么?

（2）分析上下游合作伙伴的竞争优势和核心资源,考虑如何与合作伙伴进行合作?

（3）企业人力资源是否满足电子供应链运作需要,是否要进行专门的培训?

（4）组织文化与合作伙伴是否冲突?如何改善?

（5）上下游流程重组的难度如何?

（6）如何改善电子供应链的运营模式?如何进行绩效改进分析?

　　此外,电子供应链管理需要明确企业实施目的和步骤。企业不可能全部上马所有的系统,应该结合供应商和代理商当前的运作特征首先选择最具有增值潜力的流程实施。例如,在汽车供应链中,零部件配套厂商不需要自行建设单独的销售系统,可以在内部信息化基础上借助于核心的电子采购平台进行供货和销售。实践证明,企业如果选择合适的运作流程,充分利用合作伙伴的资源,可以得到事半功倍的效果。

（二）战略启动需要高层领导的参与,并组建专业的决策机构

电子供应链的战略规划和执行直接决定了企业的 IT 投资和运作模式,必须由高层领导参加并组建专业的决策机构。在企业决策层确定项目可行之后,需要委派领导层中的代表全权负责该项目,并组建项目委员会。如果选择了咨询公司,往往还包括咨询公司的资深顾问。整个项目过程中,这个委员会将在成员沟通、士气鼓舞、把握方向等方面起到决定性作用,从而引导整个项目走向成功。

从成功的企业经验看,不管是海尔、联想等大型企业自建的电子供应链系统,还是中小企业采用公共的交易平台,高层领导的意识和决策都是保证成功的必要条件。科学的战略规划应该体现高层领导、民主参与的原则,并控制实施风险。

（三）流程中 IT 资源的整合和应用是成功的关键因素之一

战略的执行应该围绕 IT 资源的整合利用作为突破点,而不是简单的 IT 投资和应用。由于企业之间的合作关系是通过供应链的商务流程实现的。企业必须调用组织相关的 IT 资源与合作伙伴共同完成这些商务活动,在这些商务流程中实现资源的整合和利用。因此,电子供应链流程是企业 IT 资源整合的载体,离开了电子商务活动,组织资源就缺乏了应用的领域和途径。

在业界不少企业失败的案例中,我们发现企业家往往将失败归咎于软件系统不符合企业流程、企业员工不愿意改变原始的操作习惯,以及来自合作伙伴的压力。很多企业将 IT 的应用等同于电子供应链的活动,而忽视对企业人力资源和伙伴关系的培育和调整。这个问题困扰了很多制造企业。要解决这个问题,就必须清楚地认识到电子供应链管理是 IT 技术、员工以及合作伙伴应用共同作用的结果。

（四）电子供应链流程能力的形成是实现电子供应链绩效的核心

如何才能从电子供应链中获取价值是企业最为关心的问题。成功企业的实践表明,电子供应链流程能力的形成是实现电子供应链价值的核心,这种能力是信息共享和在线协作跨流程整合的结果。这种能力的形成保证了供应链中多个流程的能力,在一个整合的环境下支持供应链的运作。一些企业对这种能力描述为“技术技能”“变革配置”“冲突管理”“市场敏锐性”等。

企业运用电子供应链流程能力,将有效地实现上下游流程的整合、协调运作,并最终产生流程绩效。但是企业必须结合行业特征选择合适的整合模式。例如,处于产业链上游的供货商可以加入核心企业的采购平台简化电子供应链的实施步骤,而处于下游分销渠道的企业则可以采用加入核心的分销渠道。

本 章 小 结

本章首先介绍了电子供应链管理（e-supply chain management,e-SCM）概念,电子供应链指通过电子商务的协同运用改进 B2B 过程,并提高速度、敏捷性、实时控制和客户满意度,包括运用 IT 技术改进供应链活动的运作（如采购）和供应链的管理（如计划、协调和控制）。对于制造企业来说,电子供应链的应用模式不仅在于实现了在线销售或者采购,还可以将采购、销售和客户关系管理作为一个相互融合的整体提高传统供应链的效率。

本章重点介绍了制造企业如何进行电子采购、电子渠道管理、客户关系管理以及电子供应链的应用和管理。主要从战略启动、资源部署、能力建立和价值产生四个管理层面,分析和总结了主要电子供应链流程的运作特征。作为新的趋势,本章还结合数据化、智能化和平台化在电子供应链的应用,简要介绍了基本概念和企业实践进展。

本章关键词

供应链管理	supply chain management,SCM
供应链可见性	supply chain visibility
价值链	value chain
电子供应链管理	e-supply chain management,e-SCM
人工智能	artificial intelligence
供应链平台	supply chain platform
供应商管理库存	vendor managed inventory,VMI
渠道冲突	channel conflict
价格冲突	price conflict
价值增值	value added
客户黏性	customer stickiness

复习思考题

1. 什么是供应链? 如何理解供应链管理?
2. 什么是电子供应链? 制造企业的电子供应链具有哪些应用模式?
3. 如何理解数据化趋势对于电子供应链可视化的影响?
4. 如何理解智能化管理对于提升电子供应链效率的影响?
5. 制造企业的电子采购、电子渠道管理以及客户关系管理有什么新的特征?
6. 制造企业在电子采购、电子渠道管理以及客户关系管理方面应该如何提高管理科学性?
7. 如何解决线上线下渠道冲突?
8. 为提高平台生态丰富度,供应链平台应从哪两方面考察其平台属性?

课后小组活动

任务 1:收集一些制造企业在线上线下渠道冲突解决方面的管理实践,并归纳哪些成功经验是可以被推广的。以小组为单位收集资料并制作幻灯片,并进行课堂论述和讨论。

任务 2:在公共案例库中(如中国管理案例共享中心、管理世界等案例论文)收集一些制造企业在数字化、智能化和平台化的管理变革的案例,简要总结企业的最新趋势。以小组为单位收集资料并制作幻灯片,讨论"何种趋势是中国制造企业最关注的?"

案例讨论

红领服饰：基于客户交互的互联网转型

2014年5月11日，中央电视台新闻联播节目以"工业新亮点，传统制造业走向数据智能化"的标题报道了一家位于山东青岛的民营服装生产企业——红领集团（图8-16）。在服装生产这个竞争异常激烈的行业，该企业不是销售出去寻找客户，而是客户带着订单主动上门；生产车间的每一件西服从颜色、款式到面料的完全不同，但在制造的每一步却是标准化、流程化地批量生产。这种生产方式使企业能够迅速地发现市场需求，并及时满足。2014年1—4月，生产、销售、利润等各方面指标都同比增长了150%以上。

图8-16　红领集团主页

一、RCMTM平台解决个性化定制

在西服生产领域，个性化定制和标准化生产通常被认为是一对反义词，定制西服往往就意味着全流程手工制作，所以国外西服定制一般都需要3~6个月，周期长的可能会到将近一年，然而，在新技术的支持下，红领集团将看似矛盾的两个概念融合在了一起，董事长张代理花了11年的时间，投资了2.6亿元人民币研发出了一个个性化定制平台RCMTM（redcollar made to measure，红领西服个性化定制）。

RCMTM平台关键是用大数据系统替代手工打版。红领根据过去11年，每年大约40万套西服的制作数据，建立一个人体各项尺寸与西服板式形状与尺寸之间的数据库，根据这些数据，红领可以实现用制作建筑图纸的方式，在电脑上基于数据库的运算模型，根据顾客的身体数据进行计算机3D打版。由于人体是个非常复杂的模型，要真的将CAD（计算机辅助设计）的理念从概念落到现实，需要一个非常巨大的数据库，数据库的容量越大，基于这个数据库做出的计算模型就越精准。例如，腰围和立裆数据关联，开始设计的规则是腰围加大立裆随之加长，但后来发现这种关联是错误的，因为没有考虑到人体更复杂的关系，于是根据数据修改规则。随着数据量的继续增加，这套系统仍然在不断进行自我完善，错误率已经降低到万分之一左右，除非是残疾人或者身形数据比姚明更特殊，根据普通人的身形数据做出的3D打版模型贴合度几乎就像人的第二层皮肤。

二、客户参与形成的大数据支撑 3D 打印模式

红领集团将互联网技术、数字技术与传统制造业结合,实现了个性化定制服装的数字化大工业 3D 打印模式。借助于 RCMTM 的 20 多个子系统,全部以数据来驱动运营。每天系统会自动完成排单、裁剪、计算、整合版型,客户量体数据定制、服务全过程,其间无须人工转换,纸制传递,且数据完全打通,实时共享传输。在红领的车间里,所有的员工都面对互联网终端进行工作。经过 CAD 部门的大数据制版后,信息会传输到布料准备部门,裁布机器会自动按照订单要求准备布料。裁剪后的那些大小不一、色彩各异的布片会按照一套西服的要求挂在一个吊挂上,同时会佩戴一个射频识别电子标签。在接下来的几个流程中,每个工人面前都有一个用来识别射频电子标签的终端,根据里衬、扣子、袖边等技术数据,进行手工或是半机械缝制。

三、3D 打印流程满足客户需求

整个企业就是一台数字化大工业 3D 打印机,全程数据驱动。所有信息、指令、语言、流程等最终都转换成计算机语言。一组客户量体数据完成所有的定制、服务全过程,无须人工转换、纸制传递、数据完全打通、实时共享传输(图 8-17)。真正实现了"在线"工作而不是"在岗"工作,每位员工都是在互联网云端上获取数据,与市场和用户是实时对话,零距离服务。数字化大工业 3D 打印模式具备超强的满足个性化定制需求能力,效率质量大大提升,增强了市场的竞争力。

张代理董事长认为,红领集团的多年实践证明,建设数字化大工业 3D 打印模式企业,可以实现中国服装工业企业真正意义上转型升级。另外,数字化大工业 3D 打印模式是互联网时代平台化经营的创新模式,是完全可以以互联网思维进行快速复制的模式,对其他产业的转

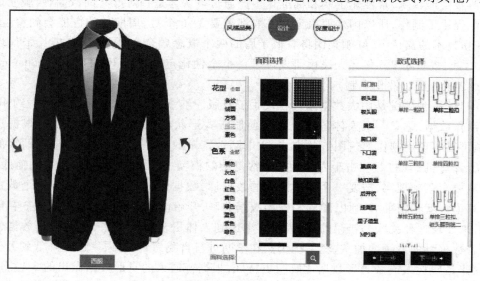

图 8-17   RCMT 定制过程

型升级也将具有借鉴、引领意义。

在这个模式下,原本全手工制作,动辄价格数万元人民币的定制西服的价格被降低到了一两千元,而制作周期也从半年左右变成了 7 个工作日。相对国内现有某著名定制西服品牌一条小型定制生产线平均一天五套左右的产能,红领一天 1 200 套西服,而且全流程可复制,随时可以增补人员扩大规模的生产能力几乎是服装制造业的一个奇迹。

公司董事长张代理认为,这种数字化大工业 3D 打印模式可以低成本、高效率地改造传统企业。传统企业只需增加软件和信息化硬件设备,进行流程再造,对原有管理骨干进行短期培训,改造周期只需 3 个月,原企业的成本与改造后的成本仅为 1∶1.1。"如果能够大面积复制推广,中国传统服装产业将会形成核心价值,工业产值倍增。"

（改编自:http://www.aliresearch.com/.“阿里案例工场十佳案例|红领集团:大规模服装定制如何炼成的?”(复旦大学王有为)）

讨论题:

1. 什么是互联网思维? 红领集团的互联网思维是什么?

2. 红领集团能够实现大规模定制的 IT 基础构架是什么样的? 请根据案例表述,绘出该公司简略的 IT 基础构架图。

3. 红领集团互联网转型能够成功的根本原因有哪些? 请结合电子渠道管理和客户关系管理的相关知识进行解释。

4. 红领董事长说,"建设数字化大工业 3D 打印模式企业,可以实现中国服装工业企业真正意义上转型升级。"请归纳这种转型的基本要点,以便其他服装企业借鉴。

参 考 文 献

［1］刘丽文.供应链管理思想及其理论和方法的发展过程.管理科学学报,2003,6(2):81-88.

［2］Boone T,Ganeshan R.The frontiers of eBusiness technology and supply chains.Journal of Operations Management,2007,25(6):1195-1198.

［3］Schubert P,Legner C.B2B integration in global supply chains:An identification of technical integration scenarios.Journal of Strategic Information Systems,2011,20(3):250-267.

［4］高举红,武凯,王璐. 平台供应链生态系统的形成动因及价值共创影响因素分析. 供应链管理,2021(6):20-30.

［5］肖静华等. 信息技术驱动中国制造转型升级——美的智能制造跨越式战略变革纵向案例研究.管理世界,2021(3):161-179.

［6］Schniederjans M J,Cao Q.电子商务营运管理.王强,译.北京:中国人民大学出版社,2005.

［7］Angeles R,Nath R.Business-to-business e-procurement:success factors and challenges to implementation.Supply Chain Management-an International Journal,2007,12(2):104-115.

［8］Wu F,Zsidisin G A,Ross A D.Antecedents and outcomes of e-procurement adoption:An integrative model.IEEE Transactions on Engineering Management,2007,54(3):576-587.

［9］Xia Y S,Zhang G P.The Impact of the Online Channel on Retailers Performances:An Empirical Evaluation.Decision Sciences,2010,41(3):517-546.

［10］Klein R.Customization and real time information access in integrated eBusiness supply chain relationships.Journal of Operations Management,2007,25(6):1366-1381.

［11］Roberts N,Grover V.Leveraging information technology infrastructure to facilitate a firm's customer agility and competitive activity:An empirical investigation.Journal of Management Information Systems,2012,28(4):231-270.

［12］孟庆良.客户价值驱动的客户关系管理研究［博士论文］.南京:南京理工大学,2006.

［13］Sanders N R.An empirical study of the impact of e-business technologies on organizational collaboration and performance.Journal of Operations Management,2007,25(6):1332-1347.

第九章　服务企业电子商务应用

学习目标

- 了解传统服务业和现代服务业的概念和差异
- 理解现代服务业的运作模式和发展趋势
- 理解典型服务行业的电子商务应用
- 掌握服务企业电子商务管理的四个核心要点

在过去的 20 多年中,我国的服务业得到了快速发展,实现了由提供简单服务向以"智力资源服务"为主体的现代服务业转变。以电子商务为特征的现代服务业成为一个国家和地区经济增长中最具创新性和活力的战略性产业。现代服务业是 IT 技术与服务产业结合的产物,是信息、知识与技术密集型行业,电子商务是现代服务业成长不可或缺的重要环节。以客户为导向的电子商务从整体上提高了现代服务企业的服务能力与运营效率,提高了客户满意度,使服务企业获得了长期市场竞争优势。因此,电子商务是推动现代服务业发展的重要途径。

本章结合服务企业的运作特征,介绍服务企业电子商务管理的经验和模式,服务行业的电子商务应用,从四个方面总结了现代服务企业电子商务管理的要点。

第一节　服务企业电子商务概述

一、服务业与现代服务业的概念和分类

服务业是个涵盖面广的行业概念,一般认为,服务业即指生产和销售服务商品的生产部门和企业的集合,是利用一定的场所、设备和工具,为社会提供服务性劳动的各种行业的总称。根据我国统计局的分类,在国民经济行业中,除了农业、采矿业、制造业、电力、燃料及水的生产和供应业以及建筑业五大实物商品生产部门之外的所有其他 15 个产业部门都可纳入服务业的范围。这些行业的具体分类见表 9-1。在国民经济核算中,一般将服务业等同于第三产业。服务业与其他产业部门的根本区别在于,服务业提供的产品是服务,具有非实物性、不可储存性和生产与消费同时性等特征。

表 9-1　15 个服务行业

代码	名称	代码	名称
F	交通运输、仓储和邮政业	N	水利、环境和公共设施管理业
G	信息传输、计算机服务和软件业	O	居民服务和其他服务业
H	批发和零售业	P	教育

代码	名称	代码	名称
I	住宿和餐饮业	Q	卫生、社会保障和社会福利业
J	金融业	R	文化、体育和娱乐业
K	房地产业	S	公共管理和社会组织
L	租赁和商务服务业	T	国际组织
M	科学研究、技术服务和地质勘查业		

资料来源:国家统计局官方网站。

现代服务业的提法最早在党的十六大报告中提出,一般认为,现代服务业是为现代生产活动提供生产性支持服务的企业,是在工业化比较发达的阶段产生的,主要依托信息技术和现代化管理理念发展起来的、信息和知识相对密集的服务业。现代服务业与传统服务业相比,更突出了高科技知识与技术密集的特点。因此,在国外也被称为"知识密集型服务业"(knowledge intensive business service, KIBS)。

> **现代服务业**　是指伴随工业化进程并依托数字化技术和现代管理理念、经营方式和组织形式而发展起来的向社会提供高附加值、高层次、知识型的生产和生活服务的行业。它既包括现代化进程中的新型服务业,也包括以现代化的新技术、新业态和新服务方式改造和提升的传统服务业。

现代服务业具有"三新"(即新技术、新业态、新方式)和"三高"(高人力资本含量、高技术含量、高附加值)的特征,具体表现在以下几个方面:

第一,技术、知识和人力资本密集。现代服务业是利用科学技术进行更为精细的专业化分工,依靠专业知识和经验为客户提供某一领域的特殊服务,从而提高服务效率,降低交易成本。高素质的人才成为该产业竞争力的核心。

第二,大型经济中心城市是现代服务业积聚与发展的主要空间。进入后工业化时代以后,服务业的发展已成为经济增长的主要动力。围绕着经济发展过程中所需要的各种要素资源,包括商品、资金、信息、人才、技术等要素的积聚与流通逐渐在城市中展开,与之相关的服务业也在城市中得以快速地发展。这是经济中心城市强大服务功能形成的一个很重要的基础,也是整个国际化产业布局和转移的一个重要特征。中心城市能够为高端的服务业要素流通提供平台,使其成为经济发展的核心和主要带动力。

第三,服务业外包逐渐兴起。现代服务业的产生是专业化分工深化的结果。过去存在于制造企业内部的企业职能逐渐转移到企业外部,围绕着服务外包产生了很多新的行业,如物流、研发和设计等行业。此外,以 IT 为基础的信息服务也是一个新兴的领域,成为现代服务行业非常重要的特征。

第四,强调对传统服务业的改造和升级,带动服务业全面发展。通过新的运作理念(如运用 IT)和运作模式(如外包、战略联盟等)带动传统服务业的升级、改造和发展。同时,现代服务业也呈现一种积聚式的发展过程,如 CBD、金融服务中心,就是现代服务业积聚式的发展方式、产业集群方式。

目前,现代服务业已成为发达国家国民经济的主导产业之一,是推动经济增长和可持续发展的重要动力。发达国家服务业的发展呈现出两个明显特征:一是服务业产值占国内生产总值的比重、服务业就业人数占全部就业人数的比重这两个指标都达到 60% 以上,已成为国民经济的主导产业,如美国已经达到 70% 以上,中国香港则达到 85% 左右。二是在产业结构升级中发达国家经济的实际增长几乎全部来自于为生产者服务的现代服务业,如信息服务,具有垄断性的基础设施服务业如银行、保险、运输、电信等。优先发展现代服务业是各国服务业发展的共同特征。

二、服务企业电子商务运作模式和发展趋势

(一) IT 主导的服务业运作模式

依靠传统的面对面服务流程难以提升服务企业的核心竞争优势。随着 Internet 和 IT 的发展,通过引入 IT 实施电子商务,实现企业的服务数字化,提高自动处理能力,准确把握市场需求和相应客户服务需求。在此基础上依赖于后台的员工智力支持和知识共享,提供更好的专业服务支持提高前台个性化服务能力,从而实现管理创新并降低成本。这种前后台协同的运作方式在金融、物流、旅游等行业中运用尤其广泛,逐渐成为现代服务业的主要商务模式。这种商务模式有效地解决了服务供应链上企业与客户及伙伴的信息共享和业务整合问题,构建了服务企业全新的运作模式,具体表现为以下三种(图 9-1)。

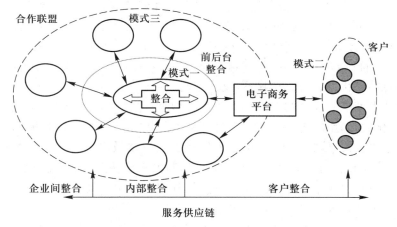

图 9-1 服务业电子商务应用的三种运作模式

模式一,企业内部整合和流程协同。这是现代服务企业最基本的电子商务运作模式,通过企业内部信息系统的集成,实现各种商务信息的共享、知识发布以进行管理决策。以旅行社为例,在运用电子商务之前,旅行社销售部一般通过 Excel 记录客户的订单和合同,并将相关信息打印传给计调部。计调部员工在此基础上手工安排行程,不但工作量大还容易发生错误,极有可能造成合同违约。在构建了内部办公平台之后,这些工作全都由计算机系统完成,各部门可以根据权限共享信息,大大提高了工作效率。

模式二,面向客户的电子商务平台提供信息和交易服务。这是服务企业电子商务运作的最典型表现。通过对原先面对面的前台流程进行重组,转变到依靠 Internet 提供的丰富数据和服务功能,实现了服务内容和手段的创新。而企业后台则在内部整合和流程协同基础上,充当前台服务的流程支持,更好地体现个性化服务的宗旨。

模式三,实现与合作伙伴的在线合作业务,这是扩展服务企业电子商务运用的第三种业务模式。现代服务企业通过采用服务外包的模式与合作伙伴开展在线合作业务,合作伙伴的一些重要服务将被嵌入企业的业务流程中共同提供给客户,从而形成在线协同服务。这些合作伙伴大体可以分为三类:支持电子商务运作的资金流和物流服务商,拥有共同服务对象的利益共同体(如酒店、景区和旅行社联盟联合提供旅游产品等)以及服务业务外包的合作伙伴(多数是基于服务知识或者产品研发)。

(二)服务业电子商务发展趋势

现代服务业已经成为当前电子商务发展最为活跃的行业,商务模式不断创新,开始进入快速发展机遇期,主要发展趋势包括以下三个方面:

第一,互联网纵向整合资源,打造融"三流"于一体的全流程服务链。互联网能够将信息流、物流、资金流有机地融为一体,贯穿从用户需求分析、服务准备到服务改进的整个业务流程,从而提供无缝衔接的消费体验。以阿里巴巴为例,通过构筑天猫、淘宝等电子商务集团、菜鸟物流集团、蚂蚁金融服务集团三大支柱,并以阿里云和大数据平台为支撑,成功地营造出信息流、物流、资金流"三流合一"的产业生态。

第二,跨界合作并购,企业间服务流程加速整合。随着获客成本不断提高,服务企业上下游寻求资源整合,不断增强自身延展能力。除了传统服务产业链上的并购外,支付企业、物流公司、电商运营公司、社交媒体等服务商也积极嵌入传统行业价值链中,跨界合作的发展趋势越来越明显,进而形成新的服务产业生态。例如携程通过和快手、抖音、微视等短视频社交平台合作,探索旅游内容电商化,通过社交网络引流并变现。

第三,新兴技术助推服务模式多元化。随着大数据、人工智能等新技术的创新发展和广泛应用。产业数字化的加速推进将推动服务业效率不断提升。企业的服务模式将更加多元化。物流和供应链、电子支付、信息技术、运维服务等诸多服务领域将进一步呈现加速发展态势,电商服务提供商也将提升自身的数字化能力,提供创新的解决方案,加速融入服务行业变革中。以智能客服为例,不少服务企业的官网和移动应用程序主页上的聊天机器人便是基于 AI 的算法,其被编程为以个性化方式与客户通信,帮助买家寻找合适的产品,检查产品可用性,比较多种产品,最后帮助买家付款。如有任何投诉或疑问,聊天机器人还可以帮助客户与相应的服务人员联系。聊天机器人能大大降低传统服务人员的体力劳动,为人工智能与客户之间的关系增添个性化风格。

第二节 服务行业的电子商务应用实践

一、金融行业的电子商务应用

按照国家统计局的分类,现代金融服务业包括银行业、证券业、保险业以及其他金融服务行业,如信托业等其他未列明的金融业。这类服务业主要提供存贷款、信托、证券为交易对象的商业服务买卖和交换,在电子商务环境下,为资金流的获取和转移提供各种专业化服务。作为传统金融支柱的银行业,一直走在数字化转型的路上,相比其他金融机构,银行应用电子商务的优势不仅仅在于账户、监管度、支付环境以及安全体系的成熟,更在于客户对于其金融产品的熟悉程度,能够更加明晰适合银行业的电子商务应用场景。因此,本节将重点围绕银行业的电子商务应用进行介绍。

传统银行服务渠道的扩展以营业网点的建设为主要手段。然而,这种物理网点的延伸需要付出很高的建设成本和维护成本。在经营过程中,大量的小额资金转移占据了银行多数的服务资源,使得银行的运作成本难以控制,不利于提高服务质量。因此,银行业应用电子商务最早的领域主要表现在通过发展网络银行实现线上业务和线下业务的整合和区分,具体从以下几种模式实现电子商务价值:

(1)通过网上信息发布和业务受理,彻底改变过去被动等客上门的传统服务行为,主动地适应市场、面对客户。

(2)利用 Internet 和移动通信技术的交互式信息传播方式,可以及时、自动地收集市场和客户信息,并做出快速反应,从而实现银行与客户双向互动。例如,各种理财产品均可以在网上订购,在方便客户的同时,银行也可以及时跟踪客户的需求变化。

(3)克服传统市场营销的时间和空间上的限制,为客户提供更多更方便的快捷服务,在低成本基础上实现客户的个性化服务。

(4)更多的金融增值服务(如理财业务、投资业务)可以通过网上销售,不但扩大了销售群体,还大大减少了产品宣传成本,达到事半功倍的效果。

随着大数据、云计算、人工智能、5G、物联网等新技术的广泛应用,对银行业的传统理念和服务模式,乃至市场生态和竞争格局也形成了无可规避的颠覆性冲击。在实践中,银行数字化转型重点也从初期的互联网金融业务和电子渠道等层面不断向纵深挺进,已经延伸和拓展至战略规划、组织架构、业务模式、产品设计、营销策略、运营机制、风险管理等诸多领域。银行在建立数字化业务时,必须建立一套更加面向客户的、面向渠道的、敏捷的 IT 配套支持能力,为数字化转型提供基础能力的支撑,主要表现在以下几个方面:

(1)构建全新的 IT 能力。针对瞬息万变的市场需求,许多国际银行纷纷打造"双速 IT"的开发模式,即以客户为核心的快速迭代的前台开发系统以及以交易为核心的后台系统同时运行。这种全新的 IT 能力有效地整合了企业内外部的业务流程,且能够和关键部门实现数据实时共享对接。实践表明,这种模式可以为银行带来显著的价值,软件上线时间可以缩短 40% ~ 60%,开发错误率减少 60%。

(2)建设大数据和高级分析能力。虽然大数据技术已在许多行业有着显著的应用价值,但银行在大数据的运用领域仍然挑战重重。银行内部大多数据处于碎片状态,信息使用十分不便。往往每个项目都会配备一个单独的数据集,导致数据集多如牛毛,而合并数据库又成本高昂。因此,一些领先银行已转向使用全行通用的"数据湖"总分析层,从分散各处的数据源中提取数据,将所有数据均以非结构化的形式存储在"数据湖"中,从而提高对数据的利用效率,保持灵活性和敏捷性。为了充分发掘大数据价值,实现规模化应用,一些银行建立了集中的高级分析卓越中心(CoE),为提升银行数据分析能力提供平台支撑和技术支持。

（3）打造生态圈银行和全新生态运营模式。打造或嵌入生态圈对银行具有战略价值。银行的服务正在"隐形化"，可以通过提供"金融"＋"非金融"服务提高客户黏性，提升客户体验。例如，银行在房地产领域的生态圈嵌入，通过自建的网上银行和 App，提供分步购房的专业服务，包括价格比较和交易的地区分布信息等，促成交易达成。这些创新的举措通过整合房产交易过程和金融服务，提升了客户的满意度。与此同时，生态圈战略能为银行带来海量的用户数据，帮助银行触达更多客户和完成更精准的用户数据分析，从而更好地规避和经营风险。

（4）构建全渠道体验，提升跨流程协同效应。银行与客户的接触渠道在数字时代日益多样化，客户线上线下海量信息零散割裂在各个渠道。打通数据和信息在各个渠道的无缝交互，不仅能为客户创造完美的服务体验，同时利用高级数据分析工具进行深度数据挖掘，还能帮助银行显著增加交叉销售的机会，提升跨渠道的协同效应。包括荷兰 ING 银行、西班牙桑坦德银行在内的国际领先银行都在积极打造全渠道模式，并取得显著效果。例如，银行可以将一个客户在网点开户储蓄的信息与移动端浏览基金产品的频次和时间联系起来，识别出该客户的理财需求，从而有针对性地为其推送基金产品，增强客户黏性，将其培养为主办客户。而主办客户的交叉销售成功比例更高，其使用的平均产品数量比非主办客户高出 60%。

📑 企业实践 9-1

国内银行的数智化战略转型实践

1. 工商银行：以智慧银行为核心，实现数智化转型

2018 年工商银行全面实施智慧银行信息系统（ECOS）转型工程，具体实践措施包含：一是整合构建企业级业务架构，由内部企业级延展至跨界生态级；二是构建基于核心业务系统与开放式生态系统"双核驱动"的 IT 架构；三是全面云化金融服务，打造自主可控的企业级云计算平台，灵活快速支撑技术与资源需求，持续提升对爆发性增长业务的支撑能力；四是打造自主可控的企业级新技术平台，加速技术能力向业务价值转化。

上述举措以企业级业务架构为依托，以松耦合、分布式 IT 架构和标准化、智能化数据体系为基础，聚焦重点业务领域实现产品整合、流程联动和信息共享，对于工行提升灵活创新和开放融合能力赋予了巨大的动能。

2. 广发银行：构建平台生态，全面赋能生态价值链

广发银行提出"数字广发"的金融科技战略，推动公司全面的数字化转型，利用金融科技升级经营模式，从服务高端客群到覆盖长尾客户，从维护客户到构建平台生态连接客户，从金融产品销售到数字化产品运营，从经营金融自场景到经营"金融＋非金融"综合场景，从封闭的经营体系到无界开放。

其中，建设具有综合化、智能化、生态化三大特色的数字银行是执行该战略的重要环节，围绕数字银行的建设，广发银行主要构建了产业互联的数字化平台和综合金融服务平台，解决了客户在定报价、资金交易、客户管理方面的问题；同时加强金融科技配套，保障了生态价值链伙伴的稳定参与和高效协作。

3. 中信银行：发力移动互联，促进共享合作

在中国银联的移动支付业务体系中，基于移动支付载体的应用管理平台（Trusted Service Management，TSM）是重要组成部分。中信银行成为首批接入银联 TSM 平台的银行之一，即可通

过该系统给客户提供自助安装、更新、删除等个性化处理业务。借助银联 TSM 平台实现空中发卡，开卡并圈存/转账资金后，客户即可持成功开通中信银行账户的手机在银联超过 100 万元的银联"闪付"终端上刷手机消费。

此外，中信银行还与银联约定在移动远程支付方面开展商圈共享等业务合作。从目前推进情况看，除在电子现金模式上的合作外，借记加电子现金、贷记加电子现金的技术方案也已经形成，中信银行通过整合自身以及合作伙伴和客户等社会资源，运用数字终端、互联网和商业智能技术，向客户提供了包括产品、关系和信息等全方位的服务，进而提升了用户体验和客户价值。

4. 民生银行：成立民生科技公司，提供专业化解决方案

2018 年 5 月 15 日，民生银行旗下民生科技有限公司（简称"民生科技"）宣告成立，该公司致力于通过大数据、云计算、人工智能、区块链等科技创新，为民生银行集团、金融联盟成员、中小银行、民营企业、互联网用户提供数字化、智能化的科技金融综合服务，共同打造科技金融生态圈。

民生科技借助民生银行沉淀多年的金融业务及技术经验，搭配成熟的产品组合为民生银行集团及合作伙伴提供全体系的数字智能化、数字人性化科技金融综合服务。在渠道端，通过远程银行、PaaS 平台、API 接口等方式提供渠道整合与能力共享；在产品端，通过分布式账户核心、信贷、支付等核心系统，客户管理、财富管理、大数据平台等产品，提供业务支撑服务；同时，民生科技在零售、对公、智能运营、风控等方面，利用沉淀多年的金融业务及技术经验搭配出成熟的产品组合，为客户提供最专业的解决方案。

资料来源：汇编自《财资中国》杂志 2019 年 4 月刊和中国电子商务研究中心：《中信银行战略转型启幕：网络银行部自立》。

二、物流行业的电子商务应用

物流行业在整个供应链中扮演着重要的角色，不但负责商品的配送工作，还负责供应链的情报信息工作，因为它是供应链中物流、资金流和信息流的交汇点，是整个供应链的龙头。所以，物流服务企业是商品的物流中心，更是信息中心。电子商务的发展使得物流企业成为连接供应链中上下游货物流动的主要载体，是社会生产链条中的主要协调者。通过 IT 和各种供应链管理方法，物流企业已经超越了原先的运输职能，通过业务自动化、决策智能化、运作网络化和集成化的模式实现规模效益，提高企业的价值创新能力。

早期电子商务环境下的物流服务主要是指物流服务企业采用计算机网络技术和现代化通信设备及先进的管理信息系统，根据用户订货要求，进行一系列分类、配货、包装、加工等理货和配送工作，满足客户对商品的需求。此时电子商务等技术的作用主要在于提高物流效率和降低物流成本，实现电子化的物流管理，是对传统环境下物流运作方式的变革，具体表现在以下几个方面：

（1）通过集成化的物流管理模式，将原先的多层次物流配送渠道转变为以中央集成管理为主体的直接配送格局。这样，物流企业的竞争力核心就由原先关注货物的准确和及时配送，转移到提高管理效率、降低成本的个性化服务中。企业也可以集中精力解决与合作伙伴的战略合作问题。

（2）以 Internet 为基础的电子商务促进了物流配送模式的改进，战略重点从对货物的库存

转移到对出货的调配和优化管理中。电子商务系统将散置在各地的分属不同所有者的仓库通过网络系统连接起来,使之成为"虚拟仓库",并对"虚拟仓库"进行统一管理和调配使用,服务半径和货物集散空间都放大了,从而使库存量更容易控制。

（3）通过 Internet 技术将后台的物流管理终端与前台的物流查询系统整合,满足了客户对物流跟踪管理的需要。这种运作模式从根本上改变了物流企业与客户的合作模式,从而创造了独特的竞争优势。例如,联邦快递公司利用其强大的物流配送网络针对不同的客户提供个性化的物流服务。在 B2C 领域,消费者可以在网上下订单、网上跟踪查询货物信息,打印运单、发票等。

近年来,物流行业正在逐步进入大数据和智慧物流阶段,物流企业由传统的硬件设备间的竞争,转而向大数据和智能技术的竞争方向转变,通过搭建基于大数据的智能分析平台实现精准定位,为客户量身打造他们所需要的特色服务,具体表现在以下几个方面:

（1）扩展伙伴资源,打造数字物流生态。从运输服务供应商转型为集物流、技术流、商务信息流、资金流于一体的多元解决方案供应商,将智慧物流和数字运营能力对外开放,正成为中国物流企业开拓新市场的主攻方向。例如,顺丰已完成数据采集与同步、储存与整合、分析与挖掘、机器学习、可视化等平台的构建,从与"7-11"的合作到"嘿客"便利店再到"顺丰优选"生鲜电商,持续深化新零售的布局。

（2）数字赋能差异化服务,深耕细分市场。借助数字技术,寄件、分拣、仓储、派送各系统打通线上线下环节以及各个平台,使物流全流程透明化成为可能。如今,客户通过微信小程序或者 APP,可以一键下单并实时跟踪订单信息。数字化也为物流企业深耕细分市场奠定了基础,比如冷链运输与即时业务。顺丰一方面采用高蓄能冷媒温控技术与温度湿度异常预警系统,针对产品特点创造最佳保鲜条件;另一方面通过 GROUND 陆运资源交易平台衔接车辆对其实时监测。

（3）自动化流程与 AI 智能决策,提升运营效率。当前分拣机器人、智能算法与自动化仓库分拣、出入库管理等技术,能够在降低人力成本的同时,极大提高执行效率。例如德邦建立智能物流仓储中心,在发货配置方面,以一系列智慧设备,如"播种墙",提升上架准确率和出入库效率;而在质量管理方面,通过"SN 码"全流程追溯货品状态,为货物周转量大、周转时间长的客户提供货品精准入库、柔性分仓、高效周转的全方位增值服务。关于德邦快递的智慧组织转型,请阅读接下来的企业实践案例。

企业实践 9-2

德邦快递:打造数据驱动的智慧组织

快递行业的激烈竞争始终围绕着三大方面:时效、价格、派送体验。今时今日,运营流程上的每一点优化、用户体验的每一次提升,都离不开数字化。德邦每年投入超过 5 亿元人民币到数字化建设上,通过持续不断投入构建和优化基础设施和数据供应链体系,推动企业逐步成为数据驱动、智能运营和决策的组织。

1. 部门结构调整,构建复合型人力资源

在公司数字化转型中,德邦科技部门承担着"建设技术高地、赋能业务,增厚企业竞争力壁垒"的重要职责。随着公司数字化的不断深入,德邦科技部门的角色也持续进化,和业务的关系由"被动承接"转向"业务协同共创",并最终向"驱动业务变革"转变。

以用户思维去设计产品,是德邦科技部门理念上的重大转变。数字化的基本核心理念是围绕用户,因此对于科技部门来说,交付的不仅仅是功能,而是需要从用户需求角度出发、用产品思维去思考的服务。思维的转变还需要对应能力的培养,德邦加大了对产品经理能力的培训,要求管理团队、产品需求分析团队都要参加,以提升用户思维能力。

2. 数字能力的平台化沉淀

科技部门涵盖多种数字能力,过去一个业务部门需要对应多个IT部门。德邦科技转型后形成"轻前端"+"强平台"的结构,把IT服务、数据应用等能力后撤,逐渐成为服务前端的产品应用中心,这样和业务部门形成一对一的服务模式。

组织架构的调整产生了两大方面的价值:第一、IT能力集中平台化后,内部服务效率大幅提升;第二、IT预算不再分散在业务部门,而是集中在科技部门再按需求和使用情况相应分摊到各业务,这样倒逼业务部门审慎制定部门IT需求,保证把资金花在刀刃上。

3. 围绕数据资源打造智慧组织

数字化是一个持续的变革过程。数字化要做好,就有一些非常痛苦,但非干不可、无法逃避的活——这就是数据的应用。数据的来源、数据的颗粒度、精准度、时间维度、数据的质量管理,这些对企业效率有致命的影响。德邦一方面对业务和现有数据资产进行梳理、规划,并对业务系统进行调整,使之能够自动沉淀数据,构建数据基础;另一方面,加强数据质量管理,提升核心基础数据的精准度。

在不断夯实数据基础的同时,德邦制定了三步走计划来推动数据驱动型企业的建设。第一步,从上到下打通公司的决策通道,实现公司数据颗粒度的细化与跨层级的可视化,使得每个决策层级都能对业务问题一目了然;第二步,建立相对常规问题的解决方案自动触发机制,敏捷应对经营变化;第三步,提升预测性分析能力,基于历史沉淀数据与实时趋势对企业业务和经营问题实现预测性分析和预警。

资料来源:改编自《2021埃森哲中国企业数字转型指数报告》37-38页。

三、旅游行业的电子商务应用

旅游行业电子商务应用是指通过先进的信息技术手段改进旅游企业内外之间的连通模式,即改进旅游企业与供应商、旅游企业与消费者之间的沟通与交易过程,并不断完善企业内部流程,促进旅游资源共享。旅游业是信息密集型和信息依托型产业,这一特点决定了电子商务与旅游业之间的深层次互动关系,作为两者结合产物的旅游电子商务已经并将继续显现出充分的活力和广阔的发展空间。

在我国,旅游行业是最早开放并且市场竞争最为激烈的行业之一。伴随着我国改革开放进程不断深入,旅游服务从最早的调节客源、安排住宿和游览发展到当前提供个性化产品、网络预订和散客组团等业务模式。Internet和IT的应用引发了以个性化旅游为核心的运作模式的转变,这是一种智力资源和运作模式的巧妙结合。电子商务对于促进旅游产业链的整合具有重要的战略意义。这种深层次的变革,给旅游企业带来的不仅仅是成本的降低、销售的扩大,更重要的是提供了一种整合企业资源,提高旅游企业运作效率的管理理念。

由图9-2所示,在旅游服务供应链上实际包括了三类旅游企业,第一类是旅游服务供应商,主要包括酒店和旅游景区等企业;第二类是传统旅游中介,主要是指各类旅行社;第三类则是旅游中介网站,是由于大量 IT 高科技企业兴起而产生的,如携程网、艺龙网等。其中,前两类企业属于旅游服务的"食住行游购娱"范畴,是旅游服务的主要载体,也是旅游电子商务创新的主体。而第三类企业属于互联网企业范畴,是旅游电子商务的技术提供者,主要应用电子商务技术连接旅游服务供应链上的各类主体,改造和优化企业间及企业与顾客间的业务流程,实现对旅游服务运作模式的变革。

电子商务在旅游行业的应用主要表现在以下几个方面:

(1) 提供在线旅游代理服务。该模式是当前旅游电子商务应用最为广泛的形式之一。代理是指供应商提供产品给在线旅行社(Online Travel Agency,OTA),在线旅行社来帮助其运营,双方以成本加价模式合作,订单的咨询、售前售后的服务由在线旅行社完成。其中的运营成本由在线旅行社承担,商家只要提供产品和出行服务就行了。同程出境、途牛的度假代理业务都属于这种模式。近年来,为了实现对产品和服务的一体化管理,部分在线旅行社也开始自主研发产品和资源直采,如途牛的海外直采,携程自营都是这种做法。

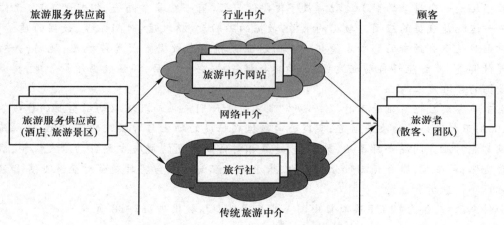

图 9-2　旅游产业价值链结构

(2) 传统旅游企业的流程优化。通过引入 IT 和旅游 ERP 系统,加强对内部流程的重组和控制,强化财务、计调和市场三个部门的整合,实现了内部流程的信息化和自动化。一些大型旅行社(如上海春秋、中青旅等)将旅游产品设计、销售和服务三个流程通过 IT 进行整合,以前烦琐的计调①业务可以通过 ERP 系统或 OA 系统自动分解。酒店通过引入客户入住管理系统和 CRM 系统实现了客房销售和入住的自动化管理,大大降低了出错率,提高了客户满意度。

(3) 提供动态打包模式,实现个性化服务。伴随自由行市场规模的扩大,在线旅游平台提供了越来越多的选项以满足旅游者日益丰富的需求,如携程提供机票、酒店签证、目的地玩乐、

————————

①　计调是旅行社行业的专业术语,是将客户要求的旅游线路逐一分解为各个单项的服务环节,如酒店住宿、交通票务和景区旅游等单一的服务项目,并将需要的服务项目进行汇总,并向服务供应商逐一预订和确认。旅行社中的计调业务与制造企业的订单分解流程具有一定的相似之处。

接送机等单项资源给用户自己组合和打包成一条线路。这种应用模式体现了旅游资源数字化后的重构性,企业可以利用 IT 技术的连接和整合能力并借助大数据资源分析,为顾客提供个性化定制的产品和服务,从而匹配顾客丰富多变的购买需求。

（4）推动旅游企业智慧化转型。随着移动互联网的迅猛发展,游客需求变得更加移动化、个性化和多样化,而自由行游客更加注重旅途中的服务和体验,因此智慧旅游的建设需求在近几年呈现出井喷状态。智慧旅游是利用信息化技术,主动感知旅游资源、旅游经济、旅游活动、旅游者信息,让游客及时安排和调整工作与旅游计划。简而言之是游客与网络实时互动,获得个性化的旅游产品,享受到更加便捷和高效的旅游体验。

 企业实践 9-3

携程打造人工智能酒店新模式

人工智能、机器人一直是携程关注的领域之一。随着市场各方在进一步开发中国旅游市场出入境游的潜力,中国酒店行业面临着前所未有的新机遇。为此,携程近两年也始终关注人工智能等新技术在旅游服务及酒店业的应用,探索用人工智能全面提升用户服务水平。2017 年 3 月,携程正式发布酒店"Easy 住"战略,包含机器人酒店前台（自助前台）、VR 全景展示、在线选房、智能客控、行李寄送等七大产品服务,能将入住离店效率提升 30%。截至目前,这项创新服务已覆盖北京、南京、苏州、杭州、三亚、西安等热门目的地。

其中,在入住环节,通过自助入离机这一自助终端,消费者只需在终端上刷身份证,不仅能自动查验身份信息,也会同步匹配订单信息,可自助完成办理入住、离店等操作。目前,该终端已与各大酒店 PMS 系统全面打通,不论是携程订单,还是其他平台的订单,都可以通过其办理入住、离店等手续。

2019 年 1 月 3 日,携程对外宣布战略投资中国服务机器人领域的领先企业云迹科技,双方将共同推进酒店智能化服务,为消费者、酒店合作伙伴及酒店产业链创造更大价值。这是继"Easy 住"战略后,携程加速布局酒店人工智能领域的又一重要举动。

云迹科技作为国内服务机器人领域的领军企业,在酒店智能化服务上积累了丰富的经验。携程通过与云迹科技的深入合作,将让携程继续巩固在人工智能、智能硬件方面的领先优势,为"Easy 住"提供新助力,更好地满足用户的服务需求。无论是通过人脸识别技术在酒店快速入住,还是通过智能房间和智能门锁等新的功能,携程的用户都能在旅行过程中享受到前所未有的个性化和便捷度。

更进一步看,除了消费者受益外,携程依托人工智能等技术赋能酒店合作伙伴,提升酒店的智能化水平,进而帮助更多酒店提高运营效率,也有利于构建酒店新型生态圈。

资料来源:改编自腾讯科技 2019 年 1 月 3 日讯:《携程联手云迹科技 人工智能打造智慧酒店新模式》。

四、培训与咨询服务业的电子商务应用

培训和咨询服务业是以专业知识传播作为服务业务的新型企业,以信息网络发布、提供培训和咨询等服务模式提供各种有偿和无偿的知识资源以实现盈利。因此,培训和咨询服务业企业成功的本质是以掌握、配置和实现知识增值为主体,实现智力资源价值的服务运作。

　　培训和咨询服务业的电子商务应用随着技术的不断革新和运营经验的不断成熟,其电子商务价值的实现模式和途径也从早期较为相似单一的模式发展成更加多元丰富的应用场景,主要表现在以下几个方面:

1. 在线教育平台

　　近年来,在线教育的市场规模得到了快速的发展,既有传统教育与互联网的结合,也有电子商务巨头企业布局的在线教育,逐渐演化出了多种不同形式的在线教育模式,其中 B2C 模式在在线教育行业占比约 47%,是在线教育的主流模式,如猿题库、51Talk 等,该模式以数字化平台为基础开展包括录播课程、直播课程、一对一课程等授课教学,其课程产品一般以相对垂直的培训结构为主,如语言培训、职业培训等。以 51Talk 为例,通过在线教育平台对接各类非应试英语培训课程资源,利用后台数据分析,从大量试听课程用户中筛选小部分付费用户实行一对一培训服务,既压缩了授课成本,同时也以低价策略迅速扩大了市场份额。此外,以通识类课程为主的 C2C 模式在线教育平台同样也得到了互联网巨头们的青睐,这类平台利用平台技术的连接能力网罗众人之力,集成各类教学参与主体及其教育资源,如腾讯课堂、淘宝同学、网易云课堂等。

企业实践 9-4

CCtalk 打造新型在线知识学习平台

　　沪江为巩固在线教育的行业领先地位,抢占知识付费的新兴市场,于 2016 年 10 月搭建新平台 CCtalk。区别于沪江自营的教育垂直课程平台,CCtalk 属于综合性在线知识学习平台。平台本身不生产内容,由入驻平台的第三方教育机构或网师进行授课,授课内容涵盖知识、兴趣、社交、实用技能等更加多元化的内容。

　　在技术工具上,CCtalk 拥有全面的教学技术配备,通过"直播+录播+互动"方式还原真实课堂教学场景,双向音视频、双向白板、课件播放、举手提问等教学工具保障了师生双方充分沟通交流。CCtalk 还整合了沪江旗下的题库、听力、背词、词典等辅助学习工具。

　　在内容资源上,CCtalk 涵盖了语言学习、职业教育、文化艺术、中小幼等多个细分领域的课程,各领域知名机构和老师不断入住平台。

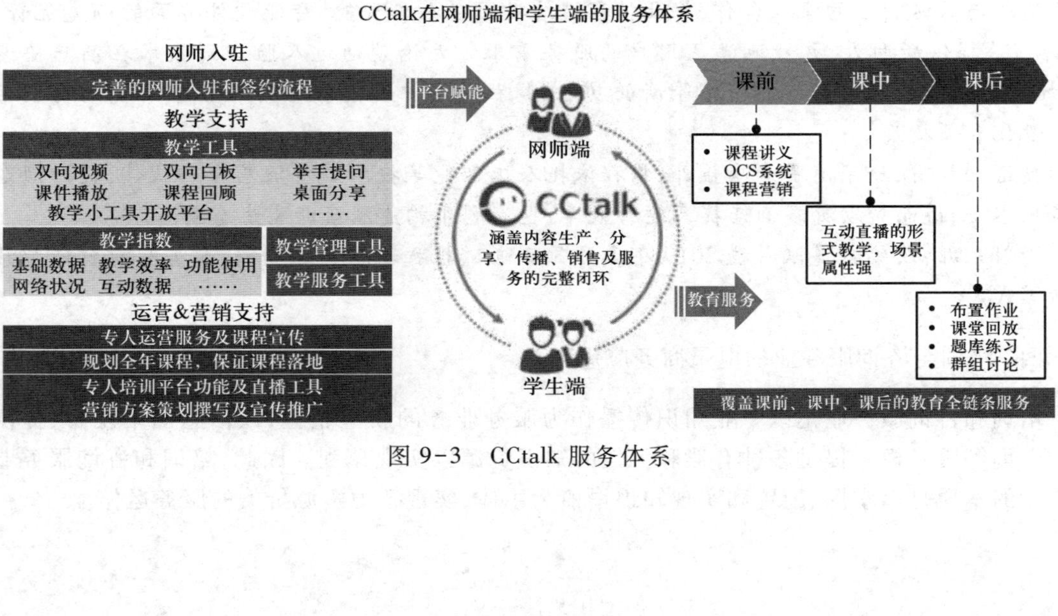

图 9-3　CCtalk 服务体系

图 9-3 描述了 CCtalk 在网师端和学生端的服务体系,整个体系由服务层和内容层构成,其中,服务层包含三方面的技术支持,第一,平台架构连接网师端和学生端,并形成全新的入驻、签约、内容生产和分享、师生教学等业务流程;第二,综合应用数字化技术和多媒体技术,提供用于教学管理和服务的硬件设备和软件应用;第三,配套复合型人力资源进行运营支持,包括专人辅导、课程宣传、培训等内容。正是由于上述三方面的平台赋能,输出覆盖课前、课中、课后的教育全链条服务,实现了网师端和学生端涵盖内容生产、分享、传播、销售及服务的完整闭环。

资料来源:改编自艾瑞咨询 2017 年 8 月 15 日《中国直播教育互动行业研究报告》。

2. 自建知识社区平台

一些专业性比较强的咨询机构或者企业内部的培训部门通过企业专用网络或者互联网建立知识门户或知识社区,将各种相关知识以评论文章、服务信息介绍、成功案例介绍等模式,借助于共享平台实现知识的传播和影响力扩散。运营上,该模式通常采用会员制,建立具有等级特征的知识付费模式,这也是培训与咨询服务企业最重要的客户管理模式。不管是面向个体的知识服务还是面向企业的培训,电子化的客户管理模式也都是围绕不同级别不同类型客户提供个性化的知识共享而产生其特定的价值。例如,中国最大的制造业知识门户网站 e-works 提供了大量的企业信息化管理、技术、培训、行业动态等信息,其中大多信息则需要用户注册为会员后才能查看,如 ERP 整套的培训材料,各种技术解决方案都是该公司在实际咨询工作中积累的经验。该平台还发布与行业信息化咨询相关的《CIO 生存与发展研究报告》《ERP 产业技术报告》等具有知识产权的研究成果。

3. 智慧赋能的新型教育平台

随着人工智能、智能设备设计和制造方面的专业知识不断完善,其在教育行业的应用也日趋成熟。尤其是一些在教育、学习领域深耕多年的企业,通过如神经网络技术、光学字符识别 OCR、语音识别、语音合成等技术发展自身的 AI 能力,从而开发出融合式的智慧教育产品。以网易有道为例(图 9-4),有道布局的智慧教育云平台利用大数据智能分析后台,实现区域精准教学、智慧课堂以及校内课后服务等产品和服务,打造课前、课中、课后闭环,协助师生把单向知识灌输式的教学,变成互动式、探究式、实践式的教学;通过低成本、高准确度的智能采集设备,有道智慧教育将原来机械式刷题升级为基于大数据精准分析的作业和考试,帮助老师精准教学,帮助学生高效学习;此外,有道还提供了高质量、低成本、线上线下结合的教育内容和系统,满足学生的个性化需求。

五、本地生活服务的电子商务应用

本地生活服务类企业主要聚焦本地日常生活需求与服务消费场景,如餐饮、电影票务、便利零售、家政服务、同城跑腿等,具有典型的"大"行业、"小"公司的特点。随着人们消费水平的整体提升,以及服务需求的提质扩容,高品质、高效率的生活服务越来越受到消费者欢迎。数据显示,2020 年中国本地生活服务行业市场预计突破 8 700 亿元,中小微企业是构成该行业的主要力量。而突如其来的新冠疫情也彻底打乱生活服务行业的运营节奏,疫情中短期纾困的自救举措,客观上倒逼着线上化程度较低的中小商户朝着数字化转型的方向进化。

由于大部分本地服务商户规模小、业务少,在品牌知名度上有一定局限性,因此,与品牌电商平台合作的模式,是解决本地生活服务低频、刚需、信息不对称、难以标准化等挑战的最佳路

图 9-4　有道智慧教育云平台业务结构

径,其应用模式主要表现在以下三个方面:

1. 基于线上线下融合的到店模式

到店业务在本地生活市场占据主导地位。该模式主要是基于互联网技术和电子商务支付技术构筑的"线上交易+线下体验"的闭环,利用电子商务平台持续协助各类生活服务商家引流和拉新,从而增加商户销售额和降低成本。以幸福西饼为例,该连锁蛋糕品牌从 2015 年就开始做微信公众号,至 2019 年粉丝达 1 300 万;同时建立微博、抖音、小红书等多平台媒体矩阵,用优质内容把线上的公域流量引流到自己店铺中。其线下门店则用福利建立微信群并不断拉新,且在群里就能搞大促。类似地,美团外卖帮扶商户的阶段性投入已经超过 4 亿元,覆盖商户数量已近 60 万家,由受益商家组建成的"春风伙伴联盟",在平台的流量和返佣扶持下,平均营业额增幅超过 80%。与此同时,技术的变革也在重构消费者的体验流程,诸如手机点单、智慧餐厅等新消费模式的出现,解决了原有消费流程中耗时、低效、时段和区域限制等问题,是这种到店场景模式的发展趋势。

2. 基于移动互联的到家模式

伴随餐饮外卖业务的大幅发展,以及更多新零售品类接入即时配送服务,到家业务对本地生活市场的渗透近年也在不断提高。该模式主要基于移动 LBS(Location Based Services,基于位置服务)应用和动态算法与定价,辅以即时配送物流体系,搭建本地生活服务零售化平台,用以支持包括餐饮外卖、商超宅配、同城跑腿等商户的短途业务。而电子商务平台的作用则是对入住商户的数字化经营赋能,主要体现在:

① 帮助商户有效获客。高效利用线上线下或生态体系内的业务交叉引流与转化,同时为商家提供客群数据分析与精准营销工具。

② 帮助商户提升运营能力。运用 IT 技术帮助更多商户升级基础设施,包括接入 ERP、升级智能 POS 系统、物流支撑等。

③ 其他增值服务。例如提供供应链及金融借贷解决方案,以及在更多可以借助数字化运营快速改善企业经营效率的产业环节提供服务。

以口碑饿了么和美团为例,口碑饿了么连接提供全链路的数字化体系服务,涵盖了餐饮业从选址、供应链,到预定、排队、扫码点单、会员、即时配送、支付、评价等环节。而美团也能为平台商家提供行业营销计划、数字化升级、供应链升级以及先锋商家奖励四个方向的赋能。

3. 基于全渠道的新零售模式

新零售模式是以消费者体验为中心,进行人、货、场三要素的重构,真正发挥"线上+线下+数据+物流"的系统化优势,以达到满足消费升级的需求,提升行业效率的目标。新零售模式的框架可以从前台、中台、后台三个维度来阐述:

① 前台:人货场的重构。在传统零售条件下,品牌商按照经验进行供货,线上线下割裂;而在新零售场景下,消费者实现了数字化和网状互联,可以被清晰辨识,从而实现按需智能供货。

② 中台:生产模式变革。新零售服务商重塑了高效流通链,实现了消费方式逆向牵引的生产方式,是一种以消费者为中心,个性化的定制模式。通过线上或线下店铺收集的消费者数据,企业甄别分类这些数据和信息后反馈到服务链条的不同部门。

③ 后台:新兴技术赋能发展。综合应用人工智能、虚拟现实、物联网等新兴技术增强企业的运营效能,同时优化消费者的线上和线下体验。以人工智能技术为例,许多大型电商平台均已开始应用人工智能帮助零售业预测需求、实现自动化操作,如在促销、商品分类、配货等环节减少手工操作,自动预测客户订单、优化仓储和物流等。

企业实践 9-5

饿了么口碑的数字化生态协同

2019 年饿了么口碑宣布建立数字化商超平台,对外输出从订单、配送到仓储等各个环节的一体化数字服务,据饿了么口碑官方称,目前在全国范围内已经有 676 个城市超过 10000 家大型超市以及近 20 万家的连锁超市入驻。

零售的本质还是人、货、场的协同,而在数字化变革下,饿了么口碑将人、货、场的关系重新打乱分配,不但重组了前端流量入口的场景,还在后续的配送网络中不断发力,通过这种源源不断的数字化技术赋能,大数据云计算等技术在从落地到筛选、信息流推荐、配送线路推荐等方面,极大地提升了用户从前端选择到骑手后续配送的全方面效率。

此外,行业中多场景化的新流量体系正在不断升温,逐渐成为市场中流量复合增长的新入口。置身于阿里巴巴生态的饿了么口碑不断通过自身生态的诸多场景进行新的合作赋能,从而在平静的湖面上抛下一个个名为产业数字化的石块,形成彼此之间跨行业、跨产业的波纹协同,以点连线再到面,实现场景流量的幂次增长。

1. 文娱方面与热剧协同

前段时间热播的《长安十二时辰》中,有着诸如水盆羊肉、火晶柿子、烤胡饼等传统西安美食,引得不少观众垂涎三尺。而饿了么口碑则配合剧情,会在播放时掉落饿了么餐箱,以视频带货的方式向用户推荐相应的美食。而从成果上来看,马鞍山、石河子、西宁等城市相关订单飞速增长,其中安徽马鞍山订单量增幅更是高达 230%。火晶柿子、水盆羊肉订单量大幅上涨。北京水盆羊肉外卖订单量环比增速全国最高,达到 133%,上海以 62% 环比增速位居第二。

2. 销售方面与电商协同

作为阿里生态的代表电商,饿了么口碑也与淘宝进行更深层次的联动,不但可以通过电商直播销售本地生活服务电子券,还能通过直播与探店售卖进行线上线下联动。比如与肯德基的联动使得品牌商户在手淘内新增用户占比超过 90%,与汉堡王、必胜客、真功夫等品牌的联动为参与品牌带来 GMV 超 100% 的增长。与电商方面的协同打通了本地生活中线上线下之间的割裂,让全面新零售建设迈了一大步。

　　3. 支付方面与花呗协同

　　在如今新潮流消费形式下,信用卡、花呗等适度的超前消费得到了广大中青年的热捧,花呗还款与信用挂钩的模式也极大地普及了社会公信认知与自我信用的养成。外卖平台作为一种中间服务性平台,线上支付一直就是其服务活动中的一环,而与支付宝花呗方面的合作,又进一步释放了外卖的活力。饿了么口碑与花呗打通,消费者点外卖也可以使用花呗付款,先享受、后买单,这种方式也极为契合当下外卖主流人群的消费习惯。

　　而无论是视频带货、电商协同还是花呗消费,毫无疑问这些协同产生的新服务场景都更为符合当下外卖主流人群的消费观念,也解决了很多用户在"种草"与实际体验之间犹豫的矛盾。从"种草"产生兴趣、到线下实际"剁手"体验,再到花呗支付无忧环环相扣,是于用户、于商家、于美食的全新外卖场景。

　　在这种持续不断地生态发酵下,我们生活服务的场景都在一步步革新,一步步完善,正如阿里巴巴集团合伙人、阿里本地生活服务公司总裁设想,"未来,本地生活服务商家在我们这里会有多个端运营,可能大家打开高德,搜一个餐厅,也可以点菜或者叫外卖了,更不要说手机淘宝和支付宝。"

　　资料来源:改编自亿邦动力网 2018 年《本地生活数字化转型拨云见日:效率升阶》。

第三节　服务企业电子商务管理

　　为了更好地获取服务企业电子商务价值,依据过程管理原理,服务企业电子商务管理重点在数字化战略路径选择、数字化资源和能力构建、知识管理模式以及电子商务绩效评估四个方面加强管理。

一、数字化战略路径选择

　　不同于以供产销价值链为核心的制造企业,服务企业以提升客户满意度,打造优质服务品牌和顾客黏性作为核心的战略目标。然而,传统服务企业的客户关系建设战线长、销售成本高,品牌建设是一个长期积累且持久的过程。而这些在客户需求瞬息万变的互联网时代已成为影响服务企业成长的瓶颈。对于服务企业管理者而言,服务企业的数字化转型势在必行。

　　新冠疫情给我国经济造成巨大冲击,也给我国服务业的数字化转型带来契机。在疫情冲击之下,餐饮、住宿、旅游等服务业大面积停工,取而代之的是线上零售、线上教育、线上娱乐、视频会议、远程办公等,驱动生活服务业数字化提速,催生了以无接触服务等为代表的新业态、新模式。与此同时,互联网、大数据、人工智能等数字技术的发展,推动了服务业线下场景线上化和服务业数字化转型的进程。在这一过程中,如何通过电子商务等新兴技术实现服务品牌增值、加强客户关系管理、实现新的销售策略,以应对日益个性化的客户市场成为企业数字化战略规划中最为核心的问题。而服务业的细分行业众多,不同行业、不同规模的企业因其商业模式、技术能力、发展规模等不同,其数字化转型的路径也有所不同,合适的战略路径选择有利于企业更好地充分利用各类资源加快推进数字化转型。

　　一是针对中小服务企业,数字化转型技术支撑服务更多的是依托外部资源,借助外在力量,可以依托服务链上下游的协同来倒逼企业数字化转型,采用云计算、电子商务、智慧物流、网络安全保障等大型行业性的信息技术服务商的服务,来保障企业各环节数字化的完善。例如旅游行业的参与主体(如酒店、旅行社、景点等)以中小企业居多,这些企业的数字化战略多基于互联网平台的汇聚流量和技术赋能优势,围绕平台上的新业务流程,构建企业内部的信息系统,重构相关组织部门,逐渐开启企业的数字化转型进程。

二是针对行业大型企业,企业数字化转型不仅要考虑企业自身需求,还需要统筹产业链上下游,除了采用社会通用的信息技术服务之外,还需要依托自身体量优势,积极发展面向行业的专业性公共信息服务,依托专业性公共信息服务完成企业行业角色的转变。例如金融行业中的国有银行在保障居民财产信息安全时,除了配备常规的加密支付等安全技术外,还会采用和对接公安部门、征信部门的有关技术,增厚关键信息存储、调取、核对等业务的安全保障。

二、数字化资源和能力构建

(一)数据打通,构建精准服务能力

数据资源是企业构建数字经济时代核心竞争力的关键。打通企业各个环节留存数据,促进业务数据在企业各个环节的快速流动,有利于降低数据使用成本,更好地促进服务企业精准响应客户需求,提升客户满意度水平。针对数据资源的建设和管理可从三个方面展开:

一是构建企业数据中心,统筹规划企业数据资源,建立企业基础信息库、业务信息库、客户信息库等,推进各类业务信息系统数据和业务分离,实现企业数据资源统一规划、统一存储和统一管理。

二是根据业务数据流动需求,加快企业信息系统升级改造,推进企业信息系统互联互通,确保数据能够根据业务应用需求实现无缝流动。

三是构建企业数据开发应用统一支撑平台,根据客户关系管理业务流程完善数据分析规则,以数据应用创新推动面向客户的精准服务。

(二)打造新型 IT 基础设施,加速智慧化应用

IT 基础设施一直是企业数字化转型的必要技术基础,但在进入云计算时代后,数据量的迅猛增长、云原生应用的大量产生、智能分析的日渐兴起,打破了 IT 基础设施建设、应用和运维的传统模式。尤其对于"一切以用户为中心"的服务企业,IT 基础设施的灵活性和弹性是提供更加优质服务的前提,既要支持云原生应用,又要兼容传统应用,要求 IT 基础设施是开放的,适合所有类型的工作负载;随着人工智能、物联网,以及新一波移动互联网浪潮的兴起,IT 基础设施的构建和服务模式要与时俱进,变得更快、更强、更智能和更自动化。

(三)融合伙伴资源,打造服务生态圈

相较于制造企业围绕其垂直供应链上下游伙伴资源进行整合协作,服务企业的商业边界更加模糊,因为所有服务企业的最终服务对象永远都是终端客户。在这个重要前提下,衡量企业跨界合作能力的一个关键因素,就是开放性和生态性够不够。假如创新在一个自我封闭的系统里进行,那么创新则很难实现。如果不能以开放的心态去对自己所做的合作战略进行深刻的洞察,就自然无法思考和设计新的商业模式。

以银行业为例,打造服务生态圈之于银行机构的核心价值在于两点,其一是为银行带来多元的生态圈场景、海量的用户数据,帮助银行有更多的客户触点和更精准的用户数据分析,从而

促进银行对存量客户的激活和新客户的获取;其二是通过对端到端价值链数据的覆盖(如 B 端企业物流和供应链的流转数据,或者 C 端消费者的消费行为数据等),银行可以获得更精准和海量的数据信息,从而获得更精准和个性化的风险预测情报。

三、重视人才保障和知识管理

现代服务业是信息、知识与技术密集型行业,服务企业所提供的专业服务更多地依靠组织知识的积累和运用。换句话说,服务产品的特性决定了企业知识管理以及作为知识载体的复合型人才的重要性。

服务企业数字化转型不是简单的信息技术应用,而是需要为企业打造一支能够适应数字时代业务发展的战略军,企业只有拥有了一批具备先进数字理念、数字技能、数字业务能力的人才,企业数字化转型才会有源源不断的动能。因此,服务企业需要成立企业数字化转型战略研究团队,持续推进企业数字化转型研究和讨论,同时加强企业数字科技创新人才保障,提高信息技术研发、集成应用和运维保障等领域人员比例,提高服务人员的信息素养,加强员工信息技能培训,营造企业的数字化氛围。

服务企业的知识管理能力能够将企业内部知识和商务运用结合在一起,提高面对不同用户的应变能力和创新能力。高质量的服务依赖于知识的积累和共享,如果没有一整套完善的知识共享管理体制,企业中各种显性知识和隐性知识就将无法得到有效的积累和传播,将在一定程度降低企业的专业服务水平和能力。因此,组织内部更多的知识共享可以提高服务的专业性和企业运作效率。例如,信息服务业企业的软件研发不但需要 IT 工程师的技术研发能力,还依赖于项目经理对项目的控制和监督。旅行社所提供的旅游线路服务不仅仅依赖于导游的现场解说,更需要企业对旅游线路相关"食住行游购娱"一系列问题综合考虑和设计,并与上游服务供应商建立良好的合作关系。

四、多维度评估电子商务绩效

服务企业电子商务绩效的评估可以在三个不同的层面进行。首先可以从流程水平评估其流程绩效的改善水平,这是最直接的价值评估方法。其次可以采用财务指标评价电子商务改善企业绩效的水平,最后可以依据企业间的合作流程评估服务生态的绩效。

(一)流程绩效评价

在现代服务企业中,流程绩效主要表现在服务企业的服务效率和服务质量的提高。通过电子商务,服务企业的营销范围扩大,营销的针对性更强,促进了企业客户关系管理水平。以商品流通行业为例,应用电子商务,商家可以对购买者的需求特征进行整合分析,及时补充货源,并通过网络渠道把新产品信息、优惠打折信息迅速传递给消费者,提高了主动营销的针对性。与此同时,电子商务的应用可以大大节约交易成本,为客户提供更好的服务,从整体上提高运营效率。特别是在金融、物流、旅游等现代服务业领域,这些行业的共同特点是对信息的高度依赖。有些服务内容本身就是信息服务,需要进行大量的信息处理。信息的高度共享能够提高资源的利用效率,改善企业自身经营效率,也能为客户提供更高质量的服务。

(二)企业绩效评价

企业绩效是由于电子商务的实施提高了企业的在线服务能力和运作效率,并在企业整体层面带来的绩效改善,一般采用财务指标和部分营运指标衡量,如资产回报率提高程度、资产回报率等。

考虑到电子商务的应用将影响到企业的服务范围,并导致企业员工数量的变化,财务指标可以考虑人均的水平。如人均销售额提高程度、人均销售成本降低程度以及人均利润增长率提高程度等。

(三)服务生态视角的绩效评价

电子商务在不断提高传统服务业服务能力的同时,还通过和不同行业合作伙伴的联盟合作,形成了新的服务生态圈。这种模式有利于服务企业间的资源互补,将非核心业务外包给合作伙伴,企业可以借助于合作伙伴的服务优势提高对客户的响应能力。当前,对于服务生态视角下的绩效还没有一套较好的评价指标。但是,企业可以从流程整合视角以及整合后的企业绩效变化找到价值体现。这种评价视角不但要求体现企业自己的绩效提高水平,同时还需要考虑整体合作的水平。具体的测量指标可以参照服务流程绩效的标准,依据企业合作流程的现状确定评价指标。

本 章 小 结

本章首先介绍了现代服务企业的概念,现代服务企业是指伴随工业化进程并依托 IT 技术和现代管理理念、经营方式和组织形式而发展起来的向社会提供高附加值、高层次、知识型的生产和生活服务的行业,具有"三新"(即新技术、新业态、新方式)和"三高"(高人力资本含量、高技术含量、高附加值)的特征。它既包括现代化进程中的新型服务业,也包括以现代化的新技术、新业态和新服务方式改造和提升的传统服务业。接着介绍了现代服务企业电子商务运作流程、发展现状和未来趋势。

在此基础上,本章详细介绍了金融服务、物流服务、旅游服务、培训和咨询服务、本地生活服务五大服务行业的电子商务应用模式和企业实践。

最后,依据过程管理原理,从四个方面总结了现代服务企业电子商务管理要点:为了更好地获取服务企业电子商务价值,应该重点关注数字化战略路径选择、数字化资源和能力构建、重视人才保障和知识管理以及进行合理的绩效评估四个方面的管理。

本 章 关 键 词

知识密集型服务业	knowledge intensive business service,KIBS
智力资源	intellective resource
外包	outsourcing
技术创新	technology innovation
在线服务	online service
决策支持	decision support
第三方物流	the third party logistics,3PL
射频识别	radio frequency identification,RFID
计调	operator,OP

电子学习　　　　　　　　e-learning
知识共享　　　　　　　　knowledge sharing

复习思考题

1. 什么是现代服务业？其与传统服务业相比具有什么特征？
2. IT 主导的服务业运作模式包括哪些？
3. 银行业是如何应用电子商务的？请举例说明。
4. 物流企业是如何运用电子商务的？请举例说明。
5. 旅游企业是如何运用电子商务的？请举例说明。
6. 培训与咨询服务企业是如何运用电子商务的？请举例说明。
7. 服务企业电子商务管理中应该注意哪些环节？

课后小组活动

　　理解新零售的概念及其真正的内涵。调研分析你所在地区的一个大型百货商场或新型便利店的现状,分析该调研对象是否已开始做新零售。如果已开始做新零售,调研分析其实施新零售过程中存在的问题,并提出改进的措施。如果未开始做新零售,试着给其提出实施新零售的具体方案。

案例讨论

58 同城:技术赋能打造服务模式创新

　　家政服务与居民日常生活息息相关,是必不可少的刚性需求。但同时,行业"小市场、大需求"的特征明显,服务体验不佳、有效供给不足的痛点长期存在。58 同城推出到家精选品牌,依托多年深耕行业积累,打造提供交易、履约和售后全过程服务的闭环,持续优化商家管理和服务流程,不断提升服务的标准化、规范化和专业化水平;通过应用大数据、LBS 等技术,有效提升供需匹配效率,努力成为老百姓生活的贴心管家,中小微企业升级发展的数字引擎。

　　一、家政行业的"一个特点、两个痛点"

　　(一)"小市场、大需求"特征明显

　　据有关研究数据,2018 年,全国有近 70 万家家政企业,但规模以上企业仅约 14 万家,不到企业总数的 20%。服务和供给水平总体滞后,"找不到、不满意""小麻烦、大困扰"的问题一直存在。

　　(二)服务水平参差不齐

　　家政服务高度非标准化,加上总体低频、低客单价,企业盈利薄弱,服务人员收入不高等因素,导致服务质量参差不齐。比如称心如意的保姆、保洁相对稀缺,疏通下水道、家电维修等维修类服务的价格纠纷比较突出。

（三）供需匹配效率低

消费者难以及时获取优质服务,商家难以高效获取足够订单。目前,家政行业线上化率低于10%。多数消费者还是靠朋友推荐或通过线下各种渠道找服务。大部分家政企业主要靠电话、微信推广获客,效率低下。居民楼里维修服务类服务的小广告,屡见不鲜。

二、供需两端助力行业提质扩容发展

（一）抓住关键环节,提升服务品质

到家精选针对家政行业特点和痛点,以数字技术和模式创新为支撑,采用供需高效匹配、服务全过程管控的闭环交易方式,提升服务标准化、品质化、便利化水平。

1. 精选优质商家

基于在家政行业的长期积累,从平台数十万商家中,经过严格的资质审查、在线考试等程序,甄选出一批实力强、口碑好的商家作为到家精选的服务商。同时,采取企业缴纳保证金、建立信用等级评选和奖惩机制等措施,对商家实行扶优汰劣的动态管理。

2. 严控服务品质

一是服务过程规范化。针对保洁等市场价格相对统一的服务种类,完善服务范围和质量标准,要求商家严格遵照执行。二是服务价格透明化。针对管道疏通、空调加氟等维修服务,分类规定收费项和收费标准,超出报价部分可拒绝支付。

3. 做好售后保障

建立投诉维权24小时处理响应机制。消费者遇到下单、服务等问题时,通过联系到家精选客服即可解决。联合保险公司,全程保障消费者人身和财产安全,乱加价、不按标准服务、财产损失等均可得到售后保障与赔偿。

（二）数字化赋能商家,助力行业升级

58同城依托数字技术,在品牌背书、流量扶持、经营补贴、技术支持、客户服务五个方面赋能平台商家,帮助家政企业降本增效,扩大业务规模,助力行业提质扩容。

1. 高效匹配需求

家政行业供需高度分散,信息不对称的矛盾十分突出。到家精选平台帮助商户线上化转型发展,通过LBS和大数据算法,让供需对接更加精准、资源调配更加高效。同时,提供流量资源和品牌支撑,并开展丰富的市场活动,帮助商家扩大收入。

2. 提升经营效率

针对中小微商家管理水平普遍不高、效率较低的现状,到家精选提供58智慧家政后台管理系统,实现商品、订单、服务人员的智能化管理,可帮商家提升30%以上的经营效率。此外,免费提供超过600人的客服中心服务,大幅减少商家人力和资金成本。

（三）构建"招培就派"全链条,增强职业获得感

到家精选与58同城大学、58新服等业务紧密合作,从人员招募、职业技能培训和服务认证,到提供就业岗位和服务订单需求匹配,打通"招—培—就—派"全链条,让劳动者接受正规培训后以灵活用工等多种方式实现就业,并获取稳定收入。服务行业最核心的是人。到家精

选聘请经验丰富的专业人员,每月对从业者进行从礼仪礼貌到清洁维修等专业知识的面对面专业技能培训。同时,为从业人员建立职业上升途径,通过技能的提升带来收入的提升,增加劳动者的职业获得感和归属感。

(资料来源:中国连锁经营协会《2021生活服务业优秀实践案例集》。)

讨论题:

1. 根据案例,简单讨论传统服务业和传统制造业痛点上的差异。

2. 请讨论58同城如何通过数字化技术给供需双方赋能。

3. 请阐述人力资源对于服务业的重要性,并讨论58同城采取了哪些人才保障措施。

参 考 文 献

[1] 尚永胜.我国现代服务业的发展现状、问题及对策.山西师范大学学报(社会科学版),2005,32(5):25-28.

[2] 周振华.推进上海现代服务业发展研究报告.上海:上海社会科学院,2004.

[3] 刘有章,肖腊珍.湖北现代服务业的发展现状与对策研究.中南财经政法大学学报,2004(3):33-38.

[4] Davamanirajan P, Kauffman R J, Kriebel C H, et al. Systems design, process performance, and economic outcomes in international banking.Journal of Management Information Systems, 2006, 23(2): 65-90.

[5] 李荆洪.论电子商务中物流服务业的功能与特点.现代物流,2006(9):29-30.

[6] 宝供物流市场营销部.宝供物流基地网络创造价值.中国储运,2006(3):62-63.

[7] Lai H C, Chu T H. Knowledge management: A review of industrial cases.Journal of Computer Information Systems, 2002, 42(5):26-39.

[8] Kankanhalli A, Tan B C Y, K. W K. Contributing knowledge to electronic knowledge repositories: An empirical investigation.MIS Quarterly, 2005, 29(1): 113-143.

第十章　面向中小企业交易的电子商务应用

学习目标

- 了解中小企业的特点
- 理解中小企业电子商务的特点
- 理解中小企业电子商务的应用平台
- 理解电子市场的交易管理流程和能力
- 理解中小企业的营销工具和能力
- 理解中小企业的客户关系管理流程和能力
- 理解中小企业电子商务应用能力的构建
- 理解中小企业电子商务动态能力的内涵和意义

互联网的到来,为中小企业带来了无限商机。全球化对于中小企业而言,不再是可望而不可即的名词。通过第三方电子市场和社交商务平台,中小企业可以向全球的企业发布信息,而中小供应商也可以接收来自全球的订单,并进入如沃尔玛、微软等大型知名企业的供应链中。电子市场极大地降低了企业的交易成本,增加了市场的信息透明度。一些人曾预言,中小企业将是从互联网受益最大的一个群体。那么中小企业的电子商务应用特点是什么? 电子商务应用能力又包括什么内容,具有什么特点呢? 本章在第二篇管理原理的基础上,介绍中小企业电子商务的特点和典型应用,以及中小企业电子商务应用能力的具体内容、构建的管理过程和任务。

第一节　中小企业电子商务的应用特征和趋势

一、中小企业的特点

各个国家的法律政策都对何为中小企业有自己的标准。在中国,2011 年 6 月 18 日,工业和信息化部等四部门联合发布《中小企业划型标准规定》。根据该标准,中小企业划分为中型、小型、微型三种类型,具体标准根据企业从业人员、营业收入、资产总额等指标,结合行业特点制定。比如,从业人员 1 000 人以下或营业收入 40 000 万元以下的为中小微型企业。其中,从业人员 300 人及以上,且营业收入 2 000 万元及以上的为中型企业;从业人员 20 人及以上,且营业收入 300 万元及以上的为小型企业;从业人员 20 人以下或营业收入 300 万元以下的为微型企业。再如,对于零售企业,从业人员 300 人以下或营业收入 20 000 万元以下的为中小微型企业。其中,从业人员 50 人及以上,且营业收入 500 万元及以上的为中型企业。

中小企业是中国国民经济的重要组成部分,是经济发展的推动力之一。根据工信部的统计数据,截止到 2018 年年底,我国中小企业的数量已经超过了 3 000 万家,个体工商户数量超过

7 000万户,贡献了全国50%以上的税收,60%以上的GDP和80%以上的劳动力就业。中小企业在经济生活中的重要性不仅反映在总量数据的贡献上,更反映在经济生活的层次性上,包括传统行业和高科技行业,劳动密集型行业和知识密集性行业等,而科技型中小企业蓬勃发展,是经济增长与社会进步的不竭动力。根据工信部的报告,2018年中小企业贡献了70%以上的技术创新成果。

与大企业相比,中小企业由于规模小,具有一系列的独特之处,包括环境方面的、组织方面的、心理社会和运作机制方面的。这些独特之处使得中小企业电子商务不同于大企业电子商务。

（一）环境方面

首先,中小企业在环境方面的不确定性要大于大企业。中小企业在环境方面的不确定性主要是因为中小企业信息收集的来源不如大企业广,信息处理的能力有限,同时应对危机的能力也有限。比如,大部分中小企业基本没有正式的企业规划,也没有知识管理的实践。其次,由于中小企业规模不大,更容易受到大企业的影响和压力。一些中小企业往往成为大企业的附属企业,专门为某一企业加工原材料。在这种情况下,大企业具有很强的讨价还价能力,而小企业则很容易被锁定在这种关系中。

（二）组织方面

中小企业的组织特点是结构简单,责任重叠。企业的组织层次不多,岗位责任划分不明确。往往一人既做财务又做会计,或者既负责采购又负责生产。大型企业在业务方面有明确的分工,各业务系统有自己跨地区的垂直机构,形成了企业纵横交错的庞大而复杂的组织体系。对于中小企业来讲,这种组织特点带来的弊端是:

（1）工作显得很随意,不像大型企业在业务运作上强调严格的流程管理,所以导致工作中存在一些纰漏。比如,一件事情多人负责时就等于无人负责;

（2）非正规的交流和工作流程制约了中小企业的进一步扩张和发展。

但是这种组织特点也具有一些优点,即组织机构轻型简洁,运作上更具有弹性,能针对市场变化做出快速反应,随时调整生产和采购等。而对于大企业来讲,由于企业层次较多,不同业务、不同部门、不同地区间实现信息的交流与共享较为困难,从而难以应对市场变化。

中小企业的另一组织特点就是资源贫乏,财力匮乏。这导致中小企业只能将有限的财力投入最核心的业务中去。大企业则有较多的闲散资源,可以用来做一些风险较高的创新活动。同时,由于中小企业财力匮乏,难以吸引到更高级的管理和IT人才。

（三）管理水平方面

中小企业的老板在企业中具有举足轻重的作用。中小企业在公司治理上一般分为两种,一种是由企业家管理和拥有企业(entrepreneur或者owner-manager),还有一种是单纯的中小企业主(owner)来管理企业。这些企业主大多是从手工艺人发展而来,本身拥有技能,通过创办中小企业实现个人的目标,企业是其主要收入来源,且和家庭成员具有较多的联系,如雇用家庭成员或者亲戚在企业工作。而企业家经营管理的企业具有开创性,敢于承担风险,以企业成长和利润为目标。一些企业家往往在大企业工作过,懂得战略管理和企业规划,并且受过高等教育,具有创业的理想。一般来讲,企业家精神在创业的头几年会体现得很突出。尽管存在着这样一些企业家,但从总体上讲,与大企业相比,中小企业由于规模和资源的限制,具有管理水平低下的特点。

（四）运作机制

在运作机制上,中小企业具有反应快、敏捷的特点。这一方面是因为中小企业接近市场,站在与客户接触的第一线,能更快地掌握市场动态;另一方面它的组织结构的灵活性也允许中小企业能针对变化做出快速反应。中小企业一般不轻易拒绝客户要求,而是尽量满足客户要求。

二、中小企业电子商务的特征

中小企业的以上特点,使得其对电子商务的需求比较旺盛,但同时也具有管理劣势、资源短缺和受外界影响较大的特点(图 10-1)。

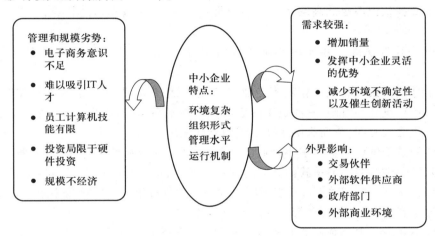

图 10-1　中小企业电子商务特征

（一）企业电子商务需求强

从需求上讲,中小企业可以从企业电子商务中获得很多收益,所以中小企业具有使用企业电子商务较强的内生动力。

首先,互联网(包括移动互联网)极大增加了企业的营销渠道,而且营销的成本比传统媒介如电视和报纸低,中小企业可以通过企业电子商务进行营销,打开销路,增加销售。互联网使得中小企业可以减少对单一大企业的依赖,积极寻找客户。

其次,网络销售需要中小企业具有灵活的管理和运营机制,并进行柔性生产和柔性供应链管理。这主要是因为网络客户一般倾向于小批量多频次地下订单,且网上顾客的需求更为多元化,需要中小企业进行柔性管理和生产以满足网络顾客的需求。而中小企业的一个优势特点就是比较灵活,能实现对市场的快速反应。比如在一次对阿里巴巴用户的调查中,一个用户反映,他们现在很少直接拒绝客户。往往是当客户提出要求,而他们没有库存的时候,他们会立即上阿里巴巴找相关产品,立即采购,并卖给客户。

最后,企业电子商务能为中小企业提供一个信息收集和传输的平台,方便中小企业决策,减少企业由于信息不透明、信息来源匮乏造成的决策不确定性,同时也催生了更多的中小企业创新。比如电子市场为中小企业提供了更多及时的信息,使得企业经营变得更加灵活。还有一些中小企业反映,使用电子市场,加快了中小企业的转型。如果一个行业变得不景气了,信息马上就会在电子市场反映出来,从而促使企业开始寻找高利润行业并实现转型。同时互联网提供的信息使得企业能够在线组合和协调新的供应链,产生新的供应链运作方式,并使得中小企业变得更加灵活。

更多关于中小企业使用第三方电子市场的优势,请参阅本章第 3 节。

(二)管理和规模劣势

正是由于中小企业电子商务具有这些潜在的好处,在电子商务到来之初,一些研究者预测,电子商务将给中小企业带来革命性的好处,但是实际上由于能力和规模限制,中小企业并未能很好地利用电子商务,主要体现为以下几点。

(1)电子商务认识不足。高层多为中小企业业主,带有家庭作坊的特点,对 IT 的好处认识不足。

(2)难以吸引 IT 人员。由于中小企业待遇不高,发展空间不大,难以吸引到合适的技术人才。

(3)员工计算机技能有限。相对大企业员工而言,中小企业员工受教育的程度一般较低,导致一些员工计算机技能有限,一些员工的学习积极性不高,学习能力有限,对电子商务等新技术的应用有较长适应时间,从而影响企业电子商务的使用。

(4)投资局限于硬件投资。中小企业由于资金有限,管理水平不高,IT 人才雇佣有困难,所以投资大多限于硬件投资。但是我们从第二章中了解到,真正使得 IT 发挥效应的是软硬件和企业组织资本结合后产生的 IT 能力,所以投资仅仅限于硬件投资并不能使得中小企业从企业电子商务中获得最大利益,还应当改善管理和进行组织变革。

(5)规模不经济。中小企业的业务规模有限,IT 投资不能分摊在更多的业务上,所以平均业务所摊销的 IT 投资量大,IT 投资不具有规模经济。这导致尽管中小企业对 IT 投资的绝对数小于大企业,但是从 IT 投资占企业总投资的比例上讲,中小企业要大于大企业。

(三)外界影响

中小企业的另一大特点是受外部环境的影响较大,这一点也体现在其电子商务的应用上,主要体现在中小企业实施电子商务时对外部软件供应商的依赖较大。鉴于成本考虑,中小企业很少进行内部开发或和软件供应商一起联合开发,更多的是使用成熟的商业软件。使用成熟商业软件对中小企业来讲虽然很安全,但是也失去了一定的灵活度,因为这些产品毕竟是大众化的产品(mass products)。对供应商的依赖也是中小企业电子商务产品的使用滞后于大企业的一个原因。

中小企业电子商务的采用受交易伙伴的影响也很大,尤其是一些 B2B 系统。研究表明,很多中小企业采纳 EDI 或电子市场是受到了交易伙伴,特别是大客户的影响。这种状况在大企业集中的行业中表现得更为突出。一些大客户为了使用 B2B 来提高运营效率,就采用各种手段如威胁、帮助等,来使其规模小的交易伙伴也采用电子商务系统。中小企业在这种状况下采用电子商务系统具有一定的弊端,即"技术挤压",体现在:

(1)电子商务系统的采用没有计划性,被动地采用交易伙伴需要采用的系统,这样系统使用的效果不会很好。

（2）在中小企业具有多个交易伙伴的情况下，有可能被迫地采用多个不兼容的系统，这些针对交易伙伴的系统投资是具有资产专有性的，造成中小企业被锁定在这种关系中，同时也是一种资源的浪费。

由于中小企业具有种种劣势，一般来说，政府部门在扶持中小企业的发展中扮演着重要角色。电子商务也是如此。比如一些国家和地区会赞助区域性的中小企业电子商务平台的开发与推广。但是国家和政府在赞助中小企业电子商务发展的过程中也会碰到一些问题。比如，一些政府直接参与了中小企业电子商务平台的构建。由于政府部门不是专业的系统开发和实施人员，有时导致推出的系统不能为中小企业所用，因此政府支持的中小企业电子商务平台应当采用阶段性的开发模式，开发时还需要尽可能地吸引相关企业的参与，这样才能在充分了解客户需求的情况下稳步开发电子商务平台。

外部商业环境对中小企业电子商务实施也非常重要。由于中小企业内部资源有限，所以电子商务所需的商业基础设施，如付款、物流配送等，对社会的商业体系依赖较大。而一些大企业则可以凭借雄厚的实力和规模经济，通过与相关服务提供者建立战略联盟来实现这一目标。

综上所述，中小企业对企业电子商务具有较强的需求，但是资源紧张和财力匮乏使得中小企业在使用电子商务时处于被动和落后的地位。

三、中小企业电子商务应用、平台及趋势

（一）中小企业电子商务应用以及趋势

中小企业电子商务应用主要包括在线营销和销售，在线采购和电子供应链管理。在线营销和销售是指中小企业通过网络手段进行营销和销售。在传统世界中，中小企业往往通过展会和个人关系找到买家，而且对单个买家的依赖非常大。互联网和社交媒体的发展使得中小企业能够利用更丰富的营销渠道，交易成本降低，营销自主性变强，销售依赖性降低。而且信息技术以及互联网上第三方平台的发展能使得成交后交易的各个环节得到支撑，中小企业可以根据自己的需要和财力选择合适的平台和技术。

在线采购是指中小企业利用网络手段进行采购。在线采购可以使企业扩大采购搜索范围，降低采购成本，并通过小批量采购降低库存风险和库存成本。

电子供应链管理是指中小企业通过各种方式参与大企业的供应链管理。能够参与大企业供应链管理对于中小企业而言是企业实力的象征，是中小企业销售的保障。但是也有不利之处。由于中小企业本身交易额较少，单位信息系统实施成本较高，而且中小企业没有话语权，当和多个大企业合作时，有可能被迫安装多个企业间系统，进一步提高了成本。

（二）面向中小企业的电子商务应用平台

中小企业电子商务平台一般包括以下三种方式：

（1）第三方集市型电子市场（电子商务零售平台和第三方 B2B 电子市场）；

（2）电子供应链管理平台；

（3）独立电子商务网站。

由于中小企业的独特特点，中小企业电子商务主要依托第三方平台展开。以下是对这些平台的具体解释。

1. 第三方集市型电子市场

第三方集市型电子市场是一个由第三方维护的企业和消费者交易和交流的平台。其终极目标是支持交易的达成。第三方集市型电子市场的主要功能和服务包括：

（1）撮合类服务。撮合类服务的目的是促进买家找到卖家，卖家找到买家，并促使他们成交。第三方集市型电子市场提供多种功能支持撮合。比如，提供建立店铺，品牌营销，企业黄页、产品供求信息发布、广告服务、搜索引擎等，方便买家和卖家找到对方。例如慧聪网提供多种撮合服务，包括支持标王搜索引擎服务、企业集采、在线展会、采购洽谈会等，还提供买卖通等即时聊天工具支持在线协商。在撮合类服务大类下，最为重要的一些服务包括营销服务，商机管理服务，店铺装修运营，客户关系管理，价格协商等服务。

（2）交易以及订单履行配套服务。交易服务是一些电子市场的核心服务。在买方和卖方交易服务通过线上（如拍卖，在线协商）和线下沟通完成达成一致，卖方就可以在线上下订单。与交易配套，电子市场需要提供电子支付和物流等功能。目前第三方集市型电子市场一般都会提供这种功能。

（3）咨询类服务，一些电子市场，尤其是 B2B 行业门户网站将自己定位为媒体，每天汇总收集和发布大量的行业信息，包括一些行业展会信息、行业分析报告等。一些行业网站还开展线下服务，提供如开展会、印刷纸质版杂志等服务。

（4）企业信息化和电子商务应用服务。大多数电子市场运营公司本身就是软件公司，具有较强的软件开发实力，所以也开发和提供服务，帮助企业提高信息化和电子商务水平，这些服务包括企业网站建设，网络营销应用，物流应用，企业内部系统的建设，如进销存系统、财务系统、客户关系管理系统、供应链管理系统，企业内部系统和网站的对接，与外部交易伙伴的对接等。这些应用和电子市场本身的交易管理系统可以无缝对接和整合用以提高相关流程的效率和效果。当用户太多而电子市场本身无法满足用户企业的需求时，电子市场会以 API 的形式开放平台，吸引电子商务 IT 服务商来开发应用。比如阿里巴巴 1688 建立了开放平台，感兴趣的电子商务服务商可以开发相应的应用并在 1688 应用市场上销售（见 https//app.1688.com/）。

（5）创新性服务。由于新技术的发展，第三方集市型电子市场也在推动一些新兴的服务，这其中较为知名的就是移动电子商务服务和 O2O 服务。移动电子商务服务是利用移动终端和网络进行的电子商务活动。移动电子商务将信息的发布、协商、交易和支付都转移到移动端，使得用户能够随时随地进行信息收取、查询和交易。移动 APP 和 WAP 网站成为主要的移动电子商务应用形式。O2O 服务是将线下和线上结合起来，力图完成整个交易的闭环。目前第三方集市型电子市场也在探索 O2O 的实现方式。比如慧聪网引导企业举办了 O2O 线上线下采购活动，商家在线下采购活动现场看中商品后即可在工作人员指引下在现场通过慧聪网线上平台下单，达成协议。这种方式不仅仅有利于促成交易，而且有利于促进供应商与经销商之间发展长久的伙伴关系，实现共赢。再比如，金银岛网交所正在施行"P+X"交易模式，打通线上连续交易系统与线下实物交割的关键节点，建立遍及全国的实体交割库，连成一张"地网"，实现货物"通存通兑"、货通天下。

第三方集市型电子市场主要包括电子商务零售平台和 B2B 电子市场，电子商务零售平台主要支持 B2C 业务，而 B2B 电子市场主要支持企业之间的采购和销售。国内外知名的电子商务零售平台包括淘宝、天猫、京东、拼多多和亚马逊等。详细业务请阅读下面的企业实践。

企业实践 10-1

电子商务零售平台例子

第三方 B2B 电子市场种类繁多,有的是综合性的电子市场,有的主打某种交易机制比如仓单和现货交易,有的是专门服务于某一行业的 B2B 电子市场。国内外知名的 B2B 电子市场包括阿里巴巴 1688、敦煌网、金银岛、MFG 和 TradeKey 等。详细业务请阅读下面的企业实践。

企业实践 10-2

B2B 电子市场例子

虽然上述例子中 B2B 平台和 B2C 平台都是分开的平台,但是一些平台已经开始结合 B2B 和 B2C。比如亚马逊也提供 B2B 销售和采购功能,称为 Amazon Business,是属于亚马逊主平台的一个部分。Amazon Business 根据 B2B 交易的流程特点改进了交易管理流程,比如增加了审批功能,但是总体还是在亚马逊的平台上。亚马逊认为将 to B 平台和 to C 平台放到一起,可以帮助卖家增加商机,而且采购经理都是新一代的年轻人,习惯了使用 B2C 平台,自然也就愿意用 to C 平台来进行采购。京东也提供类似的平台,京东慧采可以帮助企业采购办公用品。当中小企业从事电子商务的时候,可以根据自己的需求来选择合适的平台。

2. 电子供应链管理平台

虽然电子市场能够在一定程度上解决中小企业信息不对称的问题,有利于中小企业在电子市场上进行交易,但是由于电子市场上交易伙伴都是初次相识的,双方之间没有太多的信任。从总体上而言,企业更愿意与有信任关系的长期伙伴进行交易,而这种与基于信任的、长期的、稳定的交易关系进行的交易活动也可以通过电子的手段进行,比较常见的形式是电子供应链管理。在电子供应链管理中,买卖双方一般是有着长期交易关系的二元交易伙伴。以下是一些在二元关系中进行的电子供应链管理活动的例子:

(1) 买卖双方签订长期合同,但是日常具体的下订单、接收订单的活动通过电子的手段进行,如电子市场、私有网络和 EDI 等。

(2) 买卖双方 ERP 系统的对接与整合。

(3) 买卖双方可以在网上进行供应链管理,如供应商实时对买家的库存进行跟踪,双方共享信息进行补货和销售预测等。

（4）买卖双方可以在网上共同开发新产品。

电子供应链管理活动一般是通过大企业自己构建的私有 B2B 交易平台完成的,如沃尔玛、中国宝钢等企业都有自己的私有供应链管理平台。一些第三方电子商务平台和企业联盟电子市场也提供电子供应链管理。电子供应链管理平台的例子和详细业务请阅读下面的企业实践。

企业实践 10-3

面向中小企业的电子供应链管理平台

在利用大企业主导和组织的电子供应链管理平台中,中小企业往往处于被动参与的状态。在进行电子供应链管理的过程中,中小企业受大企业的影响较大,很多时候是在大客户的要求下不得已而为之,企业很难讲已经"就绪",就被送上了舞台,所以这时中小企业往往会视电子商务为负担。但是对于很多中小企业来说,与大企业进行的交易量要远远大于通过第三方电子市场进行的交易,所以不能放弃大企业要求的电子供应链管理。在这种情况下,中小供应商应当采取积极的态度,克服落后管理理念带来的制约,一方面进行电子供应链管理所必需的投资,另一方面改善管理,增进与大企业之间的关系,提高知识共享的水平,并通过开发和采纳大企业的专有性流程和知识,增加大企业对自己的依赖,从而达到保持甚至增加对大企业的销售的理想状态,改善这种被动状态,并获取利润。

通过第三方平台和企业联盟电子市场执行供应链管理对中小企业具有一定的好处,体现在:①可以利用平台的基础设施,免去了自己搭建信息系统的费用;②由于平台上有很多的供应商,中小企业和平台连接就能实现和多个供应商的互联互通,无须再和不同供应商或者买家做生意的过程中搭建多个不同的信息系统,实现多个不同的信息系统连接;③平台还为中小企业寻找额外的商机提供了一定的可能性。

3. 独立电子商务网站

现在越来越多的中小企业建立起自己的网站,以销售本企业的产品。中小企业电子商务网站的建设与功能呈现出阶段性演进的特点(图 10-2)。在第一阶段,中小企业建立网站,发布企业和产品信息,并在网站上介绍自己的产品和企业,重点是宣传企业,建立企业品牌;第二阶段逐步增加互动性的内容,如利用 Email 和网站留言等方式与客户进行沟通;第三阶段,一些企业开始在网站上接受并处理订单;在最后一个阶段,企业逐步改变后端系统的流程操作,一方面将企业内部信息系统和电子商务网站进行整合,另一方面优化企业内部流程以及与供应商的流程,以更好地处理网上订单。随着网站功能的增加,建设该网站需要耗费的资源也在增加,但是网站能为企业提供的价值也随之提高。

（三）中小企业利用第三方电子商务平台的优势

中小企业适合利用第三方电子商务平台从事电子商务活动,而第三方电子商务平台一般目

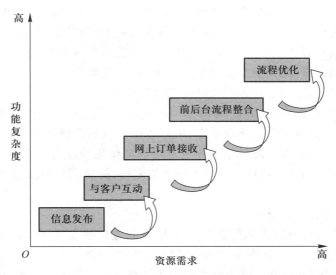

图 10-2　中小企业电子商务网站的建设与功能演进

标对象就是中小企业。总体上讲,第三方平台使得中小企业方便地获得进行电子商务活动所需的很多资源,允许中小企业以低廉的成本获取和发布信息、完成交易、提高内部的管理水平和信息化水平,以及获取更多外部合作的机会。中小企业使用第三方电子商务平台的优势主要有以下五个方面。

(1)推广企业和产品,减少营销成本。对于供应商来讲,电子市场就是一个大的成本低廉的营销平台,这使得广告促销和建立品牌对中小企业来讲变得切实可行。

(2)改善交易,并减少交易成本。供应商企业的最终目的是增加销售。电子市场让供应商主动出击,吸引和发现更多的买家。而对于买家来讲,电子市场使得他们能货比三家,改善采购质量。同时双方可以通过电子市场完成协商,签订合同和付款配送等整套的交易流程,减少了交易成本。

(3)成本低廉,无须自建企业电子商务技术和服务平台。中小企业没有能力像大企业那样建设和维护自身的企业电子商务平台。这些平台包括技术平台(软件)和服务平台(如员工培训、融资、支付等)。这些技术和服务平台的建设要么费用高,要么涉及多方利益相关者,中小企业自己难以组建,而且规模不经济。参与第三方电子商务平台可以使中小企业与其他企业共同分担这些平台的建设和维护费用。

(4)提高信息化水平和管理水平。一些电子商务平台及其生态系统合作伙伴如电商 SAAS(software as a service)也提供一些技术增值服务,如客户关系管理软件、聊天工具、供应链管理软件,数据分析服务等,中小企业可以以微小的成本租用这些软件。同时,第三方电子市场针对中小企业的特殊需求,开发了创新性的流程,并嵌入管理软件中。通过使用这些软件,企业能够提高内部信息化水平和管理水平。

(5)合作效应。由于第三方电子市场上企业众多,中小企业可以将该平台看成一个社交平台,认识更多的商友,形成电子集聚(ecluster),并开展更多的活动。比如,Lockett 和 Brown 提出了一种 ecluster 的第三方企业间信息系统的概念,并探讨了一些传统的经济集聚对这种概念的接受度。结果是所有的经济区都对该系统的概念表示赞成,而且企业之间原有的关系越强,企业越愿意采用这种具有聚集效应的系统。目前阿里巴巴正在探索的,则更具挑战性,即推广多种形式的网商之间的合作,比如中小企业贷款联盟、产销联盟等。一些有远见的网商利用阿里旺旺、社区论坛、博客等,主动建立和扩大自己的网上社交圈,以寻找商机和合作机会。

总体上讲,利用第三方电子市场,有助于中小企业克服其在电子商务发展中的自身劣势。在管理和规模上,可以提高企业的管理水平,第三方电子市场提供的培训也有助于提高员工的电子商务水平和意识,而且可以通过第三方电子市场享受规模经济。在外部影响上,第三方电子市场减少了中小企业的被动地位及其对大企业的依赖,提高了其积极主动地寻求新的机会和合作网络的可能。

(四) 中小企业与云计算服务

中小企业由于自身开发能力和资金能力有限,在自建网站或者利用第三方平台进行销售的时候可以利用云计算服务以节约开发和系统维护成本,加速系统上线。云计算是云计算公司提供的随需所用的计算服务,计费方式为按实际使用计算。云计算服务为企业免去购买设备所需的固定支出,提供使用上的灵活性。云计算服务包括三种:技术即服务(IAAS)、平台即服务(PAAS)和软件即服务(SAAS)。

(1) IAAS 全称为 infrastructure as a service。在这种服务中,云计算服务公司提供基础计算模块,比如计算模块、网络和存储,用户可以根据自己的需要配置计算设备和搭建所需要的 IT 基础设施。软件和数据由用户自己负责管理。比如阿里巴巴弹性云(elastic computing service)就是 IAAS 的典型例子。

(2) PAAS 全称为 platform as a service。在这种服务中,云计算公司提供基础设施,操作系统以及开发工具。用户企业可以基于这个平台实施或者开发自己需要的软件。比如 Microsoft Azure PaaS services for web apps 或者 mobile apps 是微软提供的 PAAS 服务。

(3) SAAS 全称为 Software as a service,是一种通过网络将应用软件提供给企业的服务。云计算公司提供应用软件以及软件运行所需的基础设施。比如 Salesforce 是知名的客户关系管理 SAAS 提供商。

IAAS 和 PAAS 的使用需要企业具有相当的 IT 实力和开发能力,SAAS 则是更适合中小企业的选择。目前市面上出现了一批电商领域的 SAAS,代表企业有光云科技、登美科技和爱用宝。常见的电商 SAAS 产品包括:

(1) 店铺管理类:电商 SAAS 店铺管理类产品集合了商品管理、订单管理、店铺装修、客服绩效、数据分析等功能,可为商家提高订单管理工作效率。

(2) 快递服务类:电商 SAAS 快递服务类产品提供订单批量处理,订单打印发货等功能,能满足商家快速,稳定的订单处理需求,提升订单发货效率。

(3) 客户服务类:电商 SAAS 客户服务类产品是通过通信技术,实现与客户的即时通信,包括客户的商品问询、提供商品售前和售后等服务。

电商 SAAS 具有用多少付多少、无须安装、即插即用、低成本的好处,但是中小企业在使用的时候也要注意其弊端:

(1) 由于租用的软件是大众化的标准软件,而不是按照企业流程定制的软件,所以需要企业改变流程去适应标准化软件。

（2）一些 SAAS 提供商的经营不稳定,导致与之签约的中小企业在提供商破产和停止服务时遭受损失。尤其是一些客户将数据也存在 SAAS 提供商的服务器上,在提供商经营出现问题时,签约客户的损失就会很大。

（3）SAAS 的服务质量受多种不确定性因素的影响,这使得用户对软件的控制程度减弱。这些不确定性因素包括网络质量、SAAS 服务质量、各种使 SAAS 停止服务的因素等。由于有影响 SAAS 的这些因素,SAAS 现在一般由具有较强经济实力和信誉的电子商务公司提供。

第二节　中小企业网上交易能力

一、中小企业网上交易流程

中小企业网上交易流程指的是企业利用第三方电子市场从商品发布到交易完成的全过程。网上交易是一个复杂的过程,能理解交易流程并利用第三方电子市场提供的支持和资源较好地完成该流程,是中小企业电子商务核心能力的体现。

不同的企业、第三方电子市场平台以及平台商务模式,交易流程细节差别会非常大。比如内贸和外贸的网上交易流程差别就比较大,外贸的交易流程会复杂一些,涉及报关,开具信用证和国际物流。但是从总体上讲,中小企业的网上交易流程大体上可以分为四个阶段:信息的收集和发布,协商和合同的签订,支付和配送(图 10-3)。

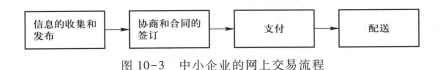

图 10-3　中小企业的网上交易流程

流程的第一步是信息的收集和发布。该步骤是整个流程中最为复杂,最不结构化但是也是最重要的一个步骤。在该流程中,买家和卖家首先发布信息。对于卖家,即是将产品信息传递给外界的过程。企业可以通过发布产品和供给信息以及建立企业站点来实现信息发布。然而静态的和守株待兔式的信息发布在拥有海量商家信息的第三方平台上很难起到较好的信息传递作用,卖家还需要掌握一定的网络推广方式以增强自己的网站和产品的浏览量和转化率,并通过提高产品实力和规范化经营进入大企业的供应圈。同时卖家还可以通过浏览、搜寻和订阅商机主动寻找买家。而买家在这个阶段一般通过主动搜索、发布需求信息被动等待供应商的报价,或者参与第三方平台组织的线上线下展销会来寻找理想的供应商。第三方平台一般在这个阶段会提供一些增值服务,比如帮助企业建立站点,建立论坛来促进买家和卖家的沟通,提供营销平台等。

流程的第二步是双方进行沟通,以协商和签订合同。买家和卖家这个时期会确定较为明确的购买和销售意向,并对双方企业和个人进行产品、资质、能力和信用的深入考察。第三方平台一般在这个阶段会提供一系列的增值服务来支持企业之间的协商。比如提供询价与报价、拍卖、一口价,团购等定价机制来支持价格协商;组织样品的邮寄以方便买家对产品进行考察;建立供应商和买家信誉评级机制来支持双方的企业资质考察;提供在线洽谈工具以帮助双方就任意问题进行交流;提供合同模板或者相关的咨询工作;对交易生成的订单进行管理等。根据采购的金额和采购品的重要性不同,该步骤可以很简单也可以很复杂。比如如果是普通消费者的消费品购买,消费者对于卖家的考察仅限于查看评论和店铺评分等;但是如果是企业重要原材料采购且金额较大,则买卖双方会对对方进行较为慎重的考察。

流程的第三步是付款环节。双方按照合同履约,买家付款给卖家。如果是 B2C 销售,支付则较为简单,通过信用卡,第三方支付比如微信、支付宝或者网银,消费者即可完支付。B2B 交易的付款会复杂一些,第三方平台一般和支付机构或者银行合作来支持 B2B 付款。B2B 支付功能开发既需要考虑到网上交易的特性,即信任度不高,同时又要考虑到 B2B 支付的独特流程特点,这些独特的流程可能随行业不同以及交易机制不同而不同。比如华夏银行开发了强大的 B2B 电子商务支付平台。在线支付、订单管理、资金结算、三方存管等综合性金融服务,都能在华夏银行的 B2B 电子商务支付平台上实现。同时这项业务还包括直接支付、冻结支付、商户保证金、银行保证金、批量支付、资金清算、大宗三方存管、产权交易八种模式,为不同客户提供多样化的支付解决方案。

流程的第四步是配送环节,即卖家将产品运输给买家的过程。传统的配送是将商品从制造商的仓库配送到分销商或者零售商的仓库,并最后发到销售店面或者消费者。而在线销售是将商品从制造商仓库直接发往 B2B 客户或者个人消费者,其流程与传统配送不同,需要传统的制造商做出相应的变革。目前物流一般通过外包给第三方物流,包括快递和货运公司的方式实现,也有的由有配送实力的大制造商直接配送。

 学术观点 10-1

中小企业电子商务全流程

尽管本章重点描述了中小企业通过第三方电子市场进行企业电子商务活动的流程,以及基于这个流程建立的企业电子商务应用能力。但是,读者应当意识到中小企业电子商务应用不局限于第三方电子市场,所以,中小企业电子商务流程也不局限于本章所描绘的流程。为扩大读者的视野,这里介绍 Lefebvre 等人 2005 年通过调研的方式总结的加拿大中小企业电子商务活动涉及的所有流程,提出了基于流程的中小企业电子商务应用演进过程(图 10-4),并按照其使用的深度分为四个阶段:信息搜索和内容创造、电子交易、复杂电子交易、电子合作。这四个阶段涉及企业价值链上的各个环节,流程的复杂度不断加深,所要耗费的企业资源也在不断增加,同时带给企业的效益也逐步增加。感兴趣的读者还可以参阅原文了解每一个流程被采纳的情况。总体上讲,该研究发现采购、销售和客户关系管理是中小企业使用最多的应用和流程。

这几个阶段与中小企业电子商务典型应用的关系是:第一、二阶段,信息搜索和内容创造,以及电子交易一般在第三方电子市场中完成。第三、四阶段,企业与其交易伙伴的二元关系加深,适合采用支持二元关系的 B2B 平台完成。进入后面两个阶段以后,中小企业极有可能成为了大企业供应链中的一员。

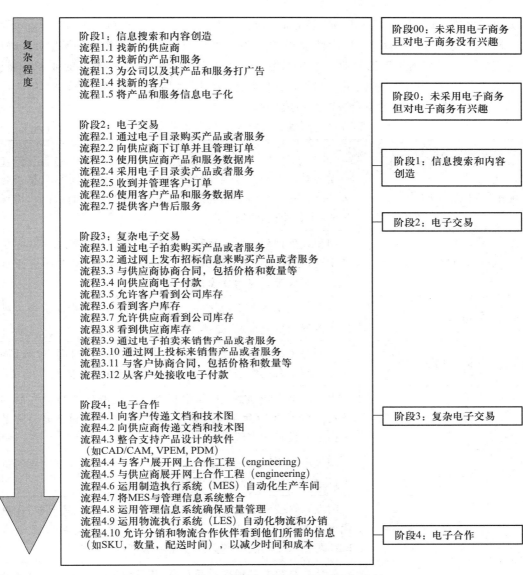

图 10-4　中小企业电子商务应用演讲过程

二、第三方电子市场对中小企业网上交易流程的支持：以阿里巴巴为例

　　第三方电子市场一般会对交易流程的各个环节提供各种支持，而这种支持的好坏也直接决定了第三方电子市场的竞争力。正是由于第三方电子市场参与者众多，对流程支持的要求也不同，因而第三方电子市场一般会建立生态系统，和生态系统的服务商一起提供各类的服务和支持，保证网上交易流程的顺利进行。下面我们将以知名的电子市场阿里巴巴 1688 为例来具体解析各个交易流程。

（一）阿里巴巴简介

　　阿里巴巴不仅是我国，也是世界知名的综合性的第三方 B2B 电子市场。阿里巴巴经历了互联网大萧条时期,并最终脱颖而出,成为目前国际上最大的第三方电子市场,并取得了一系列的成就。两次入选哈佛商学院 MBA 案例,连续多次被美国权威财经杂志《福布斯》选为全球最佳 B2B 站点之一。目前阿里巴巴的业务已经不再局限于 B2B 电子商务,其多元化的业务拓展至消费者电子商务(B2C 和 C2C)、网络广告、第三方支付、云计算、移动电子商务等(表 10-1)。表 10-2 综合显示了阿里巴巴对各个阶段交易流程的支持。

表 10-1　阿里巴巴集团及其主要业务

主要交易平台	业务说明
阿里巴巴国际交易市场	全球性的中小企业电子商务平台。阿里巴巴国际交易市场服务全球 240 多个国家和地区数以百万计的买家和供应商,展示超过 40 个行业类目的产品
1688	阿里巴巴内贸网站。1688 早年定位为针对内贸的 B2B 电子商务平台,近年逐步发展成为网上批发及采购市场,其业务重点之一是满足淘宝系平台卖家的采购需求
速卖通	消费者电子商务平台之一,集结不同的小企业卖家提供多种价格实惠的消费类产品,是典型的外贸 B2C 业务
淘宝网	中国最大的 C2C 购物网站。截止到 2020 年 12 月 30 日,淘宝网和天猫平台的交易额合计突破人民币 6.589 万亿元
天猫	平台式 B2C 购物网站,是中国消费者选购优质品牌产品的目的地。截至 2019 年 11 月,超过 200 000 个国际和本地品牌已在天猫上开设官方旗舰店
聚划算	阿里巴巴团购网站。其使命是集结消费者力量,以优惠的价格提供全面的优质商品及本地生活服务选择
一淘	网上购物搜索引擎。一淘的功能和服务包括商品搜索、优惠及优惠券搜索、酒店搜索、返利、淘吧社区等,搜索结果涵盖多个 B2C 购物网站和品牌商家的商品和信息
阿里云	云计算与数据管理平台开发商,其目标是打造互联网数据分享服务平台,并提供以数据为中心的云计算服务
支付宝	第三方网上支付平台。它提供的第三方信用担保服务,让买家可在确认所购商品满意后才将款项支付给商家,降低了消费者网上购物的交易风险
菜鸟网	阿里巴巴旗下的物流平台,支持卖家寻找合适的物流提供商,并提供包括数据中心、包裹数据跟踪、超时异常处理、菜鸟智能发货引擎等功能
阿里妈妈	阿里巴巴旗下的联属营销公司。卖家可以在该网站上找到合适的联属网站并进行搭建自己的联属营销网络

表 10-2　阿里巴巴对各个阶段交易流程的支持

流程阶段	阿里巴巴的服务	
信息的收集和发布	卖家： 管理和发布产品 产品搜索和展示 发布和管理公司介绍 旺铺开通和装修 营销推广	买家： 关键词搜索 按照类目进行查找 主动发布询价单(采购信息) 订阅商机
协商和合同的签订	定价工具：一口价/询盘/招投标/在线拍卖/团购 沟通工具：阿里旺旺、留言 产品沟通：免费样品频道 订单管理：买卖管理在线应用	
支付	多种付款方式比如支付宝、信用卡支付、买家保障、信用凭证、分期付款、快速汇款。有专门的退款管理	
配送	与物流企业合作,提供在线物流服务 APP	

（二）阿里巴巴 1688 上信息的发布和收集

阿里巴巴 1688 是一个综合性贸易网站,涵盖 16 个行业,如塑料、钢材、化工等,每一行业又细分为多个产品类别。同时还提供一些特殊频道,这些频道是根据客户特殊的需求,而非产品搭建的,如加工定制频道按照工艺方式汇集买家和卖家,产业带频道按照各个产业带汇集买家和卖家,代理加盟频道按照销售渠道搭建特点来汇集卖家和代理商,工业品牌商城则汇集了工业品牌企业以方便买家查找和采购,企业集采频道则汇集了意欲通过团购方式交易的买家和卖家。

在信息发布和收集环节,阿里巴巴提供了丰富的工具来支持买家和卖家。对于卖家,阿里巴巴提供了 APP 来帮助企业建立和管理产品库,将产品信息发布到网上,并建立其企业的基本页面。同时还为卖家提供了丰富的营销工具来推销自己的产品和公司。具体情况将在下一节电子市场的营销管理中阐述。如果卖家希望增加自己网站信息的可信度,还可以申请认证,以及加入诚信通会员,具体情况将稍后论述。买家在简单注册后就可以开始使用大部分的功能了。

除了发布信息之外,买家和卖家还可以主动出击找到更多的信息,具体方式包括:①通过搜索引擎搜索;②按照行业产品和服务类别进行浏览;③订阅商机。企业可以在阿里助手中订阅自己感兴趣的商机。这些商机是服务器根据企业指定的关键词提供的。订阅商机使得用户无须上网搜索和浏览就能找到相关信息。商机的管理可以通过站内应用"我的阿里"实现,订阅的商机一般通过阿里旺旺和邮件传递给用户。

（三）阿里巴巴 1688 的交易机制和合同条款的协商

合同条款的协商过程也是价格发现以及匹配交易双方的过程。双方在协商中制定了价格。

这种协商一般是采取线上和线下交流相结合的方式。阿里巴巴对线下交流的控制较小,而对于线上交流,阿里巴巴提供的匹配支持工具分为较为结构化的定价工具以及非结构化的沟通工具。结构化的定价工具有提前预设的格式,企业之间只能就价格,数量和产品规格等进行沟通,定价机制(一口价、询盘、在线拍卖、招标、团购)就属于结构化的定价工具;非结构化的沟通工具允许买方卖方就更多的问题进行交流,交流的内容可随意而定,沟通工具如留言和阿里旺旺就属于这个类别。以下是对合同条款协商支持工具的具体解释:

(1)一口价。由买家定价,价格不可协商。阿里巴巴上一般为批发价格,目前也支持混批。

(2)询盘。询盘指的是客户从网站上针对某一企业发布的产品、供求信息或公司信息给该企业发送的询问信息。询盘是一种较为正式的询问产品价格的方式。阿里巴巴提供了标准的询盘模板,买家可以据此发送询问。同时阿里巴巴还提供了询盘管理的 APP,以协助卖家添加潜在询盘,对已询盘客户通过"买家雷达"查看买家的网站访问轨迹,了解买家动态,并主动对买家询盘进行跟进。询盘管理能更好地帮助卖家实现询盘转化。

(3)招标。大企业一般采用招标方式来购买,阿里巴巴开设了专门的大企业采购频道。在招标中,买家在网上发起采购,标明产品信息,卖家据此进行报价,卖家的报价一般显示在网站上,可供后来者参考。招标结束后买家综合考虑卖家报价和别的因素,选定某个卖家进行采购。

(4)在线拍卖。拍卖是具有互动性的价格决定方式。在阿里巴巴,只有诚信通会员才可以享受这个功能。拍卖由卖家通过阿里助手的工具发起。在拍卖的过程中,买家出价之前也可以与卖家通过留言、在线洽谈或者短信等方式进行交谈,充分了解产品特性和交易细节。如果需要,应尽可能对货品进行看样。出价的规则是,买家的出价是货品单价,如果目前所有出价人购买货品总量已超过货品总量,买家的出价必须高于当前价,买家输入的购买数量必须大于或等于最小起拍量,小于或等于全部货品总量。拍卖结束前,如果别人的出价超过该买家,阿里巴巴将发送电子邮件通知该买家,该买家可以再次进行出价。拍卖结束后,阿里巴巴将对所有参加拍卖的买家发送电子邮件,通知拍卖结果,成交的买家将进入交易操作阶段。

(5)团购。团购能集合各个企业的采购量,以获取更低的供应价格。这项服务一般适用于中小企业团结起来采购。阿里巴巴为中小企业提供了企业集采服务(图 10-5)。对于一些特殊的商品如消费品,阿里巴巴还提供"伙拼"频道,让中小买家入伙拼单。

(6)阿里旺旺在线洽谈。阿里旺旺是集成即时信息、语音视频、邮件、短信(移动旺旺)的商务沟通和客户管理工具,位于网上企业和客户接触和互动的最前沿。阿里旺旺类似于在线聊天工具 Skype 或者 QQ,只是阿里旺旺是针对网上的企业和客户交谈而设的。阿里旺旺支持以下重要功能。第一、洽谈功能。包括语音聊天,文本聊天,多用户群聊和留言。第二、文本传递功能。除了支持超大文本的传递之外,阿里旺旺还提供一系列的文本模板,以帮助用户在短时间内完成合适的文本。这些文本的模板包括合同范本,商务文书,规章制度和财税管理方面的文本。第三、商务服务功能。包括阿里巴巴的商机、商业咨询、股票信息、天气信息和机票宾馆信息等,同时还提供翻译和日程管理小工具等。

(7)留言。买卖双方可以通过发送留言的方式进行交流。每一条发布的消息都有此选项。留言将通过三种方式发送给接受人:一是通过邮件通知接收人;二是通过阿里旺旺通知,如果当时接收人阿里旺旺在线,将会收到阿里旺旺的浮出提醒;三是通过"我的阿里"APP 显示给卖家,卖家可以回复和管理这些留言。

图 10-5　阿里巴巴企业集采

（8）样品中心。在双方沟通的过程中,不可避免地要涉及对对方产品的考察,邮寄样品是其中一个可能的环节。阿里巴巴设立了样品中心,方便优质买家低成本获取样品。在协商好价格和条款之后,买方会下订单。阿里巴巴为买家和卖家提供了交易管理 APP,协助双方完成交易。

（四）阿里巴巴 1688 的付款和配送

企业通过贸易通达成交易之后,可以通过阿里助手或者买卖管理 APP 下订单,这就涉及付款和配送货物的问题。在阿里巴巴上,付款可以针对交易的要求,以多种形式完成,但是最具典型特色的是通过 alipay（支付宝）功能来实现的。支付宝是一个第三方参与的支付平台,其目的是保证付款的安全性。支付宝的使用流程见图 10-6,使用支付宝的一个关键因素就

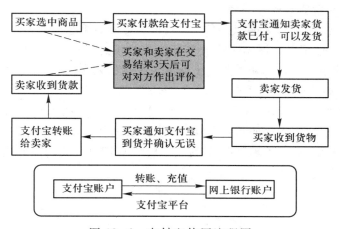

图 10-6　支付宝使用流程图

是买方不是直接支付给卖家,而是支付给支付宝。只有当买家收到卖家的货物并确认无误后,买家通知支付宝,支付宝才会将收到款项转账给卖家。这样就为卖家和买家都提供了一定的安全保证。

物流配送是完成交易的重要环节。在物流方面,阿里巴巴物流服务网(图 10-7)方便买家和卖家找到合适的物流公司,但是阿里巴巴本身并不运营仓库和物流服务。阿里巴巴还提供了专门的物流服务 APP 帮助企业管理自己的物流。

图 10-7　阿里巴巴物流服务网

(五) 阿里巴巴买卖管理软件平台

在阿里巴巴 1688,基本的买家和卖家的在线买卖管理是通过"我的阿里"功能实现的,如图 10-8 所示。该在线软件记录并展示了企业的基本账户信息、供应和采购等级、认证信息、店铺信息和最近的交易详情。软件的初始界面上融入了丰富的社交内容,比如微博、商友动态、公司动态、商友圈和朋友推荐等。

核心的交易管理功能以应用(APP)的形式出现(图 10-9),买家和卖家可以在阿里巴巴应用市场上随需购买这些应用。比如买家可以购买买家交易管理和采购管理 APP,卖家可以购买卖家交易管理、店铺装修、商品管理、订单管理等 APP。应用模式的功能能满足客户多样化的需求,并具有较大的未来延展性。

图 10-8　我的阿里界面演示

图 10-9　阿里巴巴应用市场

三、中小企业网上交易中的信任机制

由于网络具有虚拟的特点,双方是在不见面,以前没有任何关系的前提下做生意的,所以信任搭建非常重要。中小企业电子市场信任建立能力也是其电子商务能力的一个重要的子能力。

电子市场一般提供一些功能帮助卖家建立和买家的信任。这个诚信体系需要保证卖方和买方身份的真实性。卖方在货品质量和货物的配送上不存在欺诈行为,例如只收款不送货,而买方付款不存在拖欠或者拒付。第三方电子市场一般通过三种方式对市场中的信任进行管理:用户参与、监控和社区搭建。用户参与指的是用户通过留下产品和商家评价来帮助后来的用户评价该商家的信誉。监控是指第三方平台出台措施对商家诚信进行控制,措施包括商家认证和对不守信商家进行处罚等。社区搭建是指用户到平台搭建的社区进行讨论,对不守信的商家进行曝光。一般来讲,电子市场会以各种形式并用地对商家信誉进行管理,保证平台的诚信氛围。

以下是中小企业建立信任的一些重要举措:

(1) 企业认证:电子市场一般提供企业的认证,并将认证的结果和相关资质公布在网站上。比如,阿里巴巴为每一位诚信通会员建立了一个诚信通档案,为会员展示更多的信息,以方便买方对供应商进行风险评估。诚信通档案里面一般包括客户评价,证书荣誉(诚信通企业可以上传本企业的各种荣誉证书作为该企业信誉度的一种证明)和资信参考(资信参考列出了诚信通企业已在阿里巴巴购买的服务、注册会员的时间、已经发布的信息数量和在阿里巴巴上的获奖等情况,作为其他企业对该企业信誉评价的参考)。中小企业要积极进行资质认证,包括ISO9000认证,这些对于提升买家信任非常有帮助。

(2) 内容管理:商品内容和描述不仅仅有助于营销,也是信任管理的重要一环。内容描述不实会引起买家的不满和投诉。

(3) 评论管理:大部分电子市场提供评论功能,评论也是电子市场上买家做决策的重要依据。阿里巴巴为诚信通会员提供作为卖家和买家在过去6个月、1年内和1年以前收到的好评、差评、中评的统计值。这种反馈机制被证明是一种传统的口口相传营销方式的网络表现形式,能有效地建立起企业间的初步信任和增加企业的销售。卖家要鼓励买家多写评论,而且积极管理差评。

(4) 即时通信工具沟通:沟通也是建立信任的一种重要方式。企业要主动利用即时沟通工具比如阿里旺旺和客户进行沟通,并注意沟通中的诚实表达。在进行国际贸易的时候,了解各个国家的文化和习惯有助于虚拟空间里面的信任建立。

(5) 跟踪平台的诚信反馈并随时进行经营上的改进。第三方平台一般会对商家诚信进行监控,并将结果公布给买家和卖家。比如1688对每个卖家进行监控,包括发货速度、纠纷率、客服介入率、商品如实描述等。这些结果对卖家和买家可见。卖家需要了解平台规则并进行相应的经营调整以改进这些监控指标。

(6) 社区参与:第三方平台一般提供在线用户社区,比如1688提供了1688商人社区。卖家可以通过这些社区发布信息,分享知识,帮助回答他人问题,并通过这些社区活动吸引粉丝。粉丝数量是一个卖家在社区地位的体现,也有助于获得买家的信任。1688社区中商友还可以就网络欺诈进行讨论,揭发某些不良卖家,因此论坛也成为买家了解某个卖家是否诚信的一个信息来源。

第三节 中小企业网络营销

网络营销是一种推广企业和产品的新型方式,互联网及其应用的开发催生了大量网络营销方式。与传统的广告相比,网络广告具有可跟踪性和交互性的特点。因为在网上,企业可以通过跟踪用户的点击率,网上填写用户资料等方式了解用户的偏好情况,然后根据这些偏好展示定制化的广告。网络上撤销和展示广告都比传统的广告容易,而且可以实现完全智能化和自动化。同时,网络广告的任何一种形式都会留有超链接。访问者可以通过点击这些超链接,及时地到广告企业主页上了解产品信息,增强了互动性。

一、营销方式

网络营销的主要目的是吸引流量和将潜在客户转化为购买者。目前中小企业利用网络进行营销推广的主要方式是店铺展示、搜索引擎推广、电子邮件营销、软文营销、展示型广告和联属营销、社交媒体营销等。以下是对中小企业常用的营销推广方式的解释。

(一)店铺展示

中小企业网络营销的第一步就是进行店铺展示。店铺展示首先要决定在哪个第三方平台上建立店铺。选择适合企业销售策略的平台非常重要,不能盲目跟风,一味选择名气大的平台,往往很多时候收不到很好的效果。首先,企业要对自己的产品进行定位,同时需要了解每个平台的特色和目标人群,进而选择和自己的目标客户相一致的平台。其次,企业还要评估平台的用户是否足够活跃,没有活跃的用户就意味着潜在用户成交意愿不强,这时企业的营销效果就会打折。最后,平台本身质量如何、可信度是否较高、网站优化和营销做的好不好也是企业需要考量的因素。

其次,企业可以在多个平台建立店铺,同时在一个平台上可以建立多个账号以增强公司的曝光概率。有经验的中小企业会采取多平台策略,扩大受众接触面,减少对某一平台的依赖,但是这样也势必增加企业的营销成本。

最后是店铺设计的细节,比如店铺的布局和内容呈现的决定。中小企业可以利用第三方平台提供的模板建立店铺,也可以购买平台生态合作伙伴提供的模板。企业介绍和商品展示是内容呈现的重要内容。企业可以结合多媒体来呈现这些内容,包括文字、图片和视频。现在许多第三方平台允许企业利用视频展示商品,包括 B2B 和 B2C 平台。比如 1688 就允许企业利用视频展示商品;也有的企业利用视频来展示工厂的内部生产情况。

中小企业可以通过第三方电子市场进行营销,在上面发布自己的产品信息,建立企业黄页,参与平台中的各种推广活动来进行营销。

(二)搜索引擎推广

通过搜索引擎查找需要了解的内容是访问者常采用的一种方式,由此催生了搜索引擎广告。搜索引擎广告是目前营销效果最好的一种营销方式。其主要的原因是广告的展示非常有针对性,是在用户感兴趣的时候实时打出的,所以被点击的概率要高很多。访问者在搜索引擎中输入了关键字之后,就会得到搜寻结果,一般来讲,搜索结果排名靠前的广告,被点击的可能性大大增强。

对于中小企业而言,其产品和店铺主页可以通过两种搜索引擎搜索到。一是站外搜索引擎,如百度、谷歌等,这些引擎是对整个互联网进行搜索,包括阿里巴巴的页面;另一个是站内搜索,即通过第三方平台如阿里巴巴的搜索引擎对内部数据库进行搜索。无论是通过哪种方式进行搜索,企业在第三方平台中的产品描述以及在博客、网站上的企业介绍中所使用的关键词都显得很重要。合适关键词的选择使得企业内容在搜索结果中被搜索到,且排名大大提前。

在许多搜索引擎中,搜索结果排名是通过拍卖的方式确定的,这即是"竞价排名"。比如在阿里巴巴,排名竞价每个月一次,本月通过竞价确定下个月的广告排名。竞价的第一步是选择关键词。阿里巴巴提供一些服务帮助参与者确定关键词。企业可以将感兴趣的关键词输入竞价搜索框进行搜索。阿里巴巴会提供该关键词的买家平均搜索量、最高出价金额及其相关词的一些推荐,以作为企业选择关键词的参考。对于第一广告位,阿里巴巴有时候也采用一口价的方式销售。而通过拍卖方式获得第一广告位的企业称为标王。一些企业将自己获得标王称号的信息也发布在公司网站上,作为企业实力的象征,这实际也是广告的一种方式。

(三)电子邮件营销

企业可以将广告通过电子邮件的方式发送给客户。通过电子邮件发送广告的好处是成本低廉、可以包含比横幅广告更多的内容,电子邮件广告包含的内容多于短信,且可以在邮件中嵌入链接和图片。电子邮件营销的不利之处就在于,邮件容易被视为垃圾邮件或者短信而忽略掉,点击率低,有时候还容易引起顾客的反感。

许可营销是针对上述弊端开发的一种更好的一种营销手段。许可营销指只向同意接收邮件广告的顾客发送广告。配合许可营销,一般推荐企业使用内部收集的客户电子邮箱地址,而非外部购买或者搜索到的邮箱地址,以进一步增进客户信任,获取更高的点击率。

一般第三方平台允许会员向一定数量的其他会员发送电子邮件。邮件可以采用群发的方式,群发给联系人或者是别的客户。计算数量的方法各个平台不太一样,比如在阿里巴巴,本月群发的数量由上月活跃度计算。而活跃度则是根据一个企业使用阿里巴巴即时聊天工具和网站的频率来确定的。

(四)软文营销

软文营销又称为社论式营销,是指企业将广告以隐含的形式嵌入各类文章或者帖子中,由于文章为受众提供了有价值的信息,用户一般不会太反感。这些文章一般通过博客或者各大中小站点发布,以达到吸引顾客的目的。

比如在阿里巴巴,企业可以通过博客发表关于自己的企业和产品的宣传性信息,并邀请商界好友来阅读。如果写作技巧得当,能够增加被搜索的机会和排名,有助于搜索引擎营销(见企业实践)。而阿里巴巴论坛禁止发布具有宣传性质的帖子,但是一些企业也可以通过技巧性的写作手法,将产品宣传不带痕迹地嵌在帖子里。但是,无论是博客,还是论坛的帖子,都需要发布真正吸引人的内容,仅仅发布产品信息是无法吸引访问者的。

除了发布软文信息,中小企业还可以通过别的活动在论坛上推广。①企业的联系人可以在这个平台上通过发表帖子、回复帖子和写博客吸引客户企业联系人,提升本企业在商友中的知名度,建立自己的网上交际圈。比如这个交际圈可以通过阿里旺旺中的"商界好友"来维护。由于中国人传统上喜欢通过人际关系做生意,这种营销的方式也比较适合中国人的习惯。②利用签名档做广告。一般论坛会禁止企业发布带有宣传性质的帖子,但还是会为企业留下一个地方来做广告。每篇帖子的最下方，有一整块推荐位，既可以用它来宣传自己的公司或产品，也可以宣扬自己与众不同的个性，这个推荐位就叫做签名档。签名档分为图片签名档和文字签名档。文字签名档有严格的字数限制，但是可以添加网址方便直接点击进入。一些将自己的签名档维护得名气较大的销售员甚至在论坛上销售自己的签名档。

企业实践 10-4

艺品堂的博客营销

（五）展示型广告和联属营销

展示型广告包括横幅广告和链接广告。横幅广告指的是在网页上打出的广告图片。这种广告图片带有企业相关页面的链接。广告的大小也有一定的标准，主要是为了方便收费。一些网页上的广告不是以横幅广告的形式出现，而是以链接的形式出现，这就是链接广告。链接文字往往是文章标题。点击链接就能进入某一文章、帖子或是博客文章。比如，在阿里巴巴论坛网站上，阿里巴巴就通过公开拍卖的形式出售广告位，只有拥有财富值（即在论坛上攒的点数）的企业才能参拍。阿里巴巴规定，阿里论坛首页右下角广告位每周 2 万点财富值起拍，大本营论坛的上部广告位每月 3 万点起拍，大本营论坛的下部广告位每月 5 000 点起拍等。企业的销售代表可以根据自己的需要和实力竞拍。

在寻找网站展示广告时，中小企业可以去找站外的网站或者论坛，或者利用网站联盟来找感兴趣的网站。网站联盟营销，又称为联属营销，是指企业通过类似百度广告联盟或者阿里妈妈平台寻找中小站点为其发布广告和推荐客户。联属营销是一种非常有效的网络营销方式。联属营销基于真实的购买付费，同时由于存在大量的内链（inlinks），联属营销有助于提升网页在搜索引擎中的排名。

（六）社交媒体营销

社交媒体的兴起使得中小企业可以利用更多的方式进行营销推广，包括微博营销、视频营销、微信营销和博客营销。微博营销是指企业利用微博进行的营销活动，企业可以利用微博持续地广播消息，并促进读者转发。目前知名的微博平台包括新浪微博和推特（Twitter）。视频营销是指企业通过网络视频来推广企业及产品。知名的视频网站包括抖音、优酷和 YouTube。广告内容可以出现在视频下方，或者作为插播广告出现，或者出现在视频周边。还有一些广告作为独立的视频出现，如果内容足够新颖，也能吸引到很多观众。微信营销是通过腾讯微信平台进行营销，企业可以开通公众账号向粉丝发布促销和新品消息并将其转化为购买者。博客营销也是社交媒体营销的一种。比如很多企业通过寻找小红书上的知名博主帮助写软文，并由此推广产品。社交媒体营销由于其成本低廉，传播速度快，为很多中小企业或者个人创业者青睐。社交媒体营销的核心点在于塑造影响力，建立粉丝群或者和拥有大量粉丝的知名博主合作。李子柒就是利用社交媒体建立影响力并成功创业的典范（见企业实践）。

中小企业也可以利用团购网站进行营销。团购网站一般通过向消费者销售折扣商品的方式吸引消费者到店里消费。这种方式能帮助企业扩大知名度,但是潜在的风险是这些客户群对价格很敏感,产品和品牌忠诚度不高。上述各种新型的营销方式各有利弊和适用的情景,中小企业可以选取适合自己的方式重点营销。

 企业实践 10-5

李子柒:不仅仅是网红营销

社交媒介深刻地影响了人们的生活和工作方式,也在改变企业的运营,借助网红进行营销或者网红创业的例子层出不穷。网红指的是个人利用网络,尤其是社交媒体,通过内容制作获得影响力,进而利用这种影响力进行产品代言,营销或者自主创业。李子柒就是其中的一个经典的例子。

李子柒是四川绵阳人,中国大陆美食视频制作者,所属经纪公司为杭州微念科技。2016 年开始因以"古法风格"形式发布原创美食视频而被人熟知,被誉为"2017 美食网红第一人"。其视频在新浪微博,抖音和 YouTube 等平台上发布。2021 年 2 月 2 日,吉尼斯世界纪录宣布李子柒以 1530 万的 YouTube 订阅量刷新了"YouTube 中文频道最多订阅量"的世界纪录。以下是李子柒成名和创业的过程:2015 年,受益于新浪微博扶持内容原创者计划,李子柒开始拍摄美食短视频,首支视频为《桃花酒》。2016 年 11 月,凭借短视频《兰州牛肉面》获得广泛关注。2017 年,李子柒正式组建团队,签约杭州微念科技,并创立李子柒个人品牌,李子柒的视频从个人拍摄转为 3 人团队拍摄;6 月 16 日,获得新浪微博超级红人节十大美食红人奖;2018 年,李子柒的原创短视频在海外运营后相继获得了 YouTube 平台白银和烁金创作者奖牌;2019 年 8 月,李子柒除了成为成都非遗推广大使,同年还获得了超级红人节最具人气博主奖、年度最具商业价值红人奖以及《中国新闻周刊》"年度文化传播人物奖";2020 年 1 月 1 日,李子柒入选《中国妇女报》"2019 十大女性人物",同年 8 月当选为第十三届全国青联委员。2021 年 2 月 2 日,吉尼斯世界纪录发文宣布,李子柒以 1410 万的 YouTube 订阅量刷新了由其创下的"YouTube 中文频道最多订阅量"的吉尼斯世界纪录。

凭借其超强的影响力,李子柒开始进入食品生产销售行业,注册了李子柒品牌,李子柒旗舰店于 2018 年 8 月正式开业;截至 2019 年 12 月,李子柒旗舰店共有 319 万粉丝,上架螺蛳粉、藕粉、姜茶、醉蟹等农副食品 38 款,销量最高的一款产品螺蛳粉月销量在 60 万以上。李子柒品牌形象秉承了其视频的唯美古风风格,定位为"了不起的东方味道",并获得诸多殊荣。比如,2020 年 5 月,天猫海外发布了年度国货出海品牌榜,李子柒品牌登榜天猫海外国货出海十大新品牌;2021 年 5 月,李子柒品牌获得第三届 iSEE 创新"新锐先锋品牌奖"。

对于网红现象,实践显然走在理论的前列。研究者们关注一系列问题,比如网红如何搭建其影响力? 网红资本是什么? 很显然李子柒成为网红,形成了一个具有社会资本,文化资本和经济资本的资本综合体。通过独特的视频内容,融合了东方美感、贴近自然的生活方式和视频内外的故事来打动观看者,形成了粉丝关系,即是社会资本;同时东方美感被作为一种文化输出到了海外,形成了文化资本;另外,李子柒作为网红带来巨大的经济资本,产生了巨大的经济价值,影响其经纪人公司的关联公司的股票波动,并形成品牌溢价。尽管对网红的理论认识还有限,但是对于中小企业实践来讲,可以肯定的是,网红已经在重新定义名人,极大地影响消费者的选择和偏好,寻找网红做代言已经成为一种可行有效的营销方式。中小企业老板亦可以通过社交媒体打造自己的个人品牌和网络社会地位,其带来的好处就不再局限于营销,对企业未来的成长也大有裨益。

资料来源:百度百科;Juntiwasarakij, S. Framing emerging behaviors influenced by internet celebrity. Kasetsart Journal of Social Sciences, 2018, 39(3), 550-555.

二、多渠道营销方法

本节重点介绍了各种营销手段,但是读者需充分注意到,首先,营销不同于上一节提到的交易,交易的流程非常结构化,每次交易的流程是重复和雷同的。而营销是一个创意过程,每一个新产品的推广都可以采用不同的策略,使用不同的营销手段。其次,营销手段不是单一孤立的,而是需要组合使用以增强效果。比如同时利用多种吸引流量和转化的手段增强顾客的印象,或者顺序使用引流和转化的手段一步步引导顾客下单。根据最近 emarket 的报道,当搜索引擎广告和横幅广告结合使用时,效果更佳。当用户点击了搜索结果上的广告,进入的页面如果有横幅广告,点击者购买的概率能增加 22%。而阿里巴巴成功营销案例许虎良的故事,则是一个多种营销手段齐头并进,并且获得成功的例子(见企业实践:"太阳能"的网络营销技巧)。

📋 企业实践 10-6

"太阳能"的网络营销技巧

阿里巴巴的网商许虎良就巧用阿里巴巴的各种营销手段获得了成功。许虎良的第一个身份是浙江省海宁市海宁中学的物理教师,他的另一个身份则是阿里巴巴社区"太阳能"论坛的版主。这个有数项国家专利在手的研发专家正致力于在网络上推广自己研发的免跟踪聚焦真空管太阳能热水器和曲尺形原管发散反射型太阳能热水器,这两项实用的发明能让热水器常年恒温供水。和一般的专利持有者不同,许虎良选择自己办企业;而和一般办企业的人不同,许虎良在成立公司之前就把自己的办公桌放在了网络上。由于采用 OEM 方式生产,许虎良在找到合适的工厂合作之后,他要做的只是尽快将产品推出去。于 2004 年 10 月在阿里巴巴注册后,许虎良的第一个举措是注册网名时用了产品的名字——"聚焦之火太阳能",这个名字听起来别扭,开始有人叫他"聚焦之火",有人叫他"太阳能",一直到他说他的产品品牌叫"聚焦之火太阳能",很多人才反应过来,原来他在卖啥吆喝啥。随着"聚焦之火太阳能"渐渐在同行中有了名气,2006 年 5 月,许虎良正式成立了海宁市冬火环保节能科技研究所。他的客户全部来自网络,截止到 2007 年年末,其销售额已经突破 1 000 万元。最令人津津乐道的是他通过阿里巴巴"太阳能"论坛实现了企业急速扩张。"我做太阳能,所以就积极申请开设了太阳能论坛,先后做过四任版主。在论坛上的时间每天长达十几个小时。在这个很专业的论坛上,无论是新发明的技术讨论还是为研究成果寻找合作者,现在都已经在网上实现。一些新的发明,甚至还在襁褓之中就已经有人主动提出合作。"他说。例如,他的最新发明利用太阳能为家庭取暖的装置,已经找到合作者,而合作者更已经将发明推进到试验阶段。许虎良目前有 30 多个代理商,其中 20 多个是他从论坛里发展过来的。经常用"聚焦之火"的笔名在网上写文章,在社区的各个论坛组织冠名活动,参加阿里巴巴直播中心的直播节目,开始了企业博客,尝试博客营销……网站提供的免费宣传资源几乎都被他用遍了。他总结了十多种别的企业不常用的推销手段:

(1)用"聚焦之火"的笔名经常在网上写文章,实际他的笔名就是他生产的太阳能热水器的

品牌名字,每写一篇文章,甚至是跟帖,都是一种广告;

（2）利用社区的签名档;

（3）在社区建立了一个"太阳能"论坛,组织网友讨论,有的网友成为了他的代理商;

（4）他经常在社区的各个论坛组织冠名活动,每次投入 5 万~10 万元的财富值,让各个论坛都知道"聚焦之火";

（5）他是诚信通会员,经常到各地去演讲,虽然投入不少精力,但是名声开始向线下传播;

（6）他也参加阿里巴巴直播中心的直播界面,介绍自己的经验;

（7）他参加关键词竞标,经常是标王;

（8）他也参加产品的拍卖活动;

（9）他开始了企业博客,尝试博客营销;

（10）同时当多个论坛的版主,和更多的人交往;

（11）成为阿里巴巴诚信通形象代言人,报纸上经常有他的名字;

（12）用贸易通、聊天室和网友聊天;

（13）参加十大网商评选。

许虎良的做法是企业应用行业网站比较"另类"的做法,但却也不无启示:行业网站最大的优势是开放给同行业者一个相互交流共享的平台。供求信息当然重要,但企业能在行业网站上获得商机的途径并不只是被动等待客户询盘。

第四节　中小企业客户关系管理

一、电子商务环境下中小企业客户关系管理

中小企业客户关系管理对于将在电子市场上获取的新客户转化为持续下单的老客户具有非常重要的意义。企业需要针对客户不同的生命周期进行不同的客户关系管理。根据国内外学者的研究,一般依据关系的不同把客户生命周期划分为考察期、形成期、稳定期和退化期四个阶段,如图 10-10 所示。而网络的使用对于企业进行客户生命周期的管理提供了很多新的手段和便利。

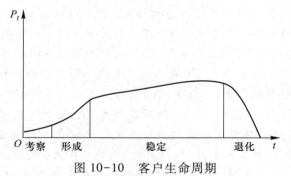

图 10-10　客户生命周期

（一）考察期的客户关系管理

考察期是客户关系的探索和试验阶段。企业把某一特定区域内的所有客户作为潜在客户进行调研,从而确定出可开发的目标客户。考察期内客户会下一些尝试性的订单,企业和客户开始交流并建立联系,客户对企业的业务进行了解,企业也对其进行相应的解答。双方了解不足、不确定性是考察期的基本特征。

在考察期,中小企业可以采用的客户关系管理策略有客户建档策略、市场细分策略和界面友好策略。

1. 客户建档策略

客户建档策略是通过为客户建立档案来掌握客户的个体特征信息,如性别、年龄、职业、爱好等,以此了解客户的消费倾向。考察期对客户缺乏了解导致企业采取建档策略发现并获取潜在客户。不同于传统企业的客户关系管理,在电子商务环境下,利用网络的资源共享、数据共享优势,客户建档策略可以发挥到极致。于 2005 年佛山成立的一呼百应网络咨询有限公司在首次注册时需要客户提供公司名称、所在地区、手机号码等信息(图 10-11 为注册界面)。客户第一次把自己的基本资料输入档案库后,此数据会被永久保存,同时成为该集团各个企业共享的资源。在考察期,通过客户建档策略,既达到企业更新顾客档案的目的,又极大方便客户,不会因为需要多次输入基本信息而产生反感。

图 10-11　一呼百应网站注册页面

2. 市场细分策略

与传统市场细分策略类似,电子商务环境下的市场细分策略是指利用不同的分类标准将市场划分为各个子市场,再根据各个子市场的不同特征相应采取不同的策略。先进的网络技术手段,保障了电子商务环境下的市场细分策略,有传统市场难以实现的效果。市场细分的标准很多,以国内领先的 B2B 电子商务服务提供商慧聪网为例,通过顾客建档策略在顾客建档阶段,就把顾客划分到一个更加具体的子市场中。当顾客再来浏览本公司的网站时,针对不同类别的顾客提供不同服务,根据客户基本情况进行对应的市场界面展示(图 10-12 和图 10-13)。通过市场细分策略,公司不必花费精力寻找,而是由系统自动将与客户条件匹配的市场推荐给顾客。在与客户接触初期能极大地方便顾客,提高客户的满意度。

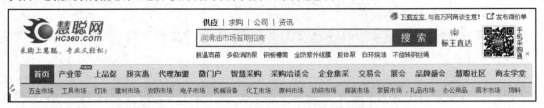

图 10-12　慧聪网分类导航 I

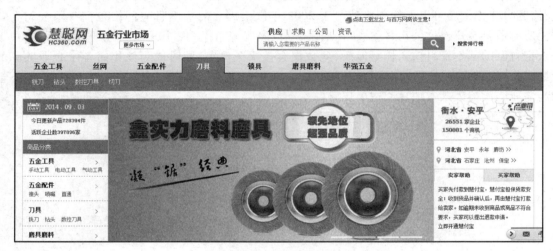

图 10-13　慧聪网分类导航 II

3. 界面友好策略

界面友好策略,是一种以最大限度方便顾客为宗旨,使系统展现给顾客的页面是有助于系统与顾客互动交流的客户关系管理策略。大多数电子商务环境下的中小企业在此策略上的表现主要在企业的网站设计与更新阶段上,因为考察期的客户关注重点停留在网站界面而没有深入服务质量。中小企业在网站设计的时候需要保证界面设计合理,主页导航清晰、易于用户查找信息;商品详情页面上内容需要详细和丰富,最好做到文字、图片和视频多角度介绍,方便客户做决策;商品品种最好多样化,以满足互联网上不同客户的需求。

(二)形成期的客户关系管理

形成期是客户关系的快速发展阶段。经过考察期的相互满意、相互信任和相互依赖,客户已经与企业发生业务往来,且业务逐步扩大。通过客户与企业间的交易日益增多,客户实现的客户价值越来越明显,给企业带来的利润越来越多。在这一阶段,企业不再需要像考察期广泛投入,而是改为发展投入,进一步融洽与客户的关系,扩大交易量。在形成期,企业采用的客户关系管理策略主要有客户档案更新策略、连锁效应策略和情感沟通策略。

1. 客户档案更新策略

客户档案更新策略是在考察期企业为客户建立档案后,根据时间的推移和情况的变化运用网络信息技术实时更新客户档案。比如一呼百应网会及时为已注册会员更新顾客的一些基础数据,企业联系方式可根据个人条件进行修改。

2. 连锁效应策略

连锁效应策略,即通过分析顾客正在进行的购买行为来推断顾客的其他需要,以此来提高产品的销售量,同时提高顾客的满意度,这种策略也叫关联推荐。在客户形成阶段,电子商务企业擅长通过此种策略来刺激购买,因为顾客对某种商品的购买欲望往往不是孤立的,企业可以通过对顾客购买行为的分析推断顾客对其他相关产品的需要并作出推荐。目前在这方面中小企业做得还不够好,还停留在凭直觉执行关联推荐,但是具有较强数据收集和分析能力的大电商企业会基于大数据进行推荐,其实践值得学习。比如在亚马逊,若顾客成为了亚马逊会员,并购买一次或多次商品,那么再次登录网站时,视野里会出现大量推荐商品(图 10-14),这些商品并不是随意营销,而是系统根据以往购买商品分析顾客对于其他商品的潜在需求而进行的展示。系统可以通过简单连锁反应推断顾客对于其他互补产品的需求,也可以通过复杂连锁推断所属消费群,从而预测购买范围。若顾客发现在该网站可以买到所需要的全部产品时,便会向稳定客户群发展,以后经常浏览该网站。通过连锁反应策略将形成期的客户向稳定期转变,企业在无形之中提高了产品的销售量和顾客的满意度。

图 10-14 亚马逊的关联推荐

3. 情感沟通策略

与顾客建立良好的关系既是传统商务环境下也是电子商务环境下客户关系管理的关键。电子商务环境下顾客通过互联网与企业进行业务往来,缺乏直接接触,所以企业主动与顾客进行情感沟通变得至关重要。中小企业可以经常向顾客发送邮件或者通过旺旺推荐企业的新产品,这样顾客不但不会忘记企业的发展,而且会更加频繁浏览企业的网页,无形之中将考察期客户转变为稳定期客户。

移动社交工具如微信和微淘现在被很多企业用于进行情感沟通。中小企业可以开通微信订阅号,鼓励用户订阅,定期在上面发送企业新闻、客户关怀类文章和企业优惠信息等。

(三)稳定期的客户关系管理

稳定期是客户关系发展的最高阶段。这一阶段企业和客户对对方提供的价值高度满意,并为能长期维持稳定的关系做了大量投入。随着企业和客户关系越来越密切,客户交易量不断上涨,企业利润也随之增长。在这一时期双方的相互依赖水平达到整个关系发展过程中的最高点,双方关系相对稳定,交易量处于较高的盈利时期。在稳定期,企业采用的客户关系管理策略主要有参与性服务策略和追踪服务策略。

1. 参与性服务策略

当企业与客户彼此熟悉后,厂家所提供的产品或服务不再只局限于既定统一的产品,而是让顾客参与产品的设计,获得更加贴近自己兴趣的、高度满意的个性化产品,这就是企业所采用的参与性服务策略。美国的个人计算机销售公司戴尔(Dell)早在 1996 年就开始利用互联网进行计算机销售。顾客通过互联网在公司设计的主页上选择和定制计算机,公司的产品部门马上根据顾客的要求组织生产,并通过邮政公司邮寄,这种直销方式使公司扭亏为盈。随着互联网的发展,人们在电子商务环境下对商品的需求更加个性化。顾客在厂商提供产品通用模型的基础上提出自己的要求,厂家在该要求下生产产品。从顾客角度而言,对产品的满意度大大提高,从企业角度而言,当有许多客户对产品某一方面提出类似要求时,便可把这部分标准化统一生产,提高生产率的同时节省费用。

Dell 的服务还是属于大众化定制,而现在一些中小企业也开始提供个性化定制。比如尚品宅配便是一家专门提供家具定制的网络企业,如图 10-15 所示,建立了完善的房型和家具产品数据库,并根据这两个库提供多种定制方案以满足消费者多样化的需求。在后端尚品也做了相应的供应链和生产流程的创新以适应 C2B(consumer to business) 的销售需求。这种参与性服务策略能在较大程度上深入挖掘客户价值。

图 10-15　尚品宅配网站首页

2. 追踪服务策略

追踪服务策略,即企业对所有客户提供追踪服务,而不再仅仅限定在某一时间区间。当客户发展成为企业的稳定客户后,即便在电子商务环境下,良好的售后服务永远是留住顾客的最好方法。以研发、制造、授权和提供广泛的计算机软件服务业务为主的微软公司,在企业对其开发的某种软件进行升级完善后，系统会根据客户档案记录，向曾经购买该软件的客户发送邮件，向其介绍新版本软件。向客户主动提供服务，而不是被动反应，是企业针对稳定期客户经常采用的客户关系管理策略。现在很多中小网络企业在顾客购买一段时间之后会通过短信、微信和邮件等方式对顾客进行提醒，比如销售袜子的企业在秋季来临时会发邮件告知客户该购进秋冬袜子了，并向其推送秋冬季新品。

（四）退化期的客户关系管理

退化期是客户关系发展过程中关系水平逆转的阶段。实际上，在任何一个阶段，可能因为一方或双方经历不满意、需求发生变化等原因，交易量下降，一方或双方正在考虑结束关系甚至物色候选关系伙伴，开始交流结束关系的意图等。在退化期，企业采用的客户关系管理策略主要是老客户新消费的需求诱导策略。

客户关系进入衰退期后，以老客户为基础，有针对性地开发或刺激其潜在需求，不断开拓市场的客户关系管理策略随之产生。比如在亚马逊网站上客户可以查看其他人的心愿单，当熟知好友的注册用户名时，便可通过该用户名查看好友的心愿单（图10-16），对心愿单中合适产品进行购买，这种新消费的产生便是企业向客户推荐产品的新方式。

图 10-16　亚马逊心愿单

二、数据挖掘技术在中小企业客户关系管理中的应用

（一）新的数据处理技术——数据挖掘的出现

客户关系管理一直是困扰广大中小企业管理者的难题，因为缺乏有力的技术手段，企业难以快速、有效地从企业的大规模数据库中发现有用信息，所以客户关系管理在缺乏坚实的数据分析支持基础上仍然处于较初级的阶段。但近年来，随着信息技术的发展，一种新的数据处理技术——数据挖掘（data mining，DM）的出现较好地解决了这一问题。

数据挖掘，又称数据库知识发现（knowledge discovery in database，KDD），是指从大型数据库或数据仓库中提取隐含的、未知的、非平凡的及有潜在应用价值的信息或模式，它融合了数据库、人工智能、机器学习、统计学等多个领域的理论和技术。

（二）数据挖掘的基本分析方法介绍

按照所挖掘的数据模式的不同，可以将数据挖掘的分析方法划分为分类分析、关联分析、聚类分析、序列模式分析。

1. 分类分析

分类是找出数据库中的一组数据对象的共同特点并按照分类模式将其划分为不同的类,其目的是通过分类模型,将数据库中的数据项映射到各个给定的类别中。它既可以用模型分析已有数据,也可以用来预测未来的数据。如淘宝商铺将用户在一段时间内的购买情况划分成不同的类,根据情况向用户推荐关联类的商品,从而增加商铺的销售量。同时企业也可运用分类来预测哪些客户最倾向于对直接邮件推销做出回应,哪些客户可能会更换他的手机服务提供商,从而提高产品销售效率。

2. 关联分析

关联规则是隐藏在数据项之间的关联或相互关系,即可以根据一个数据项的出现推导出其他数据项的出现。关联分析的挖掘过程主要包括两个阶段:第一阶段为从海量原始数据中找出所有的高频项目组;第二阶段为从这些高频项目组产生关联规则。亚马逊和当当网经常采用此种数据挖掘的分析方式,比如通过海量数据发现数据库中形如"90%的客户在一次购买活动中购买商品 A 的同时购买商品 B"之类的知识。在其他客户进行 A 商品的购买时,系统通过数据挖掘知识自动推荐商品 B。这种捆绑客户可能感兴趣的信息供用户了解并获取相应信息来改善自身的营销极大地提高了销售量。

3. 聚类分析

聚类类似于分类,但与分类的目的不同,是针对数据的相似性和差异性将一组数据分为几个类别。属于同一类别的数据间的相似性很大,但不同类别之间数据的相似性很小,跨类的数据关联性很低。与分类不同的是,聚类在开始之前对数据将分成几组是未知的,所依据的变量也是不确定的。很多情况下聚类得到的分组对于特定的业务来说效果不佳,便需要删除或增加变量以影响分组的方式,经过几次反复调整后方可得到理想结果。慧聪网在用户首次注册时将客户分为买方和卖方两个市场,买家服务包括发布采购、询价采购、招募买家和采购通,卖家服务包括开商铺、找求购、发布产品和买卖通,针对不同类组的客户提供不同服务便是数据挖掘技术中聚类分析的运用。

4. 序列模式分析

序列模式分析与关联分析目的相同,都是为了挖掘数据之间的联系,但序列模式分析的侧重点在于分析数据间的前后序列关系。发现数据库中形如"在某一时间段内,顾客购买商品 A,接着购买商品 B,而后购买商品 C,即序列 ABC 出现的频率较高"的知识。所以在用户购买商品 A 后,主要进行商品 B 的推荐,而不是商品 C,以提高营销效果。

(三)数据挖掘在电子商务客户关系管理中的应用步骤

数据挖掘过程一般分为三个基本步骤:数据预处理,数据挖掘模型的建立,评估与表示。

1. 数据预处理

将基础数据进行收集后,还要完成数据清理、数据集成、数据选择和数据转换等步骤。同时依照数据明确问题类型,需要采用分类分析、关联分析、聚类分析、序列模式分析中的何种分析方式。

2. 数据挖掘模型的建立

明确问题后选择合适的数据挖掘技术和方法,一般选择时需要考虑两个因素:运用相关的算法来挖掘；满足用户或实际运行系统的要求。假如需要对中小企业的客户进行流失分析，在明确采用分类的分析方式后，可以采用的技术有遗传算法、决策树和人工神经网络等，因为要了解每个类别的流失原因并进行预测，所以最终选择决策树的技术。在选择好数据挖掘的技术和方法后，建立合适的模型。因为不同的技术方案产生的结果模型有很大差异，模型结果的可理解性也存在较大差异，所以模型的建立是数据挖掘的核心环节。

3. 评估与表示

在得到一系列分析结果后，需要对它们进行验证和评价，以得到合理的完整的决策信息。这时既可以另找一批数据对这一系列的分析结果和模式进行检验来判断其是否能反映客观实践的规律性，也可以在实际运行的环境中取出新鲜数据进行检验。

第五节　中小企业电子商务应用能力的构建

一、中小企业电子商务战略

根据第三章介绍的企业电子商务的过程管理原理，电子商务应用能力和水平的提高不仅仅是流程的改变，而是一个从战略启动到 IT 资源部署，再到建立能力的动态过程。企业需要在战略的指导下，系统地配置完成流程所需的各种资源，进而实现电子商务应用能力的提高。在解释这个动态过程前，值得一提的是第三方电子市场流程为中小企业提升电子商务应用水平打下了基础。这些典型应用包括交易管理，营销和客户关系管理。为支持这些应用，第三方电子市场提供了相应的软件和工具，并将科学的交易流程和客户管理流程嵌入这些软件工具。中小企业围绕这些流程组织企业活动的同时，就可能实现电子商务水平的提高。如前所述，中小企业的一大弱点是企业的经营很不规范，而阿里巴巴的客户关系管理系统蕴涵了企业客户管理的流程，有助于企业规范自己的销售和内部交易管理流程，进而提高企业的电子商务应用能力。比如，有的企业没有正规的营销流程，客户询盘进来没有交易员负责，而该系统提供了分配交易员的功能，能将客户询盘落实到个人；或是有的企业没有客户联系的正规记录，导致交易员离职/休假时，客户无从跟踪的局面，而该系统能记录下交易员和客户所有的邮件联系，并提供空间让业务员做更多的记录，方便了其他交易员对客户的后续跟踪。

中小企业建立电子商务应用的过程包括以下几个阶段。

（一）战略启动

战略启动是依据企业目标，对企业的电子商务应用进行系统规划的一个阶段。战略启动包括五个方面的管理任务：战略定位、领导力水平、项目团队、IT 资源战略规划和组织准备，它们有助于企业电子商务战略管理能力的提高。战略启动环节是中小企业的薄弱环节，因为大部分的中小企业由于管理水平低下，一般不作太多管理规划，电子商务应用很大程度上依赖于领导对电子商务带来的机会的敏感洞察和重视。

（二）战略定位

战略定位要求企业敏锐地把握互联网的发展为企业带来的机遇，认识到通过互联网，企业能为客户带来什么独特的价值。对于中小企业来讲，互联网给企业带来的价值就是帮助卖方企业拓宽了营销渠道，帮助买家进行更高效和灵活的采购，为响应急剧变化的市场需求，满足终端客户的需求打下基础。但是企业需要考虑自身产品和企业的特性,来衡量互联网带给企业的独特价值。

(三)领导力

领导力反映了组织高层领导对电子商务的认识程度以及综合统筹优化的管理能力,也是促进企业变革、快速吸收和利用信息技术的战略能力。领导力对中小企业是一个极大的挑战,因为许多中小企业领导的受教育层次低,难以敏锐地把握电子商务的机遇,或者看到了机遇,但不知如何抓住机遇,或者是当企业发展到一定的阶段后,就会遇到管理瓶颈。中小企业领导可以通过增强学习能力来弥补正规教育的欠缺。

(四)项目团队

在大企业,电子商务战略的思考与规划需要一个领导者联盟的形式,而在中小企业,第三方电子市场会为企业提供培训和完善的客服,从而减少对项目团队的要求。所以在中小企业,第三方电子市场的利用则更多地体现为有先知的个人行为和老板重视(甚至是参与),而实施和规划的项目团队的特点体现的不是特别明显,但是企业一般会派专人或者专门小组负责电子商务的具体工作。

(五)IT 资源战略规划

IT 资源战略规划主要的任务是企业对有价 IT 资源加以识别,对关键流程进行判别,并且对其进行合理规划和利用才能最大程度发挥资源的优势并最终获取电子商务的竞争优势。在第三方电子市场,则体现为对电子市场的选择。好的电子市场拥有更多有价值的、相关的信息和有支撑企业交易和管理的软件。这些软件也可以从外部软件供应商处购买,但是可能会存在与第三方电子市场平台不兼容的问题。

(六)组织准备

组织准备包括组织结构调整和资金投入计划。在电子商务和第三方电子市场的利用中,电子商务对企业组织结构有了新的要求,需要内部组织结构和流程有所变化。同时组织文化,甚至是产品也需要有相应的调整。这一系列的调整体现为:

第一,企业应当创造一种鼓励利用互联网为企业创收的文化;第二,网上再好的广告,也必须是依托本企业产品的,所以必须保证产品要么是低成本的,要么是不同于竞争对手的。目前中小企业的战略是尽量避免采用低成本策略,避开价格战,而采用细分策略。如果是标准化产品,可采用在服务上进行细分的策略;第三,企业还需要根据网上的销售和采购流程来对以前的流程进行调整,并建立起进行网上销售的工作方式和惯例;第四,企业还需要形成新的团队,或者说是组织结构(见企业实践:杭州其顺进出口有限公司电子商务应用能力的建立)。第五,中小企业还应当注意关于利用第三方电子市场的度的问题,即企业应当将多大的精力放在第三方电子市场上,这一点尤其是买家要注意的。对于卖家,企业电子商务为他们提供了低廉的分销渠道、广告途径和建立品牌的机会。所以对于卖家,采纳企业电子商务是和他们的增长战略目标相匹配的。对于买家,企业电子商务同样为他们提供了降低采购成本的机会。在第三方电子市场上,企业可以通过货比三家,压低采购价格,同时省去了在传统世界寻找新的交易伙伴所需要的差旅费。但是买家也要避免一个误区,即一味地寻求低价,可能导致产品的质量和配送等无法保证。所以对于某些产品,企业还是需要从具有信任关系的供应商处购买。对于什么样的交易适合在第三方电子市场上交易,交易成本经济学为企业提供了参考(图 10-17)。该框架所涉及的概念的具体含义,参见第二章。根据该框架,当交易中涉及高的资产专有性、高的交易不确定性、非标准化和复杂商品,以及对不可写入合同的因素如信任、质量等要求较高时,交易是不适合在第三方电子市场上进行的,而是需要积极构建电子供应链管理平台,培育和加强与重点供应商的关系。

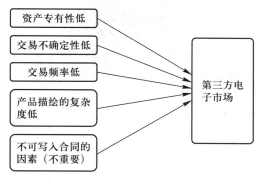

图 10-17 第三方电子市场的选择框架

二、IT 资源部署

选择使用合适的,与战略相一致的企业电子商务平台,只是企业电子商务价值实现的开端。要充分利用好这个平台,还需配置相应的 IT 资源。这些资源包括以下几个方面。

（一）IT 基础设施

中小企业能在财力范围之内尽可能地购买宽带;为每个销售/采购人员配备计算机和相关的软件,如供应商和客户管理软件、方便邮件管理的邮件系统等;购置数据库,并将产品描述整理出来,输入数据库等。中小企业如果觉得投资过大,也可以使用开源软件,或者如阿里巴巴这样的电子市场上的免费软件。

（二）中小企业电子商务的复合型人才

中小企业电子商务的复合型人才需要既拥有行业知识,又有电子商务交易、营销、客户管理和商务沟通的知识。如果企业以外贸为主,还需要一定外贸知识。由于中小企业财力有限,如何吸引高质量的电子商务复合型人才,是中小企业的一大挑战。在资金匮乏的情况下,企业可以通过以下方式构建电子商务资源:第一,采用提成或者股权激励等办法来吸引互联网人才;第二,通过培训的方式增加员工的互联网知识,可以请专家进行内部培训,也可以利用第三方电子市场提供的培训;第三,通过组织学习,促进企业内部员工相互交流互联网营销、销售以及如何利用电子商务进行企业内部管理的经验。

（三）价值链伙伴就绪

第三方电子市场对价值链伙伴就绪的要求较少,因为双方交易流程的互动程度并不深入。所以价值链伙伴就绪体现为有多少买卖双方在使用某一电子市场,一个没有多少买家和卖家的电子市场对企业来讲是没有太多价值的。

企业实践10-7

杭州其顺进出口有限公司电子商务应用能力的建立

三、建立电子商务应用能力

良好的 IT 资源配置和组合能够产生企业的电子商务应用能力。在电子市场中,这种能力同样表现出共享信息和合作的特征。

(一)基于电子市场的共享信息能力

电子市场允许卖方和买方发布大量的信息,卖方可以发布产品销售信息、产品促销信息和企业信息;买方可以发布采购信息和企业信息。双方还可以共享订单信息和支付信息。

电子市场还帮助企业构建了传统经营中缺少的诚信信息。比如阿里巴巴的诚信通包含了大量的企业关键诚信信息,这些信息为企业提供了很大的帮助。大部分中小企业缺乏良好的信用习惯:缺少必要的财务会计制度,随意填报财务报表,提供给税务部门的报表与提供给商业银行的报表不一致,大量使用现金交易,在银行很少保留支付记录,不能按规定缴纳各种税费等,这导致中小企业往往因为无法提供信用凭证以及找不到合适的担保人而不能贷到企业发展急需的资金。而阿里巴巴则帮助企业积累了最长达 6 年的信用信息。交易对手可以查看该信息,并且据此作采购判断,从而增加了企业的销售;银行现在也在借助这些信息对企业的贷款申请进行审批,资信良好的企业可以获取银行的贷款。

1. 交易信息的内部共享

电子市场也提供企业信息化的功能。在阿里巴巴,阿里软件以 SAAS 的方式为中小企业提供了低成本进行内部进销存和财务信息化的软件工具。借助此工具,企业可以记录销售和采购信息,生成相应的单据,而这些单据也得以在各个部门共享(主要是销售、营销和财务部门)。

2. 营销数据的记录和共享

电子市场的客户管理软件促使企业记录、储存客户数据。这些数据以前是散落在各个部门的,或者留在销售人员的头脑里的,现在这些信息得以捕捉和记录,为各个部门的分享利用打下了基础。

3. 企业之间的交流

由于电子市场同时也是一个社交平台,也提供博客和论坛功能,同时组织线下成员的沙龙。企业通过写博客、发布和回复论坛的帖子进行交流,这也是他们之间信息共享的一种方式。只是这种信息共享没有一定的规律,有时候甚至是没有商业目的的娱乐交流,但是这种交流加深了企业相关人士之间的相互了解,为以后可能的合作打下了基础。

(二)基于电子市场的合作流程能力

基于电子市场的合作流程能力除了执行交易流程外,更显现出另一种横向的合作关系特征。主要的原因是,在电子市场上买方和卖方企业之间,在交易上主要是一种对抗性的关系,合作流程能力体现为达成交易协议后在执行流程中的配合,包括付款和物流上的配合。这种配合相对于供应链管理中的深度合作,还是显得较为浮浅。但是电子市场为企业扩大社交圈,认识更多的企业并达成可能的合作意向提供了一个交流的平台。这些构成了企业的合作关系能力。以下是一些合作关系能力的例子:

1.集体采购

中小企业之间可以私下达成合并采购协议。集体采购的好处是量大,所以可以压下价格,不好的地方是必须等待一个团成行,企业必须购买团队采购的产品,因而不是十分灵活。

2. 集体协调生产

电子市场中一些企业形成商业联盟,大家可以相互帮助。一个例子就是协调生产。比如一个企业如果有大的订单,自己没法完成,就可以找商盟中可靠的盟友,一起生产,完成订单。

3. 集体获取贷款

中小企业可以捆绑成为一个整体,获取贷款。阿里巴巴目前和多个银行合作,开发了"网络联保贷款"服务,由企业自主发起贷款联合体,共同向银行申请贷款,并共同承担贷款联合体的责任,同时联合体成员接受银行和电子商务平台——阿里巴巴的风险监督和控制。

总体来讲,中小企业依托第三方电子市场,形成了共享信息的能力。中小企业捕捉和储存了大量的交易、客户和信用数据,方便了信息的使用、分析和各个部门之间的共享,增加了交易的效率,减少了交易的成本,卖方也获得了更大的客户忠诚度。同时第三方电子市场也为中小企业提供了交流的平台,为企业之间的横向合作打下了基础,目前中小企业的横向合作能力也在不断地加强。

(三)动态能力

由于现在电子商务环境动态变化非常大,新的技术如移动技术不断出现,新的商业模式也在涌现,消费者行为也展现了巨大的动态性,更加难以预测,这一切要求企业具有较强的市场感知能力和应对能力。对于中小企业动态能力非常重要,动态能力表现形式可能是企业具有较强的组织学习能力、较强的新技术吸收能力和较好的合作能力。比如对于吸收能力,Cohen 和 Levinthal 教授认为,企业从外部吸收知识的过程可以分为四个阶段:获取、吸纳、转化和开发利用。进而企业知识吸收能力包括四种:知识获取能力、知识吸纳能力、知识转化能力和知识利用能力。在获取阶段,企业需要从多种来源获取新技术信息,需要辨识出新技术的价值。在吸纳阶段,企业需要尽量地去理解新技术,知道新技术是什么。在知识转化阶段,企业需要结合本企业的实际分析出,这个新技术该如何在本企业运用才能发挥最大的价值。知识利用阶段就是落地的阶段,即新技术应用在本企业的实践,对本企业的某些活动产生了改变。具有较强吸收能力的中小企业一般能比别的企业较快地切入新技术,实现电子商务应用能力的更新。小狗电器移动团队较强的吸收能力带动其在移动电子商务领域取得的成绩就是一个很好的例子。

企业实践10-8

小 狗 电 器

小狗电器是淘宝平台上一家知名吸尘器品牌,2007 年小狗电器的运营从线下转到线上,而且转得非常彻底,如今,小狗是一家纯线上的吸尘器品牌,员工人数约 270 人,淘宝数据魔方的统计显示,2008—2013 年小狗电器连续 6 年全网吸尘器销量第一。2016 年 12 月 6 日,小狗电器互联网科技(北京)股份有限公司在全国中小企业股份转让系统正式挂牌。小狗电器成功登陆新三板,标志着国内互联网家电第一股正式诞生。小狗电器一直在进行创新,包括产品和运营的创新。本案例讲述的是小狗电器的移动电子商务创新以及驱动创新的企业机制。

小狗的无线之路始于 2012 年,最开始设置了两个岗位,负责淘宝无线和微淘平台,职位设在市场部下,属于市场部的一部分,主要是向客户通过微淘推送一些和品牌相关的话题或者是有趣的事情,或者是配合公司的促销,比如双十一的促销,并开始做微信和微博。2012 年年底无线的销售占比在 8%~10%。

但是无线电子商务的快速升温使得部门独立提上议事日程。独立之前成交占比已经有了15%~18%,公司感觉,独立是时候了。2014 年无线独立出来,成为一个单独的部门,具有独立的运营力量,有单独的无线推送和运营的人员配置,包括运营、策划、无线美工等。目前团队的规模是 7 个人,主要使用的无线平台包括手机淘宝和三微(微信,微博,微淘),手机淘宝的流量能占到全店铺的 50%~60%,成交额占到 35%~50%。

小狗电器的团队对 PC 端的运营和无线端的运营非常了解,比如,他们认识到:

(1) PC 端是图文结合的,无线端的客户更愿意看图片或者是 PPT 式的内容(字大且少),所以需要精简文字,精简文字的时候需要照顾到顾客的诉求以及搜索引擎营销的需求。

(2) 卖点的描述上需要将顾客最为关注的卖点提炼出来,以精炼的文字表述出来。

(3) 在客户转化上,需要优化手机的详情页面,控制在 10 屏左右,不太多,也不太少,在搜索上会有加分,顾客看着也比较舒服。

(4) 在评价时,移动端上用户用手机拍照更加方便,90 后的顾客也有这个习惯,所以移动端鼓励用户评价时留照片。

(5) 无线端的互动比 PC 端好很多,比如签到、盖楼,效果比 PC 端要好很多。

(6) 产品上的区别是,PC 端的新品可能会比较多,用户还不了解新品,需要看更详细的信息,PC 端能容纳更大的信息量。无线端页面展示信息有限,爆款展示的多一些,利用移动端方便随时随地下单的便利性来促进成交。

(7) 通过流量跟踪,发现早上的成交额最高,而晚上的浏览量是最高的,可能是用户需要睡一觉想清楚,这和 PC 端不太一样,PC 端的下单高峰期是晚上。

(8) PC 端的客户的订单价高,无线端的价格低,可能是因为无线端客户对商品不太了解,所以选择低价的产品以降低购买风险。

(9) 对于后台运营,客服可能以后是要做区分的:无线端的顾客,不喜欢打字,更喜欢通过语音联系。

这些要点涵盖店铺装修、页面优化和设计、用户行为、产品、后台运营。每一条都不是伟大的创新,充其量是微创新,但和在一起就能反映出其移动端运营的积累和沉淀,正是基于此才能达到无线端如此的成就。

小狗电器的无线创新生成机制主要体现在:

小狗无线商务部门的活动受到整个公司文化和理念的影响。在小狗电器,工作原则包括三个部分:创新、效率、细节。创新是指做一些新的尝试,例如小狗在 6 月 18 日 D16 首发做的"快点抓住他"游戏,就是参考时下热门游戏"不要踩百块"产生的创意;效率是指高效工作、快乐生活、不拖延、及时完成当天工作。细节是指在推进任何事情时,需要注意的点都会重点提醒,会将这些需要注意的部分记录到工作本或者便签贴到计算机上,随时随地提醒自己。

秉承这种做事风格,小狗无线能做到创新和效率并举,在较短的时间切入无线运营。对细节的专注使得精细化运营成为一种共识,包括日常数据的记录、无线店铺流量的分析、无线店铺定期装修,产品的评价管理和对用户习惯培养的关注。每件事情做起来都是小事情,但是累积起来就是大成果。

小狗的无线团队具有很强的市场感知能力和新技术的吸收能力。小狗无线部的"饲养员"反映,他们的探索分为四个阶段:第一个阶段,站在用户的角度思考问题。比如在工作和生活中养成手机浏览下单的习惯,在购物时通过手机下单,在整个购买的过程中会思考自己想要的是什么? 在浏览自己购买的产品时想了解的是哪方面的内容,整个过程下来对哪里不满意,把自己的问题列出来,看自己的店铺是否也存在这些问题,从而去改善。第二个阶段,接触新鲜事物,学习成长。移动端淘宝也是一直在摸索的过程,所以会经常改变一些东西,自己需要随时关注这些最新的动态,将最新、最好玩的工具用到自己的店铺中,展现给用户。同时也会关注一些做得好的商家,并与其一起交流学习成长。为了更好地体验移动的感觉,小狗无线部开创手机办公,不限制地点,随时随地办公。第三个阶段,学以致用。将自己学习到的进行完善并运用到工作中。第四个阶段,创新。在创新上,无线部门分3个步骤来做:更新、创造新的东西、改变。

小狗无线团队通过接触新事物,增强了新技术的知识获取能力;通过对用户的关注和思考,增强了知识的吸纳和转化能力,而小狗创新中前两步——更新和创造新的东西——反映了其较强的转化能力,因为转化阶段的一个重要任务就是将技术和企业实际结合产生适合于本企业的新知识;对"改变"的强调实际是小狗无线对知识利用能力的强调,知识只有实施了,产生了改变,对新技术的创造性利用才落到了实处。

资料来源:作者的一手访谈资料和阿里巴巴案例工坊。

本 章 小 结

本章主要介绍了面向中小企业交易的电子商务应用和中小企业电子商务能力的构建。按照学习目标的顺序,主要概念和知识点总结如下:

中小企业的特点。在环境上,中小企业面临的不确定性大,信息匮乏;组织结构上,结构简单,责任重叠,财力匮乏;在管理方面,中小企业的老板在企业具有举足轻重的作用,在运作机制上,中小企业具有反应快、敏捷的特点。

中小企业电子商务的特点。中小企业电子商务具有需求强,但受管理和规模劣势制约。同时中小企业电子商务受外界影响大,需要的外部支持也较大。

中小企业电子商务的常见应用,包括第三方集市型电子市场,电子供应链管理平台,自建电子商务网站。中小企业无论在利用第三方集市型电子市场,还是自建网站,应当积极利用云计算尤其是SAAS云计算服务来降低成本,提高电子商务应用的灵活性。

网上交易能力是中小企业在从事电子商务时应当具备的最基本能力。中小企业网上交易能力包括交易流程管理能力和信任管理能力。第三方电子市场在交易流程管理能力和信任管理能力上都提供了较好的支持。

电子市场中的网络营销指的是利用电子市场平台进行的企业品牌形象的宣传和产品的推销。营销的手段主要包括店铺展示、搜索引擎推广、电子邮件营销、展示型广告和联属营销、软文营销、社交媒体营销。

　　中小企业客户关系管理是对客户的整个生命周期进行管理,从而达到吸引和建立客户对企业产品的忠诚度的目的。客户生命周期可以划分为考察期、形成期、稳定期和退化期四个阶段,每个阶段都有不同的客户管理策略。

　　基于第三方电子市场的中小企业电子商务能力的搭建过程同样遵循战略—资源—能力—IT 价值的原理。电子商务能力提高是一个从战略,到资源,再到能力的动态过程。读者需要在电子市场的环境中理解这个动态过程的具体含义。(1)战略启动包括五个方面的管理任务:战略定位、领导力水平、项目团队、IT 资源战略规划和组织准备。同时中小企业还应当注意第三方电子市场利用的度的问题。(2)要充分利用好这个平台,还需配置相应的资源,包括 IT 基础设施、企业电子商务复合人才和价值链伙伴就绪。(3)良好的资源配置和组合(人力资源,IT 资源和组织资源),能够提高企业的电子商务能力。在电子市场中,这种能力同样表现出信息共享和合作流程两个方面特征。在信息共享上,电子市场帮助中小企业进行以下类型的信息共享:交易信息的卖方和买方之间的共享、交易信息的内部共享、营销数据的记录和共享以及企业之间的交流。电子市场帮助企业形成以下合作能力:集体采购,集体协调生产,集体获取贷款。动态能力也是中小企业利用第三方电子市场进行采购和销售必备的能力特征之一。

本章关键词

中小企业	small and medium sized enterprises(SMEs)
中小企业特点	the characteristics of SMEs
中小企业电子商务特点	the characteristics of SMEs e-business
中小企业电子商务战略	the e-business strategies of SMEs
中小企业电子商务能力	the e-business capability of SMEs
第三方电子市场	third party electronic marketplaces
电子供应链管理	electronic supply chain management
软件即服务	SAAS
企业网站	company website
二元关系	dyadic relationships
交易流程	transaction process
信任管理	trust management
横幅广告	banner ads
邮件营销	Email marketing
搜索引擎营销	search engine marketing
竞价排名	keyword bidding
博客营销	blog marketing
社交媒体营销	social media marketing
客户管理	customer management
交易管理	transaction management

复习思考题

1. 中小企业具有什么特点？这些特点对中小企业从事电子商务有什么影响？

2. 中小企业电子商务的常用流程有哪些？

3. 中小企业电子商务有哪些模式？中国中小企业适合采用哪种模式？

4. 中小企业在建立自己的网站方面，经历了哪些阶段？各个阶段的特点是什么？

5. 中小企业在从事电子商务时应当如何建立起交易信任？

6. 中小企业如何利用互联网进行营销？

7. 什么是支付宝？简述支付宝的流程并论述支付宝的意义。

8. 中小企业应当如何进行客户生命周期管理？每一阶段有哪些可以利用的手段和方法？

9. 中小企业应当建立起什么样的电子商务应用能力？如何在动态环境下实现电子商务应用能力的转变和更新？

------ 案例讨论 ------

用电商撬动工业品

谈起第一次接触阿里巴巴，远通电线电缆有限公司的朱文超最大的感受是"什么都不懂，一脸懵"。在此之前，朱文超跟叔叔组成的搭档已经在电线电缆行业经营了十几年。从渠道商入手到注册公司，他们做批发也做零售，生意经营得顺风顺水。2008 年，远通电线电缆有限公司刚刚成立，本着多一条路子，多一点销售渠道的想法，朱文超抱着试试看的心理注册了诚信通，"万一有人搜到我们的产品，也能多一个销量"。

不过，开通了诚信通之后，店铺几乎没有运营，更别说研究平台规则或是圈定目标人群。交了一年年费，一个上门咨询的客户都没有，远通也在一年后决定终止在电商渠道的探索。这段不愉快的经历在朱文超心里留下了一个疙瘩，他不认为有人会在网上买电线电缆，也对电商渠道失去了信心。

时隔六年，电商环境已不同昔日，朱文超的生意也向前迈了一大步。从 2010 年开始，远通从渠道经销商转型为生产企业。一个厂房，两台机器，远通已经拥有了每天 2~3 吨的生产能力，一年能制造价值 3 000 万的家用电线电缆，俨然成为了一家以生产制造为核心的中型企业，在行业内也已经小有名气。

有了生产能力作底气，朱文超再次动了互联网的念头，他想为公司搭建一个官网，为企业背书。不过，建官网的投入并不小，在一次与朋友的交谈中，朱文超获知，在过去的几年里，阿里巴巴已经不再是那个展示信息的黄页，还实现了在线交易等功能。而在阿里巴巴开店，一年的投入不过 2 000 多元，即使像过去一样没有成交，也能起到官网的宣传作用。在心里盘算了几日，朱文超再次为远通注册了账户，重返诚信通。

这一次回来，朱文超委托了一家服务商帮助他处理上传产品、装修店铺等工作，也是从服务商那里，他第一次得知，在网上开店，一定要养成旺旺随时登陆的习惯。"旺旺不上线，就等于开了实体店却没有营业员。"朱文超随即让公司负责电话销售的员工兼顾旺旺,等待生意上门。果不其然,店铺开通一个月后,就迎来了第一个订单,成交金额 2 000 元。这笔订单不仅带来了收益,也让朱文超再一次认识了电商:"这么多年我一直用自己的观念和想法去排斥电商,这个订单让我发现自己错了。没怎么运营都能卖出东西,如果用心经营一番,肯定销售得更好。"

带着这样的念头,朱文超成立了三人团队,设置了美工、客服、销售,自己则亲自挂帅,专职投入电商。如今,来自电商渠道的销售已经占到了远通整体业绩的五分之一,月销售额达到七位数。作为集生产、销售、服务、研发为一体的上游工厂,远通主营家用和工业用电线电缆,客户则包括来自全国各地的经销商、批发商和代理商,天猫、淘宝的电商小 B 卖家在其中也占到了一定的比重。更令人惊喜的是,从 1688 渠道,远通还获得了来自中铁、中建这样的大企业采购订单。朱文超介绍道:"1688 现在已经成为了我们运营的重点渠道,这是因为平台主打的批发属性跟我们的工厂定位有着很强的关联,匹配的客户更加精准。"

在远通的经验中,现在的 1688 平台已经比 6 年前更加成熟。其中,大企业采购频道就是远通依赖度较强的功能之一。在频道中,大型企业每天都会发布企业所需货品的询价单,卖家只需要在后台开通企业采购询价单功能并选择自己的行业,就会自动接收到来自后台推送的企业询价单。拿到询价单之后,远通会从中筛选出感兴趣的订单并进行报价。接下来,供货方和采购方就可以实现双方的沟通和评估,谈得合适了就能最终达成合作。在高效的对接模式中,远通也逐渐摸到了门道:当工厂的承接能力足够强,产品质量够高,转化率就会非常高。为促成转化,远通把着力点放在产品上。产品如人品,在交易中,采购方最看中的依然是产品的质量。

除了产品之外,贯穿交易的服务也能催化成交。电线电缆行业有它独特的行业属性,很多客户在购买之前对自身的需求其实并不明确,对行业也缺乏了解。在售前咨询的时候,很多客户只是告诉客服,他有一台机器需要一根电缆,但是究竟需要哪种电缆客户本身并不清楚。这类笼统和概念的需求对客服来说其实是一个难题,因此与客户沟通的时候,客服需要补充很多行业上的知识供客户参考。对朱文超来说,每接触一个客户,都相当于一次"量体裁衣"的过程。客户的工厂总功率是多少,总负荷是多少,电缆要接什么,怎么接,接到哪里,这些细节都需要一一了解清楚,并且体现在最终给客户的方案中。在此基础上,既要节省成本,又要用好的产品,在远通的概念里,这样的沟通才能算得上一次及格的服务。实际上,如果能尽量完善产品质量和售前服务,对工厂来说其实更加省力、省心。"当你做好交易前的所有事情,售后服务就变得相对简单了。"朱文超说。

今年,远通给自己定下了目标:把生意做到国外去。扬帆起航之前,先要把舰队搭好。朱文超认为,跟海外客户打交道,硬实力和软实力同等重要。如果说厂房、设备代表了企业的规模和实力,那么平台上的交易记录、诚信记录、交易等级、采购等级则能证明工厂的软实力。生意做得越久,积累的信誉度都越高,对企业来说也平添了一分底气。目前,远通新增了一百亩地,正在对厂房进行全面改造。等一切投入正式运转后,朱文超还打算加入 1688 的深度验厂,增加客户对企业的信任感。

　　除此之外,物流也是工业品出海路上的难题,而这个问题也在电商化的过程中一直困扰着远通。由于电线电缆属于大件物品,运输只能依靠物流。以往在线下做生意,工厂只需要服务周边区域的客户,但当盘子一扩大,运费就变成了阻挡货品去向全国乃至全球的难题。如何为客户选择既安全又便宜的物流,成了远通需要解决的当务之急。尽管有重重困难在前,朱文超依然对电商怀抱期待:"以往平台上很多功能,例如一件代发、伙拼等,都只针对快消品和日用品开放。工业品没有自己的类目,更没有专场。但是今年,1688 的方向是垂直和开放。我已经看到平台对于钢铁电商的重视,相信属于我们的未来很快就在眼前。"

　　(案例转载自:刘婧,用电商撬动工业品——远通想把生意做到远方去,网商名人堂电商在线。)

　　讨论题:

　　1. 远通使用第三方电子市场 1688 的好处是什么?

　　2. 远通在利用 1688 的时候如何建立起客户信任?

　　3. 如果你是远通,你会利用哪些手段来营销自己的企业?

参 考 文 献

[1] 梁春晓,宋斐. 网商赢天下:阿里巴巴的商业新视界. 北京:中信出版社,中心,2008.

[2] MacGregor RC, D. Bunker, M. Kartiwi. The perception of barriers to e-commerce adoption by SMEs: A comparison of three countries, in Global perspectives on small and medium enterprises and strategic information systems: International approaches. IGI Global. 2010, p. 145-168.

[3] Truong D. An Empirical Study of Business-to-Business Electronic Marketplace Usage: The Impact of Buyers' E-Readiness. Journal of Organizational Computing and Electronic Commerce, 2008, 18(2): p. 112-130.

[4] Thong JY. Resource constraints and information systems implementation in Singaporean small businesses. Omega, 2001, 29(2): p. 143-156.

[5] L. Raymond, F. Bergeron, S. Blili. The assimilation of E-business in manufacturing SMEs: Determinants and effects on growth and internationalization. Electronic Markets, 2005, 15(2): p. 106-118.

[6] Ratnasingam P. Trust in inter-organizational exchanges: a case study in business to business electronic commerce. Decision support systems, 2005, 39(3): p. 525-544.

[7] Ubramani M. How do suppliers benefit from information technology use in supply chain relationships? MIS quarterly, 2004, 28(1): p. 45-73.

[8] M. Levy, C. Loebbecke, P. Powell. SMEs, co-opetition and knowledge sharing: the role of information systems. European Journal of Information Systems, 2003. 12(1): p. 3-17.

[9] Lockett NJ, Brown DH. eClusters: the potential for the emergence of digital enterprise communities enabled by one or more intermediaries in SMEs. Knowledge and Process Management, 2000, 7(3): p. 196-206.

［10］Lefebvre L.-A., et al.. Exploring B-to-B e-commerce adoption trajectories in manufacturing SMEs. Technovation, 2005. 25(12)：p. 1443-1456.

［11］Grewal, R., A. Chakravarty, A. Saini. Governance mechanisms in business-to-business electronic markets. Journal of Marketing, 2010. 74(4)：p. 45-62.

［12］Pavlou PA. Impersonal trust in B2B electronic commerce：A process view, in Business to Business Electronic Commerce：Challenges and Solutions. IGI Global. 2003, p. 71-90.

［13］谷再秋,潘福林, 客户关系管理. 北京:科学出版社, 2009.

［14］迟国泰, 李敏玲,杨德礼. 电子商务环境下的客户关系管理策略. 中国软科学, 2002 (7)：52-56.

［15］李治. 数据挖掘在电子商务客户关系管理中的应用. 科技信息, 2011(11)：86-87.

［16］H. Hussin, M. King, P. Cragg. IT alignment in small firms. European Journal of Information Systems, 2002, 11(2)：p. 108-127.

教学支持说明

    建设立体化精品教材,向高校师生提供整体教学解决方案和教学资源,是高等教育出版社"服务教育"的重要方式。为支持相应课程教学,我们专门为本书研发了配套教学课件及相关教学资源,并向采用本书作为教材的教师免费提供。

    为保证该课件及相关教学资源仅为教师获得,烦请授课教师清晰填写如下开课证明并拍照后,发送至邮箱:zengfh@ hep.com.cn,也可通过管理类专业教学交流 QQ 群 234904166,进行索取。

    咨询电话:010-58581020,编辑电话:010-58581771

证　　明

    兹证明 _____ 大学 _____ 学院/系第 _____ 学年开设的 _____ 课程,采用高等教育出版社出版的《_____》(_____ 主编)作为本课程教材,授课教师为 _____,学生 _____ 个班,共 _____ 人。授课教师需要与本书配套的课件及相关资源用于教学使用。

    授课教师联系电话:_____　　E-mail:_____

学院/系主任:_____(签字)

(学院/系办公室盖章)

20 __年__月__日